근거중심의

정신병리학

심리학적 접근

이 현 수 지음

圖書出版 하나醫學社

과학적 지식은 서로 다른 확실성의 수준을 기술하는 체계이다.
어떤 것은 매우 불확실하나 어떤 것은 확실하다.
그러나 절대적으로 확실한 과학적 지식은 존재하지 않는다.

Karl Popper(1902-1994)

머리말

1965년 노벨물리학상을 받은 미국의 저명한 물리학자 Richard Fenynman(1918-1988)은 켈텍에서 행한 한 연설에서 이런 말을 했다. '물리학의 세계에는 훌륭한 업적들이 많이 있다. 그러나 그 속을 드려다 보면 과학적 근거를 발견할 수 없는 것들이 너무 많다. 그런데도 그것을 훌륭한 학설처럼 고집하는 사람, '카고컬트 사이언티스트'(Cargo Cult Scientist)가 있고 그의 주장을 맹신하는 사람 '카고컬트 피플'(Carcog Cult People)이 너무 많다.'

이것을 보면 50년 전의 미국 물리학도 전파되는 카고컬트 문화 때문에 적지 않은 고통을 겪은 것으로 짐작된다. 이런 고통은 남의 일이 아니다. 오늘날 심리학자가 겪는 것과 크게 다르지 않다. 특히 오늘날 정신건강문제에 관심을 갖는 전문심리학의 실상이 바로 이렇다. 건강문제에 관심을 갖는 전문가들 가운데에는 지금도 퇴색한 이론과 방법만을 고집하는 사람이 많이 있고 그의 주장을 병적으로 맹신하는 사람이 너무도 많다. 그러면 이것이 50년 전 미국의 물리학자들이 경험한 카고컬트의 문화현상과 무엇이 다른가. 이제 전문심리학자의 도움을 필요로 하는 사람을 위해 또 스스로 전문가로 자처하면서 퇴색한 이론과 방법을 고집하는 사람을 위해 패러다임은 크게 변화될 필요가 있다.

새 시대는 개혁이나 변화를 요구한다. 이에 따라 역사가 길고 명성이 높은 의학이 10여 년 전에 새로운 패러다임에 따라 진료하고 연구하자는데 뜻을 모았다. 이것이 곧 '근거중심의 의학'(Evidence Based Medicine : EBM)이다. 그들은 환자에 대한 진료와 연구에서 과학적으로 입증된 '근거'에 큰 비중을 두는 한편 환자에 대한 태도의 변화를 강조하였다. 이것이 환자와 진료자 모두에게 큰 도움을 준다고 생각하고 있다.

이제 건강문제를 다루는 전문심리학도 근거중심의 과학 패러다임의 기초를 다시 개념화하고 진료하고 연구할 필요가 있다. 그러므로 써 전문과학자들 간에 이뤄지는 학제간의 연구자로서 위치를 굳혀갈 수 있다. 학제간의 연구로 패러다임을 바꾸려면 공통된 광장, 가이드북이 우리에게 필요하다. 이 점을 염두에 두고 이 소책자를 내게 되었다. 비록 소책자이지만 새로운 전문영역으로 등장한 근거중심의 심리학의 한 분야의 발전에 도움이 되기를 바란다. 여러 가지 어려움이 눈에 보이는 상황인데 출판을 받아 준 하나의학사 오무근 사장님과 편집부 여러분의 노고에 감사드립니다.

2015. 12.

이현수

차 례

제 Ⅱ 부 청소년의 문제행동

제 Ⅲ 부 성인의 정신병리

제 I 부 근거중심의 과학

제1장

심리학/의학/건강

질병 개념의 변화

Hippocrates는 2000여년전에 이미 질병, 환자, 의사, 그리고 치료의 문제에 큰 관심을 가졌다. 그래서 후세의 사람들은 그를 의학의 비조라고 부른다. 그가 언급했던 질병, 환자, 의사 그리고 치료의 개념은 현대의학에서 사용하는 것과 꼭 같지는 않다. 물론 그런 사실은 기대할 수 없다. 현대인의 질병과 건강의 문제가 과학적 기반에서 논의된 과거는 길지만 역사는 짧다. 질병의 실체를 과학적으로 연구할 수 있게 한 세균이론이 소개된 것은 16세기 중반이고 그것이 과학적 기반에서 연구되고 수정된 것은 17-19세기이다.

세균이론이 등장하면서 질병의 실체가 보다 자세히 밝혀졌고 그것을 바탕으로 현대의학은 크게 발전하였다. 더 나아가 질병의 기제를 설명하는 새로운 모델이 등장하게 되었다. 이론 혹은 모델은 과학기술의 발달로 새로운 모델로 대체되고 그에 따라 그에 접근하는 방법도 크게 달라졌다. 16세기의 세균 과학자들에 의하면 모든 질병은 세균이라는 미생물체의 과다 성장현상이라고 한다.

세균이론은 오랫동안 질병연구와 질병치료에 종사하는 사람들의 관심을 끌게 되었다. 세균이론가들 가운데 극히 소수의 과학자들은 인간의 질병을 유발하는 것은 생물체뿐만 아니라 보다 더 많은 요인의 산물이라는 사실에 주목하고 질병을 야기하는 더 많은 요인들을 발견하는데 관심을 갖게 되었다. 그 결과 인간의 질병을 야기시키는 것은 세균임은 틀림없다는 사실이 밝혀졌다. 그렇지만 그것이 질병을 야기하는 요인 전부는 아닐 것이라는 주장이 대두되었다. 후속 연구자들은 인간의 질병은 생물의학적 요인 외에 심리적 요인, 사회적 요인도 주요 발병 원인이 된다는 사실을 주장하였다. 그 가운데 대표적인 것이 질병의 생물심리사회적 모델과 행동주의 심리학적 의학적 모델이다. 이들의 주장은 근본적으로 크게 다르지 않다. 인간의 질병은 세균 외에 심리적, 사회적 요인에 의해 발병되기도 하고 치료되기도 한다.

모든 질병은 육안으로는 감지되지 않는 미생물체가 인간, 동물, 그리고 다른 살아있는 숙주에 침입해서 성장하는 상태이다. 이것이 질병의 세균이론가들의 주장이다. 이 이론은 16세기 중반에 등장하여 17-19세기까지 과학적 기술 발달에 힘 얻어 크게 발전하였다. 이 시기에 큰 공헌을 한 사람은 Leuis Pasteur(1822-1895), Joseph Lister(1827-1912), 그리고 Robert Koch(1843-1912)이다.

전통적인 생물의학적 질병이론가들의 주장과는 달리 인간의 질병을 유발하는 것은 생물의학적 요인만이 아니다. 생물학은 물론 심리학적, 사회학적 요인에 의해서 발병되는 질병도 많다. 이것이 정신과 의사 George Engel(1913-1999)이『*Science*』(1977,196,129-136)에 발표한 질병의 생물심리사회적 모델의 주요 골자이다. 이와 같은 주장은 의학의 생물의학적 모델과는 크게 대조를 이룬다. 전통적 생물의학적 질병 모델은 세균의 비정상적 성장이 곧 질병으로 표출된다고 주장하였다. 이 새로운 개념은 의학, 간호학, 건강심리학, 사회학에서도 널리 수용 통용되고 있다. 심신의 생물심리사회적 모델은 심신연관설과도 깊은 관계가 있다.

전통적인 생물의학적 질병 모델로 대치시킬 수 있는 질병 모델은 행동주의 심리학적 의학모델이다. 이는 의학과 심리학은 물론 생물학, 행동과학, 사회과학의 통합지식을 바탕으로 질병의 기제를 규명하고 치료하는 데 역점을 둔다. 역학, 인류학, 생리학, 약학, 영양학, 신경해부학, 내분비 면역학 등도 깊은 관계가 있다.

행동주의 심리학적 의학은 의학적 모델보다는 생물심리사회적 모델에 보다 큰 비중을 둔다. 이 모델은 생물학, 심리학, 사회학의 지식을 통합한 지식을 바탕으로 질병의 기제를 연구하고 치료한다. 이것은 전통적 의학모델이 질병을 생물학적 기능이 정상에서 일탈된 상태로 보는 것과 큰 차이가 있다. 이 모델은 1973년에 출간된 Lee Birk의 저서『바이오피이드백 : 행동주의 심리학적 의학』(*Biofeedback :Behavioral Medicine*)에 최초로 소개되었다.

인류의 훌륭한 과학적 업적 가운데에는 얼핏 보기에는 서로 무관해 보이는 두 영역 혹은 그 이상의 영역에서 활동하는 과학자들의 공동 연구의 산물인 경우가 많이 있다. 이들 업적 가운데에는 뜻을 같이하는 유사과학 혹은 동일한 과학 분야에 종사하는 사람들의 공동 연구 결과보다 그 가치가 높게 평가 받는 것도 많이 있다. 이와 같은 사실을 입증해 주는 역사적 사실 몇 가지를 살펴보자. 우선 한 예로 이 책의 후반부에서 자세히 다루게 될 한 현상을 살펴보자. 이 장애는 심리학자는 물론, 아동심리학자, 교육심리학자, 소아과 의사, 정신과 의사, 그리고 정신병리학자의 큰 관심의 대상이다.

이 장애는 영국의 정신과 의사 John Bowlby(1907–1990)와 오스트리아 동물행동학자 Konard Lorenz(1903–1989)의 공동 연구에 의해 그 기제는 물론 치료방법까지 널리 알려진 정신장애 현상이다. Bowlby는 정신과 의사이다. 그는 정신병동의 소아환자에서 특이한 임상증후를 발견하고 그 실체를 밝히는데 큰 관심을 갖고 Lorenz와 그 문제를 두고 지속적으로 토론을 가졌다. Lorenz는 어미의 애정을 상실한 오리새끼의 행동특성을 발견하고 그것을 체계적으로 연구한 공로를 인정받아 1973년에 노벨의학상을 받은 바가 있다. 두 분야의 과학자가 서로 다른 환경에서 나타난 특이한 행동에서 공통점을 발견하고 그것을 반응성 애착장애라고 명명하였다. 이것이 우리가 흔히 말하는 애착의 문제이다.

경제학자에 따르면 개인의 경제 활동에 있어서 최후의 의사결정은 심리학적 행동법칙에 의해서 이뤄진다고 한다. 이와 같은 주장은 Herbert Simon(1916–2001), Daniel Kahneman(1934–), 그리고 Robert Shiller(1940–)의 노벨경제학상 수상으로 입증되었다. 이들은 각각 1978년, 2002년, 그리고 2013년에 각각 노벨경제학상을 받았다.

한동안 신경증적 장애는 무의식적 갈등의 산물로 이해 된 적이 있다. 이제 신경증은 물론 여러 가지 부적응 행동이 현대 의학이 아닌 과학적 심리학의 지식에 의해서 치유된 사례가 부쩍 늘고 있다. 이 기술을 개발한 것은 남아공 요하네스버그 대학의 심리학 교수 Joseph Wolpe(1915–1997)이다. 그는 이를 행동치료라고 명명하였다. 그 기반을 제공한 것은 Ivan Pavlov(1849–1936)의 조건반사이론이다. 이 사례는 생리학과 심리학의 지식이 통합되어 새로운 기술을 창출한 결과이다.

최근에 컴퓨터 애니메이션에 종사하는 사람들을 놀라게 한 사실을 하나 더 보자. 그 중심에는 Steve Jobs(1955–2011)가 있다. 그는 컴퓨터 애니메이션의 기술 향상을 위해 두뇌 신장하는 계획을 발표했다. 그 과정에서 기하학과 미분학 전공자가 유력한 후보자로 선정되기도 했다. 이는 영국의 물리학자 Isaac Newton(1642–1727)이 천체운동 연구를 위해 개발되었다는 사실은 널리 알려진 사실이다. 위에서 얼핏 보기에 전혀 관계가 없는 두 개의 과학 혹은 그 이상의 과학적 지식이 서로 융합하여 새롭고 위대한 과학적 발견 혹은 과학적 지식으로 발전하는 사례 몇 가지를 살펴보았다.

정신의학자 Bowlby와 동물행동학자 Lawrenz가 공동으로 발견한 반응성 애착장애 현상, 심리학의 행동이론이 경제학적 의사결정을 좌우한다는 사실, Pavlov의 타액 반사이론이 Wolpe의 행동치료의 기반을 제공한 사실, 컴퓨터 애니메이션의 기술 향상을 위해 기하학과 미분학과 같은 수학적 두뇌를 필요로 한다는 점은 우리에게 시사 하는 바가 크다. 이것들이 모두 이질적 과학지식의 통합의 산물이라는 점은 분명해졌다. 이제 우리의 건강은 박테리아에 의한 질병을 치료하고 예방의학이나 약물학에 대한 지식만으로는 보장될 수 없다. 보다 많은 학제간의 전문지식을 필요로 한다. 그 가운데 하나가 심리학이다.

심리학/의학/건강

의학의 지식만으로 질병을 예방•치료하고 건강을 증진시키는 시대는 이미 지났다. 질병의 실체를 이해하고 치료하는데 의학의 지식이 차지하는 비중이 큰 것은 말할 것도 없다. 그것은 심리학을 비롯한 인접과학의 지식으로 보강 되어야 한다. 이와 같은 조류의 변화에 따라 심리학은 물론 의학과 그에 관계되는 과학자의 교육 훈련제도가 큰 변화를 맞게 되었다 (Association of American Medical College, AAMC, 2011); Institute of Medicine(IOM, 2001a,b; 2004). 다른 한편 건강전문가의 양성 및 교육방법도 큰 변화를 맞고있다. 특히 전문 직업간의 공동과제수행의 방법이 크게 달라졌다(IOM, 2013).

불행하게도 현재 시행되고 있는 건강관리체계는 사회적 요구에 부응하지 못하고 있다. 전문적 건강관리자의 훈련방법은 변화를 필요로 한다. 효과적인 건강관리자의 훈련은 여러 가지 전문지식을 가진 전문가들의 팀워크를 바탕으로 이뤄져야 한다(Cubic et al., 2012; WHO, 2010). 건강전문가를 양성하는 기관, 의과대학, 전문적 건강센터, 교육병원은 건강전문가와 전문기관에서 교육을 받은 사람들의 상호관계를 크게 증진시키는 것이 무엇보다 중요하다.

건강, 심리학, 그리고 의학은 서로 밀접한 관계가 있다. 현대인의 질병은 눈에 띄지 않은 세균은 물론 많은 심리학적 요인과 사회적 요인과 밀접한 관계가 있다. 건강과 웰빙에서 심리학적 요인과 사회적 요인이 큰 비중을 차지한다는 사실을 인정한 IOM의 행동-사회과학 위원회는 의학교육에서 행동-사회과학적 도메인을 강화하기 위해 건강-질병에서 실질 상호작용, 환자행동, 의사의 역할과 행동, 의사-환자 상호작용, 건강관리에 있어 사회적 문화적 요인, 그리고 건강정책 및 경제적 기반의 중요성을 강조하였다(IOM, 2004). 이들의 주장을 잘 분석해 보면 그들은 건강에 있어서 심리학적 원인에 큰 비중을 두고 있을 뿐만 아니라 충분히 반영되어야 한다는 점을 스스로 느낄 수 있다(AAMC, 2011).

최신 건강교육 및 의학교육에서는 심리학과 사회과학의 지식이 생물의학적 지식에 못지않게 그 비중이 높아지고 있다(Hong, 2012). 의사의 질을 향상시키기 위해서는 교과과정의 개정이 선행되어야 한다. 전통적 생물학, 물리학, 화학의 교과목에 치중하던 시대는 갔다. 이제 세포학, 미생물학, 유전학, 그리고 유전체학의 비중이 크게 강조되어야 한다. 그 외에 심리학, 행동과학, 통계학, 그리고 연구설계법의 비중이 보다 커져야 한다. 이러한 시대정신의 변화를 수용한 AAMC(2011)는 *MCAT(Medical Admission Test)*에서 생물체계의 생물학적, 생화학적 기반, 생물학적 체계의 화학적 물리적 기반, 행동의 심리학적, 사회적, 생물학적 기반, 그리고 비판적 분석과 추리기능의 지식수준을 평가할 수 있게 검사를 개정하였다.

여기서 심리학과 행동과학은 전통적으로 큰 비중을 차지하는 생물학과 생화학에 못지않은 과학으로 평가받게 되었다. 왜냐하면 의사가 환자를 진단하고 치료하는데서 생물학적 지식이 필요한 것에 못지않게 심리학과 행동과학에 대한 지식이 절대적으로 필요하기 때문이다. 2010년 미국 정부는 환자보호법에서 의사를 비롯한 여러 건강관리전문가가 한 팀으로 활동할 수 있게 패러다임을 변화시킬 필요가 있다 는 점을 제안하였다. 아울러 전문직업인이 하나의 팀이 되어 활동할 수 있는 전문직업인 간의 공동교육이 필요하다는 점도 역설하였다(Rozensky, 2011).

심리학자는 환자에게 매우 이상적인 교사의 역할을 해야 한다. 심리학자는 환자로 하여금 의사로부터 건강상태에 대한 조언을 들었을 때, 생활스타일 변화에 필요한 지시를 받았을 때, 그것을 수용 반응하는 기술은 물론, 정서 반응 제어 기술을 습득시킨다. 건강관리 환경은 매우 중요하다. 부정적 정서 반응은 혈압, 분노과정, 신경내분비체계에 부정적 영향을 준다(Phillips et al. 2012).

당뇨병이나 비만증과 같은 만성적 질병은 개인의 생활습관의 변화를 통해 예방할 수 있고 치료의 결과를 긍정적으로 변화시킬 수 있다, 개인의 행동변화에 따라 병의 결과는 크게 달라진다. 심리학자가 가지는 학습, 정서, 동기에 대한 전문적 지식은 환자의 건강과 행동변화에 직접 영향을 준다. 심리학자의 임상적 환경, 연구 환경은 환자의 질병상태를 이해하는데도 큰 영향을 준다. 동기면접은 당뇨병, 고혈압, 다이어트, 운동, 물질오용등 은 개인의 건강문제를 치료하고 관리하는데 큰 도움을 준다.

의료장면에서 심리학자가 주는 긍정적 영향은 매우 다양하다. 선진국의 의과대학에서는 심리학에 대한 특별한 교육이 필요하다는 주장이 설득력을 얻고 있다. 첫째, 심리학자는 전통적인 의과대학의 의사와 밀접한 유대관계를 맺을 필요가 있다. 이는 연구기능을 가진 심리학자의 기술을 활용하므로 서 자신들의 과학적 연구의 질을 향상시킬 수 있기 때문이다. 둘째, 전문심리학자는 비전을 가져야 한다. 심리학자들은 의학의 연구와 기술발전을 위해 자신들이 갖는 전문지식을 충분히 활용해야 한다. 셋째, 심리학자들은 연구, 봉사, 그리고 교육에 있어서 정신의학과는 무관하게 자신들의 업무를 수행한다(Hong & Leventhal, 2004).

1920년대의 미국대학의 심리학은 학생들이 선호하는 교육과목이었다. 이 흐름이 지속되어 20세기에 와서는 대학학부과정에서 가장 인기도가 높은 과학으로 자리를 굳혔다. 더 나아가 심리학은 대학원 진학 희망자가 가장 선호하는 교과목으로 인정받게 되었다. 특히 의학전공을 목표로 하는 학생들이 심리학을 선호하는 경향이 두드러졌다. 이렇게 심리학은 대학학부의 학생들뿐만 아니라 대학원, 특히 의학을 전공하고자 하는 학생들이 선호하는 교과목이었다.

20세기에 와서 미국의 역사는 새로운 변화를 맞게 되었다. 사회적, 정치적, 그리고 전문적 직업에 대한 선호도가 크게 달라지게 되었다. 이에 따라 과학적 지식의 틀이 새롭게 바뀌면서 전문직업의 세계도 개혁을 외면할 수 없게 되었다. 20세기 초의 과학적 심리학자들은 의학의 세계와 인연을 맺고 거기에서 자신들의 전문적 지식을 보다 넓게 활용하는 것이 꿈이었다.

19세기 후반부터 의학의 기술은 과학적 지식을 바탕으로 새롭게 변하였다. 이와 같은 변화는 질병 치료와 연구에 크게 기여할 수 있게 되었다. 다른 한편 미국사회에서 의학의 위상은 크게 높아졌다. 당시 의학은 실험실 중심의 진료에 역점을 두었다(Kohler, 1982; Cassed, 1991). 당시 의학교육은 기초 학문인 해부학, 세균학, 생화학, 조직학, 약물학, 생리학, 병리학에 역점을 두었다. 그것은 우연한 변화가 아니고 Harvard Medical School(1871)의 개편, Johns Hopkins University Medical School(1893)의 설립을 계기로 나타난 변화이다. 이는 의학교육개혁의 일환으로 작용하였다.

다른 측면에서도 새로운 변화가 나타났다. 모든 의과대학은 학생 선발기준을 높이고 교육기간을 2년에서 3년으로 연장하였다. 이는 후에 4년으로 연장되었다. 같은 시기에 질병, 특히 정신병에서 정신적 요인이 큰 비중을 차지한다는 사실을 두고 큰 논쟁이 벌어졌다. 이를 계기로 의과대학 교육에 심리학의 교육이 포함되어야 한다는 점에 의견이 일치되었다. 의료장면에서는 환자 치료에 심리학적 지식이 필요하다는 의사들의 주장이 대두되었다. 대표적인 사람이 보스턴에 있는 Tufts Medical School의 George Dearborn이다. 그의 주장에 의하면 의사는 심리학에서 두 가지 사실을 배울 필요가 있다고 한다. 첫째는 정상에서 벗어난 환자의 정신적 과정에 대한 지식을 얻고, 둘째는 의사-환자의 관계이다. 특히 질병이 환자의 생활에 미치는 영향, 질병회복과정에 대한 심리학적 설명이 필요하다(Dearborn, 1901; 1909). 이와 같은 주장에 많은 의사들이 뜻을 같이 하였다.

심리학이 의학교육과정에 포함되어야 한다는 점에서 의견을 달리하는 사람은 없지만 심리학을 의학교육 프로그램에 포함시키는 것을 반대하는 의견은 많았다. 거기에는 그럴 만한 이유가 있었다. 첫째, 당시 심리학, 정신과학, 신경학은 의학교육의 중심에서 소외되고 있었다. 그러므로 정신과 의사와 신경과 의사는 존경을 받는 위치는 아니었다. 그러한 상황에서 심리학이 전통의학교육 커리큘럼에 들어가는 것은 생각할 수도 없었다. 특히 의학교육의 선봉에 있었던 Abraham Flexner(1866-1959), William Henry Welch(1850-1934) 등은 의학교육과 임상에 있어서 심리학의 중요성은 전혀 인정하지 않았다. 이러한 상황에서 심리학이 의학교육 프로그램에 들어가는 것은 불가능하였다.

둘째, 심리학자와 인접 진료과의 의사들은 자기들에게 심리학적 지식이 절대 필요하다고 주장했지만 의료개혁자들은 그것을 외면하였다. 이와 같은 어려움을 타개하는 한 수단으로 심리학자들은 의사들에게 실험심리학의 본질과 그들이 사용하는 실험적 방법의 우수성을 역설하고 시범을 보이기도 하였다. 하지만 아무런 소득을 얻지 못했다. 미국의 의학교육에서 심리학의 역할이 높게 평가된 것은 20세기 후반이다(Matarazo et al., 1981). 미국의사회는 건강관리에서 심리학적 지식이 유용하게 활용된다는 사실을 인지하면서 심리학자의 전문성을 인정하고 전문지식을 공유할 것을 제안하기도 하였다.

심리학자가 임상적 전문기술을 가지고 시민의 건강관리에 직접 참여하기 시작한 것은 2차 대전 후이다. 심리학자들은 이를 계기로 축적한 전문지식을 바탕으로 건강과 질병에 대한 연구와 임상 업무에 본격적으로 참여하기 시작했다. 심리학자들은 의과대학,종합병원, 정신병원,구호병원에서 건강과 질병에 대한 연구와 임상업무에 직접 관여 할 수 있게 되었다. 이와 같은 전문적 활동을 높이 평가한 APA는 1978년 건강심리학의 전문성을 인정하고 건강심리학회와 같은 전문학회를 창립하였다.

의학과 심리학

의학과 심리학이 갖는 유대관계의 역사는 매우 길다. 현대 과학적 심리학의 뿌리는 의학에서 찾을 수밖에 없다. 실험심리학의 비조는 Wilhelm Wundt(1832–1920)이다. 그는 의사였다. 하이델베르크 대학에서 생리학을 공부한 그는 고전 생리학을 접고 심리학 연구를 위해 세계 최초의 심리학 실험실을 설립하였다. 그것이 1879년으로 현대 과학적 실험학의 출발이 되었다. Wundt는 1874년『생리심리학의 원리』(*Principles of Physiological Psychology*)를 출간하였는데 이는 그의 독창적 연구 업적에 속한다. 과학적 심리학은 의학에서 태어났다. 현대 과학적 심리학의 발전에는 많은 의사가 크게 공헌했다. 대표적인 의사로는 Wilhelm Wundt(1832–1920), William James(1842–1910), Ivan Pavlov(1849–1936), Herman von Helmholtz (1821–1894), Franz Anton Mesmer(1734–1815), Sigmund Freud(1856–1939) 그리고 Arnold Gesell(1880–1961) 등이다. 의사 멘토 Wundt는 'Psychologist'라는 용어를 처음으로 쓰기 시작하였다. 그래서 후세의 심리학자들은 그를 현대 심리학의 창시자라고 부른다. Wundt의 실험실에서는 훌륭한 심리학자가 많이 배출되었다. 대표적인 학자로 James Mckeen Cattell(1860–1944)과 Lightner Witmer(1832–1920)를 들 수 있다. Wundt의 실험실을 거친 Cattell은 미국 대학 역사상 최초의 심리학 교수로 임명되었고(1889), Witmer는 펜실베이니아 대학에 세계 최초의 임상심리진료소를 개설하였다(1896). 그는 임상심리학의 영역을 개척했다는 점에서 높이 평가받고 있다. 이들은 최초로 PhD 학위를 받은 심리학자라는 점에서 특기할만하다. 당시 환자 치료에 심리학적 관심을 가진 의사들은 오늘날 심리학자들이 하는 일도 스스로 수행하였다.

역사적으로 보면 의학과 심리학은 분리해서 생각할 수 없다. 심리학은 의학, 사회학, 그리고 교육학과도 밀접한 관계가 있다(Witmer, 1907). 의학교육에 심리학이 포함되어야 한다는 주장이 나온 것은 퍽 오래전이다. Franz는『*Science*』에 발표한 논문에서 이와 같은 주장을 강력하게 펼쳤을 뿐만 아니라 의학교육에서 심리학의 공헌을 과소평가해서는 안 된다고 주장하였다. 이와 같은 역사적 사실을 보면 심리학과 의학, 의학과 심리학의 관계는 과소평가 될 수 없다.

1930년대에 이미 심리학자가 대학 교육병원의 전임교원으로서 봉사하였다는 기록이 있다. 2차 대전 후에는 그 수가 크게 증가하였다. 4차 세계건강총회에서는 의과대학의 커리큘럼에 심리학을 포함시켜야 한다는 점이 중점적으로 논의되었다. 초기의 심리학자는 대부분이 정신과나 신경과에 소속되어 있었다. 점차적으로 근무 부서가 다양해졌다. 소아과, 내과, 그리고 가정의학과 관계를 맺으면서 심리학자의 영역이 크게 확대되었다. 이를 바탕으로 심리학자는 정신건강전문가에서 건강전문가로 역할 변화를 맞게 되었다.

당시의 심리학자들은 임상업무보다 연구에 많은 시간을 할애하는 연구직을 선호하는 경향이 있었다고 한다.2003년의 조사 결과를 보면 의과대학에 근무하는 심리학자의 77%가 전임교원의 자리를 가지고 있으며 직급도 정교수(29.3%) 부교수(28.8%) 조교수(27.1%)로 다양해졌다. 심리학자의 전문적 활동은 의과대학에 한정되지 않고 간호대학, 치과대학, 공중보건대학, 약학대학, 기타 건강관련 전문기관으로 확대되었다. 1977년까지 미국 의과대학에서 근무하는 심리학자는 2,000명에 이르렀고 심리학자들이 의과대학에서 가장 큰 집단으로 성장하였다. 1980년대의 미국 의과대학은 새로운 변화를 겪었다. 의과대학에서 전임교원 자리를 가진 심리학자는 3,000명에 이르렀다. 더 놀랍고 흥미로운 사실은 그들이 정신의학과에 만 종속되지 아니하고 다른 전문과에 관심이 많았다는 것이다.

의료기관의 심리학자

건강관리 전문가로서의 심리학자는 명칭이 다른 여러 가지 형태의 정신건강학과에서 활동하고 있다. 그들은 정신의학과, 심리학과, 행동과학과는 물론 가정의학, 내과, 신경과, 신경외과, 산부인과, 소아과, 재활의학과, 외과, 신경과학과에서 활동하고 있다. 실제 심리학자들이 어떤 역할을 하는가. 몇 가지로 나눠 생각할 수 있다.

심리학은 STEM(Science, Technology, Engineering, Mathematics)의 핵심과학으로 과학적 통찰력향상, 기술적 혁신, 과학과 기술학습에 큰 도움을 주고 있다. 그럼에도 불구하고 미국의 과학재단과 경제협력위원회는 심리학을 STEM 학문분야와는 거리가 먼 것으로 생각하는 경향이 있었다. 사실 의학과 심리학은 다른 과학 학문분야에 영향을 주는 중추과학에 속한다(Cacioppo, 2007). 이 두 분야는 매우 긴밀한 관계가 있어 학제간 연구의 기반이 되었다. 이들은 박사학위를 가진 심리학자의 도움을 필요로 하였다. 이 수요를 충족시키기 위해 미국 보건원은 PhD 학위소유 심리학자 양성을 위해 많은 투자를 했다. 왜냐하면 이 PhD 학위를 소유한 심리학자는 의사에게 부족한 생물심리 사회적 모델에 대한 지식을 제공할 수 있기 때문이다(Schweitzer & Ellis, 2008). 당시 심리학자들이 가진 학문적 훈련의 질은 다른 건강전문분야에 종사하는 사람이 가진 것에 비해 월등하게 높았기 때문에 그들이 가진 연구기술은 질병의 생물심리 사회문제 연구에 매우 광범위하게 그리고 매우 유용하게 사용되었다.

건강전문직업의 세계에서는 수준 높은 전문직업간의 상호보충 교육을 절실히 필요로 하였다. 그것은 각 전문영역간의 벽을 허물고 환자를 위한 통합된 지식을 얻을 수 있는 매우 유용한 방법이다. 이것은 환자의 건강증진을 위한 필요하고도 충분한 조건이다(IOM, 2003). 의과대학 소속의 심리학자에게 주어진 임무는 학생에 대한 심리학 교육이다. 이러한 특성 때문에 의과대학의 심리학자들은 전문교육자들과 보다 많은 접촉의 기회를 가질 수 있게 되었다.

의과대학 소속의 심리학자는 장차 의사가 되고자 하는 학생들에게 새롭고 유익한 심리학의 지식을 교수한다. 첫째, 의학의 새로운 영역인 행동주의 심리학적 의학, 건강의 심리적 사회적 측면에 대한 교육은 무엇보다도 시급하고 중요하다. 둘째, 근거중심의 원리를 바탕으로 한 진료기술 및 그에 필요한 지식을 교수하는 일이다. 셋째, 의사와 의학도에게 연구방법, 특히 통계적 연구방법의 중요성을 인식하고, 근거중심의 연구에서 발견된 사실을 진료에 활용하는 방법을 교육시키는 일이다. 심리학자는 기성 의사나 의학도들에게는 멘토의 역할을 한다. 심리학자들의 교육대상은 기성 의사나 의학도에 한정되지 않는다. 건강증진기관에 봉사하는 전문가들에 대한 교육은 물론 그들이 필요로 하는 건강관리의 지식을 교육하고 업무수행에 대한 슈퍼바이저의 역할도한다.

임상심리학은 임상 교육 연구기관의 행정업무 담당자로 적합하다는 평을 받고 있다. 왜냐하면 임상심리학자는 대인관계의 기술이 뛰어나고 카운슬링 기술이 특출하기 때문이다. 특히 임상심리학자는 의과대학의 핵심적 활동에 있어서 특출한 기술을 가진 행정가로 적합하다는 인정을 받고 있다. 또 임상심리학자는 학생입학, 학업성적의 평가에는 물론 교수 인사위원회의 위원으로서의 능력도 높이 평가받고 있다. 건강관리 기관과 그 기관에서 봉사하는 사람 간에 원만한 대인관계를 유지하고 보다 수준이 높은 환자의 건강관리가 수행될 수 있게 환경을 조정하는 것도 심리학자의 업무에 속한다. 심리학자는 대학병원과 교육병원 등 심리학적 서비스 기관의 책임자가 되기도 한다. 다른 한편 대학 행정부서의 책임을 맡는 수도 있다. 보통 심리학자의 68%는 이러한 행정업무에 관련된 것으로 알려져 있다.

의료기관을 찾는 환자에 대한 성실한 봉사는 심리학자의 기본적 업무에 속한다. 일차 진료기관에 의뢰되는 환자 60%에는 정신건강문제가 따른다(Cummings et al.,1997 ; Belar, 1996). 연구결과에 따라 다소간의 차이가 있기는 하지만 일차 진료소에 의뢰되는 많은 환자는 정신적 문제를 호소한다. 이러한 환경일수록 심리학자의 전문적 역할은 커질 수밖에 없다.

심리학자는 뒤에 자세히 설명하게 되는 경험적 지지치료에 역점을 두고 있다. 심리학자들은 정신병원이나 일반병원에서 발생하는 심리학적 문제, 정신의학적 문제를 가진 사람에 대한 치료에 관심을 가지고 연구하고 진료한다. 그들의 일차적 임상적 활동은 예방과 평가이다. 심리학자는 건강생활 스타일 향상과 질병 위험요인 경감에 많은 관심을 갖는다. 이러한 임상봉사활동의 본질은 건강의 생물심리사회적 모델의 기본 과정과 다르지 않다(Engel, 1977). 이 모델에 의하면 건강과 질병은 개인의 생활스타일, 건강 신념의 상호 작용에 의해 결정된다고 한다.

의과대학에서 근무하는 심리학자의 3/4은 임상활동에 치중한다. 이들 가운데 치료에 열중하는 사람이 있는가 하면 평가업무(85%–90%)에 많은 시간을 할애하는 사람도 있다. 극히 소수이기는 하지만 임상적 활동과는 전혀 관련이 없는 일에 종사하는 사람도 있다. 일반적 추세로 보면 임상심리학자는 임상적 치료에 18%, 그리고 임상적 평가에 16%를 활용하는 경향이 있다. 이와 같은 추세는 Pate & Konout (2004)의 현대자료와 크게 다르지 않다.

일반적으로 의과대학에는 여러 분야의 전문지식인 들이 근무한다. 그러므로 다양한 연구, 교육, 그리고 임상적 활동들이 활발하게 이뤄진다. 이것이 전문직업간의 교육이며 치료이다. 전문직업간이라는 용어에는 학제간, 학문의 한계를 초월한, 중다학문간이라는 의미가 내포되어 있다. 여기에는 여러 학문의 기술이 통합된다는 의미가 내포되어 있다. 이는 매우 새로운 학문으로 생각될지 모르지만 사실은 IOM이 40여 년 전에 환자의 건강을 위해 보다 높은 수준의 지식을 탐색한 끝에 발견•체계화한 새로운 과학이다. 이들은 환자에 대한 효과적 치료를 위해서는 환자, 그 가족, 그리고 지역사회가 동일한 목표를 세우고 그것을 추구할 필요가 있다고 주장하였다. 불행하게도 현대 건강전문교육에서는 이와 같은 주장의 필요성이 널리 그리고 심도있게 수용되지 못하고 있는 것 같다. 환자에 대한 효과적 치료를 위해서는 이러한 교육, 즉 전문직업간의 협동교육이 선행되어야 한다.

전문직업간의 교육을 통해 치의학, 간호학, 약학, 공중보건학등 은 전문직업간의 학습기회를 얻을 수 있다(IECEP, 2011). 또 자기의 전문지식 외에 보다 새롭고 많은 지식을 습득할 수 있고 서로 경험을 나눌 수 있다. IECEP는 WHO(2010)의 전문직업간의 교육목표를 수용한다. 전문직업간의 진료는 서로 다른 지식을 가진 사람이 환자, 가족, 사회와 어울리므로서 보다 질이 좋은 건강을 신장시킬 수 있다. 정신의학과 가정의학의 영역에서도 심리학자의 전문직업활동을 필요로 한다(Holloway, 1995). 특히 의과대학에서는 심리학자, 의사, 간호사, 약사, 기타 건강 전문직업간의 협동 연구의 중요성이 강조되어야 한다. 건강에 있어서 심리학적 요소가 차지하는 비중은 크다. 그러므로 복잡한 전문직업간의 통합이 이뤄지고 그것을 바탕으로 연구와 치료를 설계할 때에는 심리학자의 간여는 배제할 수 없다.

제2장

근거중심의 의학

근거중심의 의학

근거중심의 의학은 캐나다 멕머스터 대학의 임상역학, 생물통계학 및 의학실험실에서 탄생하여 영국 옥스퍼드의 국민건강서비스센터에서 성장한 21세기의 새로운 건강관리 패러디임이다. 근거중심의학의 개념은 멕머스터 대학의 Gordon Guyatt(1953-)가 1992년 *JAMA*(268, 17, 2420-2425)에 처음으로 소개되면서 호기심 많은 의학자의 관심을 끌게 되었다. 그의 논문은 의학진료의 새로운 패러다임을 탄생시킨 기폭제가 되었다. 근거중심의학은 직관이나 체계가 결여된 임상적 경험을 배격하고 병적이론을 기초로 한 임상적 의사결정을 배격한다. 그 대신 임상적 연구에서 얻은 사실에 큰 역점을 둔다. 그 외에도 근거중심의학은 의사에게 새로운 여러 가지 기술 습득을 요구한다. 근거중심의학은 첫째, 효율적인 문헌 탐색을 통해서 얻은 사실을 임상적 정상규칙으로 삼는다. 둘째, 의사에게는 근거중심의 의학교육이 필요하다. 여기에는 여러 가지 책략이 필요하다. 근거중심의 세미나도 필요하고, 근거중심 치료센터를 구경하는 것도 한 가지 방법이다. 이것이 Guyatt가 주장한 근거중심 의학의 핵심이다.

근거중심의학의 발달에 큰 공헌을 한 사람은 영국 옥스퍼드의 David Sackett(1934-)이다. 그는 미국 출생으로 캐나다 멕머스터 대학의 역학과 생물통계학 교수를 거쳐 영국 옥스퍼드로 옮겨 근거중심의학 발전을 이끌어갔다. 그는 1994년에 국민건강서비스제도를 정착시키는 한편 옥스퍼드 대학에 근거중심의학 교육기관을 설립하였다. 그 공로가 인정되어 그는 유럽의 근거중심의학의 창시자로 인정받게 되었다. 그는 1996년 *BMJ*(312, 71-72)에 발표한 논문을 통해 근거중심의학의 실체를 자세히 밝혀 놓았다. 즉 근거중심의 진료, 임상적 전문지식의 본질을 분명하게 밝혔다. 그의 주장에 따르면 근거중심의학은 가장 최근에 발표된 가장 훌륭한 지식을 양심적으로 솔직하게, 그리고 사리에 맞게 활용해야 한다고 주장하였다. 다른 한편 근거중심의학의 진료는 개인의 임상적 전문지식을 바탕으로 이뤄져야한다. 전문적지식은 체계적 연구를 통해서 얻은 가장 쓸모가 있고 외적 근거가 분명해야 한다. 활용할 전문적 임상지식은 개인의 임상적 경험과 임상적 실연을 통해서 얻은 숙달성과 판단력이 포함되어야 한다고 주장했다.

환자에 대한 보다 효과적이고 보다 능률적 진단을 위해 보다 사려 깊은 확인, 개인 환자의 환경, 권리, 기호 등이 고려되어야 한다. 새롭게 도입된 근거중심의학의 개념은 새로운 건강관리체계를 탄생시킬 수 있었다. 새로운 건강관리체계의 한 영역으로서의 근거중심의 진료체계는 전통적 건강관리체계와는 몇 가지 점에서 크게 다르다. 근거중심의 진료에서는 진료자의 임상적 경험이나 직관에서 얻은 자료보다는 객관적 자료에 보다 큰 비중을 둔다. 근거에 기초한 진료, 특히 특정한 개인에 대한 의사결정은 연구자 혹은 진단자가 가지는 임상과학적 근거에 바탕을 두고 이뤄져야 한다. 임상과학적 근거는 임상적 전문지식을 바탕으로 이뤄져야 한다. 이 지식은 보다 건전한 것이라야 한다. 이를 위해서는 환자의 가치, 체계, 환경, 그리고 기호 등이 충분히 고려되어야 한다. 과학적 근거가 결여된 의사결정은 환자에게는 물론 진료자에게도 아무런 의미가 없다.

과학적 근거는 과학적 방법을 거쳐서 얻어진 지식이라야 한다. 과학자가 원망적 사고에서 벗어나지 못한 지식, 허위성이 판명된 가설위에서 수행된 실험에서 얻어진 지식, 외견상 과학적으로 보이나 과학적 방법을 거치지 않은 것, 또 그와 같은 방법을 거치지 못한 것은 진료의 근거가 될 수 없다. 이것은 카고컬트(Cargo Cult) 지식에 불과하다, 이 개념은 1965년 노벨물리학상을 받은 켈텍의 이론물리학 교수 Richard Fenynman(1918-1988)이 1974년 어느 강연에서 처음으로 언급되었다. 임상적 전문지식은 임상자의 경험, 교수, 그리고 축적된 기술을 바탕으로 한 지식으로 다른 임상장면에 보다 널리 활용 가능한 것이라야 한다.

근거중심의학의 구조

의학에 있어서 근거중심의 접근방법은 의학 전반에는 물론 정신의학, 심리학, 사회복지학의 영역에도 큰 영향을 주었다. 그 결과 근거중심의 정신의학(Torry et al. 2001), 근거중심의 심리학(Chembles & Ollendick, 2001), 근거중심의 간호학, 그리고 근거중심의 사회복지학(Crawford et al. 2002)이 새롭게 탄생하게 되었다. 보다 더 큰 공헌은 근거중심의 진료체계가 21세기의 새로운 건강관리 체계를 수립하는 초석이 되었다는 점이다(IOM, 2001).

현대 근거중심진료의 메타돌을 분석해 보면 〈그림 2-1〉과 같이 3개의 원으로 구성되어 있다는 사실을 발견할 수 있다. 원 하나 하나는 곧 근거중심진료 기능을 한다. 근거중심 진료의 3대 도메인은 가장 유용한 연구 결과, 임상적 전문지식, 환자의 가치, 기호, 특성, 그리고 환경으로 구성되었다. 근거중심의 진료는 3개의 기능을 통합시키는 과정, 혹은 3개 기능을 임상적 의사결정 과정을 통해 하나로 통합하는 과정이다. 근거중심 진료는 최선의 연

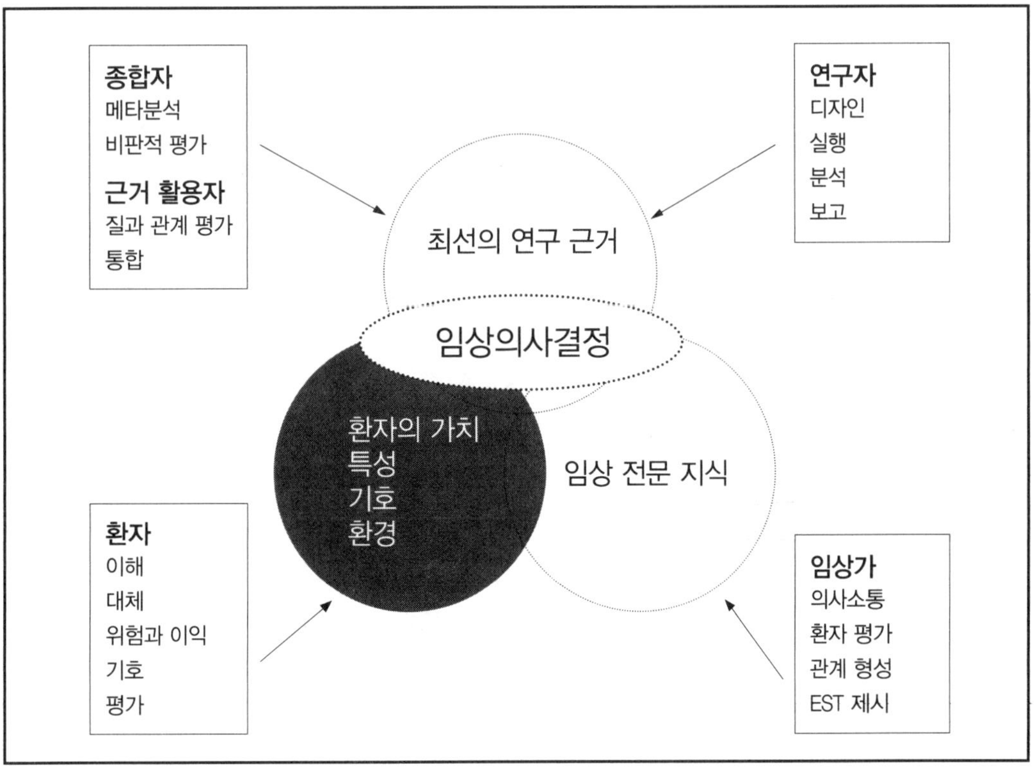

〈그림 2-1〉 근거중심의 임상진료 고리

구결과에 큰 비중을 둔다. 최선의 연구결과는 제기한 문제에 따라 달라진다. 예를 들면 질병의 원인과 그 예후에 대한 최선의 연구결과는 계기적 연구에서 얻을 수 있다. 최선의 효능성과 유효성에 대한 연구결과는 무작위통제실험(Randomized Controlled Trial, RCT) 결과에서 발견할 수 있다. 이 방법은 자료의 편향이나 오류를 최소화하기 위해 일반적으로 사용된다. 근거피라미드 혹은 근거계층표를 작성하기 위해서는 많은 자료에 대한 체계적 개관이 필요하다. 이는 많은 치료결과에서 발견된 결과를 종합하는 필수과정이다. 임상적 진료를 통해 얻어진 사례에 대한 보다 많은 연구가 필요할 때에는 특정사례를 중심으로 한 단일사례연구(N=1)가 바람직하다.

임상적 전문지식의 기준은 전문가에 따라 다르다. 임상적 전문가의 비판은 개념의 모호성에 집중된다. 이는 의심할 여지가 없는 직관과 같은 의미를 갖는다. 경험적 연구의 질은 일반적 치료 요인, 예를 들면 치료자의 온화함, 치료적 친화관계의 특성에 의해 결정된다. 이와 같은 특성은 치료자의 훈련 초기부터 뚜렷하게 나타난다. 아직 우리에게는 이와 같은 특성을 발견하는 과학적 방법은 없다. 건강전문가가 임상 전문지식을 얻기 위해서는 자신에게 필요한 특별한 능력을 발견해서 성취할 필요가 있다.

환자의 기호수준에 대한 정보가 필요하다. 환자가 스스로 자기의 기호에 따라 치료수단을 선택할 수 있다. 하지만 전문가들이 공동으로 건강에 대한 의사결정을 하는 것이 보다 더 바람직하다. 여러 사람의 의견을 모아 의사결정을 할 때 환자는 자기 자신의 건강관리에 보다 큰 관심을 가지게 된다. 공동의사결정이 실현되기 위해서는 두 가지 선결조건이 충족되어야 한다. 그 하나는 온정적 치유모델에서 벗어나야 한다. 즉 치료자가 환자를 위해 의사결정하는 것은 피해야 한다. 다른 하나는 공동으로 치료모델을 개발해가는 진전과정이다.

치료제공자는 환자의 의사를 존중해야 한다. 또 환자가 자신의 가치와 진료에 대한 선호를 분명하게 주장할 수 있게 도와주어야 한다. 환자의 기호를 종합하는 것은 불가피하다. 하지만 그것은 매우 복잡하다. 환자가 위험성과 효율성을 평가하는 것은 사람에 따라 다르고 그것은 주관적인 것이다. 그것은 환자가 이미 이전에 생각했든 것은 아니다. 효과적인 숙고를 위해서는 잘 알지 못했던 정보를 필요로 한다. 환자는 자기 스스로 자신이 어떤 치료를 받을 것인지 스스로 결정해야 한다. 약물치료를 받을 것인가 심리치료를 받을 것인가, 아니면 두 가지 치료를 다 받을 것인가를 스스로 결정해야 한다. 의료보험 혜택의 대상 여부도 확인해야 한다.

근거중심의학의 역사

근거중심의학의 역사는 19세기 Pierre Louis(1787-1872)에서 시작되었다. 그는 의학의 소중한 정보는 환자에 대한 관찰결과에서 얻을 수 있고, 그 자료는 통계적으로 분석한 결과에서만 얻을 수 있다고 주장하였다. 이점은 현대 근거중심의학의 주장과 매우 일치한다. 오늘날의 근거중심의학의 운동은 1970-1980년대의 역학적 방법에 기초를 두고 있다. 특히 현대 근거중심의학의 성장발달에 보다 큰 공헌을 한 것은 스코트랜드의 의사 Archibald Cochrane(1909-1988)이다. 그는 어떤 지식도 체계적 연구에 의해서 그 효율성이 확증되기 전에는 임상진료에 활용되어서는 안 된다고 주장하였다. 그는 전통적 의학에서 근거의 중요성을 크게 강조하지 못한 점을 비판하고 그것을 극복하기 위한 방법도 제시하였다. 그 가운데 하나가 무작위통제실험법이다.

이를 계기로 근거중심의학의 연구방법은 큰 변화를 가져왔다. 그것이 1980년대이다. 1980년 중반부터 임상가는 문제를 설정하고 평가하고, 결과를 해석하는데 보다 신중을 기할 수 있게 되었다. 특기할 만한 것은 1992년에 발표된 Gordon Guyatt의 논문이다. 1990년대에는 임상전문학회지가 발간되는 것을 계기로 근거중심의학의 가이드라인이 여러 연구자에 의해서 발표되었다. 가장 큰 비중을 갖는 것은 David Sackett와 그를 지지하는 연구자들의 업적이다. 실제 연구에서 그들은 환자의 문제를 해답이 가능한 임상적 의문점으로 전환하고, 그 문제에 대해 최선 근거를 제시하고, 근거에 대한 타당성을 비판하고, 평가자의 임상적 전문지식과 환자의 가치와 환경에 통합시키고 그리고 임상과정에서 나타난 결과를 보다 더 발전시킬 수 있는 방법을 모색하는 다섯 단계의 임상적 의사결정과정을 거친다(Sackett et al. 2000). 근거중심의학의 가이드라인은 과학적 근거의 수준을 결정하는 체계적 과정이다. 이를 통해 임상가는 환자의 개인적 특성을 이해하고 그것을 바탕으로 치료를 한다.

근거중심의학의 접근법은 일반 의료행위자에게 큰 도움을 준다. 의사가 근거중심의학의 본질을 수용하기 위해서는 연구결과를 이해해야 하고 그 연구방법을 숙지해야 하는 어려움도 있다. 실제 일반 의사를 대상으로 한 연구에서 20-35%의 의사들이 이러한 어려움을 호소하고 있다는 경험적 자료도 있다. 실제 임상가의 근거중심의 치료능력은 무한한 것이 아니다. 치료자가 새로운 기술을 습득하는데 많은 시간이 필요하다. 부적절한 기술로 환자를 평가하기도 한다(Sackett et al., 2000). 근거중심의학의 방법론은 많은 비판을 받고 있다. 초기의 근거중심의학, 근거중심진료는 의학의 과학적 특성을 지나치게 강조하였다. 그들은 간호학이나 다른 전문 과학이 갖는 기술의 중요성에 전혀 관심을 갖지 않는다.

근거중심진료는 개인의 특성을 고려하지 못하고 메뉴얼에 따라 치료하는 경향이 있다. 치료자가 근거중심진료 연구결과를 임상장면에 활용하기 위해서는 환자의 환경, 기호, 그리고 가치를 보다 깊이 고려할 필요가 있다. 임상가와 환자는 진단과 치료를 위한 임상적 결과와 삶의 질을 향상시키는데 필요한 친화관계를 유지해야 한다 (Sackett et al, 2000). 근거중심의학의 활용에 대해 여러 가지 논쟁이 있다. 우선 의사결정과정에 이전 연구에서 얻어진 중요한 근거는 무엇이고, 그것이 얼마나 중요한 의미를 가지고 있는 것인가를 결정하는 것이 곧 근거중심의 판단이다. 현대 근거중심 진료의 뿌리는 근거중심의학(Evidence-Based Medicine, EBM)이다. 그 역사는 다른 근거중심의 과학의 역사보다 길다. 근거중심 진료 역사는 미국, 영국, 그리고 캐나다에서 독자적으로 발전하였다.

현대 근거중심의 진료운동은 북미에서 시작되었다. 20세기 초 의학에서는 살균제를 바탕으로 외과기술, 예방접종, 공중위생의 기술을 발달시켰다. 이를 계기로 과학적 기술과 사이비 치료기술은 확실하게 구분되었다. 이와 같은 추세에 따라 미국의학회(AMA)는 의사의 질을 높이는데 관심을 가지게 되었다. AMA는 의학교육에 있어서 과학에 기초한 교과과정의 운영과 엄격한 훈련에 보다 큰 비중을 두었다. 그러나 모든 것이 순조롭게 진행되지는 않았다. 많은 저항에 부딪치기도 하였다. AMA는 카네기재단의 도움을 받아 독일의 교육이론가이며 실제 교육에 종사하는 Abraham Flexner(1866-1959)에게 미국 의과대학에 대한 실태조사를 의뢰하였다. Flexner는 18개월에 걸쳐 155개 의과대학을 방문한 결과를 바탕으로 1910년에 보고서를 제출하였다. 이 보고서에 따라 31개 의학교육기관이 폐쇄되고 1935년에는 Flexner가 조사한 의과대학 가운데 반 이상이 폐쇄 조치되었다(Beck, 2004).

북미에서는 보다 질이 높은 건강운동이 20-21세기에 걸쳐 꾸준히 계속 되었다. 1973년 John Wennberg는 새로운 사실을 발견하였다. 즉 여러 가지 조건을 통제한 상황에서도 지방에 따라 주민의 건강 상태가 서로 다르다는 점, 또 의료비는 각 지역의 의료 자원에 따라 크게 증가한다는 사실을 발견하였다(Wennberg & Gittelsohn, 1973). 정부에서는 같은 시기에 발표한 효과적인 치료결과와 임상치료 결과의 차이를 조사한 바 15-25%의 의료행위자만이 보다 건전한 근거를 바탕으로 환자를 진료하고 있다는 사실이 밝혀졌다(Booth, 2007).

John Wennberg가 미국의 새로운 의학 전망을 발표하였을 때 영국에서는 Archibald Cochrane(1909-1988)이 근거중심의 진료운동을 전개하였다. Cochrane은 영국의 역학자로서 새로운 역학조사방법을 체계화 하는데 크게 이바지 하였다. 1950년 그는 광산촌의 광부를 대상으로 폐질환의 계기적 연구체계를 구축하였는데 그것이 곧 론다연구계획(Rhondda Fach Schema)이다. Cochrane은 전쟁포로를 대상으로 무작위 임상전문경험을 쌓고 그것을 국민건강보험체계로 활용하려고 하였다. 왜냐하면 이 방법은 신빙성이 보장되고 다른 치료방법보다 쉽게 활용할 수 있기 때문이다.

1980년대 멕머스터 대학에서는 임상역학에 대한 방대한 연구가 수행되었다. 주로 건강치료에 대한 결정요소와 그 결과에 대한 연구가 주축을 이루고 있었다. 이 운동을 주동한 사람은 David Sackett(1934-)였다. 그는 최초로 근거중심의 의학(Evidence-Based Medicine, EBM)이라는 용어를 사용하였다. 이 용어는 의학의 과학적 연구에 새로운 방향을 제시할 수 있었다. 이것을 바탕으로 멕머스터 그룹의 진료자들은 무의식적 의사결정을 피하고 보다 효과적으로 근거에 기초한 의학 연구방법을 선호하기에 이르렀다. 그들은 질문 단계에서 의문점을 제시하고, 획득 단계에서 과학적 근거를 바탕으로 그에 대한 해답을 탐색하고, 평가 단계에서 문제의 질, 관계, 임상적 의미를 평가하고, 그리고 결과를 바탕으로 성과를 평가하는 5AH단계를 거친다(Sackett et al. 2000). 멕머스터 그룹은 이 패러다임을 바탕으로 건강체계의 발전에 크게 공헌하였다. 그들은 근거에 기초한 진료의 체계를 구축하였을 뿐만 아니라 건강정보과학이라는 새로운 기술을 도입하여 임상가에게 큰 도움을 제공하였다. 이는 진료자가 필요한 정보를 수집·보관·활용하는 과학이다. 또 이는 의사결정에 필요한 기술체계를 포함하기도 한다.

근거중심의학의 유익성

근거중심의학은 환자의 질병을 보다 효과적으로 치료하는데 큰 도움을 준다. 근거중심의학은 확실한 근거의 중요성을 강조한다. 의학의 기술은 다른 영역의 기술보다 크게 발전하였다. 하지만 질병에 대한 역학적 근거를 찾기가 쉽지 않음을 치료자나 연구자는 흔하게 경험한다. 이러한 어려움을 여러 가지 방법으로 해결하고 있다. 그 가운데 하나가 근거중심의학적 기술이다.

전문가는 물론 문외한들 가운데에서도 기존의 질병 치료방법을 회의적으로 보는 사람이 많이 있다. 치료를 받는 환자가 치료효과를 크게 기대하지 않는 사람도 많이 있다. 심지어는 치료의 효과를 경험한 사람 가운데서도 그 효과를 회의적으로 보는 사람이 많다. 진료자는 치료를 받은 사람이 만족할 수 있는 치료기법을 익히고 그것을 바탕으로 환자를 치료할 필요가 있다. 이러한 필요에 따라 개발된 것이 근거중심의학기술이다. 이는 전통적 치료기법을 결코 평가절하 하는 것은 아니다. 근거중심의학적 기술은 전통 의학적 기술과 상호보완관계를 유지해야 한다.

불행하게도 우리 주위에는 의술의 가면을 쓴 비도덕적 치료자가 많이 있다. 그들은 현대 과학적 기술을 외면하고 퇴색한 의술을 고집하고 있다. 이러한 불행한 환경에서 환자는 완전히 질병에서 해방되기는 어렵다. 이러한 불행한 환경의 개선을 위해서는 근거중심의학의 지식이 도입될 필요가 있다. 근거중심 의학적 기술은 보다 포괄적으로 보다 합리적 기술체계를 갖춘 과학적 기술이다. 하지만 완전무결한 과학적 지식과 방법은 없다, 의학도 예외는 될 수 없다. 이를 극복하기 위한 많은 노력을 기울일 필요가 있다. 현대의학교육은 연산법에 큰 비중을 둔다. 이러한 관점에서 보면 근거중심의 의학자들은 과학적 의사결정을 선호하고 있다는 점을 알 수 있다(Norman, 1999). 근거중심의 의학적 기술과 이론은 모두 의사의 교육훈련의 기반이 되고 있지만 본인들이 그것을 느끼고 있지 못할 뿐이다. 이것이 근거중심의 진료에 부정적 효과를 주고 있다. 어떠한 경우라도 근거중심의 의학기술과 이론에는 제일성과 명료성이 보장되어야 한다.

근거중심의학의 과학적 기초 : 경험론/환원론

과학의 틀 안에서 근거중심진료의 역할과 기능을 이해하기 위해서는 이 방법이 갖는 과학의 일반적 배경을 살펴볼 필요가 있다. 과학이란 무엇인가? 또 그것은 어떻게 발전하는가? 과학은 가장 효과적으로 인간의 본성을 이해하는 방법이다. 이 안에는 물리적 대상뿐만 아니라 인간의 언어, 역사, 사회, 정치, 경제, 사고, 정서까지도 내포된다. 고대 희랍시대부터 계몽주의시대까지 과학은 급속도로 발달하였다. 현대 철학자들은 여러 가지 인간행동의 규칙과 자유의 기준을 개발하였는데 그것이 비과학적 의미로 잘못 활용되어 여러 가지 혼란을 야기 시키고 있다.

긍정적 과학의 기초는 경험주의철학이다. 이는 현상에 대한 체계적 관찰을 의미한다. 어느 과학이나 관찰을 통한 추리에서 싹튼다. 이는 보조기구나 혹은 실험적 조작에 의해 정제될 수도 있다. 긍정적 과학은 근본적으로 객관적 지각의 가능성을 믿기는 하지만 신빙도의 취약성과 오차의 잠정적 근원에 대해서는 알지 못한다. 단순이 단 한 번의 신뢰성에 집착하는 것 보다 반복관찰과 통계적 자료를 믿어야 한다. 이러한 신념에 사로잡힌 일부 과학자는 단일사례의 특성을 배제하고 일반현상에서 오는 일반적 특성에 큰 비중을 두었다.

모든 현상을 분석적으로 관찰하고 그것을 기술하는 것은 과학 분야 특히 기술교육에서는 매우 바람직하다. 지식의 상반성과 혼동의 차이는 인간행동의 원인, 심신의 문제, 게놈과 환경의 상호작용 문제를 둘러싸고 매우 빈번하게 나타나고 있다. 어떤 과학의 영역에서는 긍정적 과학의 접근법을 매우 효과적으로 활용하고 있다. 이와는 달리 환원주의적 문제분석을 배척하는 과학의 체계도 있다. 어떤 과학의 영역에서는 완벽한 경험적 특성보다는 단일사례의 특유한 특성을 연구하기도 한다. 이러한 접근방법은 의학보다는 심리학, 사회학, 혹은 경제학의 영역에서 널리 쓰이고 있다.

의학은 학문적 성격상 존경받는 과학에 속한다. 의학은 과학적 추리도 병행한다. 하지만 이것은 우리가 바라는 사고일 뿐이다. 의학은 기본적으로 이론이 결여된 고전적 학문으로 변질될 수도 있다. 의학은 건전한 과학을 바탕으로 실용적 과제를 다룰 수도 있다. 하지만 이것은 일반 의술시술과 순수과학의 논쟁에 직면하게 되면 서로 의견이 상충될 수밖에 없다.

제3장

근거중심의 심리치료

정신치료

정신장애에 대한 심리학적 이해는 물론 그 치료 효과에 대한 논쟁의 역사는 결코 짧지 않다. 이 문제해결을 위해 객관적 자료를 과학적으로 분석하고 그것을 바탕으로 치료의 비효율성을 과학적으로 입증한 역사는 60년이 넘는다. 정신장애의 본질을 다루는 학파는 말할 것도 없고 그들이 사용하는 치료기술도 수없이 많다. 그에 못지않게 어려운 것도 없지 않다. 동일한 자료도 서로 다른 방법으로 처리된다. 이런 상황에서 효과가 입증된 정신치료는 어떤 것이며 그것은 어느 정도 믿을 수가 있을까? 모두 현대 연구자들이 풀어야할 숙제이다.

정신치료의 긍정적 효과와 부정적 효과는 쉽게 단정 지을 수 없다. 정신치료의 효과는 기대하기 어렵다. 정신장애는 발병 2년 후에는 2/3가 자발적으로 회복된다. 이는 치료와는 전혀 무관하다. 정신치료는 환자의 문제를 악화 시키는 경우도 있다. 치료를 하지 않고 그냥 방치하면 2/3는 그 상태가 호전되는 것이 흔한 일인데 서투른 치료 때문에 환자의 상태가 퇴화된다. 이런 주장이 60년 전에 대두되었다. 전문가들은 획기적인 정신장애 치료 기술이 개발되기를 기대하지만 그것은 쉽게 이뤄지지 않는다.

런던대학의 심리학교수 Hans Eysenck(1916-1997)는 60년 전 치료 사례를 수집 분석한 자료를 바탕으로 정신치료의 비효율성, 더 나아가 무용론을 주장하고 나섰다. 그의 주장은 정신과 의사 Aubrey Lewis(1900-1975)의 전폭적 지지를 받았다. Eysenck와 Lewis 교수의 상호부조는 오늘날 영국의 임상심리학과 정신의학이 함께 세계정상에 오른 초석이 되었고 건전하게 발전하는 계기가 되었다. Lewis 교수는 앞으로의 우리 정신의학은 Eysenck식 접근방법을 도입할 필요가 있다고 역설했다.

Eysenck는 1949년 임상심리학의 실상을 보기위해 미국에 갔다. 그는 여기서 두 가지 사실을 보고 크게 놀랐다. 그 하나는 미국의 임상가들이 투사적 방법으로 환자를 진단한다는 점이었고, 다른 하나는 정신분석을 바탕으로 환자의 문제를 치료한다는 점이었다. 투사적 방법 진단법에는 타당성이 보장 되어있지 않고 정신분석으로는 치료의 효과도 기대할 수 없다는 것이 그의 소신이었다. 그는 미국 대학 순방을 통해 그의 주장을 강력히 주장하였다. 그에 대한 긍정적 반응은 없었고 냉소꺼리가 되기도 했다. 그러한 상황에서도 마이애미 대학교 Edward Erwin 교수 등은 Eysenck의 주장에 적극적으로 찬동하였다. 그 외에 Eysenck는 캐나다 브리티시 컬럼비아대학 Stanley Rachman과 미국 럿거스 대학의 Terence Wilson의 전폭적인 지지도 받았다(Rachman & Wilson, 1980).

이와 같은 값진 현장을 본 Eysenck는 귀국 후 Penguin 출판사를 통해 여러 유용한 저술을 출간하였다. 주요저서는 *Use and Abuse of Psychology*(1953), *Sense and Nonsense in Psychology*(1957), *Know Your Own IQ*(1962), *Facts and Fictions in Psychology*(1965)등이다. 이 저술들을 통해 그는 미국 임상심리학이 수정 보완할 점은 무엇이고 임상심리학 교육과 진료에서는 무엇이 문제인가를 신랄하게 비판하였다. 그 가운데 정신치료의 문제가 큰 비중을 갖게 되었다. 이들 저서를 통해 Eysenck는 정신치료의 기술에 큰 개혁이 필요하다는 점을 역설했다. 그의 주장은 60년 전이나 그가 세상을 떠난 후에도 크게 달라진 것은 없다. 정신치료의 효과를 도도 새의 재판결과처럼 매우 긍정적으로 보는 사람도 있다. 도도 새의 재판은 1936년 Saul Rosenzweig(1907-2004)가 Carroll Lewis(1832-1898)의 역작소설『엘리스의 이상한 나라의 모험』(*Alice's Advantures in Wonderland*, 1865)에 나오는 도도 새의 재판결과를 그대로 정신치료의 결과를 설명한 것이다. 그의 주장은 Luborsky, Singer & Luborsky(1975)의 논문에서도 그대로 인용되었다. 즉 치료의 결과는 치료자에 따라 크게 다르지 않다는 것이 주 내용이다.

정신치료의 본질을 이해하기 위해서는 그 발달사를 검색해보고 그 발달 과정에서 어떤 것이 주요 이슈로 등장했었는지를 자세히 살펴볼 필요가 있다. 정신치료에 대한 과학적 연구는 1920년대에 시작되었다. 1930년대에 비정신 분석적 연구가 선을 보였으나 1940년대까지 그것이 분명하게 구분되지 못했다. 1940년대에는 Carl Rogers(1902-1987)가 과학적 정신치료를 표방하면서 정신치료는 새로운 국면을 맞게 되었다.

전문가들은 넓은 의미의 정신치료가 환자의 문제치료에 도움이 되는가에 의문을 제기했다. 이에 대한 대답은 객관적 자료를 사용한 통계적 연구에서 얻을 수 있게 되었다. 이 자료에 의해 정신치료의 무용론 혹은 비효율성이 입증되었다. Eysenck(1952)는 그의 연구자료를 바탕으로 외래 환자의 67%는 치료와는 상관없이 발병 2년 후에 자발적으로 상태가 호전된다고 주장했다. 정신치료 연구자들은 정신치료의 과학적 근거를 찾는데 큰 관심을 갖게 되었다. 치료과정에서 환자나 통제집단에서 나타나는 사실을 객관적으로 측정하기 위해 Ronald Fisher(1890-1962)의 무작위통제실험, 영가설검증, 변량분석법, 같은 고전적 통계적 방법을을 도입하였다. 1960-1980년에는 정신치료에 대한 연구에 관심을 갖는 사람이 급증하면서 메타분석과 같은 고급통계적 방법이 임상가와 연구자의 관심을 끌게 되었다. 대표적인 것이 Smith & Glass(1975)의 연구이다. 이들의 연구는 메타분석법을 활용해 정신치료의 효과를 입증한 것이다. 이들의 연구에 정신치료 수준을 나타내는 효과의 크기 개념은 물론 실제 산출하는 방법을 만들었고 이를 바탕으로 보다 객관적 정신치료의 평가방법이 틀을 잡게 되었다.

Bergin(1971)은 27개의 치료효과의 분석 자료에서 정신치료의 효과가 크다는 사실을 발견하였다. Emrick(1975)도 알코올환자에 대한 27개의 심리학적 정신약물학적 치료효과가 높다는 사실을 입증하였다. Luborsky, Singer & Luborsky(1975)는 40개의 심리치료결과에 대한 통계연구 결과에서 정신치료의 효과가 뚜렷하다는 사실을 입증하였다. Smith & Glass(1975)는 카운슬링과 정신치료의 효과를 입증하고 서로 다른 치료 효과와 비교하기 위해 개인이 수행한 연구결과를 메타분석하였다. 자료 수집을 위해 그들은 『*Psychological Abstract*』,『*Disertation Abstract*』에서 500여개의 자료를 수집하여 그 가운데 375개를 보다 세밀하게 분석하였다. 치료 결과에서는 크기를 산출하고 그것이 메타분석에서 종속 변인이 된다는 사실을 발견하고 〈표 3-1〉과 같은 16개의 독립변인을 발견하였다. 이 연구에 의해 카운슬링과 정신치료는 긍정적 효과가 보장 되었다. 정신치료는 이론과 방법은 매우 다양하지만 치료 유형의 차에 의한 서로 다른 치료 효과는 발견할수 없다는 사실도 발견하였다.

〈표 3-1〉 메타분석에서 발견된 16개의 독립변인

1. 치료 형태	9. 치료자의 교육배경
2. 치료 시간	10. 치료자와 환자의 문화적 배경
3. 개별치료 대 집단치료	11. 결과의 유형
4. 치료자의 자료해석	12. 치료 후 자난 기간
5. 신경증 대 정신병	13. 결과의 위장
6. 내담자의 연령	14. 연구발표일
7. 내담자의 지능	15. 출간형태
8. 피험자의 환경	16. 연구 디자인의 내적 타당도

신경증 장애의 치료

신경증 장애는 여러 가지 방법으로 치료한다. 치료자의 교육배경과 훈련경험에 따라 정신치료도 할 수 있고 정신분석적 치료도 할 수 있다. 자신의 교육배경과 임상경험만을 바탕으로 한 치료효과는 크게 기대할 수 없다. 그것은 경우에 따라서는 환자의 상태를 악화시키기도 한다. 치료효과는 자발적 관해율로 표시되기도 한다. 이는 환자가 어떠한 치료를 받지 않아도 발병 후 2-3년이면 환자의 2/3는 상태가 호전되는데 그 비율이 곧 자발적 회복률 혹은 자발적 관해율 이다.

신경증 장애의 자발적 회복률은 정신분석이나 정신치료에 의한 치료 효과보다 월등하게 높다는 사실은 1961년 이후『*The Science Citation Index*』(*SCIR*),『*The Social Citation Index*』(*SSCiR*)에 275회나 소개되었다(Eysenck, 1980). 이와 같은 자료를 통해 신경증 장애는 발병 후 2-3년이 되면 환자의 2/3는 그 상태가 호전된다는 사실이 입증되었다. 이는 정신분석이나 정신치료의 기술에 의한 치료효과 보다 높다. 이와 같은 신경증 장애의 치료효과에 대한 수량적 자료가 공개 되었다. 보다 체계적인 이해를 돕기 위해 Eysenck(1952)의 수량적 연구 과정 및 그 결과를 살펴보자.

Eysenck(1952)는 정신분석이나 정신치료를 받은 7,000여 사례를 체계적으로 분석하였다. 이 자료는 24개의 문헌에 소개 된 것으로 환자는 정신분석 치료나 혹은 절충적 치료를 받았다. Eysenck(1952)는 편의상 환자를, 치유된 집단 혹은 현저히 개선된 집단, 개선된 집단, 약간 개선된 집단, 혹은 개선되지 않은 집단 (여기에는 사망자, 치료 중단자가 포함된다) 으로 분류하였다. 이 분류는 Landis(1938)와 Denker(1946)의 진단 기준에 따랐다.

Landis는 치료효과를 평가하기 위해 입원환자 100명당 치유된 환자의 수를 기초로 하였고, Denker는 환자의 5년간 경제활동을 할 수 있는 능력, 정신적 문제를 전혀 호소하지 않음, 그리고 성공적 사회적응의 수준을 평가하였다. 그 결과 환자의 45%가 회복되었고 2년 후에는 72%의 환자가 회복되었다. 또 입원 3년 후, 4년 후, 그리고 5년 후에는 치료와는 상관없이 환자의 10%, 5%, 4%가 각각 회복되었다.

이와 같은 사실을 바탕으로 Eysenck는 정신치료 효과의 비효율성 혹은 무용론을 이렇게 주장하였다. '정신치료, 프로이트식 치료는 물론 기타 정신치료는 신경증 환자의 회복을 촉진 한다고 주장할 수 없다. 신경증 환자의 2/3는 발병 2년 후에는 치료와는 상관없이 상태가 현저히 호전된다. 이 치료 효과는 치료방법, 환자의 유형과 관계없이 계속 유지된다. 신경증환자 관점에서 보면 이는 매우 고무적이다. 하지만 정신 치료자의 관점에서 보면 전혀 만족할 수 없다.

Ellis(1977)의 주장에 의하면 정신치료의 효과는 크게 기대할 수 없다고 한다. 왜냐하면 치료받은 환자의 1/2은 상태가 호전되고, 환자 1/3의 상태는 크게 향상되지 않고 동일한 상태를 유지하고, 1/3은 상태가 도리어 악화된다고 한다. Eysenck의 불만스러운 정신치료효과에 대한 주장은 많은 행동주의 심리학자들이 수용하였지만 정신치료자나 정신분석자의 공격은 피할 수 없었다. 주요 논쟁은 다음과 같이 요약할 수 있다. Eysenck의 주장은 수용할 가치가 충분히 있다는 것은 사실이나 그것을 무조건 수용할 수는 없다. Eysenck가 심한 도전을 받는 것은 수집한 자료에 대한 해석에 문제가 있고 2/3라고 하는 자발적 회복의 기준이 불분명하다(Bergin, 1971; Malan, 1973).

Eysenck의 주장과는 달리 정신치료 효과의 우월성을 주장하는 연구가 계속 발표되고 있다(Bergin & Suinn, 1975). Eysenck의 치료효과 기준이 분명하게 밝혀질 필요가 있다. 대부분의 행동치료자들이 주장하는 치유의 기준은 증후의 관해와 재발이 없는 상태이다. 여기서 증후는 부적응적 행동특성을 의미한다. 하지만 정신분석자는 이러한 기준에 만족하지 않는다. 그들의 주장에 따르면, 환자의 증후는 소실되었다 하더라도 자아-이드의 갈등상태는 여전히 잠행되고 있다고 한다. 증후의 관해는 치료기준으로 필요한 조건이기는 하지만 환자상태를 충분하게 설명하는 것은 불가능하다. 치료자들은 이러한 조건이 충족되지 않으면 치료효과를 주장할 수 없다. 증후 관해 현상을 주요 치료효과의 지표로 사용할 수 있으나 그것 때문에 치료효과가 잘못 해석되는 요인이 될 수 있다. 예를 들어 개인의 통찰력 수준이나 성장은 증후관해와는 직접적 영향은 없지만 이는 치료효과를 설명할 때 반드시 고려해야 한다.

정신분석 치료 효과의 기준은 엄격하게 구분할 필요가 있다. 일반적으로 정신분석 치료효과는 여러 치료 효과의 총체를 의미한다. 이는 그들 간의 차이를 무시하고 하나의 요소들을 함께 결합시킨 것이다. 이러한 결과를 바탕으로 치료효과를 논하는 것도 의미가 없다. 이와 같은 어려움을 극복하기 위해 만들어진 표준정신분석의 기준도 체계화 되어있다. 이 기준에 따르면 표준정신분석은 연합, 해석, 감정전이의 조건이 숙고되어야 하고, 환자가 경험한 아동기의 정서적 문제를 발견해서 치료한다는 조건이 충족되어야 한다. 치료자들 가운데에는 표준정신분석 치료 이외의 치료효과가 큰 치료방법이 많다고 주장하는 사람이 많다.

프로이트의 꼬마 Hans

꼬마 Hans는 Freud의 저서『15세 소년의 공포증 분석』에 등장하는 1906생의 꼬마이다. Freud는 1909년 아버지를 따라 찾아온 3세 아동 Hans를 처음으로 환자로서 만나게 되었다. 그가 곧 꼬마 Hans이다. 그의 아버지의 말에 의하면 Hans는 말을 몹시 무서워하고 그것 때문에 자유로운 외출도 할 수 없다고 한다. Freud는 아버지를 통해서 얻은 극히 제한된 정보를 바탕으로 Hans는 말에 대한 공포가 심한 아이로 진단하고 치료를 하기 시작했다.

Freud가 Hans를 직접 만나 대화한 것은 별로 많지 않았다. Hans에 대한 정보는 그의 아버지가 보내온 편지에서 얻은 것들이다. 그러므로 그 정보가 정확할 수 없다. Freud는 Hans의 말에 대한 공포는 아버지에 대한 오이디푸스 콤플렉스의 표현이라고 설명해 주었다. 이와 같은 Freud의 설명이 곧 아동의 공포형성 이론으로 굳혀지게 되었다. 이 공로가 인정되어 Freud는 괴테상을 받는 영광도 누릴 수 있게 되었다. 이 상은 프랑크프르트시가 Johann Wolfgan Goethe(1749–1832)의 위대한 업적을 기리기 위해 만들어진 것으로 큰 업적을 남긴 과학자, 문인, 의사에게만 주어진다.

Hans는 2년간의 치료를 통해 아버지에 대한 갈등이 소실되고 건강한 생활도 회복 되었다. 이와 같은 결과에 대해 Freud는 이렇게 설명하였다. Hans에 대한 2년간의 정신분석적 치료는 그의 오이디푸스 콤플렉스를 깨끗하게 해소시킬 수 있었고 보다 건전한 생활로 되돌아 갈 수 있게 되었다. 이와 같은 치료 효과를 전문가들은 어떻게 받아들였을까? Freud의 Hans 치료는 의학이 요구하는 기본 전제조차도 외면한 행동이라는 비판을 피할 수 없었다.

Freud는 Hans를 직접 면담하기보다 그의 아버지가 보내온 편지 내용을 바탕으로 치료하였는데 누가 그런 치료를 믿어줄 것인가. 환자의 치료에 있어서 의사는 반드시 환자와 대면해야 한다. 그것이 결여되면 어떤 치료도 기대할 수 없다. 치료에 성공했다고 해도 누가 그 효과를 믿어 줄 것인가. Hans는 2년간에 걸친 치료 끝에 말에 대한 공포가 소실되었다. Freud는 이것은 Hans가 아버지에 대한 외디푸스 갈등이 해소된 것으로 해석하고 만족했다. 사실 그것은 치료에 의한 것이 아니라 자연적 회복 현상에 지나지 않는다. 이와 같은 Freud의 설명은 신경증에 대한 지식을 가진 사람에게는 쉽게 수용 되지 않을 것이다. 왜냐하면 신경증은 발병 후 2-3년이면 그 증후 관해현상이 나타나기 때문이다. Hans의 말에 대한 공포증 소실은 외디푸스 갈등 해소의 결과라기보다 자연적 관해현상에 지나지 않는다. 외디푸스 갈등의 해소와는 전혀 무관하다. Hans의 말 공포증 치료결과에 대한 논쟁이 심해지자 Freud는 영광을 누렸던 괴테상도 박탈당하고 말았다. 또 사실에 대한 왜곡된 해석, 질병의 기제에 대한 지식의 결여는 곧 권위의 추락으로 이어진다.

Freud는 후세에 긍정적으로 평가 받을만한 활동도 했다. 그는 오스트리아의 정신과 의사이며 정신분석학의 창시자이다. 그는 무의식의 기제를 바탕으로 인간의 내면 세계에 대한 새로운 이해자로서, 또 정신분석적 치료의 창시자로 보다 높게 평가 받는다. 그는 Karl Marx(1818-1883), Charles Darwin(1809-1882)과 함께 20세기의 영향력이 있는 사상가로 평가되기도 하였다. 불행하게도 Marx와 Freud는 지식인이나 과학자의 뇌리에서 사라졌지만 Darwin은 위대한 과학자로서 추앙받고 있다. Freud는 처음부터 의사가 되는 것이 꿈은 아니었다. 그는 정치가가 되는 것이 꿈이였지만 유태인이기 때문에 길을 바꿀 수 밖에 없었다. 그는 정치가가 인간을 다스리는 것이나 정신과 의사가 인간의 마음을 다스리는 것은 크게 차이가 없다고 자위하기도 했다.

한때 Freud는 유럽의 의사로서는 물론 철학의 기반을 갖춘 선구적 학자로서 북미의 인접과학자들로부터 높은 평가를 받았다. 미국의 실험심리학자로서 클라크대학교의 심리학 교수였던 Edwin Boring(1886-1968)은 그의 저서『실험심리학사』(*History of Experimental Psychology*, 1950)에서 Freud를 이렇게 높이 평가하였다. '우리는 앞으로 300년은 Freud를 언급하지 않고는 인간 본성에 대한 연구도 교육도 불가능하다.' 불행하게도 Boring의 Freud 찬가는 겨우 10여년 후에 끝이 났다. 그것은 밀려드는 심리학의 새로운 조류를 막아낼 수 없었기 때문이다. 심리학에 있어서 인간 행동의 설명은 정신분석의 개념보다 행동주의 심리학의 개념이 선호되기 시작했기 때문이다.

행동주의 심리학자들은 Freud를 냉혹하게 비판 했다. 'Freud는 과학자로서의 자격은 물론 치료자로서의 기본자세도 갖추지 못한 사람이다. 그는 아집에 사로잡힌 나머지 새로운 지식도 비판도 외면하였다.' 진료자가 새로운 지식 추구의 열정이 없고 비판을 외면하는 것은 금물이다. Freud에 대한 비판은 지금도 끊임없이 지속되고 있다. 프랑스의 철학자이며 작가인 Michel Onfray(1959-)는 프랑스에서 수집한 자료를 바탕으로 Freud를 이렇게 평가하고 있다. 'Freud는 실체가 인정되지 않은 무의식으로 인간의 행동을 포장하는 사업을 평생 동안 계속한 사람이다. 또 그는 무의식을 포함한 자기의 경험을 새로운 용어로서 포장하여 새로운 사실처럼 주장하는 일을 평생 동안 지속한 사람이다. Freud의 주장은 권력의 화신과도 같다. 그것은 사람이 조작한 실험결과를 바탕으로 하여 과학의 세계를 침투해오는 날조 물과 같다.'

도도 새의 재판

한때 모든 정신치료에는 동일한 치료 효과가 보장된다는 말이 많은 치료자에게 큰 감명을 주었다. 이와 같은 주장의 창시자는 정신치료에 있어서 일반요인에 큰 비중을 둔 Saul Rosenzweig(1907-2004)이다. 그의 주장은 과학적 치료를 선호하는 치료자에게는 냉소꺼리가 되고 말았다. 왜냐하면 그는 치료 효과를 검증하기 위해 경험적 조사를 한 적도 없고 그런 필요도 느끼지 않았기 때문이다. 그는 정신치료의 일반요인 이론에 큰 비중을 두었다. 그의 주장에 따르면 모든 정신치료에는 공통되는 일반요인이 있기 때문에 치료효과가 크게 다를 수 없다고 한다. 그의 치료 및 치료효과의 이론적 기초는 Lewis Carroll(1832-1898)이 쓴『엘리스의 이상한 나라의 모험』(*Alice's Adventures in Wonderland*, 1865)에 소개된 도도 새의 재판 결과이다. 이 작품에 등장하는 많은 도도 새가 재판을 받게 되었는데 재판관이 '모든 도도 새의 활동은 모두 성공적이다. 그러므로 모두가 상을 받을만하다.'는 판결을 내렸다. 이와 같은 재판 결과를 Saul Rosenzweig는 정신치료 영역에 적용해서 모든 정신치료에는 치료기능이 있고 그 효과는 크게 다르지 않다고 주장하였다.

Rosenzweig의 도도 새 재판을 바탕으로 발전시킨 정신치료의 효과를 두고 찬반이 엇갈리는 주장이 치료자의 관심을 끌게 되었다. 정신치료에 성공하지 못한 사람은 그의 주장에서 큰 용기를 얻기도 했다(Rosenzweig, 1936). Rosenzweig의 주장이 과학적 기반에서 검토되기 시작한 것이 1970년대이고 특히 메타분석의 기술을 바탕으로 그 타당성이 검증되기 시작 하였다.

Luborsky, Sing, & Luborsky(1975)는 정신치료의 효과는 보다 객관적 방법으로 검증되어야 한다는데 관심을 가지게 되었고 그 수단으로 메타분석 이라는 통계적 기술을 도입하였다. 그 결과 서로 다른 정신치료의 효과는 큰 차이가 나타나지 않는다는 사실을 발견하게 된다. 이것이 모든 정신치료의 효과는 거의 비슷하다는 객관적 자료로 굳혀졌다. 이들의 연구는 정신치료의 효과가 통계적 방법으로 검증할 수 있게 되었다는데 큰 의미가 있다. 치료 결과는 치료 방법에 따라 크게 다르지 않다는 사실을 입증할 수 있게 되었다. 정신치료의 효과는 치료 기술에 따라 크게 다르지 않다는 사실은 여러 연구에서 밝혀졌다.

Luborsky et al. (2002)은 17개 메타분석의 결과를 분석하고 Rosenzweig(1936)의 도도 새 재판이 정당하다는 객관적 통계자료를 제시해서 도도 새 재판의 타당성을 이어갈 수 있게 되었다. Luborsky et al.(2002)는 메타분석의 결과에서 평균무수정절대효과는 Cohen의 D=0.20으로 분석 재료가 크게 다르지 않음을 입증할 수 있는 충분한 객관적 자료를 제공해 주는 결과를 가져왔다.

정신치료의 효과는 서로 다른 자료를 메타분석한 Smith & Glass(1977)의 연구에 의해서도 입증되었다. 이들은 정신치료와 카운슬링을 받은 375명의 자료에서도 정신치료의 효율성이 높다는 사실을 입증하였다. 특별치료를 받은 환자의 치료효과는 치료를 받지 않은 사람보다 치료 효과가 75%나 높다는 사실도 발견하였다. 치료효과는 특이한 환자에서 나타나지만 일반 집단에서는 의미 있는 차이가 없었다. 특히 행동치료를 받은 사람(체계적 감도감강, 행동수정)들의 효과도 큰 차이가 없고 또 로저스의 내담자 중심치료, 정신역동적 정신치료, 합리적 이성치료, 교차분석등과 같은 비행동치료의 효과에서도 큰 차이가 발견되지 않았다. 또 한 번 Rosenzweig의 도도 새 폐단의 신빙성이 확인된 셈이다.

정신치료의 효과가 치료기술에 따라 크게 다르지 않다는 사실이 Shapiro & Shapiro (1982)의 후속 메타분석의 결과에 의해 입증되었다. 우울증의 사례를 두고 살펴보자. 인지행동치료는 우울증 치료에 효과가 높다. Gloaguen et al.(1998)의 연구와 Leichsenring(2001)의 연구에 의하면 우울증 치료에 사용되는 단기정신역동치료나 인지행동치료의 효과는 크게 다르지 않다고 한다. 중간 정도의 우울증은 대인관계 치료기법으로 효과적으로 치료된다는 사실이 Cuijpers et al.(2008)의 비교메타분석의 결과에 의해 입증되었다. 불안의 치료효과 대한 메타분석의 결과도 우울증의 치료 효과에서 나타난 것과 다르지 않다. 불안에 대한 인지행동치료의 효과는 다른 치료 결과 보다 월등하게 높다. 인지행동치료는 불안 스펙트럼 치료에 효과가 크다.

도도 새의 재판 결과는 오랫동안 정신치료자에게 크고 작은 영향을 주었다(Beutler 2002). 도도 새의 재판 모델에 향수를 느끼는 정신치료자나 카운슬러는 이제 그에 대한 향수를 버릴 때가 되었다. 우리는 이 모델이 지금까지 존속할 수 있었는지에 의문을 던지고 그에 대한 해답을 얻을 수 있어야 한다. 이것이 정신치료의 발달을 위해 큰 도움이 될 것이다. 도도 새를 마스코트로 삼았던 정신치료자와 카운슬러는 도도 새 재판을 다시 한 번 돌아보면 자신의 전문성을 새롭게 평가할 수 있을 것이다. 도도 새는 영원히 살아있기를 간절히 바라는 사람도 있다. 하지만 그것은 이뤄질 수 없다. 도도 새는 이미 죽고 우리 주변에 없다.

Eysenck(1952)는 정신치료는 심리적 문제 치료에 아무런 도움이 되지 못한다는 주장을 오래전에 했다. 아울러 그는 환자에게 손상을 입힌다는 객관적 자료도 제시하였다. 그를 둘러싼 논쟁은 80년 이상 지속되고 있다. 환자나 치료자에게 얼마나 큰 불행인가. 이때 Luborsky, Singer & Luborsky(1975)는 도도 새의 재판 사례에서 '모든 치료 기술은 효과가 있고 그 효과는 거의 비슷하다'는 주장을 했다. 이에 대해 Beutler(1991)는 도도 새의 재단에 깊은 향수를 느끼는 Luborsky등에게 이렇게 질문하였다. '모든 사람이 승리하였을 때 그들 모두에게 상을 주어야 하느냐'고 의문을 던지기도 하였다. 미국 심리학회 12분과회는 이런 결론을 내렸다. '어떤 심리치료는 경험적으로 지시를 받고 있다. 그렇지 않은 것도 있다' 미국 심리학회 12분과회 특별위원회가 규정한 기준을 바탕으로 경험적으로 치료의 기준을 만들었고 그것은 여러 차례 보강되어 오늘에 이르고 있다(Chambless et al.,1996; 1998).

경험적 지지치료

경험적 지지치료(Empirically Supported Therapy, ESTs)의 기반을 제공한 것은 심리학에 있어서 치료방법의 중요성을 강조한 Shakow(1945)와 Throne(1947)이다. 그들은 이미 오래 전부터 과학과 진료의 효과적 통합을 시도하였다. 이와 같은 사실을 보면 심리학자들의 근거중심 치료의 역사는 70여 년 전에 이미 치료의 선구자적 역할을 한 것으로 볼 수 있다. 심리학에 있어서 근거중심의 치료는 선진 과학적 지식을 이용하는 의학과 맥을 같이하고 있다. 근거중심의 의학에서 환자에 대한 최종적 의사결정은 가장 최근에 발표된 근거를 바탕으로 한다(Sackett et al. 1996). 근거중심의 원리는 환자관리에 필요한 비용도 깊이 고려한다. 그렇다고 이것이 환자에게 항상 이익이 되는 것만은 아니다.

경험적 지지치료를 선호하는 심리학도 근거중심의 의학에 못지않게 환자의 건강관리에 큰 도움이 된다. 건강관리체계에 있어서 근거중심의 진료는 최선의 진료를 위해 가이드라인에 따라 수행되어야 한다. 이와 같은 가이드라인이 도리어 환자치료에 해가 되는 경우도 있다. 이러한 위험을 방지하기 위해 APA는 특별위원회를 만들었다. 이들이 중심이 되어 1995년에『정신적 신체적장애 치료를 위한 안내서』(*Template for Developing Guidance : Intervention to Mental Disorder and Psychological Aspects of Physical Disorders*)를 발간하였다. 이 공식문서에는 여러 가지 근거의 기준이 포함되어 있다. 또 체계적 연구와 전문적 지식을 바탕으로 수행해야 할 사실들이 자세히 기록되어 있다.

APA(2002)는 다른 책자,『치료결과의 평가 기준』(*The Critcria for Evaluating Treatment Guidelines*)를 발간하였는데 여기에는 심리치료에서 평가해야 할 두 가지 독립적 차원 효능성과 임상적 실용성에 대해 언급되고 있다. 효능성의 차원은 치료할 장애와 그에 대한 치료의 인과관계를 입증하는 근거의 장점을 평가하고 임상적 실용성의 차원은 유용한 연구의 근거, 일반화의 가능성, 용이성(환자의 수용성), 비용, 치료의 이점 등을 의미한다.

이들 공식 간행물은 치료자가 유용한 정신건강치료 가이드라인을 선택하는데 큰 도움이 된다. 이 가이드라인을 보면 여러 가지 변화가 있음을 발견할 수 있다. 즉 치료에 관계되는 문헌, 과학적 기반과 임상적 기반 등에 큰 변화가 있음을 알 수 있다. 이 가이드라인은 근본적으로 학제간의 연구를 기초로 만들어진 교육용 지침서이다. 정신치료의 기술이 환자에게 큰 도움이 된다는 사실은 1970년대에 이미 메타분석의 결과에 의해 입증되었다(Smith & Glass, 1977; Smith et al., 1980).

정신치료의 효과가 약물치료의 효과보다 떨어지는 경우도 있다. 1995년 APA는 심리학적 치료의 효과를 증진시킬 목적으로 특정한 장애에 대한 효과적 치료를 위해 경험적으로 타당화된 치료(Empirically Validated Treatment, EVT)체계를 도입하였다. 이는 후에 경험적 지지치료(Empirically Supported Therapy, ESTs)체계로 바뀌었다(Chambless et al. 1996 ; 1998). 이 특별위원회에서는 효율성이 입증된 경험적 지지치료 18개를 발견하였다. 이는 특별한 표집을 대상으로 무작위통제검사를 거쳐 경험적으로 지지된 검사결과들이다. 이 치료는 심리치료의 효능성이 투약치료의 효능성 보다 높다는 점에 역점을 두고 있다. 이를 계기로 분과 내에서는 물론 전문연구기관 훈련기관에서도 심리치료 효과에 큰 관심을 가지게 되었다. 동시에 많은 심리학자들이 보다 단기간에 수행 가능한 심리치료에 관심을 가지게 되었다. 일반 장애에 대해 치료보다는 특정한 장애에 대한 치료에서 얻은 특별한 치료효과에 관심을 가지게 되었다. 또 이는 다양한 동시이환장애치료에도 관심을 가지게 되었다.

APA 12분과(임상심리)에서 출발한 ESTs는 다른 분과에도 큰 영향을 주었다. 1999년 APA 29분과(심리치료)의 특별위원회에서는 ESTs의 긍정적 효과를 크게 평가하고 그것을 분과회의 공식치료기법으로 확정하였다(Norcross et al., 2002). 2002년 APA 17분과회(카운슬링)는 카운슬링 심리학에 경험적 지지 치료의 기술을 어떻게 접목할 것인가에 관심을 갖게 되었다(Wampold et al.,2002). APA와는 무관한 의료전문기관인 행동주의의학회(Society of Behavioral Medicine)는 ESTs의 효과를 바탕으로 행동주의 심리학적 의학의 근거를 평가하는 기준을 마련하였다(Davidson et al., 2003). 이와 같이 임상심리학은 물론 다른 영역에서도 진료에 관계되는 문제를 보다 광범위하게 다루고 있다.

진료의 과학적 근거를 탐색하고 그것을 개념화하는 것, 근거중심의 진료운동은 건강체계, 건강관리체계의 근간을 이루고 있다. 근거중심의 심리치료와 경험적 지지치료는 크게 다르다. 전자는 보다 포괄적 개념이라면 후자는 치료에 역점을 둔 것으로 어떤 장애나 문제가 어떤 조건하에서 효과적으로 치료되는가에 역점을 둔다. 근거중심의 심리치료는 가장 효과적인 치료방법은 어떤 것인지에 관심이 있다. 이이와는 달리 경험적 지지치료는 어떤 장애가 어떤 심리치료를 받았을 때 그 효능성이 가장 높은가를 탐색하는데 역점을 둔다. 이는 근거중심의 심리치료보다 광범위한 임상적 활동(심리학적 평가, 사례조직, 치료관계)을 요구한다. 이와 같이 근거중심의 심리치료는 여러 가지 연구근거를 통합하여 의사결정을 한다. 이 과정에서 무작위통제실험은 물론 치료과정에도 큰 관심을 갖는다.

ESTs는 1995년 미국 심리학회 특별위원회가 내놓은 한 보고서에 명시된 가이드라인에 따라 연구 개발되었다. 이 치료 가이드라인에는 임상적 진료는 체계적 연구 자료와 임상적 전문지식이 통합된 바탕에서 이워져야 한다고 명시하고 있다. 가이드라인에서는 치료의 과학적 기초의 중요성을 크게 강조하고 있고 치료는 수용 가능한 경험적 자료에 의해 지지될 수 있어야 된다는 점도 강조되고 있다. 경험적 지지치료에는 근거중심 치료(Evidence-Based Therapy, EBT)의 의미도 내포되어 있다.

모든 근거는 본질적으로 경험적 특성을 요구한다. 이러한 주장의 특성을 모두 포함시키기 위해 미국 심리학회는 경험적 지지치료라는 용어를 쓰고 있다. 이 용어는 경험적 연구라는 용어에 큰 비중을 두며 긍정적 결과를 함축해야 하며 이는 서투른 평가는 피해야 한다는 점을 크게 강조하고 있다. 이는 심리학적 치료의 객관성을 입증하고 그 기법의 보급에도 큰 관심을 갖는다. 또 이 용어에는 심리치료라는 의미는 물론 다른 형태의 치료의 의미도 내포되어 있다. '심리치료'라는 용어 대신 '심리학적 치료'라는 용어를 사용하므로 서 모든 형태의 심리치료를 포함시킬 수 있다. 여기에는 경험적 평가라는 용어도 포함된다. 적절한 통계적 방법을 사용한 경험적 평가를 통해 이 치료법이 다른 치료법보다 치료효과가 크다는 사실이 밝혀졌다(Borkovec & Castonghay, 1998). 하지만 이것만으로는 치료효과를 충분히 설명할 수 없다. 즉 통계적 방법만으로는 모든 환자의 상태가 호전되었다거나 그 상태가 통계적으로 의미가 있다는 것을 보장하지 못한다. 경험적 평가의 결과를 통해서 간여에 관계되는 보다 비중이 큰 특성은 물론 치료방법이 다른 조건과 비교했을 때 얼마나 효과가 있는가를 알 수 있다.

경험적 지지치료는 특수한 심리학적 치료의 한 기법으로 특정집단을 대상으로 한 연구에서도 그 효능성이 높은 치료기법으로 판명되었다(Chambless & Hollon, 1998). 경험적 지지치료의 효과는 환자의 환경, 환자의 성격 특성에 따라 서로 다르게 나타난다. 보다 효과적인 치료를 위해 그들의 개념은 조작적으로 평가되어야 하며 경험적 지지치료의 기준은 미국심리학회가 정한 가이드라인에 따라 결정된다. 미국심리학회가 정한 경험적 지지치료의 기준은 〈표 3-2〉와 같다. Chambless & Hollon(1998)에 의하면, 근거중심의 치료효과는 두 사람 이상이 독자적으로 수행한 결과에서 긍정적으로 평가되어야 한다. 동일한 피험자를 서로 다른 두 사람이 독자적으로 치료하고 그 효과가 모두 긍정적으로 평가되었을 때 효과적인 치료방법으로 인정한다. 이것이 곧 경험적 지지치료의 모델이다.

<표3-2> 경험적 지지치료(ESTs) 효과의 평가 기준

1. 이 치료는 치료 받지 않은 통제집단, 대체집단, 혹은 플라시보 집단과 비교한다. 무작위통제, 통제단일사례실험, 혹은 동일한 시간표집단디자인을 필요로 한다. ESTs의 효과는 무치료, 플라시보, 대체치료의 효과보다 통계적으로 의미있게 높아야한다. 이미 밝혀진 효험성과 비슷하거나 중간 정도의 차이가 보장되어야 한다. 2. 이 치료는 치료 매뉴얼이나 논리적으로 동등한 가치를 바탕으로 연구가 수행되어야 한다. 특별한 문제치료를 받은 환자에 대한 정보를 신빙성 있고 타당하게 명시되어야 한다. 신빙성 있고 타당한 치료 결과가 보장되어야 한다. 자료는 적절한 방법으로 분석되어야 한다. 3. 효율성을 밝히기 위해서는 ESTs의 우월성은 최소 두 사람의 독자적 연구 결과가 뒷받침 되어야한다. 단일연구실험의 경우 표집은 최소 세집단 이상 이어야한다. 결과가 서로 다를 때에는 통제가 잘 된 자료를 ESTs의 효험성 기준으로 한다. 4. 가능한 효능성을 밝히기 위해서는 결과가 일치한 하나의 연구로도 충분하다. 5. 치료의 효험성과 특수성을 입증하기 위해서는 ESTs는 심리적 플라시보나 또다른 치료효과가 통계적으로 유의미한 결과를 얻어야 된다. 결과가 일치되지 않을 때에는 통제가 잘 된 실험결과가 ESTs의 효험성과 특수성을 뒷받침하게 된다. ESTs에 대한 평가는 아래와 같은 문제에 대해 특별히 고려 할 필요가 있다. 즉 통제연구에서도 치료효과가 크게 나타나는가, 치료효과는 응용임상상황에서도 뚜렷하게 나타나는가, 만일 그렇다면 환자의 어떤 환경에서 효과가 나타나는가, 그리고 치료효과가 비용효율성의 측면에서도 수용할 수 있는가.

경험적 지지치료는 경험에 기초한 치료의 한 하위유목으로 효능성과 유효성을 요구한다. 치료에 있어서 치료제나 약물을 사용하였을 때 나타날 것으로 기대하는 것이 전자이고, 실제 나타난 치료현상이 곧 후자이다. ESTs는 치료효과에서 전문가의 편견이나 편향성을 방지하기 위해 다른 자료의 메타분석결과도 Cochrane 데이터베이스에 수록된 자료와 비교 검토한다(Spring et al. 2008). 치료의 우월성은 정부와 건강관리기관에서 제시하는 가이드라인을 참고하고 그에 따라 평가된다. 모든 국가기관이 이러한 가이드라인을 내려주는 것은 아니다. 영국의 NICE(2005)와 미국의 IOM(2007)는 진료자에게 유익한 정보를 제공한다.

경험적 지지치료는 다른 근거중심의 진료와는 달리 특정 치료모델의 중요성만을 고집하지 않는다. 그 대신 필요에 따라 경험적으로 지지받는 새로운 도메인으로 개발 사용하기도 한다. ESTs에서는 환자가 증후를 극복하는데 필요한 동기를 부여하는 것도 중요한 기능으로 간주한다. ESTs는 다른 경험에 기초한 치료에서 요구하는 과학적 기반의 중요성에 절대적으로 의존하지 않는다. 임상가의 현실세계에 대한 환자의 가치체계, 환자의 기호나 흥미에 대한 지식을 보다 긍정적으로 수용한다. 이 점은 2006년 미국 심리학회장이 특별위원회에서 크게 강조한 것과 크게 다르지 않다.

근거중심진료는 과학적 연구를 기초로 한 연구결과에만 의존하지 않는다. 그것은 임상가의 실용성도 요구한다(First et al. 2003). 보다 더 중요한 것은 내담자를 값진 존재로 생각하고 수용해야 하는 것이다. 근거중심의 치료모델과 초이론적 진료요인은 조작적으로 정의될 수 있어야 하고 반복 가능해야 한다. 근거중심의 치료에서 진료자는 첫째, 평가능력을 가져야 하며, 둘째, 내담자의 동기를 촉진시키고 내담자와 진료자의 공동연구를 추진시키고, 셋째, 공동으로 진단을 내릴 수 있는 의사소통의 기술이 필요하며, 넷째, 간여기술을 가져야 한다(Spring et al., 2008). 진료자는 근거중심의 진료에 관계되는 중요한 개념이 갖는 의미를 확실하게 할 필요가 있다. 경험적 지지치료에서 얻어진 간여, 진료, 임상연구와 관계되는 과학적 근거자료를 가져야 한다. 진료자는 건강관리자, 임상가, 환자가 공유할 하나의 실연의 틀로 통합해야 한다.

근거중심의 진료가 정신건강 관리체계에서는 매우 큰 비중을 갖는다. 그것은 정신건강 관리체계 내에서 초이론적 연구를 가능케 하고 보다 질이 높은 임상적 임무를 수행할 수 있고 연구와 임상 간에 생긴 큰 틈새를 메꿔주고 있기 때문이다(Kazdin, 2008). 근거중심 진료의 개념에는 전문가들 사이에 보다 쉽게 의사소통 할 수 있는 기능이 있다. 더 나아가서는 환자에게 보다 가치 있는 서비스를 제공할 수 있다는 의미도 내포되어 있다.

치료의 효능성은 통제연구에 의해 입증되고 객관적으로 관찰된 치료과정을 통해서 얻어진 것이라야 한다. 단순한 시간의 경과에 따라 나타난 효과는 효능성의 유목에 포함되지 않는다. 효능성은 여러 가지 방법으로 측정된다. 가장 일반적으로 쓰이는 것이 무작위통제치료이다. 이는 치료의 효능성을 가장 정확하게 평가하는 방법이다. 이는 일종의 집단연구계획으로 치료 받을 환자를 무작위로 골라 치료하고 그 결과를 다른 집단과 비교하는 방법이다. 때로는 매우 철저한 통제실험조건 하에서 행해진 단일사례의 치료결과와 비교하기도 한다. 하지만 무작위통제실험에 의한 결과보다 신빙성이 높지 않다.

연구에서 반복과정은 필수적 과정이다. 특히 독자적 연구팀에 의한 반복과정은 중요하다. 반복과정은 잘못된 실험결과에서 얻은 잘못된 결과를 미리 방어해낼 수 있다. 독자적 연구팀의 반복과정은 특정한 치료자의 집단이나 특별한 실험환경에서 얻은 결과를 얻는 것을 미리 방지할 수 있다. 적어도 두 개 이상의 독자적 연구팀에서 얻어진 동일한 치료결과에만 효능성이 높은 치료로 인정받는다(Chambless & Hollon, 1998). 다만 한 집단의 연구자에 의해 그 효과가 입증되었을 때에는 더 많은 반복실험을 필요로 한다. 효능성의 연구는 신빙성이 보장된 건전한 방법으로 수행되어야 한다. 건전한 방법이라 해도 모든 연구에 일률적으로 적용될 수 없다. 주어진 사태에 따라, 또 주어진 피검사자에 따라 다를 수 있다는 점은 깊이 고려되어야 한다.

미국 심리학회 임상심리분과회 특별위원회는 1993년 경험적 지지치료(Empirically Supported Treatment, ESTs)효과를 바탕으로 정신치료 효과의 평가 기준을 만들었다(Chambless & Ollendick, 2001). 특별위원회가 만든 ESTs의 평가기준은 수차에 걸친 수정을 통해 오늘날 사용되는 근거중심진료의 결과를 평가하는 기준으로 사용되게 되었다. 한때 이 평가기준은 임상적 평가에 큰 비중을 두는 사람들에 의해 그 가치가 절하평가 되기도 하였다. 그들은 심리치료의 결과는 과학적 증거보다는 임상적 증거에 보다 큰 비중을 두어야 한다고 주장한다(Welling, 2005).

이와 같은 주장을 바탕으로 심리치료의 효과는 통계적 수량적 방법보다 임상적 경험이나 개인의 축적된 경험에 의해 평가 되어야 한다는 주장이 널리 수용되었다. 이라한 조류 때문에 연구 중심의 자료를 선호하는 심리학자의 수는 한때 크게 감소되었다. 임상가나 연구자 가운데는 근거중심진료는 개인의 임상적 자율성을 크게 손상시키는 치료 방법이라고 주장하는 사람도 증가하였다. ESTs에 대한 부정적 태도를 갖는 사람들은 모든 믿음직스런 심리치료의 효과는 메타분석의 결과에 의해 긍정적으로 입증 될 수 없다는 의견을 내기도 하였다.

ESTs의 객관적 판단기준은 근거중심치료의 기반이 되기도 했지만 그 발전에 부정적 영향을 준 것도 사실이다(Gaudiano & Miller, 2013). 이와 같은 사실은 2006년 미국 심리학회장의 특별위원회 보고서에 잘 나타났다. 이 보고서에서 학회장은 근거중심의치료는 가장 유용한 결과를 임상적 전문지식과 통합시켜야 한다. 여기서 환자의 특성, 환경, 기호 등이 충분히 고려되어야 한다. 이와 같은 정의는 Sackett et al. (1996)의 근거중심의학에 대한 정의와 크게 다르지 않다. 이와 같은 미국 심리학회의 특별위원회 보고서는 환자에 대한 진단과 그에 대한 평가에서 연구 결과 보다 임상적 지식과 직관에 보다 큰 비중을 두고 있음을 알 수 있다(Stuart & Lilienfeld, 2007).

근거중심의 심리치료

근거중심의 심리치료(Evidence-Based Practice in Psychology, EBPP)는 새로운 건강관리체계의 한 영역이다(APA, 2001). EBPP는 심리학적 평가, 사례조직, 과학적 지식을 활용한 치료의 질적 향상, 공중보건의 기능강화에 역점을 둔다. EBPP체계 및 기능은 2005년 미국 심리학회장 노바 사우츠 이스턴 대학 교수 Ronald Vevant가 중심이 되어 발간한 보고서에 보다 자세히 소개되어 있다. 이 특별위원회는 서로 의견을 달리하는 많은 치료자와 과학자들로 구성되어 있으며 이는 여러 분야의 지식을 체계적으로 통합하고 있다.

미국 심리학회는 EBPP를 다음과 같이 정의하였다. '최근에 발표된 가장 훌륭한 연구결과를 환자의 특성, 문화, 그리고 기호에 맞게 임상적 전문지식을 바탕으로 조정한다.' 이 정의는 Sackett et al.(2000)와 IOM.(2001b)의 주장과 흐름을 같이하고 있다. 이 정의에서는 새롭게 발견된 지식, 임상적 전문지식, 그리고 환자의 특성, 문화, 그리고 기호의 중요성을 모두 강조하고 있는 것이 특징이다. 또 이 정의는 단순한 목적이나 결과 보다는 과정에 보다 큰 비중을 두고 있다. 이 관점에서 보면 EBPP는 경험적 지지치료(Empirically Supported Therapy, ESTs , Chambles & Hollon, 1998)와 교차사용이 가능한 개념이다. 왜냐하면 전자는 하나의 사건이고 후자는 경험적으로 지지받은 하나의 기법이기 때문이다. 이에 대한 설명은 이 책의 다른 곳에서 찾아볼 수 있다. 근거중심의 심리치료는 효과적인 심리치료의 기술을 향상시키고 경험적 자료에 의한 심리학적 평가, 사례조직, 치료관계, 그리고 간여의 기술을 바탕으로 공중보건의 기술을 향상시키는데 큰 목적이 있다.

최선의 연구근거

최선의 연구근거는 심리학과 그와 관련되는 분야에서 수행된 임상적 결과는 물론 실험실과 현장에서 이뤄진 간여책략, 평가, 그리고 임상적 문제 등에서 찾을 수 있다. 이 자료는 다양한 연구계획과 방법을 사용한 실험적 근거를 의미한다. 일반적으로 심리학적 치료에 관계되는 최선의 연구 근거는 체계적으로 개관되어야 하며 합당한 수준의 효과가 보장되어야 한다. 그리고 통계적으로, 또 임상적으로 유의미한 것이라야 한다. 충분한 근거에 의해 지지될 수 있어야 한다. 간여에 관계되는 연구결과의 타당도는 여러 가지 통계적 방법으로 그 타당성이 검증되어야 한다. 흔히 쓰는 기법은 무작위통제실험법이다. 이는 임상적 체계적 관찰에서 얻은 자료는 기존의 문헌에 소개된 자료와의 차이가 체계적으로 검증되어야 한다(APA, 2002). 또 간여 과정에서 얻은 자료는 공중보건, 역학, 인간발달, 사회관계, 그리고 신경과학적 방법을 통해서 얻어질 수 있다. 어느 것이나 건강정책 수립 및 그 실천방안에 대한 정보가 제공되어야 한다.

근거중심의 심리치료자는 심리치료에 관계되는 연구는 임상적으로 서로 관계가 있고 내적으로는 타당하다는 점에 의견을 같이해야 하며 통제연구결과는 반드시 효과가 보장될 수 없다는 사실을 기억해야 한다. 심리치료장면이나 실험실현장에서 이뤄진 연구는 그 연구방법이 엄격하게 검증되어야 하며 발견되는 새로운 문제는 자세히 검토 되어야 한다.

가장 훌륭한 연구근거는 과학적 근거에 의해 보장되어야 하며 실험실이나 임상현장에서 이뤄지는 임상적 연구와도 깊은 관계를 갖는 것이라야 한다. 미국 심리학회는 효율적 심리진료에 도움이 되는 여러 가지 요인, 즉 비용, 효율성, 그리고 치료의 유용성 등을 중시한다. 이에 못지않게 중다연구디자인도 매우 중요시한다. 이는 근거중심의 치료자가 숙지해야 할 간여기술의 하나이다. 심리치료자는 여러 가지 형태의 문제를 가진 내담자를 맞게 된다. 문제의 성질에 따라 치료자는 서로 다른 연구디자인을 활용할수 있어야 한다(Greenberg & Newman, 1996).

개별사례연구는 문제해결을 위한 가설을 설정할 때 임상적 관찰을 통해 얻은 자료를 필요로 한다. 질적 연구는 과학적 발견의 관점에서 정신치료에 참가한 사람의 주관적 경험을 기술하는데 매우 유용하게 사용된다. 체계적 사례연구는 특정 환자를 유사한 특성을 가진 환자와 비교할 때 유용하게 쓰인다. 단일사례실험디자인은 문제의 인과관계를 밝히는데 매우 유용하게 사용된다. 공중보건 및 기술적 인종학적 연구방법은 치료 결과의 활용가능성, 공익성, 정신건강 치료의 효능성을 검증하는데에도 매우 유용하게 활용된다. 또 이는 주어진 사회환경에서 활용가능한 치료방법을 개선하는데에도 매우 유용하게 활용된다. 과정-결과의 연구는 치료효과의 변화 기제를 연구하는데 매우 가치가 크다. 자연환경에서 이뤄진 간여에 대한 연구는 효과성의 연구로 치료에 미치는 환경의 타당성을 연구하는데 매우 적합하다. 무작위통제실험방법과 그에 상응하는 논리적 방법은 효능성의 연구로 치료효과에 대한 인과관계를 과학적으로 확증하는 표준적 기준이다. 메타분석은 많은 연구결과, 검사 가설, 그 효과에 대한 양적 검증을 위해 매우 유용하게 사용된다.

임상적 전문지식과 그 주요 기능

심리학자가 갖는 임상적 전문적 지식은 치료효과를 높여주는데 이는 개인의 임상적 훈련, 과학적 훈련, 이론적 이해, 경험, 자기반성, 그리고 지속적 교육과 훈련을 통해서 지속적으로 발전된다. 가장 훌륭한 연구결과는 임상적 자료와 치료과정에서 얻은 정보에 의해 조정되어야 한다. 이 과정에서 환자의 특성, 봉사에 대한 기능이 충분히 고려되어야 한다. 임상적 전문지식에서 빼놓을 수 없는 것은 자신이 가진 지식과 기술의 한계를 이해하는 것이다. 임상적 판단에 영향을 주는 발전지도법과 인지적, 정동적 편향성이다. 더 나아가 심리학자는 자신의 특성, 가치 등이 환자의 특성, 가치 등과 밀접한 관계가 있다는 점을 이해할 필요가 있다.

임상적 전문 지식은 심리학자가 교육, 훈련, 경험을 통해서 얻을 수 있는 능력을 의미한다. 이 능력은 최상급의 엘리트에게만 주어진 특이한 것이 아니다. 임상가 의 연구를 통해서 얻은 근거와 치료과정에서 발견된 새로운 정보는 분리해서 생각할 수 없다. 그것은 서로 통합을 이뤄야 한다. 심리학자는 과학자로서 또 진료자로서 훈련을 받은 전문가이다. 심리학자의 훈련은 과학적 전문지식을 통해서 얻은 임상적 전문지식을 신장시키는데 또 심리학자가 특정문제에 관심을 갖는 임상과학자로서 가설을 세우고 치료의 틀을 만드는데 도움이 된다(Stricker & Trierweiler, 1995).

전문가들은 물론 문외한들도 인간의 문제이해능력과 해석능력에 큰 차이가 있다는 것을 인지과학자들도 잘 안다. 인간은 전문지식을 바탕으로 의미있는 것은 수용하고 그와 무관한 것은 파기한다. 이 과정을 통해 건전한 지식을 습득하고 자신의 도메인에 알맞게 자신의 지식을 체계화한다. 이 과정에서 기술적인 것보다 기능적인 것을 선호한다. 또 자기에게 필요한 지식을 유창하게 그리고 자동적으로 회상해서 자신의 환경에 보다 적절하게 적응해 나간다. 완전무결한 전문지식인은 존재하지 않는다. 사람들은 뜻밖에 과오를 범하기도 하고 편견에 사로잡혀 사리를 잘못 판단하는 경우도 있다. 이는 인지적 책략의 한 특성으로 인간이 쉽게 그리고 효과적으로 적응해 나가는데 큰 도움이 된다.

정서적 반응을 통해 얻는 전문지식도 있다. 이는 적응에 큰 도움이 되나 편향되기도 하고 동기의 특성을 바탕으로 사고하기도 한다. 연구와 진료에 적극적으로 참여하는 심리학자도 편향적으로 결과를 해석하고, 지나친 일반화로 오류를 범하는 수가 많이 있다(Westen & Weinberger, 2004). 임상적 전문지식에는 한계가 있다. 그러므로 임상가는 인지적으로 또 정신적으로 지속적으로 그에 주의를 집중해야 한다. 왜냐하면 이는 임상적 판단에 직접 영향을 미치기 때문이다. 이러한 편향성을 가진 진료자는 환자와의 접촉에서 얻은 지식을 통해 편향성을 경감시킬 수 있다. 임상적 전문지식은 임상적 훈련을 통해 발달하며 이는 모든 임상적 활동을 통해 표출된다. 이는 치료적 관계형성으로 제한되지 않는다. 환자 평가, 체계적 사례조직화, 치료계획 까지도 이에 포함된다.

임상적 전문지식을 가진 사람은 이론적으로 분명하고 일관성이 있게 사례를 조직을 한다. 또 그들은 환자의 병리상태는 물론 그의 장점도 정확하게 평가할 수 있다. 또 복잡한 환자의 표상을 정확하게 이해할 수도 있다. 보다 자세한 진단적 판단을 내릴 수 있다. 임상적 전문지식을 가진 임상가는 치료가 진행함에 따라 그에 대한 개념을 새롭게 체계화할 수 있다. 이를 통해 발견한 근거를 확인하기도 하고 파기하기도 한다. 임상적 전문지식을 가진 사람은 환자의 심리적 과정을 잘 이해할 수 있다.

치료계획에는 환자에 대한 치료목적, 환자가 가지는 여러 가지 문제, 혹은 장애의 본질, 치료에서 얻게 될 도움 등이 내포된다. 치료목적은 환자와의 상담결과에서 결정된다. 여기에는 환자의 가족이 가지는 세계관과 사회문화적 의미까지도 내포된다. 치료 책략의 선택은 간여에 대한 지식과 치료효과에 대한 지식을 바탕으로 이뤄진다. 전문적 지식은 환자의 태도, 가치에 대한 지식을 필요로 하며 효과적 치료효과를 결정하는 요인과 관계되는 문화적 요인에 대한 지식을 제공하기도 한다.

임상적 전문지식은 풍부하고 다양한 지식을 필요로 한다. 그것은 융통성이 보장된 숙련된 치료를 보장할 수 있다. 심리치료는 숙련과 융통성을 필요로 한다. 융통성의 특징은 치료기술, 진행속도, 치료계획 수립, 환자의 피드백에 대한 반응, 인지 혹은 인지하지 못한 의미, 신념, 그리고 정서 등에도 잘 나타난다. 임상적 전문지식은 환자의 생활 변화와도 밀접한 관계가 있다. 이는 곧 치료의 숙련성이나 방법을 조절하기도 한다. 만일 진행과정이 순조롭지 못할 때에는 심리학자는 치료의 방법을 보다 적절하게 변화시킬 필요가 있다.

임상적 전문지식의 핵심은 원만한 대인관계에 있으며 훌륭한 대인관계는 보다 효과적 치료, 정확한 진단의 바탕이 된다. 대인관계가 원만한 사람은 효과적 치료관계를 형성할 수 있고 환자의 언어 및 비언어적 반응의 특성을 보다 잘 해석할 수 있다. 또 환자에 대해 현실적인 기대를 할 수도 있고, 그를 동정적 이해를 할 수 있다. 대인관계의 경험이 풍부한 사람은 배경이 다른 여러 부류의 환자도 보다 잘 이해할 수 있다. 대인관계가 원만한 심리학자에게는 환자로 하여금, 보다 탐색적으로, 그리고 공개적으로 행동할 수 있게 분위기를 조성해 주는 기능도 있다.

심리치료는 심리학자와 환자 간에 이뤄지는 대인관계의 한 과정이다. 환자 개인의 행동은 치료과정과 그 결과에 큰 영향을 준다. 심리학자와 환자 간의 융화관계는 매우 중요하다. 그들이 발견한 일치된 근거는 개인의 건강에 좋은 영향을 주며 치료의 효험성에 긍정적 영향을 준다(APA, 2002). 심리치료의 효과는 두 사람 간의 일치된 의견에 의해 좌우된다는 사실은 여러 심리치료 효과에 대한 탐색에서 밝혀졌다.

전자기술에 기초한 전자건강(Telehealth)의 발달로 심리학자와 환자의 면담은 많이 쉬워졌다. 환자는 면접자와 직접 대면하지 않고도 보다 효과적으로 심리학자의 도움을 받을 수 있는 것이 전자건강의 기술이다. 임상적 전문기술의 발달로 환자는 보다 적극적으로 진료과정에 개입할 수 있다. 이것이 전통치료와는 크게 다른 점이다. 임상적 전문지식의 발달로 피치료자는 치료효과를 방해하는 요인을 보다 효과적으로 방어할 수도 있다.

지속적인 자기반성을 통해 피치료자는 자기 치료기술을 습득 발전시킨다. 효과적인 임상적 전문지식은 자기 자신의 경험, 지식, 가설, 정서적 반응에 의해 성장된다. 건전한 전문지식은 자기 지식과 기술의 본질에 대한 지식을 요구한다. 또 임상적 판단에 영향을 주는 인지적 감정적 편향을 인지할 수 있는 기능이 필요하다. 이것이 전문적 지식이 요구하는 절대적 한계이다. 임상적 전문지식은 응용될 수 있어야 한다. 이를 위해 심리학자는 지속적으로 새로운 지식을 습득할 필요가 있다. 이러한 새로운 지식은 연구와 이론, 체계적 임상관찰, 엄격한 탐색, 가설 검증, 자기반성과 피드백, 그리고 지속적 교육과 훈련의 기회를 통해 지속적으로 발전된다.

연구결과의 평가와 활용을 통해 임상적 전문지식은 습득된다. 이것은 곧 과학적 전문지식이며 심리학의 교육목표이다. 심리학자는 과학적 방법을 바탕으로 여러 가지 기능을 효과적으로 수행해 나간다. 즉 연구를 계획하고 치료효과를 평가할 수 있다. 연구결과를 개별사례 연구에 활용할 수 있다. 임상적 전문지식을 배경으로 심리학자는 임상적 연구에 대한 과학적 태도를 습득할 수 있다. 수집한 자료의 특성을 탐색할 수 있고 임상적 가설 설정하고 편견에 사로잡히지 않고 공평한 이론을 바탕으로 치료해 나갈 수 있다.

개인차와 문화차이가 치료효과에 주는 요인을 이해하는 것이 중요하다. 임상적 전문지식은 환자의 개인적, 사회적 문화적 특성에 대한 지식을 요구한다. 단순히, 환자의 연령, 인종, 문화, 종교, 사회 경제적 특성에 대한 지식만으로는 부족하다. 건전한 전문지식이 뒷받침 되어야 한다. 심리학자가 치료계획을 세우는데 이 과정에서 환자의 세계관, 가치, 기호, 그리고 다른 여러 가지 특성을 잘 이해할 수 있게 된다.

심리학자들에게는 효과적 치료를 위해 충분한 자료가 필요하다. 자신의 자료가 불충분하다고 생각되면 다른 전문가에게 환자의 문제 진단이나 치료를 의뢰할 수 있다. 이것이 곧 환자에 대한 협진이다. 임상적 전문지식을 얻기 위해서는 다양한 심리학적 문제에 접근해 볼 필요가 있다. 임상적 자료에서 기대했던 결과가 나타나지 않으면 치료자는 성공적인 사례조직의 결과를 살펴보거나 그와 유관한 지식체계를 바탕으로 새로운 진료를 시도해 볼 필요가 있다. 우리에게는 성공적인 치료사례도 많이 있다. 특정한 사례에서 나타난 치료효과는 다른 치료계획 수립을 위해 활용되어야 하고, 그에 대한 이론적 근거는 분명하게 밝힐 필요가 있다. 특이한 치료효과가 나타나지 않을 때 근거에 기초한 진료에서는 임상적 전문지식을 활용해서 환자의 치료효과를 모니터링하고 그것을 바탕으로 보다 적절한 치료를 시도할 필요가 있다(Lambert, 2007).

환자의 특성/가치/환경

심리학자는 환자의 특수한 문제, 장점, 성격 특성, 사회문화적 환경, 그리고 기호에 대해 깊은 관심을 가져야 한다. 이것이 환자에 대한 기본 봉사이다. 환자의 기능적 특성, 변화에 대한 준비성, 사회적 지지의 수준은 치료효과와 밀접한 관계가 있다. 또 치료관계를 형성하고 치료를 개시하는데 있어서 치료자는 문제 장애 원이론, 현재의 증후 혹은 증후군의 변화, 생활연령, 발달상태, 발달과정, 생활상태, 사회문화적, 가족적 요인, 환경특성, 그리고 개인의 기호, 가치, 및 진료와 관계되는 특성에 대한 정보가 필요하다.

효과적 치료를 위해서는 환자의 부모, 교사, 양호자가 제공하는 정보가 필요하다. 근거중심의 심리치료에서는 환자가 선호하는 치료법을 선택할 수 있게 보장해야 한다. 정신치료의 효과를 입증하기 위해 규범적 자료를 이용하는 사례가 많다. 그 결과를 보면 치료자가 환자의 특이한 문제, 장점, 성격, 사회문화적 의미, 그리고 그의 기호에 큰 관심을 가질 때 치료효과가 크다는 것을 알 수 있다(Norcross, 2002). 심리학은 개인차, 발달의 변화, 성장의 특성을 연구한다. 심리학자들은 전문지식을 바탕으로 환자의 특성을 이해하고 필요할 때에는 치료까지도 한다(Hall, 2001). 근거중심의 심리치료에서는 환자의 가치, 종교적 신념, 세계관, 목적 등이 비중있게 다뤄진다.

근거중심의 심리치료에서는 첫째, 환자의 특성에 대한 교차진단이 필요하다. 둘째, 치료에 필요한 사회적 요인과 문화적 요인의 차에 대한 연구가 필요하다. 여기서 특정 문제에 사용된 치료법이 다른 문화적 배경을 가진 사람에게도 적용될 수 있을지 고려되어야 한다. 셋째, 아동과 청소년의 발달 연구의 범위를 확대할 필요가 있다. 넷째, 치료연구에 영향을 주는 동시이환 증후군의 임상적 표출현상에 주의할 필요가 있다. 이와 같은 문제는 보다 많은 토론을 거치지 않고는 해결되지 않는다. 이를 통해 심리적 치료의 일반적 법칙을 찾아낼 수 있다.

지금까지 발표된 자료에서 여러 가지 환자와 관계되는 변인은 치료의 결과에 큰 영향을 준다는 사실이 밝혀졌다. 무엇보다도 교차진단의 특성과 사회적 지지와 같은 요인이 주요 변인으로 작용한다. 그 외에 다른 환자와 관계되는 변인은 치료관계를 설명할 때에는 문제의 장애, 역학, 현재 증후, 증후군과 행동, 생활연령, 발달상태, 발달과제, 사회문화, 가족요인, 현재의 환경, 스트레스 그리고 개인의 기호, 가치 등이 깊이 고려되어야 한다.

효과적 치료를 위해서는 환자에서 공통적으로 나타나는 증후, 예를 들면, 불안, 학업 실패에 대해서도 깊이 고려해야한다. 표면상 동일한 것도 그 원인, 진전과정, 그리고 심리적 과정은 크게 다르다. 대부분의 환자에서 여러 가지 증후가 같은 시기에 나타난다. 현재 나타나는 상태는 치료반응을 촉진시킨다. 실제 치료에서 한 증후를 치료하면 그것은 다른 증후에도 영향을 미친다. 지금까지 발표된 자료에서도 성격요인은 정신의학적 증후와 깊은 관계가 있고 성격요인은 증후들 간의 동시이환의 주요인으로 작용한다. 심리학자는 환자의 문제에 대한 개념화 단계에서 개인 본인에 대해 특별이 유의할 필요가 있다. 진료자는 환자 개인이 갖는 장애나 질병보다 그 개인에 보다 깊은 관심을 갖는 것이 보다 중요하다.

근거중심의 심리치료에서는 환자의 발달 상태는 물론 생애발달상태의 특성을 이해하는 데에도 관심을 가져야 한다. 아동의 발달 상태는 여러 가지 방법으로 측정된다. 여기에는 애착심, 사회화, 인지, 사회인지, 도덕 및 정서발달이 포함된다. 이와 같은 요인들은 아동의 발달특성을 이해하는 데에는 물론 청소년의 이상행동이 청소년의 정신병리에 대한 효과적 치료를 위해서는 매우 중요하다(APA, 2004).

근거중심의 심리치료에서는 환자의 성별, 성 주체성, 종교적 신념, 성 인식의 특성에도 관심을 가져야 한다. 왜냐하면 이들 요인은 개인의 성격형성, 가치, 세계관, 대인관계형성, 정신병리 치료에 대한 태도형성에 많은 영향을 주기 때문이다. 문화적 요인은 정신병리의 본질은 물론 심리적-신체적 건강을 이해하는데 깊은 영향을 준다. 환자의 문화적 가치와 신념에 따라 그가 도움을 추구하는 태도는 물론 도움을 수용하는 특성도 달라진다. 또 이는 치료방법에는 물론 치료의 결과에도 영향을 준다. 환자뿐만 아니라 심리학자도 환자와의 상호작용을 통해 원만한 환자와의 관계형성기술을 습득한다.

인종적 특성은 일종의 사회적 개념으로 집단형성의 중요 요인이다. 이는 권력, 신분과도 깊은 관계가 있다. 서양과 유럽의 문화는 사회적 균등성이 보장되고 다른 문화집단에 비해 보다 많은 특혜를 받고 있다. 인종적 특성은 정치적 관계로서 진료관계와 동등한 건강 보장을 위해서는 매우 중요한 의미를 갖는다. 환자와 임상가는 서로 의존하는 인종적 집단이다. 임상적 진료에 있어서 인종집단의 중요성은 상대적인 것으로 이는 단순히 환자 혹은 임상가의 속성이 아니다. 임상가와 환자 간의 인종적 권력의 차이는 물론 편향성이나 내재적 스트레오 타입은 환자가 받아야 할 진료의 공정성을 해치게 된다. 임상가는 이들 요인이 환자의 치료과정과 치료결과에도 큰 영향을 준다는 사실에 주의할 필요가 있다(IOM, 2003).

치료계획을 세울 때에는 환자의 사회적, 환경적 특성을 고려해야 한다. 여기서는 환자가 경험한 스트레스가 충분히 고려되어야 한다. 심리치료는 서로 협동하는 과정이다. 이 과정에서 환자와 치료자는 서로 의견을 같이 할 때 보다 좋은 결과를 얻을 수 있다. 따라서 환자의 가치와 기호는 근거중심의 심리치료에서는 주요 요인으로 작용한다. 여기에는 환자가 선호하는 치료의 유형, 그 결과에 대한 신념 등이 포함된다. 환자는 자신이 선호하는 진료를 받을 욕구가 강하다. 이러한 요구는 개인의 문화적 배경과 개인 특유의 특성에 의해 결정된다. 여기서 심리학자는 환자는 서로 다른 진료방법이 갖는 비용과 그 효과를 이해하고 있다는 점에 특별히 유의할 필요가 있다(Haynes et al. 2001).

근거중심진료효과는 평가자에 따라, 평가방법에 따라, 또 그에 대한 질문의 형태에 따라 서로 다르게 나타나게 된다. 일반적으로 근거중심진료효과는 긍정적으로 평가되고 있다. 긍정적 평가에 대한 보다 신빙성이 보장된 객관적 자료를 보자. Sheldpon & Chilvers (2002) 는 1,126명의 사회사업가를 대상으로 한 연구에서 응답자의 90% 이상이 근거중심진료를 긍정적으로 평가하고 있다는 경험적 자료를 제시하였다.

근거중심진료는 임상연구에도 큰 도움이 된다. Caldwell et al.(2007)은 85명의 치료자를 대상으로 한 연구에서 96%이상이 근거중심진료를 긍정적으로 평가한다는 사실을 발견하였다. 이와 같은 사실을 보면 근거중심진료는 진료에 대한 과학적 연구에 큰 도움이 된다는 것을 조심스럽게 주장할 수도 있다. 하지만 모든 임상가와 연구자가 뜻을 같이하는 것은 아니다. 젊은 임상심리학자들의 생각은 다소 다르다. 근거중심진료에 대한 반응은 연구자와 진료자의 연령과는 무관하게 질문 형태에 따라 그에 대한 반응이 달라진다. 근거중심진료에 대한 추상적 질문에 대해서는 보다 긍정적으로 반응하나 구체적 질문에 대해서는 다소 부정적으로 반응하는 경향이 있다. 더 나아가 응답이 쉽지 않은 사태에 직면하면 검사자를 기피하는 경향도 있다. 경우에 따라서는 진단자나 연구자에게 저항하기도 한다(Lilienfeld et al., 2013). 근거중심진료에 대한 부정적 평가도 없지 않다. 이는 소박한 실제론 철학과 무관하지 않다. 소박한 실제론자들이 갖는 세계관은 크게 다르지 않다. 그들은 우리의 외부 세계는 우리가 보는것과 다르지 않다고 한다. 하지만 실제 우리가 보는 세계는 부분적으로 선입관과 편견 해석에 의해 본질이 달라질 수 있다(Morgan & Murray, 1935). 소박한 실제론은 진료자, 연구자, 피교육자들의 직관적 판단에 큰 영향을 준다(Lilienfeld et al. 2013). 더 나아가서 치료 결과의 판단에서 큰 오류를 범하게 만든다. 소박한 실제론은 의학사에 큰 오점을 남기고 있다. 특히 정신의학과 심리학자 가운데 소박한 실제론에 지나치게 편향된 사람이 많다.

의학 발달사를 보면 1890년 이전의 치료 역사는 플라세보의 역사라는 사실을 알 수 있다. 1949년 노벨의학상을 받은 포르투갈의 외과 의사 Egas Moniz(1874-1955)는 소박한 실제론이 경험이 풍부하고 관찰경험이 많은 과학자를 속인 사례를 소개하였다. 명성이 높은 한 뇌엽절제 수술 전문의사가 "나는 관찰력이 뛰어난 의사이다. 나의 치료를 맡은 대부분의 환자는 수술 후에 상태가 매우 호전 되었다."고 주장했다. 하지만 사실 전두엽 수술은 정신분열증이나 우울증 치료에 크게 도움이 되지 못하고 심리학적 신경학적 부작용이 따른다는 사실이 밝혀졌다. 인간 본성에 대한 잘못된 이해가 근거중심치료에 대한 평가의 근원이 된다(Lilienfeld et al., 2010).

인간 본질에 대한 잘못된 이해를 주도한 것은 정신분석이다. 이들의 잘못된 해석이나 주장이 대중매체를 통해 또 통속심리학자들에 의해 널리 전파되었다. 이와 같은 인간에 대한 잘못된 견해가 교육과 훈련과정에도 큰 영향을 주었다. 한 예를 보자. 고양이에 대한 공포는 무의식적 갈등의 산물이라고 정신분석자들은 주장한다. 더 나아가 고양이에 대한 공포는 개에 대한 공포로 발전한다. 그것이 곧 증후대치현상이라고 주장하기도 한다. 그러나 이와 같은 해석은 현실과는 전혀 다르다(Kazdin, 1982). 이와 같은 과장된 잘못된 해석은 과학적 치료를 방해하는 결과를 가져 온다.

근거중심치료의 과학적 근거도 부정하는 사람도 있다. 근거중심치료에 대한 부정적 감정은 근거중심치료에 대한 잘못 된 기술이나 잘못된 표현 때문이다(Gall & Barlow, 2012). 그들은 근거중심치료는 새로운 치료기술 개발을 방해한다고 주장한다. 사실은 그와 전혀 다르다. 치료를 받은 사람은 실험적 과정을 거친 과정에 의해 치료를 받고 있다(Thyer & Pignotti, 2011). 근거중심치료는 경직된 치료기술이 아니다. 과학은 잠정적인 것이고 자기 스스로 교정해가는 과정이다. 치료자는 미국 심리학회 임상심리 분과위원회가 출판한 요강에 따라 판에 박힌 치료만을 고집하지 않는다(Gall & Barlow, 2012). 진료자는 가이드라인을 따라 치료한다. 틀에 박힌 결과가 나쁜 방법을 고집하지 않는다.

마지막으로 근거중심치료의 효과는 어떤가 살펴보자. 지금까지 연구자나 임상가의 관심은 근거중심치료와 정신치료와의 차이에 관심을 두었다. 이제 근거중심치료 효과는 다른 치료 효과보다 높은지를 살펴볼 필요가 있다. 결론부터 얘기하면 근거중심치료 효과는 다른 치료 효과와 크게 다르지 않다. 이와 같은 사실은 도도 새의 판결문을 인용한 Rosenzweig(1936)의 주장이다. 도도 새의 판결문에는 '모든 사람은 승리자이고 모두 상받을 만하다'고 적혀있다. Wampold et al.(1977)도 의견을 같이하고 있다. 도도 새의 판결내용은 Lewis Carroll(1832–1898)의 역작 소설『엘리스의 이상한 나라의 모험』*Alice's Adventures in Wonderland* (1865)에 잘 소개되어 있다.

제4장

근거중심의 임상심리학

임상심리학

심리학의 문헌에 clinic 혹은 clinical 이라는 용어를 최초로 소개한 사람은 Lightner Witmer(1867-1956)이다. 그는 1896년 펜실베이니아 대학교에 색다른 진료소를 개설하고 오늘날의 학교심리학적 문제, 예를 들면 학교생활에 적응하지 못하는 아이들, 성적이 부진한 아이들, 언어장애 특히 발성장애가 심한 아이들, 정서적으로 불안한 아이들은 물론 신체적 발육이 지체된 아이들을 치료하고 교육하였다. 이것이 오늘날 심리학자들이 선호하는 clinical이라는 용어의 효시이다. 그는 같은 해 12월 미국 보스턴에서 열린 미국 심리학회 5차 학술대회에 임상심리학(Clinical Psychology)이라는 새로운 학문체계도 소개하였다. 이를 계기로 많은 북미의 심리학자들이 임상심리학이라는 새로운 학문을 접할 수 있게 되었다.

1907년 Witmer는 학술지『*The Psychological Clinic : A Journal for the Study and Treatment of Mental Retardation and Deviation*』을 편집 출간하였다. 이 잡지는 1935년까지 지속되었다. 이 잡지가 막을 내리고 2년 후 그는 펜실베이니아 대학교에서 은퇴하였다. Witmer는 세 번에 걸쳐 clinical 혹은 clinic이라는 용어를 널리 보급하는데 크게 기여하였다. 이를 바탕으로 현대 임상심리학이 탄생되었다.

Witmer의 심리치료소 와『*The Psychological Clinic*』

Witmer는 1896년 미국 펜실베이니아 대학교에 심리치료소를 개설하였다. 이것이 세계 최초의 심리치료소이다. 이 치료소에서 Witmer는 정신지체자와 일탈자를 연구하고 치료하는데 역점을 두었다. 그는 아동의 진단과 치료를 위해 초등하교 교사와 긴밀한 유대관계를 맺었다. 그는 학교생활에 적응이 어렵고 학업성취기능이 떨어진 아이들을 상담하고 치료하여 정상적인 학교생활에 적응할 수 있게 도와주는데 역점을 두었다. 보다 효과적인 상담과 치료를 위해 부모와 교사로부터 얻은 정보는 필수적인 것이었다. 그에 못지 않는다고 생각한 것은 개인의 생리적 활동의 특성에 대한 정보였다. 치료소에 비치된 생리적 기능 측정 기구를 사용해서 개인의 생리적 특성을 측정하였다. 이는 단순히 임상적 면접 자료에 전적으로 의존하는 현대 상담자와는 크게 다른 점이다. 그는 일차적으로 측정된 자료에 큰 비중을 두는 과학자였다. 그렇다고 편협한 과학자는 아니었다. 응용의 중요성도 강조하였다. 그는 과학의 가치는 응용 가능성에 따라 결정된다고 믿는 유연성을 겸비한 과학자로 평가 받는다.

Witmer는 1907년『*The Psychological Clinic : A Journal for the Study and Treatment of Mental Retardation and Deviation*』을 출간하였다(그림 4-1). 이를 계기로 Witmer의 심리치료소 활동이 전 세계 심리학자의 관심을 끌게 되었다. 그의 출판물을 통해 오늘날의 심리학자들은 100년 전의 임상심리학자의 참 모습을 엿볼 수 있다. 이 잡지의 1권(1907-1908)의 목차(그림 4-2, 4-3)를 보면 21편의 논문이 게재되어 있다. 이를 통해 우리는 극히 일부이기는 하지만 100여 년 전의 임상심리학자들이 어떤 문제에 관심이 있었는지 알아볼 수 있다. 이 잡지에는 학습문제, 정신지체, 망상, 언어장애, 비행, 말더듬, 오줌싸개, 버림받은 아동의 성격특성을 다룬 논문들이 게재되어 있다. 보다 특기할만한 논문 한편에 주목할 필요가 있다. 그것은 Witmer가 쓴 병원학교 제도에 대한 제언이다. 그는 100년 전에 이미 우리에게 생소한 아동의 진료와 교육문제의 중요성을 강조하였다.

100여 년 전에 등장한 clinic/clinical이라는 용어는 Witmer 자신의 연구수행을 위해 사용한 하나의 수단에 불과하다. 이를 통해 임상심리학을 의사가 병상 머리맡에서 환자를 진료하는 의학과 동일시하는 과오를 쉽게 범할 수 있다. 현대 임상심리학과는 거리가 멀다는 점에 특별히 주의할 필요가 있다. 현대 임상심리학은 병상심리학도 아니요 의사의 전유물인 의학적 진료 수단도 아니다. 임상심리학 그 자체로서 건강관리체계의 한 부분이다. Clinical이라는 말은 Witmer가 자신의 연구를 위해 사용한 수단에 불과하다. 거기

THE PSYCHOLOGICAL CLINIC

A Journal for the Study and Treatment of Mental Retardation and Deviation

Editor:
LIGHTNER WITMER, Ph. D.,
University of Pennsylvania.

VOLUME I.

1907-1908

THE PSYCHOLOGICAL CLINIC PRESS
PHILADELPHIA, PA.

〈그림 4-1〉 *THE PSYCHOLOGICAL CLINIC* 창간호 표지 (1907)

CONTENTS OF VOL. I.

ARTICLES.

〈그림 4-2〉 *THE PSYCHOLOGICAL CLINIC* 1907–1908, Vol. I 목차 (계속)

REVIEWS AND CRITICISM.

〈그림 4-3〉 *THE PSYCHOLOGICAL CLINIC* 1907–1908, Vol. I 목차

에는 어떤 특별한 의미도 없다. 본인도 이를 인정하였다. Witmer는 이와 같은 사실을 *The Psychological Clinic*(1907, 1, 1-9)에 쓴 논문에서도 분명하게 밝히고 있다.

임상심리학자들은 매우 광범위한 영역에서 여러 가지 다양한 일을 했다. 초기의 임상심리학자들은 학교심리학적 문제, 예를 들면 학교생활에 적응하지 못하는 아이들의 행동을 교정하기도 하고, 그들의 부모를 상담하기도 하였다. 직장생활에 적응하지 못하는 성인들의 문제해결에 관여하기도 했다. 여러 가지 심리적 문제를 호소하며 찾아오는 내담자로 하여금 보다 효과적으로 심리적 문제를 극복할수 있게 도움을 주었다. 이런 광범위한 영역에서 여러 가지 전문적 지식을 활용하는 학문을 임상심리학이라고 이름 부칠 때 공감하는 사람이 얼마나 될까? 실제 심리학자들의 전문적 활동을 고려해서 컬럼비아 대학교 심리학자 Robert Woodworth(1869-1962)는 임상심리학이라는 용어 대신 자문심리학(Consulting Psychology) 혹은 개별서비스심리학(Personal Service Psychology)으로 바꿔지는 것이 보다 바람직하다는 주장도 했다.

그는 *Journal of Consulting Psychology*(1937, 1, 4-5)에 게재한 논문에서 임상심리학 자체의 미래를 긍정적으로 보았다. 그는 명성이 높은 실험심리학자이다. 임상심리학자는 아니다. 거인과 난쟁이가 보는 세계는 다르다. 거인은 난쟁이 보다 보다 넓은 세상을 본다. 하지만 난쟁이가 거인의 어깨에 올라서면 거인보다 더 넓은 세상을 보는 법이다. 실험심리학자가 보는 임상심리학의 무대는 임상심리학자가 보는 임상심리학의 무대보다 더 넓을 수밖에 없다. 임상심리학 대 자문심리학/개별서비스심리학의 이해득실은 무엇인가? 과학, 이론, 실습에서 얻은 지식을 통합한 지식을 바탕으로 인간의 부적응 행동•불구•불안 등을 교정하는 과학이다. 또 임상심리학은 발달, 생애, 문화적 수준, 그리고 사회경제적 수준이 다른 사람들의 지적, 정서적, 생물학적, 심리학, 사회적 특성을 이해하는 데 역점을 둔다(미국 임상심리학회).개인의 심리적 이론과 자료에서 얻은 지식을 체계적으로 활용하여 심리적 불쾌감을 경감시키고 심리적 웰빙을 신장시키는 과학이다(영국 임상심리학회).

심리학의 이론을 바탕으로 진료와 연구를 병행하는 매우 광범위한 과학이다. 이는 평가와 예방을 통해 심리적 불쾌감, 불구, 기능장애행동을 경감시키고 심리적 신체적 웰빙을 향상시키기 위해 심리학적 지식을 활용하는 과학이다(캐나다 심리학회). 심리학은 행동과학으로 이는 개인의 정서, 사고, 성격, 숙련기술, 학습, 동기, 자각, 감각 기능의 특성을 연구한다. 여기에서는 개인은 물론 가족과 집단을 대상으로 한다(뉴질랜드 임상심리학자양성기관).

임상심리학은 변화를 추구하는 사람과 집단의 특성을 심리학적으로 이해한다. 그들의 고통을 경감시키고 목적 달성에 필요한 도움을 제공한다. 임상심리학은 심리학의 이론과 현장 경험에서 얻은 지식을 바탕으로 개인의 심리적 고통을 경감 치료하고 그들의 심신 건강증진에 역점을 두는 과학이다(한국심리학회 임상심리학회). 앞에서 살펴본 바와 같이 임상심리학은 심리적 장애를 진단하고 치료하는 과학이다. 치료에서는 주로 심리치료의 기술을 활용한다. 여기서 임상심리학자는 학회가 인정하는 교육기관에서 교육과정을 필하고 학회가 요구하는 자격시험을 거쳐서 일정기간 임상실습을 필한 사람을 지칭한다. 그 기준은 문화적 배경에 따라 다르기 때문에 여기서 소상하게 소개하는 것은 피할 수밖에 없다.

임상심리학자의 교육모델

임상심리학의 교육모델은 크게 세 가지로 분류된다. 첫째는 1949년에 발표된 보울더 모델 혹은 과학자-진료자 모델이고 둘째는 1973에 발표된 베일 모델 혹은 학자-전문직업인의 모델이다. 셋째는 1990년에 발표된 임상과학 모델이다. 여기서 세 가지 모델의 특성을 자세히 소개하고 그에 대한 그 모델이 갖는 장단점을 모두, 그것도 자세히 소개할 수는 없다. 그러므로 여기서는 기존의 두 모델의 특성과 그것이 임상심리학의 발전에 어떤 공헌을 했는지를 살펴보고자 한다. 끝으로 새 모델을 소개하고 그것이 근거중심의 임상심리학과 어떤 관계가 있는지 살펴보기로 한다.

보울더 모델

임상심리학에서 보울더 모델 혹은 과학자-진료자 모델은 고전적 임상심리학자의 교육모델이다. 세계 최초로 임상심리학이라는 새로운 학문을 도입한 미국 심리학회는 1940년 이후 10여 년 동안 크고 작은 문제에 직면하였다. 전쟁 중에는 전쟁 부상병의 치료는 물론 그들의 정신회복이 큰 문제였고, 종전 후에는 그들의 사회적응이 큰 문제로 부각하였다. 이 문제 해결에 앞장선 것이 국방부와 재향군인회 보훈국(VA)이었다. 경제적 도움을 준 것은 공중보건국(USPHS)과 국립정신보건원(NIMH)이었다. 이들의 행정적 경제적 도움을 바탕으로 미국 심리학회(APA)가 구체적으로 교육프로그램을 만들고 그 프로그램에 따라 교육받은 고급 두뇌들의 노력으로 오늘날 미국의 임상심리학이 성장 발달하게 된 것이다.

1940년대에 VA는 APA에 임상심리학의 발전을 위해 경제적 도움을 주겠다고 제의했다. 불행하게도 APA는 그 도움을 받을 준비가 없었다. VA의 도움을 받을 대학 교육환경이 전혀 없었다. 이러한 어려움을 해결하기 위해 1946년 미국 심리학회는 임상심리학자의 양성을 위한 위원회를 수립하고 David Shakow(1901–1981)를 위원장으로 임명하였다. Shakow는 NIMH의 경제적 도움을 받아 임상심리학자를 위한 체계적인 교육체계를 만들기 시작했다. 이 계획안의 타당성을 논의하기 위해 APA는 1949년 8월 말부터 9월 초까지 2주간 콜로라도 주 보울더에서 공식 모임을 가졌다. 이 모임에는 심리학자를 비롯해서 사회사업가, 정신과 간호사 등 73명이 참석하였다.

보울더 모델 혹은 과학자–진료자 모델의 내용은 Victor Raimy가 1950년에 편찬한 소책자『임상 심리학 훈련』(*Training Clinical Psychology*)(New York: Prentice Hall)에 자세히 소개되어 있다. 이 모임에서 단일 훈련 모델을 만드는 데 의견의 일치를 보았다. 이 모델에는 특정한 임상기술, 실습교육, 인턴과정, 연구훈련 및 논문에 대한 규정이 포함되어 있다. 이 모임에서 과학자–진료자 모델, 혹은 보울더 모델이 전문심리학자 양성을 위한 초석이 되었다. 이 모델이 임상심리학자의 양성은 물론 카운슬링심리학자, 학교심리학자의 양성에도 널리 활용되었다. 과학자–진료자 모델은 미국 뿐만 아니라 많은 나라에서 임상심리학자의 훈련모델로 채택되었다.

이 모델은 오늘날 임상심리학이 있기까지 여러 면에서 크게 공헌하였다. 이에 못지않게 여러 가지 어려운 문제도 지적되고 있다(Barlow et al., 1984). 즉 연구패러다임이 심리학적 문제 연구에 적합하지 않다. 이 훈련은 진료자의 연구에 도움이 되지 않는다. 진료자는 연구결과를 별로 활용하지 않는다. 연구결과는 진료행위에 큰 영향을 주지 못한다. 모델의 부적합성은 북미자료에서만 지적된 것이 아니다. 이 모델에 기초한 교육을 받은 호주와 영연방의 임상심리학자 가운데 이 훈련 모델에 불만을 표시하는 사람이 많다.

진료와 연구 간의 간격을 최소화하기 위해서는 하나의 프로그램으로 실천적 연구 프로그램이 필요하다. 실천적 단계에서 파생한 문제 해결을 위해서는 기초연구에서 얻은 결과를 실천과정으로 환원시켜야 한다. 실천적 연구는 진료자–고수준 방법론이다. 이는 과학자–진료자 모델의 변형인 회의적 경험론자 이론과 완전히 일치한다. 이는 실천과 연구의 두 가지 목적을 동시에 추구하려는 접근방법이다. 한 치료자가 중재에 개입할 때 자기가 이해하고 있는 사태, 이론, 그리고 방법을 동시에 수정할 필요가 있다. 그 과정에서 이론과 진료도 동시에 발전하게 된다. 이와 같은 방법은 매우 효과적인 교육방법이고 치료방법이 될 수 있다.

실제 임상심리학에서는 이론을 바탕으로 진료를 하는 것이 아니라 진료를 통해 이론을 체계화하고 있다. 이제 낡은 체계에서 벗어나 새로운 패러다임을 도입할 때가 되었다. 실천연구는 문제속에서 이루어져야 한다. 회의적 경험론에도 과학적 가치가 있고 진료 그 자체에도 과학적 가치가 있다. 이런 모델을 심리학의 이론 연구, 진료에서 수용한다면 이들을 보다 가까워질 수 있다. 이러한 패러다임이 이론 연구나 진료에 서로 유용한 정보를 제공하고 보다 효과적인 진료를 수행하는 데 도움이 될 것이다.

과학자-진료자로서의 심리학자라는 용어 대신 회의적 문제해결자로서의 진료자-실천연구자로서의 심리학자라는 용어로 대치될 필요가 있다. 이것이 과학자와 진료자의 기능을 중요시하는 임상심리학자에게 보다 적합할 것이다. 심리학에서는 질적 자료의 중요성이 큰 비중을 차지한다. 따라서 질적연구의 방법론은 심리학의 발달에 지대한 영향을 준다. 실천과학(Argyris et al., 1985)과 유연적 방법론(Checkland, 1992)은 이론가와 진료자 모두에게 큰 도움이 될 것이다. 60년이 넘도록 보울더 모델은 큰 비판을 받지 않고 자리를 지켜왔다. 그것은 두 가지 측면에서 생각할 수 있다. 하나는 보울더 모델이 건전하게 탄생하였다는 점이다. 다른 측면에서는 과학자에게는 비판할 가치가 없는 것으로 받아들여졌다는 점이다. 과학은 비판의 소리를 듣고 성장 발전한다. 이 점에서 이 모델은 과학과 진료는 동일한 비중을 요구하며 PhD 학위를 가져야 하며, 그리고 심리학자들은 과학자-진료자여야 한다는 문제를 깊이 크게 강조하고 있다.

보울더 모델의 타당성에 대해 의문이 제기되었다. 보울더 모델은 법학, 치의학, 그리고 의학의 훈련에는 적합하지 못하다는 점이 지적되었다. Gordon Derner는 1951년 Adelphi에 최초로 학자-진료자의 과정을 설치하여 연구자이면서 진료자의 역할을 할 수 있는 제도를 도입하였다. 이 과정에서 진료자의 훈련에 보다 큰 비중을 두었다. 이들은 연구에서 개발된 지식을 실제 진료과정에 활용하기도 하였지만 연구기술의 개발에는 관심이 없었다. 이 프로그램은 1957년까지 APA의 승인을 받지 못해 많은 어려움을 겪다가 마침내 학회의 승인을 받을 수 있었다. 이것을 계기로 Gordon Derner는 국립전문심리학자위원회의 창립회장이 되어 전문심리학의 발전에 공헌을 할 수 있게 되었다.

1968년 일리노이 대학교에는 미국 최초로 심리학 박사 학위과정이 개설되었다. 이 과정은 Donald Peterson의 노력으로 심리학자가 응용임상연구에 종사할 수 있게 되었다. 이 과정은 PhD과정과는 달리 임상연구에 큰 비중을 두었다. 이 과정은 오래 지속되지 못하고 중단되는 비운을 맞게 되었다. 1960년 말 캘리포니아 심리학회는 부족한 박사학위 수준의 심리학자를 양성할 목적으로 캘리포니아 전문심리학자학교를 세웠다. 이 사업에 협력한 사람이 Nicholas Cummings이다. 이 프로그램은 진료자-임상심리학자의 훈련에 역점을 두고 그 과정을 수료하면 심리학 박사 학위를 수여하는 것이 특징이다.

보울더 모델에 따라 훈련받은 사람일수록 다른 훈련 모델, 예를 들면 베일 모델에 따라 교육받은 사람보다 자신감이 높다. 보울더 모델에 따른 교육은 피교육자에게 만족감을 준다. 보울더 모델에 따라 교육받은 심리학자 50%는 그 교육에 만족한다. 이와는 대조적으로 베일 모델에 따라 교육받은 심리학자의 경우 14%만이 그 교육에 만족하고 있다는 객관적 자료가 있다(Narcross & Gallagher, 1989). 보울더 모델의 우월성을 지지하는 Craig(1992)는 보울더 모델(과학자–진료자모델)은 베일 모델(진료자–학자모델)과 상보적 관계를 유지할 때 그 우월성은 더 높아진다고 했다. 그의 주장에 의하면 보울더 모델은 실용성 기능을 겸비할 때 그 우월성은 더 높아진다고 한다. 역시 보울더 모델의 우월성은 높게 평가되고 있다.

보울더 모델은 초창기부터 얼마 전까지 미국은 물론 세계적으로 이름이 알려진 대학에서 폭넓은 지지를 받고 있었다. 미국의 경우 박사과정을 운영하는 대학의 97.8%가 보울더 모델에 따라 교육시키고 있다. 이것이 보울더 모델의 우월성을 입증하는 좋은 증거가 될 수 있다(O'sullivan & Quevillon, 1992). 보울더 모델의 영향은 임상심리학자의 교육훈련에 한정되어 있지 않다. 그것은 심리학적 건강관리체계의 구성에도 큰 영향을 주고 있다(Elliot & Klapow, 1997). 과학자와 진료자는 서로 다른 기관에서 독자적으로 양성, 교육하는 것은 무의미하다. 이들에게는 상호 보상을 주고받는 공생관계를 유지하는 관계가 필요하다. 이러한 견지에서 볼 때 보울더 모델은 우리에게 꼭 필요한 모델이다.

우리에게는 과학자도 필요하고 전문적 진료자도 모두 필요하다. 그러므로 보울더 모델, 과학자–진료자 모델은 현대 임상심리학자의 훈련에 꼭 필요하다. 보울더 모델은 크게 실패한 모델로 그 가치가 평가절하 되는 경우도 있다. 그들의 주장에 따르면 사람의 능력에는 한계가 있다고 한다. 과학자의 역할과 임상가의 두 가지 역할을 수행하는 것은 불가능하다. 그런데도 보울러 모델은 이것을 요구한다. 이것이 이 모델이 갖는 가장 큰 결점이다. 보울러 모델에 따라 교육받은 사람 가운데 경험적 연구보다 임상진료에 전향하는 사람이 있는가 하면 임상진료에서 경험적 연구로 전향하는 사람도 많다. 두 가지 기능을 병행하는 사람은 극히 제한되어 있다.

보울더 모델은 불손으로 도색한 모델이다. 신빙성의 가면을 쓰고 피교육자에 군림하는 모델이다. 과학자–임상가 모델은 한사람에게 연구와 진료의 기능을 교육시킨다지만 사실은 연구와 진료의 중간에서 방향을 잃고 방황하게 만든다. 이 교육을 받은 사람으로 두 가지 기능을 만족스럽게 수행한 사람은 극히 소수이다(Belar, 2000). PhD나 Psy D 학위 소유자의 연구 생산기능은 기대했든 것보다 크게 떨어진다(Barrow et al., 1984). 보울더 모델에 따라 교육받은 사람은 기존의 방법에 따라 진단하고 치료하는 능력은 우수한 편이나 창의성은 크게 부족하다. 유능한 진료자일수록 훌륭한 연구결과를 내지 못한다. 훌륭한 업적을 내는 사람은 진료자로서의 기능이 크게 떨어진다(Meehl, 1995).

과학자–임상가의 모델은 실패한 교육모델이다. 한 사람이 두 가지 전문지식인 이 되는 것은 현실적으로 불가능하다. 한 영역의 전문가 되기 위해서는 그 영역의 전문교육을 필요로 하기 때문이다(Albee & Looffler, 1971). 보울러 모델에 따라 교육받은 과학자와 진료자의 연구 활동은 매우 저조하다. 진료자는 과학논문을 발표하는 일이 거의 없고 간혹 발표된 것도 질이 크게 낮다. 과학자는 임상장면과 결별하는 사례가 매우 흔하다(Meehl, 1959).

보울더 모델에 의한 교육을 받은 사람에서는 창의성을 발견할 수 없다. 그들은 최종적으로 일반검사와 기술에서 발견된 사실을 맹목적으로 수용하는 경향이 있다. 보울더 모델이 갖는 부정적 측면은 1967년 Kenneth Clark이 중심이 된 미국 심리학회 과학전문위원회에서 발표한 자료에 보다 포괄적으로 그리고 상세하게 소개되었다. 관심이 있는 독자는 『*American Psychologist*』(1967, 22)를 참조하기 바란다.

베일 모델

임상심리학자의 주요 교육모델로 베일 모델을 빼놓을 수 없다. 이 모델은 1973년 콜로라도 주 베일에서 열린 전문직업심리학자 양성문제를 토의하기 위한 미국 심리학회 컨퍼런스에서 채택된 것이다. 여기서 사회적 문제와 개인의 건강문제를 본격적으로 다룰 전문심리학자 양성 모델이 탄생하였다. 이 모델에서도 심리학의 과학적 방법을 존중하면서 지금까지 인정되어 오던 과학자–진료자 모델의 기본정신은 그대로 수용하고 있다. 이것은 심리학자들이 최초로 성취한 임상중심의 훈련모델이며 25년간을 두고 투쟁에서 성취한 결과이다. 베일 컨퍼런스를 계기로 전문 직업에 종사하는 심리학자들이 미국 심리학회에 깊이 관여하여 권익보장을 위해 투쟁할 수 있게 되었다.

1977년 미국 심리학회에 큰 변화가 있었다. 미국 심리학회의 전통을 깨고 Ted Blau가 미국 심리학회장으로 선출되었는데 이는 개인진료소를 가진 사람으로서 최초의 학회장이다. 그 뒤를 이어 1979년에는 Nick Cummings이 회장으로, 1983년에는 Max Siegel이 회장으로 각각 선출되었다. 정신의학의 영역에서는 기능적 신경증, 정신병 및 기질적 정신병 치료를 위해 의학적 정신치료라는 새로운 치료기법을 도입하였다. 이를 계기로 정신과 의사가 심리학자와 사회사업가를 치료 팀에서 배제하고 단독으로 치료한다는 주장을 하게 되었다. 다행히 1974년 말 미국의 여러 주에서는 자유선택법이 시행됨에 따라 내담자는 심리학자의 진료를 택할 수 있게 되었다. 결과적으로 1980년까지 전체 인구의 80% 이상이 이 법에 따라 큰 혜택을 받게 되었다.

1972–1978년 사이에 미국에서는 개인진료소를 운영하는 심리학자의 수가 크게 증가하였다. 즉 1971년까지 박사학위를 가진 사람의 7.3%가, 1978년까지는 15.16%가 개인진료소를 운영하였다. 개인진료소를 개설하는 수가 크게 늘어나는 현상은 크게 두 가지로 나누어 생각할 수 있다. 즉 하나는 대학에서 임상심리학을 전공하는 사람의 수가 크게 늘었다는 점, 다른 하나는 면허를 가진 심리학자에 대한 정부의 대우가 현저하게 좋아졌다는 점이다. 그러나 모든 심리학자들이 주에서 실시하는 면허 제도를 전적으로 찬성하는 것은 물론 아니었다. 개인진료소를 가진 사람의 수가 크게 늘어남에 따라서 이들의 자격을 철저하게 심의할 필요가 생기게 되었다. 이와 같은 필요에 따라 미국 심리학회는 1970년 자기통정제도를 도입하여 심리학자끼리 서로 다른 동료가 심리치료를 어떻게 수행하고 있는지를 상호 감시하게 하였다.

미국 심리학회는 1979년에 새로운 위원회를 발족시켰다. 이 위원회가 제출한 자료를 기반으로 미국 심리학회와 보건기관은 공동으로 심리학자가 직접 국민건강에 관여할 수 있다는 것을 공식적으로 인정하였다. 이에 따라 심리학자들은 국립정신건강연구소와 협조하여 입원환자에 대한 수준 높은 치료를 수행할 수 있는 기회를 얻었다. 불행하게도 이를 계기로 정신의학자와 심리학자간의 갈등은 더욱 심화되었다. 이러한 문제해결을 위해 정신건강 영역에 있어서 핵심적인 네 개의 전문 직업인–심리학자, 정신의학자, 사회사업가, 정신과 간호사–이 가지는 의견을 일치시킬 필요가 있다는 사실에 합의하였다. 각 분야에서 세 사람씩 나와 위원회를 조직하고 1년에 3회씩 모여 중요한 문제를 토의하였다. 이들은 서로 다른 직업인끼리 서로 협력해야 한다는 점, 상대방의 전문직을 이해하고 존경해야 한다는 점, 전문직업인들끼리 서로 토의하고 논의를 거쳐 문제를 해결하고, 그리고 서로가 받아들일 수 있는 목표를 설정할 필요가 있다는 점을 확인하였다.

베일 모델 혹은 학자–진료자 모델은 진료자 양성을 목표로 하는 임상심리학자 훈련모델이다. 이를 계기로 진료자 양성을 위해 임상심리학자의 훈련기관은 크게 증가하였다. 이와 같은 기관은 전문학교, 대학의 심리학과, 대학 내의 독립된 교육기관에서 자체적으로 운영하게 되었다. 이 모델은 보울러 모델 프로그램에 비해 규모는 크지 못하지만 박사과정 지원자의 수는 보울더 모델에 따른 프로그램 지원자의 세배가 훨씬 넘었다. 그들을 자세히 면담해 보면 보울러 모델에 따른 교육지망생과는 다르다. PhD 과정의 지망자와는 달리 PsyD 프로그램 지원자 수는 연구 자체에 대한 매력보다 연구결과의 소비자로서의 기능에 보다 만족하는 경향이 있다는 사실을 발견할 수 있다. 그 결과 PhD 학위 소유자는 PsyD 학위 소유자와는 달리 대학의 연구자, 의과대학에서의 연구자로 성장하기를 바란다. 이와는 달리 PsyD 학위소유자는 진료소나 개인병원에서 실제 진료업무를 선호하는 경향이 있다.

베일 모델 혹은 진료자–학자 모델은 임상 실습에 역점을 둔 임상심리학자의 훈련모델이다. 이는 임상심리학자를 교육 훈련시키는 것이 주목적이었으나 공중보건, 법률가의 훈련에도 적용할 수 있는 훈련프로그램이다. 이 모델에 따르면 심리학자는 하나의 학자, 연구결과의 소비자, 혹은 고도의 훈련을 받은 전문가로서 이들은 자신이 직면한 문제해결을 위해 수준 높은 지식과 기술을 활용한다.

임상과학 모델

임상과학 모델은 1991년 인디아나 대학 교수 Richard McFall이 APA 12분과 3섹션에서 발표한 메니페스토에 기초하고 있다. 그의 주장은 *The Clinical Psychologist*(1991, 44(6), 75–88)에 소개되어 있다. 이 메니페스토는 임상심리학 전반에 큰 영향을 주었다. 여러 임상과학 프로그램이 발표되었고 심리학적 임상과학이 등장하였다. 그는 정통적이고 수용 가능한 임상심리학을 과학적 임상심리학이라고 주창한다. 이 메니페스토에 따르면 임상심리학적 봉사는 여러 가지 조건이 충족되어야 한다. 즉 서비스의 정확한 본질이 명백하게 기술되어야 한다. 서비스가 요구하는 유효성이 분명하게 기술되어야 한다. 요구되는 유효성은 과학적으로 타당해야 한다. 그리고 부작용이 있다고 판단될 때에는 유효성보다 더 큰 부작용을 경험적으로 통제해야 하는 기준에 부합되기 전에는 대중에게 공포되어서는 안된다. 다만 엄격한 실험통제가 가해진 것은 예외이다.

임상심리학적 진료는 근본적으로 과학적 기초위에서 이뤄져야 한다. 이는 분명한 과학적 근거에서 비판 돼야 하고 건전한 과학적 근거가 있어야 한다. 1991년 미국 심리학회 학술대회에서 임상심리학자 Richard McFall은 자신의 메니페스토에서 과학적 임상심리학과 필적할 만한 과학이 존재하느냐는 물음을 던졌다. 그는 그의 메니페스토에서 몇가지 사실을 요구한다. 즉 대중을 위한 심리학적 서비스는 정확한 서비스의 본질이 분명하게 기술되어야 하고, 봉사에서 얻고자하는 유익성이 외부로 분명하게 기술되어야 한다. 요구되는 유익성은 과학적으로 타당한 것이라야 한다. 유익성을 해칠 우려가 있거나 부정적 효과는 실험을 통해 통제해야 한다는 점을 강조하였다.

임상심리학자는 위에 제시한 메니페스토 기준에 부합되는 치료를 경험적 지지치료(Empirically Supported Treatment, ESTs)로 인정한다. 많은 사람들이 생각하는 것처럼 임상심리학적 치료, 정신치료, 카운슬링은 대부분이 메니페스토의 규칙을 충족시키지 못하고 있다. 경험적 지지치료는 발전과정에서 경험적 타당치료(Empirically Validated Therapy, EVT), 경험적 평가치료(Empirically Evaluated Therapy, EET)등으로 불리워졌다. 이들은 경험적 지지치료와는 전혀 다르다. 이 용어는 APA가 1995년 12분과회 특별자문위원회를 거쳐 공식적으로 사용되었다. 임상심리학은 박사과정훈련에서의 임상과학자가 할 수 있는 가장 훌륭한 자격을 갖춰야 한다. 우선 임상과학자가 되어야 한다. 여기에는 응용임상가의 활동이 포함될 수도 있고 그것이 배제될 수도 있다. 모든 임상연구는 근거중심의 바탕위에서 이뤄져야 한다.

과학자로서의 임상심리학자인가?
임상심리학자로서의 과학자인가?

미국 심리학회가 제정한 보울더 모델은 유용한 과학자–진료자 양성을 위해 만들어졌다. 이 모델은 한 사람의 심리학자에서 독립된 두 가지 기능–과학자로서의 심리학자의 기능과 진료자로서의 심리학자로의 기능–을 기대하는 것인지 아니면 두 가지 기능을 모두 갖춘 심리학자의 기능을 기대하는 것인지가 불분명하다. 하지만 일반적으로 기대하는 것은 임상심리학자는 과학자요 진료자라고 인정하고 있다. 하지만 과학자와 진료자는 엄격하게 구별되어야 한다. 한 심리학자가 과학자와 진료자의 역할을 수정하는 것은 사실상 불가능하다. 이 점은 보울더 컨퍼런스 이후 많은 전문가들이 광범위하게 토의하였지만 확실한 해답은 얻지 못한 것이 현실이다.

과학자로서의 임상심리학자의 일차적 기능은 조심스럽게 통제된 실험실에서 경험적 연구를 기초로 하여 행동의 일반법칙을 추구하는 것이다. 임상적 진료자는 과학자가 개발한 일반원리(여기에는 과학적인 것도 있고 그렇지 못한 것도 있다)를 활용하여 환자나 내담자의 문제해결을 시도한다. 이와 같은 구분은 다른 인접과학의 영역에서는 잘 이뤄지고 있다. 생리학, 유전학, 약물학의 기본원리를 연구하는 생물의학자(과학자)와 이들이 개발한 과학적 지식을 특별한 환자의 치료에 응용하는 의사(임상의사)와 구별하는 것과 매우 유사하다. 의사는 생물의학자들이 발견한 원리를 바탕으로 특정한 환자의 질병을 진단하고 치료한다. 예를 들면 의사가 특정한 증후에 따라 특정한 약을 처방하면 그 약의 효과가 입증된 것으로 믿는다. 약의 효과는 국가기관에서 입증되기까지는 새로운 약으로 인정받지 못한다.

과학적 원리를 바탕으로 개발된 의학적 방법이 임상심리학적 진료 영역에서 그대로 적용될 수 있을까? 반드시 그렇다고 주장할 수는 없다. 임상심리학자 가운데에는 근거에 기초한 방법을 엄격하게 적용하는 사람이 있는가 하면 경험적 방법과 비경험적 방법을 혼용하는 사람도 있다. 일차적으로 비경험적 방법을 선호하는 사람도 있다. 사실 과학적 방법을 외면하는 임상가도 있다. 과학적 발견과는 무관하게 독자적 임상업무를 추진하는 사람도 있다. 임상심리학에서도 과학과 임상진료는 생물의학과 의학적 진료가 밀접한 관계가 있는 것처럼 매우 밀접한 관계를 가질 필요가 있다.

우리 주변에는 심리학자라는 이름으로 비과학적 심리학적 서비스를 제공하는 사람이 많이 있다. 그들이 사용하는 기술과 이론은 과학적 근거가 결여되었거나 성장과정에서 그 근거가 인정되지 않는 것들이다. 그들에게는 과학적 심리학과 비과학적 심리학을 변별할 능력이 없다. 그렇기 때문에 많은 비용을 받고 검사하고 치료한다. 근거중심의 임상심리학은 우리에게는 매우 생소하다. 하지만 기존의 임상심리학자에게는 어떤 면에서는 보다 친근감을 주기도 한다. 무엇보다도 근거중심의 심리학은 심리학자가 임상적 문제에 직면했을 때 무엇을 어떻게 수행할 것인가를 분명히 이해하고 있다.

기존의 임상심리학자는 과학자-진료자 모델, 혹은 전문직업인 모델의 틀에 갇혀서 꼼짝 못했다. 그래서 그 기능을 어떻게 수행해야 할지 몰랐다. 이와는 달리 근거중심의 임상심리학에서는 그들이 해야 할 업무는 무엇이고 그것을 어떻게 수행하라고 명시해 준다. 임상가가 환자에 대한 최종판단을 내릴 때 최근에 발표된 가장 훌륭한 지식을 사리에 맞게 활용하고 있다. 이것은 근거중심의학의 틀과 맥을 같이 한다(Sackett et al., 2000). 이 점에 대해서는 이 책의 다른 곳에서 보다 자세히 설명하였다.

근거중심의 임상심리학

건전한 근거

근거중심의 임상심리학은 객관성이 보장된 건전한 근거자료에 기반을 둔다. 건전한 근거는 자료에 대한 평가를 거쳐 수집된 것으로 이는 단순한 경험적 자료와는 크게 다르다. 건전한 근거는 비판적 평가과정을 거쳐 특정한 기준에 따라 통합된 자료를 의미한다. 건전한 근거는 문헌에 대한 체계적 개관이 선행되어야 한다. 이 과정에서는 공정한 문헌선정이 선행되어야 한다. 어떤 편향도 개입되어서는 안 된다. 편향되지 않는 문헌선택을 위해서는 세계적으로 공인된 데이터베이스를 사용해야 한다. 데이터베이스에 수록된 자료는 모두 동일하지 않다. 데이터베이스에 수록된 자료는 다를 수도 있다. 심리학자들이 선호하는 *OVID*와 *Pub Med*에 수록된 자료도 꼭 동일하지 않다. 신뢰도가 높은 근거라 할지라도 데이터베이스에서 누락되는 수 도 있다.

연구를 위해 데이터베이스를 선택하는 것은 매우 중요하다. 사용하는 주제용어 등이 데이터베이스에 따라 다르다. *Pub Med*는 *Mesh* 용어를 사용하며 APA의 *PsycINFO*는 심리학적 색인용어의 시소러스를 사용한다. *MEDLINE*, 유럽판 *EMBASE* 외에 간호사 등 건강전문직에 종사하는 사람들이 사용하는 *CINAHL*이 있다. 여기에는 *Medline*이나 *PsycINFO*에서는 찾을 수 없는 자료가 많이 수록되어 있다. Cochrane Library(1999)에서 출판한 『*Cochrane Database of Systematic Reviews*』와 『*Cochrane Controlled Clinical Trials Registry*』에는 개관자에게는 매우 유익한 데이터베이스이다.

수집된 자료는 2인 이상의 평가자에 의해 평가되는데 여기서는 Jadad et al.(1996)이 제작한 평가척도가 사용된다. 행동시연의 결과를 이중맹점법을 사용하는 것은 바람직하지 못하다. 이중맹점검사가 여의치 않을 때에는 *PeDro* 척도를 사용해서 평가해볼 필요가 있다(Bhogal et al., 2005). 체계적 개관 결과를 바탕으로 해서 자료를 선정한다. 이 단계에서는 연구자가 자신의 연구와 관련되는 자료가 있는지를 점검할 필요가 있다. 다음 은 메타분석의 단계이다. 이 단계에서 연구결과의 이질성이 입증되어야 한다. 이를 통해 환자의 장애수준을 보다 정확하게 파악하는 한편 질적 정보를 통합하는데 필요한 정보를 얻는다.

심리학자는 연구결과를 바탕으로 환자에 대한 의사결정을 하는 근거수요자이다. 근거중심의 진료에서 진료자는 다섯 과정(5AS)을 거치게 된다. 임상적 문제에 대한 질문(ask)

을 제기한다. 결과를 얻는다(acquiring). 결과에 대한 평가(appraisal)를 한다. 결과를 응용(apply)한다. 그리고 결과에 대한 가치를 평가(assess)한다. 이 과정은 근거중심의 진료를 수행하는데 필요한 기술 혹은 능력이다(Straus et al., 2005).

효과적인 임상문제에 대한 질문은 환자가 쉽게 대답할 수 있게 조직해야 한다. 이는 능력은 보다 광범위한 배경질문 보다 PICO포맷에 따라 잘 짜야 한다. 이 포맷은 효과적 근거중심치료의 성공여부를 결정한다. 이 포맷은 근거중심의 환자 간호장면을 바탕으로 짜여졌지만 그것은 의료장면에 종사하는 전문가들의 문헌 탐색수단으로 널리 쓰여지고 있다. 이 포맷에서는 어떤 환자가 대상인가(P), 그에게 어떤 치료를 할 것인가(I), 어떤 통제 집단과 비교 할 것인가(C), 그리고 어떤 결과를 기대할 수 있는가(O)를 의미한다. 다식증 환자의 치료사례를 보자. 가장 효과적인 다식증 환자의 문제는 무엇인가(P), 다식증 환자를 치료하는데 대인관계가 필요한가(I), 치료를위해 인지행동치료도 도움이 되는가 비교하고(C) 어떤 결과가 예상 되는지 그 결과(O)를 생각 해 본다.

시간에 쫓기는 진료자들이 자신이 얻고자 하는 답을 얻기 위해 우선 이차적 종합문헌에 의존하는 경향이 있다. 이것은 그렇게 바람직한 수단이 될 수 없다. 그것보다는 일차적 자료에 대해 비판적으로 개관하는 것이 바람직하다. 임상가는 그 자료와 그에 관계되는 문제를 세심하게 검토할 필요가 있다(Hunt & McKibbon, 1997). 연구에 관계되는 자료를 평가하는데 있어서 특별히 고려해야할 점이 있다. 행동치료에 대한 연구결과 고도의 효능성이 보장된 결과가 인구학적 집단과 문화적 집단을 대상으로 적절하게 수행된 것은 거의 없다. 특히 심리학에서는 일반화 가능성이 보장된 행동치료는 거의 없다는 점이 깊이 고려되어야 한다.

근거중심의 문제해결

근거의 질은 통계적 방법은 물론 실험적 방법에 의해 평가되어야 한다. 가장 일반적으로 쓰이는 것은 단일사례 실험연구법, 무작위통제실험, 그리고 메타분석법 등이다. 이들에 대한 설명은 다른 장에서 하겠다. 근거중심의 진료과정에서 일정한 기술을 습득하기 전에 개념적 틀을 만들어 내는 것이 더 중요하다. 이것이 일반의학, 간호학, 사회복지, 정보학과 크게 다른 점이다. 이 틀을 만드는 데에는 많은 시간과 노력이 필요하다.

근거중심의 진료는 일정한 규칙에 따라 단계적으로 이뤄진다. 우선 사례 하나를 대상으로 탐색적인 방법으로 진료가 시작되어야 한다. 여기서 필요한 시간과 노력의 양은 자기 스스로 결정해야 한다. 이를 통해 자기 스스로 근거중심의 진료비용과 그것이 환자에게 도움을 줄 수 있는지를 평가할 수 있게 된다. 다음 단계에서는 근거중심의 진료에 필요한 것을 스스로 평가해야 한다. 이와 같은 과정은 경험을 통해 보다 쉽게, 그리고 보다 효과적으로 수행할 수 있다. 자신이 봉사하고 있는 기관에 따라 근거중심진료의 특성이 달라진다. 여기에서 환자의 문제는 그의 주어진 요건에 따라 질이 달라진다. 환자의 특성이 다르고 진단이 동일하지 않기 때문에 고려할 점은 매우 다양하다. 근거중심진료는 몇 단계를 거친다.

먼저 문제를 제기한다. 문제해결 혹은 가장 관심이 있는 문제해결에 영향을 줄 수 있는 요인은 무엇인가? 효과적인 문제해결방법은 무엇인가? 이와 같은 문제를 첫 단계에서 제기할 필요가 있다. 한 예로 불안의 문제에 직면한 환자를 두고 생각해 보자. 우선 가장 효과적인 불안평가방법은 어떤 것인가? 그리고 서로 다른 불안을 효과적으로 치료할 수 있는 방법은 무엇인가를 생각해야 한다. 그리고 환자, 의사, 주위 환경 등 영향을 주는 요인들을 분명하게 밝혀야 한다.

제기한 문제에 대한 답을 얻는다. 이것이 근거중심진료의 핵심과정이다. 이에 대한 대답은 특별히 고안된 매뉴얼에 따르는 것이 바람직하다. 하지만 진료자가 쓸 수 있는 방법이 없는 것은 아니다. 중요한 몇 가지를 살펴보자. 우선 근거를 발견하는데 사용되는 방법을 생각해야 한다. 진료자는 이미 발표된 문헌을 인터넷에서 연구의 근거를 개관할 수도 있고, 그와는 별개로 자기의 지식을 바탕으로 연구의 결과를 개관할 수도 있다.

근거발견을 위해 메타분석법을 한다. 이는 양적 방법을 바탕으로 문헌을 개관하는 방법이다. 이 방법은 특정한 주제에 대한 출판된 자료를 양적으로 분석한다. 때로는 미출판 자료까지 대상이 되기도 한다. 이 과정에서 가장 일반적 측정효과 크기는 'd'로 표시한다. 효과가 크면 클수록 치료 효과가 클 것으로 생각할 수 있다. 진료자가 근거에 한 것과 그렇지 않는 것을 결정하는데 효과의 크기(0.80)를 참고 한다. 이 기준은 확정된 것이 아니다. 이 문제는 지금도 논쟁이 지속되고 있다. 여기서 효과의 크기가 쓸모없음을 의미하는 것은 아니다. 근거를 발견하기 위해 이미 발표된 서술적 문헌에 의존하기도 한다. 이것이 체계적 개관이다, 이 개관에서도 연구자료 수집의 단계를 거친다. 그러나 양적 자료에만 의존하지 않는다. 여기서는 결과에 중점을 두고 연구를 위해 자료 분석에 사용된 방법에 역점을 둔다. 그를 바탕으로 논리적 결론을 내리게 된다. 이를 흔히 박스 스코어법이라고 부른다. 왜냐하면 개관자는 전체 긍정적 점수와 부정적 점수를 합산하여 결론을 내리기 때문이다.

근거에 기초한 연구인지, 혹은 그것이 아닌지는 조심스럽게 결론을 내려야 한다. 80%에 미달한 효과 크기가 긍정적으로 판명되면 그 연구가 근거에 기초한 것으로 판단할 수 있다. 효과의 크기 80퍼센트는 측정치에 신빙성이 있다는 것과 같은 의미를 가진다. 전통적 자료를 개관할 때 역점을 두고 보아야 할 몇 가지 점이 있다. 결과가 분석된 것이 아니고 단순하게 기술된 것일 때 결과를 수용하는데 조심해야 한다. 또 그것이 다른 연구에 어떤 영향을 줄 수 있을지도 확인해야 한다. 만일 연구자가 부정적 결과가 완전히 배제된 완벽한 긍정적 결과만을 얻었다고 생각되면 그것은 과학적 보증을 기대 할 수 없다. 따라서 연구의 신빙성은 크게 떨어질 수밖에 없다. 자기 자신이 직접 연구문헌을 개관할 필요가 있다. 철저한 문헌 개관은 많은 시간과 노력을 필요로 하지만 연구자에게는 필수적 과정이다.

이전 단계에서 만족한 결과를 발견하지 못하였을 때에는 자기가 직접 그 결과를 분석해 볼 필요가 있다. 여기서 저자의 연구계획, 연구방법은 물론 자신이 연구분석에 활용한 방법까지도 고려해 보아야 한다. 여기서 실험적 계획과 유사 실험적 계획의 차이, 또 결과의 위계, 실험계획에 사용한 방법이 적절했는지 등이 깊이 고려되어야 한다. 이것이 연구소비주의이다. 일정한 조직 내에서의 임상연구에서 자신이 제기한 문제에 답을 줄 수 있는 근거를 찾기가 쉽지 않을 때가 있다. 그러므로 근거에 대한 토론에서 가장 훌륭한 근거를 포함한 엄격한 경험적 연구결과만을 고집 할 수도 없다. 그렇지 못한 연구 결과도 포함시킬 수 있다는 점도 고려해야 한다. 가장 쓸모가 있는 근거를 응용하기로 결심하는 것은 여러 가지 정황에 따라 결정되며 각 사례에 대한 조심스런 평가는 선택한 사례의 수준을 표출하는 것이다.

근거와 환자의 특성은 별개 일 수 없다. 근거중심의 의사결정은 매우 복잡하지만 반드시 그런 것만은 아니다. 환자, 그의 문제, 그리고 환경을 어떻게 받아들이느냐에 따라 그 본질이 달라진다. 만일 연구자가 대상으로 하는 사례의 정보환경이 다를 때에는 그 환경에 적응하므로서 보다 좋은 정보를 얻을 수 있다. 연구자의 의사결정에 결정적 영향을 주는 변인은 문화적 차이, 수입, 가정환경 등으로 매우 다양하다. 연구자는 이러한 특성이 자신의 내담자와의 관계는 어떻게 조화시킬 수가 있는지를 생각하게 된다. 그 사태의 특성을 연구자가 어떻게 개념화시키느냐에 따라 내담자에 대한 관점은 크게 달라질 수 있다.

연구자 혹은 진료자가 자신이 직면한 일이 근거에 기초한 것으로 판단되면 그것을 곧 진료에 활용하는 단계이다. 물론 모든 진료자가 충분한 지식을 가질 수 없다. 이를 위해 만들어진 전문 매뉴얼이나 참고서가 많이 개발되어있다. 건전한 근거를 바탕으로 진료가 수행되었다 하드래도 그것이 완벽한 것은 될 수 없다. 진료에 활용하기 위해서는 그 자료에 대한 평가가 필요하다. 어떤 진료도 완벽한 결과는 보장되지 않는다. 이는 어떤 평가결과가 뒷받침되어야 한다. 진료자는 평가결과를 바탕으로 한 설명이 수반되어야 한다. 실제 치료자는 이를 활용하기 위해서는 체계적이며 조심성 있는 평가가 수반된 근거에 기초한 의사결정이 필수적이다.

근거의 논리적 기초

근거중심의 치료는 실존적 관점에서 보면 논리적 경험론적 한계가 있다. 이 점을 최초로 강력하게 주장한 것이 영국계 오스트리아 철학자 Karl Popper(1902-1994)이다. 그는 인식론적 관점에서 근거중심의 진료에는 논리적 경험론적 근거가 부족하다는 점을 지적하였다. 그는 경험적 관찰에서 얻은 일반적 이론은 그 진실성을 인정받을 수 없다고 주장한다. 따라서 그러한 이론은 잠정적 지식으로서 상반되는 관찰에 의해서 그 진실이 사실로 판명될 때까지 일반화 될 수 없다. 과학은 진위가 밝혀져 그것이 새로운 이론으로 대치될 때까지 기다리는 과정이다. 이와 같은 새로운 지식의 변화는 아이디어의 자연선택과정의 산물로서 과학발전을 통해서 이뤄진다. 과학적 지식은 경험적 지식을 통해서 그 옳고 그름이 밝혀질 수 있게 구성되어야 한다. 그렇지 못한 이론은 과학적 지식이 아니라 그것은 형이상학적, 종교적 지식이다. 과학적 지식은 분명히 정의가 가능하고 측정이 가능해야 한다.

Popper의 주장은 후에 미국의 과학철학자 Thomas kuhn(1922-1996)에 의해 그 정당성이 입증되었다. 그는 물리학자이다. 그의 주장에 따르면 과학에 널리 보급된 지식은 상반되는 관찰에 의해서 그 진위가 곧 밝혀진다고 한다. 왜냐하면 상반되는 사실은 도처에서 발견할 수 있기 때문이다. 그렇지만 과학은 수용하고 있는 이론을 지속적으로 유지하기 위해서 관찰된 사실을 경시하기도 하고 그것을 억압하기도 한다. 상반되는 관찰 사실은 변칙이라고 보았다. 그에 의하면 이것은 분명한 사실이지만 현재 지배되고 있는 패러다임을 유지하기 위해 새로운 것을 받아드리지 않을 뿐이다.

Kuhn의 견해에 따르면 과학에는 끝이 없고 본질에 대한 최종적 이해가 있을 수가 없다고 한다. 자연에서 관찰된 모든 것을 통합해서 일관되게 설명할 수 있는 이론은 없다. 이 점에서 Kurt Gödel(1906-1978)의 불안정 공리에 의해 제시된 논리적 과학적 사고의 한계점도 인정할 수 있게 되었다. Kuhn은 자신의 주장을 바탕으로 과학은 엄격한 논리적이고 이성적인 것이 아닌 사회적 체계라고 분명하게 밝혔다. 사회적 현상으로서의 과학은 게슈탈트 심리학의 원리에 따라 기능을 다한다고 생각하였다. 사물은 보고자 하는 것만 보고 적합하지 않은 것은 빠뜨리는 경향이 있다.

Kuhn은 그의 저서『과학적 혁명의 구조』*The Structure of Scientific Revolution,* (1962) 에 자기의 주장을 뒷받침하는 여러 가지 예를 들고 있다. 이것들은 모두 과학적 검증자료에 의해 뒷받침되고 있는 것들이다. 과학적 혁신을 통해 어려운 사실들이 그 본질이 밝혀질 수 있게 된 것은 틀림없이 놀라운 일이다. Kuhn은 전문적 과학의 특성을 밝히기 위해 정상과학이라는 용어를 사용하여 그것이 자기 참조의 과정에 의해 이뤄진다는 점을 크게 강조하였다. 전문교사가 자기가 믿는 것을 학생들에게 가르치는 것은 사실이다. 학생들은 자기가 학위도 받고 성적을 받으려면 그 선생의 가르침을 잘 배워야 할 필요가 있다. 연구하는 것은 자기가 이미 배운 것을 반복하는 것이다. 전문교사가 편집하고 개관한 학술잡지는 전문교사의 아이디어가 확인된 것을 내포하고 있다. 전문교사가 끌고가는 사회연합단체는 이전에 통용되는 패러다임을 지키는 사람들의 순수성을 보장한다. 상반되는 의견을 별로 반기지 않는다.

Kuhn의 정상과학적 견지에서 보면 근거중심의 진료와 근거중심의 의학은 정상과학의 고전적 표출로 명명할 수 있다. 근거중심의 진료는 가장 잘 평가된 높은 타당도의 주류지식을 선포하는데 도움을 준다. 현대 진료는 가장 완전한 경험적 근거를 기반으로 하고 있다. 여기서 반대되는 의견은 지지를 받을 수가 없다. 생각이 옳다고 하드래도 그것은 근거의 기반은 될 수 없다. 근거중심의 진료는 그의 지지자들로 하여금 이용 가능한 근거를 찾아내게 한다. 그들은 거기에서 역학의 수량적 기초, 논쟁 가능성, 논리적 일관성, 혹은 신기성과 같은 과학적 근거를 찾아낼 수 있다.

제5장

근거중심의 평가

근거중심의 평가

임상가나 연구자의 의사결정에는 그에 관련되는 많은 자료를 필요로 한다. 이와 같은 필요에 따라 임상가와 연구자는 자료를 수집하고 그것을 평가해서 유용한 자료로 활용한다. 이 과정은 곧 근거중심의 평가, 진단, 치료에서는 큰 비중을 갖는다.

근거중심의 평가는 기존의 평가이론이나 측정방법과 근본적으로 크게 다르지 않다. 그보다는 이들을 기초로 하여 보다 나은 측정이론과 방법을 개발하여 그것을 사용해서 환자나 내담자에게 보다 큰 도움을 주고 있다. 근거중심의 평가는 건전한 정신측정학적 이론과 측정방법을 기초로 개발한 측정방법을 선호하며 전통적 평가방법에 큰 비중을 둔다. 측정 결과를 바탕으로 연구자나 임상가의 최종 의사결정은 이루어진다. 이 작업은 정신측정학적 기준에 맞아야 한다. 이 기준에 적합하지 않은 측정 자료는 임상가나 연구자에게 도움이 될 수가 없다. 도리어 그들의 의사 결정을 혼란하게 만든다. 심한 경우에는 임상가나 연구자의 의사결정을 해치는 결과를 가져온다. 임상가나 연구자의 의사결정에서 큰 비중을 갖는 것은 곧 진단이다.

심리학자는 평가 자료를 바탕으로 환자 혹은 내담자에 대한 진단을 하고 치료를 한다. 이 과정은 지속적인 가설검증과정이다. 이 과정에서 이전의 가설이 파기되고 새로운 가설이 등장하기도 한다. 이 가설은 수용되기도 하고 파기되기도 한다. 이것이 곧 진단과정이다. 여기서 임상가와 연구자는 진단이 쉽지 않다는 점을 스스로 깨닫게 된다. 이와 같은 복잡한 과정은 진단과정에 한정되지 않는다. 치료과정도 이와 크게 다르지 않다. 보다 정확한 평가는 관념적으로 이뤄지지 않는다. 정확한 평가는 보다 높은 신빙성과 타당성이 보장된 도구를 사용한 측정을 통해서 이뤄진다. 이 도구는 정신측정학적 기준을 충족시킨 것이라야 한다. 또 측정도구는 임상적 실용성이 경험적 자료에 의해 밝혀져야 한다.

근거중심의 평가결과는 객관적 자료에 의해 그 타당성이 분명하게 입증되어야 한다. 예를 들면 이런 문제를 가진 환자는 이런 상황에서도 이런 치료를 받았을 때 보다 좋은 치료효과를 기대할 수 있다는 가설이 설정되면 이 가설의 수용이나 파기의 근거는 측정결과에 의해 객관적으로 입증되어야 한다. 이 과정에서 필요한 정보는 기대되는 정신측정학적 기준을 충족시킬 수 있는 도구를 사용할 때에만 얻을 수 있다.

임상가와 연구자의 의사 결정에 필요한 측정도구는 그 신빙도와 타당도는 물론 임상적 유용성이 보장된 것이라야 한다. 정신측정학적 기준은 절대성이 보장되지 않는다. 그 기준은 평가의 목적이나 특성에 따라 달라질 수 있다. 그러나 이와 같은 가변성은 남용되어서는 안 된다. 잘못하면 평가의 본질을 훼손시킬 수도 있다. 평가 척도는 선발, 진단, 사례조직, 치료결과의 평가 등에 광범위하게 활용된다.

임상적 활용을 위해 측정도구를 선택할 때에는 측정 목적이 고려해야 한다. 특수성, 감수성, 긍정적 예언력은 선발 목적으로 검사할 때, 또 변화에 대한 예민성은 치료를 모니터링할 때 고려되어야 한다. 이는 측정도구의 유형과는 무관하다. 다만 선택된 규준의 적합성이 고려되어야 한다. 규준에 의한 분절성이 정확해야 한다. 여기서 피검사자의 특성이 깊이 고려되어야 한다. 정신측정학적으로 과학성이 보장된 척도를 사용해서 수집한 자료라 할지라도 심리학적 평가자를 만족시킬 수 없다.

보다 더 중요한 것은 평가는 일종의 의사결정 수단이라는 점이다. 심리학자는 가설을 세우고 그것을 검증해야 한다. 심리학적 측정 자료는 피검사자의 생활정보, 행동관찰 결과, 다른 건강전문가가 수집한 자료와 함께 평가되어야 한다. 이와 같은 많은 정보를 통합하고 조직하는 것은 매우 중요한 과제이다. 근거중심의 접근에서는 오류를 범할 수 있고 결과를 잘못 해석하는 수가 있다. 일반적 장애나 문제를 가장 정확하게 평가하는 방법은 어떤 것인가? 이에 대한 명확한 해답을 우리는 가지지 못하고 있다. 하지만 근거중심의 평가 자료가 전문자에게 보다 유익한 정보를 제공하고 있는 것만은 틀림없다(Doss, 2005; Frazier & Youngstrom, 2006).

근거중심평가의 목적

근거중심의 평가 자료는 진단자와 치료자에게 필요한 정보를 제공해주고 있다. 지금까지 정신의학자는 물론 심리학 등 유관 분야 전문가들의 진단과 치료에 큰 도움을 주는 것은 미국 정신의학회가 발간한 *DSM*이다. 이는 진단자에게 도움이 되고 있다. 하지만 그것은 보다 많은 정보, 예를 들면 정신병리의 특성, 역학, 예후, 치료 등에 대한 정보를 필요로 하는 근거중심 치료 전문가의 욕구를 충족시키지 못하고 있지만 이와 같은 단점은 평가결과을 바탕으로 상당 부분 이해할 수 있다.

임상가는 환자에 대한 진단을 위해서는 근거중심의 평가결과를 자세히 검토하는 것이 무엇보다도 중요하다. 더 나아가서 임상가는 환자의 대인관계의 특성, 건강상태에 대한 정보도 가질 필요가 있다. 또 동시이환현상에 대한 정확한 정보도 가질 필요가 있다. 일반적으로 특정한 정신건강 문제를 가진 사람을 진단할 때에는 문제가 그렇게 단순하지 않다는 것을 알 수 있다. 그가 호소하는 문제는 하나만이 아니다. 대부분의 환자에서는 또 다른 하나 이상의 문제로 고통 받고 있다는 점을 쉽게 발견할 수 있다.

임상적 평가에서는 증후에 대한 정확한 진단이 무엇보다도 중요하다. 그에 못지않게 동일한 사람에게서 한 가지 이상의 증후가 나타나는 것을 흔히 발견할 수 있다(Kazdin, 2005). 보다 구체적인 자료를 보면 성인 환자의 경우 45% 이상이 한 가지 이상의 증후 때문에 고통을 받는다는 사실을 알 수 있다. 흔하게 볼 수 있는 것은 불안, 기분장애, 충동 통제 불능, 그리고 약물 남용 등이다. 불행하게도 지금 우리는 동시이환현상의 발병원인과 그 기제에 대한 지식을 갖고 있지 않다. 다만 일부이기는 하지만 환자에게 나타난 증후는 매우 이질적이어서, 측정하기가 쉽지 않다는 것만이 알려져 있다. 다만 증후 측정 도구의 내적 타당도가 빈약하다는 점이 지적되고 있다.

동시이환현상은 다양한 정신병적 과정의 부분적 표출이다. 성인기에 나타나는 동시이환현상은 아동기 장애와는 무관하다. 정신의학적 동시이환현상은 그 요인 이론(내면화/ 외면화 이론)으로 설명된다(Krueger, 2003). 동시이환장애는 단일 증후 호소자와 몇 가지 점에서 크게 다르다. 그들은 일상생활기능이 크게 손상되었다. 심한 건강문제를 호소한다. 여러 가지 신체적 질병으로 고통을 받는다. 주위 사람들의 정신적 도움을 필요로 한다. 이러한 특성 때문에 동시이환증후를 호소하는 사람을 보다 포괄적으로 이해해야 한다. 이를 위해 심리검사는 물론 신체검사도 병행할 필요가 있다. 이러한 철저한 검사를 통해 그의 장애를 보다 정확하게 진단할 수 있고 보다 효과적으로 치료할 수 있다.

동시이환자에 대한 평가 과정에서 증후와 생활특성이 동시에 평가되어야 한다. 시간이 크게 제약되거나 교육수준이 낮은 사람에게는 특별히 고안된 측정도구를 사용하는 것이 바람직하다. 동시이환현상과는 무관해 보이는 행동은 불안장애의 진단에 큰 도움이 된다. 일반적으로 특정약물오용자로 진단받은 사람은 다른 약물오용가능성도 매우 높다.

약물오용자를 진단할 때 진단자는 그가 어떤 특정 약물 하나만을 오용하고 있다고 생각해서는 안 된다. 그는 다른 약물의 오용가능성도 매우 높다. 예를 들면 아편 오용자는 코카인이나 알코올에 중독될 가능성이 얼마든지 있다. 공황장애나 광장공포증에 대한 심리적 장애 외에 갑상선장애, 심장장애, 저혈당증이 동시에 발병하는 사례가 많다. 공황장애나 광장공포증은 치료하면 갑상선장애, 심장장애, 저혈당증이 쉽게 치료된다. 반대로 또 약물 치료에 큰 도움을 준다. 또 다른 경우를 생각해 보자. 강박증 장애는 환자의 증후와 정서적 상태와 같은 가족적 요인과 깊은 관계가 있는 경우는 치료에 부정적 영향을 준다. 강박증 환자의 경우 가족적 요인을 통해 환자에 대한 많은 정보를 얻을 수 있다. 이 정보는 치료에 긍정적 영향을 준다.

진단과정에서 누락된 심리사회적 문제, 분노, 사회적 기술의 결여, 결혼 갈등 등도 정확한 평가를 요한다. 부정확한 진단은 치료에 도움이 되지 못한다. 임상가의 잘못된 진단은 환자의 치료 과정에서 여러 가지 예기지 못했든 문제를 발생시킨다. 치료 약속을 일방적으로 취소하기도 하고 치료 효과가 떨어지기도 한다. 또 임상가의 진단과 연구 결과가 일치하지 않을 때에는 큰 치료 효과를 기대할 수 없게 된다.

진단적 평가에서는 동시이환현상을 꼭 염두에 두어야 한다. 이 현상은 일상 장면에서 매우 흔하게 볼 수 있다. 역학적 연구에서 정신장애 진단을 받은 집단에서 나타나는 과반수의 피험자에서 두 가지 이상의 질병을 앓고 있는 것으로 밝혀졌다. 개인의 평생 진단을 염두에 두고 생각해 보면 동시이환현상은 예외 현상이 아니다. 극히 일반적 현상이다(Brown. et al., 2001). 불안과 우울증으로 진단된 치료대기자를 조사해 보면 그들의 3/4이 DSM 축Ⅰ 장애자로 진단된다. 이들은 자기보고검사를 통해서도 동시이환장애를 호소하고 있다.

정확한 환자 진단은 광범위하고 다양한 정보를 필요로 한다. 외견상 뚜렷하게 나타난 질명은 물론 신체적 조건은 심리적 증후와 밀접한 관계가 있다. 이 두 조건에 따라 심리적 증후는 악화될 수도 있고 개선될 수도 있다. 개인의 발달 상태도 증후와 밀접한 관계가 있다. 개인의 정상적 발달과정의 수행과 연령에 따른 심리적 기능 변화를 정확하게 평가하고 그 특징을 이해할 때 보다 정확한 진단이 보장된다. 예를 들면 성인의 우울증을 진단할 때에는 그의 인지적 기능의 특성을 깊이 고려할 필요가 있다. 그의 인지기능 결함은 우울증이나 치매 혹은 양자 어느 것으로 진단할 수 있다. 심장혈관손상에 의한 우울증이 인지적 결함으로 표출되는 수도 있다(Fiske & O'Riley, 2008). 진단자가 가지는 풍부한 문화적 요인에 대한 지식은 신빙성이 높은 환자의 진단을 보장한다. 특히 문화적 요인의 기저율 자료는 최종적 진단을 내릴 때에는 깊이 고려되어야 한다.

환자의 기능을 예언하는 것도 심리학적 평가의 한 부분이다. DSM-IV-TR 진단에는 예후에 대한 정보가 포함되어 있다. 그러므로 근거에 기초한 평가는 우리가 알고 있는 정보보다 더 많은 것을 요구한다. 예후에 대한 평가는 동일한 상황에서도 달라질 수 있다. 재향군인의 외상후스트레스장애의 뿌리는 전쟁 경험이다. 그에 못지않게 귀향 후에 경험하게 되는 부정적 경험도 장애의 질을 크게 약화시킨다는 점을 알아야 한다. 효과적인 진단평가를 위해서는 장애에 대한 정보가 무엇보다 중요하다. 이러한 정보를 바탕으로 치료 효과가 예언된다. 진단을 위해 기능의 장애, 생활의 질을 평가하는 것도 중요한 의미를 가진다. 그러므로 친구와의 사교, 레크리에이션 등에 대한 측정 결과가 매우 큰 의미를 갖는다. 특히 알코올중독, 주의결핍장애의 진단에서는 보다 큰 의미를 갖는다. 이들은 광범위한 건강문제, 취업 등과 밀접한 관계가 있기 때문이다.

사례조직과 치료계획

특정한 심리장애나 문제의 치료 방향은 근거중심의 평가 결과에 따라 달라질 수 있다. 임상가는 자신이 얻은 결과를 바탕으로 사례에 대한 정보를 보다 체계적으로 조직할 수 있고 보다 자세한 치료 계획을 세울 수 있다. 이론적 틀에서 사례조직은 증후와 문제, 증후나 문제를 야기하는 사건과 스트레스 원, 선천적 생활사건과 스트레스(기존의 취약성), 그리고 가정적 인과관계의 네 도메인으로 분류할 수 있다(Eells et al., 1998).

가정적 인과관계의 기제는 임상가의 이론적 기반과 깊은 관계가 있다. 인지행동이론가들은 개인의 인지특성을 내담자의 증후와 문제에 영향을 준다고 생각하는 경향이 있다. 인과성은 치료계획에 직접 영향을 준다. 진단적 평가결과를 기초로 하여 연관된 문헌을 개관해 보면 인과적 기제와 같이 심리사회적 개념의 리스트를 만들어낼 수 있다. 이는 경험적 정보를 체계화하는 데 도움이 된다.

사례조직에서 얻은 정보는 EBTs 혹은 근거중심 진료의 기반이 된다. 이 과정은 개별 치료계획과 깊은 관계가 있다. 양극성 장애의 치료를 예를 두고 생각해보자. 여기서 심리치료는 기분안정제와 같이 환자의 기능 향상에 도움이 된다. 투약에 의한 치료와 기분변화는 조울증후 경감에 도움이 된다. 또 인지적 대인관계의 극복에 역점을 두는 것도 우울증 감소에 도움이 된다(Miklowitz, 2008).

치료계획은 환자의 특이한 욕구와 계략에 따라 달라진다. 치료계획은 치료자의 충분한 지식과 융통성을 바탕으로 이뤄져야 한다. 심리학자와 환자가 협동 관계를 가질 때 환자는 자신의 욕구를 보다 충족시킬 수 있고 성공적 치료효과를 가져온다. 환자의 특성, 생활환경, 신체적 건강상태에 대한 지식은 효과적인 근거중심 치료의 기본 가정이다. 이러한 가정이 충족될 때 환자에 대한 효과적 치료가 보장된다. 환자에 대한 치료계획을 세울 때 치료자는 환자의 건강상태, 대인관계, 사회적 기능, 치료에 대한 신념, 치료경험의 유무에 대해 충분한 정보를 가져야 한다.

치료자는 정신장애에 따른 동시이환현상에 대한 정보도 가져야 한다. 여기서 어떤 장애를 우선적으로 치료할 것인가. 즉 치료 대상의 우선순위를 결정하고 그에 따라 치료를 해야 한다. 경우에 따라서는 이차적 장애가 일차적 장애 순위에 부정적 영향을 주는 경우가 있다. 그러므로 치료 초기에 이러한 문제를 자세히 검토할 필요가 있다. 예를 들면 강박증 치료 과정에서 나타난 우울증이 반응예방을 해치는 경우가 있다. 이와 같은 사실에서 강박증후 치료전에 우울증 증후에 관심을 가질 필요가 있다는 것을 알 수 있다.

대부분의 경우 주 장애의 치료와 동시이환장애는 병행할 필요가 있다. 예를 들어 성인의 우울증 치료과정에서 환자의 치매 현상이 나타나면 치료과정을 단순화시킬 필요가 있다. 성격장애 증후가 있는 우울증 환자에게는 치료기간을 연장하거나 정서적 제어를 위해 부가적 치료를 첨가할 필요가 있다. 사례조직에 대한 연구는 그동안 크게 발달하였지만 크게 수정할 필요도 여전히 남아 있다. 이를 극복하는 방법은 매우 다양하다. 무엇보다도 인지행동이론을 바탕으로 만들어진 가이드라인에서 큰 도움을 얻을 수 있다(Kyuken, 2006). 사례조직 조정은 우수한 이론과 연구 결과에 기초해야하며 사례조직의 타당성은 행동주의 심리학적 실험과 삼각관계의 정보(환자, 유력인사, 관찰)에 의해 평가되어야 한다. 심리학자는 편향된 사례조직에서 탈피해야하고 근거중심 치료과정과 사례조직에서 발견된 치료계획을 통합사용할 수가 있어야 한다.

치료모니터링과 치료평가

심리학에 있어서 평가 그 자체에는 큰 의미를 부여할 수 없다. 그것은 환자에 대한 효과적 치료를 위한 수단에 불과하다. 임상장면에서 근거중심치료 효과가 입증된 경우애도 관행적인 자료 수집과정이 생략된 치료는 삼가야 한다. 실제 치료 효과는 세션마다 혹은 선택된 치료 과정마다 평가되어야 한다. 치료가 반복적으로 모니터링 되는 것은 근거중심치료에 있어서 성공적 치료를 위해서 매우 중요하다.

치료에서 나타난 자료는 후속 치료에 도움이 된다. 만일 환자의 기능에 변화가 오면 후속 치료과정의 변화는 불가피하다. 치료에 큰 진전이 없을 때에는 또 다른 책략을 세우거나 내담자의 문제를 재평가할 필요가 있다. 질이 높은 평가자료는 치료 효과에 긍정적 영향을 준다. 내담자가 근거중심치료를 받았던 것과는 상관없이 환자의 기능을 정확하게 평가하고 치료세션마다 피드백을 주게 되면 환자의 치료는 크게 향상된다(Lambert, 2001).

평가과정과 치료 결과 간에는 특이한 평가 절차가 수반되어 있다. 이는 궁극적 목적에 이르기 위한 중간적 단계이다. 따라서 중간 단계의 목표는 치료과정을 제시해 주는 기능을 한다. 궁극적 목적이 선취되어 있는가를 알려준다. 임상장면에서는 치료결과에 따라 치료과정이 크게 달라질 수 있다. 비교적 많은 시간을 요구하는 반구조적 면접에서는 여러 척도를 사용해서 치료 전과 치료 후에 환자의 상태를 비교적 정확하게 평가해야 한다. 모니터링 측정은 반복할 수 있다. 이때 치료목적을 위해 치료 세션에 할애한 시간은 제한할 필요는 없다. 치료와 서비스가 종식될 때까지 여러 가지 특성은 지속적으로 평가되어야 한다. 치료과정과 결과평가에서는 치료목적, 내담자 문제와 관계되는 것으로 믿어지는 인과관계, 그리고 달라 질 치료과정에 특별히 주의를 집중할 필요가 있다(Perseon & Fresco, 2008).

치료목표를 세우는 것은 심리학자에게는 매우 중요하다. 치료에 대한 환자의 반응을 모니터링하고 중간 치료 목표를 수립함으로서 심리학자는 치료 진전과정에 따라 새로운 결심을 할 수 있다. 진단이 달라지면 목표도 달라 질 수 있다. 특정한 증후의 빈도, 지속기간, 사고, 정서, 생리적 변화와 같은 변화는 진료 세션마다 평가해야 한다. 이와 동시에 치료세션 중에 나타나는 모든 변화를 자세히 관찰하는 것은 꼭 필요하다. 하지만 다른 치료목표는 진료세션마다 측정할 필요가 없다.

사례조직의 특성에 따라 그에 대한 평가방법, 평가빈도, 평가시간은 크게 달라진다. 환자의 잘못된 신념, 성격 특성, 정서적 반응, 잘못된 사회적 관계는 치료세션에 따라 쉽게 변화하지 않는다. 그러므로 이러한 관계는 치료 전후에 정확하게 측정할 필요가 없다. 어떤 치료적 과정, 예를 들면 치료와 관계되는 신념, 변화에 대한 동기, 치료방해물은 치료과정에서 수시로 평가할 수 있다.

평가과정에서는 인간 발달의 특성까지도 고려되어야 한다. 그와 관계되는 연구결과는 평가 개념 설정에, 또 평가과정을 설정하는 데 깊이 고려되어야 한다. 보다 과학적이고 유용한 평가를 위해 검사자는 피검사자가 현재 직면하고 있는 문제의 본질을 이해하고 그것을 평가목적설정에 반영할 수 있어야 한다. 이렇게 함으로써 문제의 본질은 보다 구체적으로 밝혀진다. 치료과정에까지 활용가능한 평가법은 많이 있다. 그 가운데 유용한 것은 기능적 분석평가법과 모니터링체계법이다(Lambert, 2007).

근거중심의 치료자는 심리학적 측정의 중요성에 큰 관심을 갖고 간여 기능에 큰 비중을 둔다. 하지만 임상장면에 따라 다른 경우도 있다. 건전한 평가에 대한 지식이 없이 환자의 문제 해결에, 또 그들에 대한 치료에 간여하고 있는 사례가 허다하다. 효과적인 환자의 문제 치료를 위해서는 임상적으로 관계가 있고 문화적으로 예민하고, 그리고 과학적으로 건전한 평가 책략에 대한 지식이 필요하다. 근거중심의 평가는 임상적 평가의 한 과정이다. 효과적 평가를 위해서는 그 목적이 뚜렷해야 한다. 평가의 목적은 심리학적 평가이론과 많은 연구결과를 바탕으로 이뤄져야 한다.

평가과정에 사용되는 측정 도구는 정신측정학적 기준에 부합되어야 한다. 평가과정은 하나의 의사결정 과정이다. 그러므로 그것은 심리학적 의사결정과정과 다를 수 없다. 의사결정은 충분한 자료를 바탕으로 해서 이뤄져야 한다. 자료를 바탕으로 가설을 세우고 그것을 검증해야 한다. 근거를 기초로 한 평가법은 정확성, 유용성, 유연성 등이 보강되어야 한다. 또 평가과정에 소요되는 경비가 고려되어야 하며 궁극적으로 평가가 평가를 받은 개인에게 어떤 도움을 줄 수 있는가가 깊이 고려되어야 한다.

심리척도에 대한 정신측정학적 평가

정확한 평가를 위해 더 나아가 효과적인 치료에 필요한 과정의 일부가 심리척도에대한 근거중심의 평가이다. 정신측정학적으로 신빙성과 타당성이 보장된 근거중심의 평가는 측정도구에 의해 측정된 결과를 필요로 한다. 정신측정학적 측정도구는 실용성도 함께 보장되어야 한다. 지난 몇 해 사이에 임상적 측정방법이 크게 변화하였다. 이에 따라 치료 장면에서는 심리학자의 기능도 큰 변화를 맞고 있다. 이러한 변화는 근거중심진료의 발달로 이어졌다. 이제 심리학자들은 투사적 검사법에 의한 진단방법 대신 다차원적 통계적 방법을 기초로 한 측정도구의 사용에 관심을 가질 필요가 있다. 무엇보다도 행동주의심리학적 원리를 기초로 연구 제작된 측정도구의 우월성을 인정해야 한다. 이는 전통적 평가기술에 안주하고 있는 심리학자들에게는 쉽게 수용되지 않을 것이다. 전자기술의 발달은 임상적 평가방법에 큰 변화를 가져왔다. 그들은 자료를 수집하고 그 결과를 보다 쉽게 해석하고 있다. 이런 변화는 심리학자가 보다 과학적으로 평가하고, 보다 효과적으로 치료할 수 있게 도움을 주었다.

검사자의 효율적 업무수행은 검사도구의 선정 과정에서부터 시작된다. 검사자가 검사도구를 선정할 때 그에 관계되는 변인들을 자세히 검토해야 한다. 앞에서 말한 바와 같이 보다 건전한 측정도구를 선택 사용할 때 평가 업무는 보다 효과적으로 이뤄진다. 이를 위해 측정도구의 높은 신뢰도, 타당도, 그리고 유용성은 보장되어야 한다. 그에 못지않게 중요한 것들이 있다. 검사과정에 따르는 문제, 예를 들면 검사환경은 어떤가, 누가 직접 검사할 것인가 하는 문제가 고려되어야 한다. 검사의 간편성, 측정치의 객관성, 다른 정보 원에서 수집한 정보의 질 같은 것도 평가 결과에 큰 영향을 준다. 유용성의 측면에서는 측정치가 치료 계획을 수립하는 과정에서 얼마나, 또 어떻게 도움이 되는가. 이 자료를 문외한들이 얼마나 이해할 수 있는가 하는 점도 고려되어야 한다.

과학적 진단과 효과적 치료를 위해서는 보다 건전한 측정도구가 필요하다. 하지만 건전한 측정도구를 얻기는 쉽지 않다. 건전한 측정 도구는 기계적으로 손쉽게 만들어지는 것이 아니다. 그것은 심리학의 원리와 정신측정학적 지식을 바탕으로 연구제작되어야 한다. 이러한 조건이 충족될 때 신빙도와 타당도가 높은 측정도구가 만들어진다. 보다 건전한 정신측정도구는 보다 많은 요건들이 충족되어 있다. 자세한 전문적 지식은 다른 문헌에서 얻을 수 있다(Newman et al., 2004). 평가자들은 검사를 선정•활용하기 전에 그 검사도구의 정신측정학적 적합성을 고려할 필요가 있다. 검사도구의 적합성을 결정하는 것은 신뢰도와 타당도이다. 임상적 활용을 위해서는 신뢰도 보다는 타당도에 보다 큰 비중이 주어져야 한다. 정신측정학적 입장에서 보면 실제 측정도구는 특정한 목적이 있고 그것은 특정한 대상에 활용될 수 있어야 한다. 그러므로 심리측정학자는 검사를 연구•개발할 때 그 검사가 임상적 평가 목적에 얼마나 적합한지 깊이 고려할 필요가 있다(Streiner, 2003).

심리학자의 효율적 평가는 좋은 검사를 필요로 한다. 평가를 위해 사용될 검사는 검사 목적에 적합한 것이라야 한다. 그러면 목적에 적합한 검사란 어떤 것인가. 그것은 심리측정학적 기준에 적합한 검사이어야 한다. 심리측정학적으로 적합한 심리검사는 여러 가지 요건이 충족되어야 한다. 임상적 활용을 위해 연구자들이 충족시켜야 할 주요 요인들은 수없이 많다. 실제 제작자나 연구자를 위해 미국 교육연구학회는 1999년『교육 및 심리학적 평가』 *The Standards for Educational and Psychological Testing* (American Educational Research Association, 1999)를 출간하였다.

여기에 수록된 기준에 대한 주요 심리학자들의 견해는 크게 다르지 않다. 정신측정학적으로 건전한 검사 도구는 일정한 절차에 따라 표준화되어야 하고, 일정한 규준이 있어야 하고, 일정한 수준의 신뢰도와 타당도가 보장되어야 한다. 정신측정학적 특성은 측정도구 그 자체가 아니라 특정한 대상에 특수한 목적으로 사용될 때 정신측정학적 특성이 밝혀진다. 따라서 연구자나 제작자들은 검사의 정신측정학적 특성의 본질을 깊이 고려할 필요가 있다(Streiner, 2003).

Robinson et al. (1991)는 태도와 성격 특성 측정도구의 평가적 적합성을 평가하기 위한 규준을 세웠다. 여기에는 검사의 이론적 발달, 문항 선정, 검사–재검사법에 의한 신뢰도, 여러 가지 형태의 타당도등이 깊이 고려되고 있다. 그들은 특수규준을 포함시키고 있다. 예를 들면 α–계수 0.80은 훌륭한 본보기로 간주된다. 이는 검사결과가 반응의 편파성을 초월한 독자적 측정도구임을 보장하는 계수이다. 근자에 와서는 언어장애의 규준을 결정하는 심리측정학적 규준이 만들어졌다. 정신의학적 평가를 위한 신뢰도 규준도 검사연구자에게 큰 도움이 된다(Schene et al., 2000).

정신분열증의 인지기능평가를 위해 제작된『정신분열증의 인지기능 측정을 위한 연구: 측정과 치료』(*Measurement and Treatment Research to improve Cognition in Schizoprenia Group*)은 특이한 업적으로 평가된다 (MSTRICS, 2006). 이는 지금까지 사용된 정신측정학적 규준보다 전문가들이 평가한 환자의 특성, 치료효과, 치료과정에 대한 정보를 바탕으로 제작된 것이다. 임상적 영역에서 사용되는 검사도 적합성이 보장되어야 한다(Hunsley & Mash, 2008). 검사의 적합성은 내적 일치도, 평가자간의 신뢰도, 검사–재검사 신뢰도, 내적 타당도, 구성 타당도, 치료 변화에 대한 예민성, 그리고 임상적 유용성과 같은 기준에 따라 결정된다. 이 적합성은 수용할 수 있다, 매우 훌륭하다, 그리고 수용하는 것이 불가능하다로 평가할 수도 있다. 일반적으로 수용할 수 있다고 평가된 척도는 최소한 과학적 근거가 보장된 것이다. 매우 훌륭한 척도는 단단한 과학적 근거가 보장된 것이고 매우 우수한 척도는 매우 훌륭한 것으로 입증된 것을 의미한다. 이러한 척도를 임상적으로 활용하기 위해서 최소한 보다 좋은 검사로 평가되는 것이라야 한다.

평가에서 내적 일치도의 개념이 무엇보다도 중요하다. 내적 일치도는 α–계수로 표현된다(Streiner, 2003). 측정오차가 교정되지 않았다는 의문이 들면 새로운 기준을 택할 필요가 있다. 효과의 크기는 메타분석결과에서 나타난다. 이는 측정의 정확성을 표시한다. 높은 내적 일치도에 대한 기준은 연구자에 따라서 달라진다. 하지만 가장 권위가 인정된 지표의 크기는 α= .70으로서 이는 수용할 수 있는 최저의 값이다. α= .70– .79는 가장 적절한 지표로, α= .80- .89는 좋은 평가의 지표로, 마지막으로 α= .90이라는 지표는 임상적 평가에 있어서 가장 바람직한 것으로 평가할 수 있다(Nunnally & Bernstein, 1994). 선호지표가 ≥ .90이면 내적 타당도가 가장 좋은 것으로 평가할 수 있다.

심리학자와 정신건강전문가들에게 측정도구에 대한 정보를 제공하기 위해 2000년 미국 정신의학회는『정신의학적 측정 핸드북』(*Handbook of Psychiatric Measure*)를 출간하였다. 여기에는 검사도구 자체에 정신측정학적 정보는 물론 검사의 유용성과 그들이 측정과정에서 직면하게 되는 여러 가지 문제에 대한 정보가 수록되어 있다. 정신건강측정의 질을 높이기 위해 미국 정신의학회는 2006년『성인에 대한 정신의학적 평가지침』(*Practice Guideline for the Psychiatric Evaluation of Adult*)를 출간하였다. 가이드라인에 제시된 지침은 과학적 지식과 임상진료자료를 바탕으로 제작된 것으로 연구자나 진료자 모두에게 큰 도움이 된다.

제6장

단일사례디자인

N=1

건전한 근거 자료를 필요로 하는 심리학자들이 선호하는 방법이 단일사례연구방법이다. 이는 한정된 소수의 피험자, 경우에 따라서는 피험자 한 사람을 대상으로 체계적으로 실험 한다. 새로운 치료 방법을 개발하고자 할 때, 기존의 치료 방법을 수정 보완하고자 할 때에도 흔히 쓰는 방법이다. 현대 임상실리학자의 연구 및 조정의 대상은 매우 다양하다. 심리적 부적응 문제, 신체적 건강의 문제, 스트레스 극복 책략, 그리고 생활습관의 교정 등이다. 심리학자들은 신빙도와 타당도가 입증된 객관적 심리검사를 사용하고 그 결과를 행동이론에 때라 해석하고 그것을 기초연구에는 물론 임상장면에도 응용한다.

환자 혹은 내담자의 문제해결을 위해 셀프모니터링 기법을 쓰기도 하고 생리적 과정의 변화를 측정하는 정신생리적 방법을 쓰기도 한다. 임상심리학자는 어떤 표집의 특성을 이해하는 것도 중요하지만 특정 개인의 특징을 이해하는 것이 보다 더 중요하다. 그러므로 현대 임상심리학자는 개인을 중심으로 측정하고 평가하는 데 역점을 두고 있다. 특정 개인에 대한 체계적 연구가 강조되는 것은 그 자체가 행동특징의 세계를 이루고 있기 때문이다. 한 특성에 대한 정보를 얻기 위해 여러 사람을 측정하여 평균치를 내는 것은 인간이 가지는 전체 기능의 단위를 상실할 뿐만 아니라 특정 개인이 가지는 특성도 크게 상실한다. 이 방법을 쓰면 객관성은 비교적 잘 보장되고 외적 요인의 영향은 줄어들지 모르나 특정 개인에 대한 평가는 어렵거나 불가능하다. 이것이 곧 전통 과학적 방법의 장점이자 단점이다.

집단에서 얻은 자료는 개인을 이해하는 데 기대했던 것 만큼 큰 도움이 되지 않는다. 개인을 이해하기 위한 자료는 개인에게서 얻어져야 한다. 심리학과 생리학의 역사는 이미 오래 전에 단일사례연구로부터 시작되었다. 생리학의 영역에서는 1865년 프랑스의 의사인 Claude Bernard(1813-1878)의 저서『실험의학 연구입문』(*An Introduction to Study of Experimental Medicine*)이 출판된 것을 계기로 단일사례연구 방법을 선호하기 시작하였다. 1830년 Johanes Müller(1801-1858)와 Beranrd는 한 사람의 피험자를 대상으로 한 실험 연구 결과를 발표하였다. 심리학의 영역에서는 1860년 Theodor Fechner(1801-1887)가 인간의 감각능력 측정을 위해 단일사례연구법을 도입하였다. 이들의 전통을 계승한 사람이 Wilhelm Wundt(1832-1920)이다. 그는 인간의 감각과 지각능력의 측정을 위해 단일사례연구법을 도입하였다. 최초의 임상적 응용연구로는 Piere Broca(1824-1880)의 뇌 연구를 들 수 있다. 그는 1861년에 뇌손상 자를 대상으로 한 연구에서 뇌에는 언어중추가 있다는 사실을 발견하였다. 이 연구는 응용생리학적 연구의 효시이며 단일사례를 반복 실험하는 새로운 실험방법을 사용했다는 점에서 큰 의미가 있다.

심리학의 역사에 기록된 훌륭한 업적 가운데 단일사례를 대상으로 한 실험결과가 많이 있다. 대표적인 것이 Hermann Ebbinghaus(1850-1909)의 기억과 망각 실험이다. 그의 실험에서는 피험자가 자기 한 사람이었다는 특징이 있다. 1895년 Josef Breuer(1842-1925)가 히스테리의 기제를 연구하기 위해 Anna O를, Toulouse는 천재의 심상과 기억의 연구를 위해 당대 프랑스의 유명한 수학자 Jyles Henri Poincare(1854-1912)를, John Watson(1878-1958)과 Rosalie Rayner가 공포증의 기제를 연구하기 위해 개 한 마리를 대상으로 실험을 반복하였다. 또한 Sigmund Freud(1856-1939)는 공포증의 형성과정을 설명하는 데 꼬마 Hans 한 아이를 피험자로 사용하였다. 어떤 경우나 특정 개인일 뿐 집단이 아니었다.

Karl Bühler(1879-1963)와 Charlotte Bühler(1893-1974)의 공동저서『아동의 정신 발달』(*Die geistige Entwicklung des Kindes, 1918*)은 아동심리학의 고전이다. 이 저서에 등장한 피험자는 그들의 한 아이였다. 이 부부는 아이의 행동을 반복 관찰하고 그 결과를 분석 정리하였는데 그것이 현대 아동정신발달의 고전이 되었다. 개인의 행동 특성에 대한 정보는 개인에 대한 지속적 관찰 결과에서 얻을 수 있다. 그가 속한 어떤 특수집단의 행동 특성에서 추리할 수 없다. 그것은 그가 속한 집단의 특성을 이해하는 데에는 도움이 되겠지만 그 집단에 속한 개인의 행동 특성을 이해하는 데에는 전혀 도움이 되지 않는다.

비둘기의 행동 특성을 파헤친 Burrhus Skinner(1904–1990)는 이런 말을 했다. '수많은 비둘기, 예를 들어 100마리의 비둘기를 대상으로 단 한 번 관찰하고 측정하여 어떤 특성을 아는 것보다는 한 마리의 비둘기를, 100번 관찰하고 측정한 자료가 비둘기의 행동 특성을 이해하는 데 도움이 된다.' 환자 여러 사람을 동일한 장소에서 동일한 시간에 상담하고 진단하는 것보다 특정한 환자를 반복적으로 관찰하고 측정해서 얻은 자료만이 환자를 이해하는 데 보다 큰 도움이 된다.

과학의 이상은 자연현상의 규칙성이나 제일성을 추구하는 데 있다. 그러므로 과학자들은 가장 보편타당한 진리를 추구한다. 그들은 일반화된 사실에 큰 비중을 둔다. 그렇지만 그것이 잘 관찰되고 일반화되어 하나의 법칙이 되기 전에는 그 타당성, 과학성을 공공연하게 주장하지는 않는다. 과거 과학자들은 유기체의 행동이 정신적 과정과 신체적 과정의 상호작용에 의한 산물이라는 사실을 얼마 동안 잘 알지 못하였다. 그들은 개인은 전체 행동법칙을 설명하는 수단일 뿐이라고 생각하였다. 다른 사람, 즉 다른 집단과의 관계를 떠나서 개인을 논하는 것은 과학자의 영역에서 벗어난다고 생각하였다. 이와 같은 과학적 방법이 발달하면서 개인의 행동은 심리학자의 관심에서 멀어지게 되었고 심지어 그것은 연구대상이 될 수 없다고 생각하기에 이르렀다.

소위 전통과학의 방법론에 도취된 심리학자는 과학자들이 추구하는 일반성의 법칙이 심리적 정신적 세계에도 그대로 통용될 수 있는 것이라고 생각하고 일반심리상태를 추구하게 되었다. 이와 같은 심리학자의 태도는 자연과학자들의 태도와 조금도 다를 바가 없다. 이것이 곧 심리학자가 자초한 큰 불행이다. 그들은 심리학의 본질을 외면한 충실한 과학적 방법의 추종자로 전락하였다. 그들은 개인이라는 특수체계보다 일반화된 체계 속에서 어떤 법칙을 찾으려는 과정에서 여러 가지 어려운 문제에 직면하게 되었다. 무엇보다도 전문 지식을 가진 심리학자가 사람을 평가할 수 있다는 그의 우월성은 인정받을 수 없게 되었다. 또 일반화된 행동법칙을 발견했다고 하더라도 그것은 특정 개인의 정신생활을 이해하는 데 도움이 될 수 없었다.

과학과 심리학에는 각기 서로 다른 특수성이 있다. 과학자가 자연현상의 법칙을 알게 되면 그것을 응용해서 자연현상을 통제할 수 있지만, 심리학에는 이러한 논리가 그대로 통용되지 않는다. 즉 인간의 일반 심리적 법칙을 알았다고 해서 그것을 바탕으로 어떤 특정인의 심리상태는 알 수 없다. 우리가 친구의 심리적 특징을 이해한다고 했을 때 그것은 일반 심리적 법칙을 바탕으로 한 것이 아니다. 그 친구가 가지는 특수성을 바탕으로 이해한 것이다. 이 사실을 알면 위에서 말한 논리를 쉽게 이해할 수가 있을 것이다.

과학적 방법의 속박에서 벗어나지 못한 심리학자들은 개인의 행동특성을 이해하는 일에 관심을 집중할 수 없었다. 그렇다고 개인의 행동특성이 심리학에서 큰 비중을 차지한다는 점을 모르는 것은 아니었다. 그러나 실제 문제에 직면하면 전통적 방법에 의한 해결을 시도한다. 예를 들어, 어떤 색채에 대한 개인의 감정치를 알아보고 싶다고 하자. 서슴지 않고 일대일 비교법 같은 정신물리학적 방법에 의존하였다. 그들은 여러 가지 서로 다른 색채끼리 비교하여 그 색채가 지니는 감정치를 측정할 것이다. 그러나 곧 피험자의 기호가 획일적으로 결정되지 않는다는 사실을 알게 된다. 그때 비로소 일반화된 심리상태가 존재할 수 없다는 것도 알게 될 것이다.

동일 피험자라 할지라도 일관된 감정 반응은 하지 않는다는 사실도 알 수 있을 것이다. 주어진 여러 가지 조건에 따라 서로 다르게 반응한다는 사실을 알게 된다. 그럼에도 불구하고 심리학자들은 특정개인, 즉 단일사례의 특수법칙보다는 자연과학에서와 같이 일반법칙에 더 큰 관심이 있었다. 그 이유는 간단하다. 개인이 가지는 특수법칙은 과학연구의 대상이 될 수 없다는 고정관념 때문이었다. 단일사례디자인실험법에는 여러 가지 기술이 있다. 여기에서는 임상장면에서 유용하게 그리고 임상가들에 의해 선호되는 몇 가지 방법, 즉 단일사례, 단일사례 준 실험디자인, 그리고 단일사례 실험디자인에 대해 간략하게 기술하고자 한다. 이 방법들은 서로 배타적인 것이 아니라 서로 상보적 관계가 있다.

사례연구

특정 개인을 보다 체계적으로, 그리고 보다 철저하게 연구하는 것이 사례연구이다. 이 방법은 전통적 임상연구법이며 본질적으로는 탐색적인 연구방법이다. 이는 개인연구를 위한 가설 설정을 위해 매우 유용하게 쓰이고 있다. 오늘날 대부분의 유용한 임상지식은 사례연구법을 기초로 한 연구결과이다. 임상가가 비교적 생소한 문제의 해결을 위해 처음으로 시도하는 것이 사례연구이다. 사례연구라는 용어 자체는 매우 일반적으로 통용되고 있으나 그 의미는 매우 애매하다. 원래 사례연구를 처음으로 시도한 것은 의학자이고, 심리학자가 쓰는 사례연구방법은 정신의학에 그 기초를 두고 있다. 사례라는 말은 신체적 정서적 문제를 가진 사람들을 지칭하는 말이다.

원래 심리학은 한 집단의 행동특징을 연구하는 학문이었다. 과학의 발달에 따라 임상심리학과 같이 특정사례를 연구하는 학문이 탄생하였다. 임상심리학자는 일반심리학자와는 달리 특정 개인행동의 특징을 좀 더 체계적으로 연구하는 데 관심을 두었다. 그래서 흔히 임상심리학을 지칭하여 개인행동을 연구하기 위해 심리학의 원리와 기술을 적용하는 과학이라고 하는 사람도 있다. 임상심리학자가 특정 개인 연구를 위해 선호하는 것이 사례연구 혹은 사례보고이다. 사례연구는 개인에 대한 관찰로 정의되기도 한다(Kazdin, 1980).

사례연구는 심리적 장애의 원인을 규명하는 데 크게 공헌하였다. 정신분석도 사례연구를 바탕으로 그들의 이론을 구성하였다. 사례연구를 통해 심리치료의 기법도 개발되었다. 임상장면의 조건통제가 불가능하거나 혹은 매우 어려운 상황에서 자료를 수집할 때 사례연구는 크게 도움이 된다. 임상장면에서는 실험조건을 통제하는 것이 반윤리적인 행동으로 지적되는 경우도 많이 있다. 이런 상황에서는 사례연구를 기초로 연구를 진행할 수밖에 없다. 사례연구는 실험적 통제나 통계적 통제가 생략되기 때문에 그 결과를 매우 조심스럽게 해석해야 한다.

방법론적 입장에서 볼 때 사례연구법은 몇 가지 문제를 안고 있다. 무엇보다도 엄격한 실험적 통제가 생략되어 있다. 그러므로 어떤 변인이 행동변화를 일으켰는지 전혀 알 수 없다. 이러한 상황에서 자료를 수집할 때에는 사례연구에 의존할 수밖에 없다. 행동특징에 대한 결론을 얻기 위해 여러 사례연구의 결과를 종합 검토하기도 한다.

Emil Kraepelin(1855-1926)이 특정 질병체 혹은 심리적 장애의 원인을 찾아내기 위해서 정신병원에 입원중인 수천 명의 환자를 개별적으로 조사한 것이 그 좋은 예로 손꼽을 수 있다. 그는 환자 개개인의 생활사, 발병 시기, 그리고 그 결과를 자세히 조사 기록하였다. 여기서 수집된 임상자료를 기반으로 그는 현대 정신의학자들이 활용하는 정신병의 유형을 발견할 수 있었고 그것을 분류하기 위한 진단 명칭의 기틀을 마련할 수 있었다.

여러 개인사례에서 얻은 정보는 개인 하나하나에서 얻는 정보보다 더 편리하게 활용할 수가 있다. 그러나 여러 사례연구자료를 결합시켜 얻은 결론은 관찰방법, 사례의 수에 따라 다른 정보를 얻을 수 있다. 일반적으로 여러 사례 연구결과를 종합하여 얻은 결론이 단일사례연구에서 얻은 결과보다 더 확실한 사실을 유추할 수 있다. 때로는 한 피험자 집단이 여러 사례보다는 하나의 단위로 취급되는 경우도 있다. 예를 들면 한 치료집단에서 치료받은 개개 환자, 한 학급이나 한 학교 학생의 성적을 평가할 때와 같은 경우, 환자집단이나 학생은 하나의 집단이지만 하나의 사례로 다뤄진다. 여기서 얻은 결론은 단일사례에서 얻은 정보보다 분명하지 않은 것이 단점으로 지적될 수 있다. 사례연구는 그 기능에 따라 몇 가지 유형으로 분류할 수 있다.

사례연구의 범위는 매우 넓고 다양하다. 하지만 몇 가지 일차적 특징에는 큰 차이가 있을 수 없다(Kazdin, 2003). 첫째, 사례연구는 특정개인을 대상으로 한다. 이는 특정개인, 가족을 연구 대상으로 하지만 특정한 개인에 역점이 주어진다. 둘째, 사례연구 자료는 상세하고, 질적으로, 일화적 성질을 가진 것이라야 한다. 체계적으로 또 양적으로 측정된 것은 연구 대상에 포함되지 않는다, 셋째, 사례의 특이성이 보장되어야 한다. 이 특성을 통해 연구자는 사례 특유의 특성을 이해할 수 있다. 넷째, 자료는 회고적 방법으로 수집된 것이라야 하며 실험통제가 가해지지 않은 것이라야 한다.

사례연구는 본질적으로 관찰에 큰 비중을 둔다. 하지만 사례연구는 집단연구에서 사용되는 것을 크게 능가하는 장점이 있다. 사례연구는 조건을 통제하거나 다른 집단과 비교할 필요가 없다. 이는 사례의 특성을 해치지 않은 상태에서 임상적 연구를 수행해나갈 수 있는 것이 큰 장점이다. 사례연구는 임상가에게 유용한 연구도구의 구실을 하는 한편 임상연구에 필요한 자료의 근원에 대한 정도도 제공한다. 사례연구는 희귀한 현상의 연구에 크게 도움이 된다.

사례연구는 새로운 평가방법과 치료기술을 개발하는 데 유용하게 활용된다. 임상가와 연구자는 모두 효과적인 측정방법과 치료방법을 개발하는 데 관심을 갖는다. 여기에는 상당히 많은 시간과 경제적 부담이 따른다. 사례 연구는 평가와 치료를 위한 매우 효과적인 방법을 고안 활용할 수 있다. 사례연구는 귀중한 정보를 제공하기는 하지만 변인들 사이의 관계를 유추할 수 있는 기능이 결여되어 있다. 사례연구는 객관적 평가를 위한 디자인이 없고 체계적 자료 분석과 독립변인을 효과적으로 조정할 방법이 없다. 이것이 사례연구가 갖는 큰 단점이다.

단일사례 준 실험디자인

심리학자는 특정한 사례의 행동관찰을 통해 연구와 치료에 필요한 자료를 수집하기도 하고(관찰연구), 어떤 변인을 체계적으로 조작하고 그것이 다른 변인에는 어떤 영향을 주는지를 관찰하기도 한다(실험연구). 심리학자는 환자에 대한 보다 건전한 정보를 얻는 데 목적을 둔다. 이를 위해 관심을 가진 변인을 보다 조심스럽게 측정하고 통제하기도 한다. 모든 연구와 진료의 질은 자료의 정확성과 실험통제의 수준에 따라 결정된다. 과학자들은 자신이 얻은 결과의 타당성을 해칠 우려가 있는 위험요인에 관심을 가질 필요가 있다. 이를 위해 주요 변인을 체계적으로 관찰 통제해야 한다. 보다 세밀하게 관찰하고, 주요 변인을 보다 적절하게 통제했을 때 신빙성을 인정받는 결론에 도달할 수 있다.

특정변인에 영향을 줄 변인들을 보다 잘 통제하게 된다면 보다 타당한 결론에 이를 수 있다. 사례연구에서는 변인에 대한 통제, 평가, 그리고 측정이 쉽지 않다. 이와는 달리 실험연구에서는 그것을 보다 엄격하게 통제할 수 있고 보다 정확하게 그 효과를 측정할 수 있다. 그러므로 두 변인간의 관계를 보다 정확하게 이해할 수 있다. 하지만 완전한 통제, 측정의 정확성은 기대하기가 어렵다. 그렇기 때문에 연구자는 준 실험디자인의 방법을 택하게 된다. 이는 중요 변인을 통제하고 측정하는 것이 비교적 쉽다. 또 필요에 따라 다른 변인을 조정할 수 있어 보다 건전한 결론에 도달할 수 있다. 단일사례 준실험디자인은 반복 측정과 조정과정을 거치게 된다.

단일사례 준 실험디자인은 집단 간의 행동차이보다는 개인의 행동변화를 위해 측정 개발된 방법으로 실험과정에서 나타나는 변화를 반복 측정한다. 이는 모든 연구과정에서 나타나는 종속변인의 변화를 반복 측정하는 과정이다. 측정할 종속변인은 실험초기에 관찰될 수 있어야 하고 신빙성과 타당성이 입증되어야 한다. 종속변인은 연구 초기에 관찰될 수 있어야 한다. 그러므로써 기저선의 설정이 가능하고 반응수준에 대한 조정전의 수준을 설정할 수 있다.

기저선 자료가 나타나는 것과는 상관없이 독립변인에 대한 측정은 이뤄져야 한다. 독립변수에 대한 빈번한 측정은 조정기간에 어떤 변화가 일어나는지를 알기 위해서는 매우 중요하다. 독립변수의 빈도 측정과 시간적 관계는 평가하고자 하는 현상의 특성에 따라 그 변화의 속도에 따라 달라질 수 있다. 예를 들면 단일 세션에서는 일관된 측정, 시간적으로 다를 때에는 행동 표집법을 사용한다. 평가방법의 변화에 따라 행동변화가 있을 것으로 예상되면 일관성 측정 방법이 보다 바람직하다.

단일사례 준 실험디자인법을 활용할 때 독립변인으로서의 조정과 그에 따른 행동변화의 관계를 기술해야 한다. 이를 위해 조정의 본질을 자세히 이해할 필요가 있다. 구성타당도의 수준을 밝히고 관찰된 관계를 밝히기 위해서는 관련된 변인을 통제해야 하고 필요한 조정의 본질을 분명하게 밝힐 필요가 있다. 유용한 조정은 인지심리학적, 정신역동, 기타 다른 전문지식을 필요로 한다. 그 내용은 보다 자세히, 그리고 정확하게 기술되어야 한다. 독립변인은 조작적으로 정의되어야 하고 그것은 다른 문헌에서도 자세히 밝혀진 것이라야 한다. 또 그것이 독자에게 분명하게 이해될 수 있어야 한다.

단일사례 실험디자인

전통적으로 심리학자의 실험은 많은 피험자를 사용한다. 실험자는 많은 피험자를 무작위로 서로 다른 조건에 배당하고 그들에게 실험적 조정을 한다. 실험자는 거기에서 나타나는 결과 즉 종속변인을 조심스럽게 관찰한 결과를 바탕으로 어떤 결론에 이르게 된다. 하지만 독립변인을 조정하고 그에 따라 나타나는 종속변인의 변화에서 얻은 실험결과에서는 의미 있는 관계를 얻을 수 없다. 그것보다는 독립변인을 조정하고 그에 따른 종속변인의 변화를 관찰하는 것이 보다 중요하다. 단일사례 실험은 실험자가 조정과 그 결과를 실험해 볼 수 있는 실험 통제의 기술을 필요로 한다.

중다단계와 조건

단일사례 실험디자인에서 행동변화의 원인 규명을 위해서 실험조건과 통제조건에서 나타나는 효과를 비교하는 방법을 쓴다. 이는 다른 집단디자인에서 사용되는 것과 크게 다르지 않다. 크게 다른 점이 있다면 집단간의 연구에서는 실험조건이나 통제조건에서 모든 피험자를 평가하는 것이다. 단일사례 실험디자인에서 각 개인은 이 모든 실험에서 피험자로 참여해야 한다. 실험조건은 연구디자인에 따라 달라질 수 있다. 보다 중요한 것은 모든 피험자가 중다 조건 하에서 피험자가 된다는 점이다.

단일사례 실험디자인에서의 측정은 기저선 단계서 시작한다. 이는 조정 이전의 행동에 대한 정보를 얻기 위해서이다. 기저선 단계에서 시작된 측정은 종속변인의 안정성이 나타날 때까지 계속해야 한다. 피험자 반응의 안정성이 지속되면 조작의 효과에 대한 실험자의 타당한 유추는 보다 정확하게 이뤄진다. 이에 따른 일관된 행동특성은 관찰된 행동과 예언된 행동의 특성을 통해 이해할 수 있다.

조정의 효과는 임상가에 의한 종속변인에 변화가 있느냐, 그리고 그 변화 수준은 어느 정도인가에 따라 평가할 수 있다. 만일 비실험적 변인에 변화가 없는 상태에서 조정을 하고 종속변인의 변화를 관찰했을 때 그것이 예기했든 것과 전혀 다르게 나타날 수가 있다. 이 변화는 조정의 결과에 의한 것으로 결론지을 수 있다. 실험 사태에서 비실험적 변인에 의한 변화를 완벽하게 통제하는 것은 현실적으로 불가능하다. 다만 지속적으로 실험을 반복함으로써 그것을 제거하는 수밖에 없다.

실험효과의 반복

실험과정에서의 반복은 과학 발전에 있어서 매우 중요한 의미를 갖는다. 특히 두변인 간의 관계를 입증하기 위한 반복실험과정의 비중은 크다(Kazdin & Nock, 2003). 단일사례 실험디자인에 있어서 실험효과의 반복 측정은 개인의 실험 자료에서나 집단자료에서 반복되어야 한다. 다양한 단일사례 실험디자인의 성공적인 수행은 연구자나 임상가의 기본적 원리와 방법에 대한 관심에 달려있다.

반전디자인실험

흔히 ABAB디자인이라고 불리는 반전디자인실험에서는 기저선단계(A1)에서 피험자의 행동은 관찰 평가된다. 다음 단계(B1)에서 그것을 다시 조정/조작을 한다. 그러고 나서 기저선 단계(A2)에서 행동특성을 관찰 측정한다. 실험자는 이때 행동특성은 기저선 단계에서 나타났든 것과 다르지 않을 것으로 가정한다. 기저선 단계에서 얻어진 행동특성은 통제나 조정이 가해지지 않은 것으로 행동의 기본수준 자료를 제공해준다. 이는 관찰된 행동변화가 단순히 치료에 의한 것이 아니고 조정이나 통제에 의한 변화라는 점을 시사해준다. 준실험단계에서 나나탄 행동변화와 같이 이러한 변화는 개인의 생활, 성숙, 혹은 통계적 처치의 오류에서 기인할 수도 있다. 이와 같이 연구내적타당도를 위협하는 요인들은 반전을 통해서 혹은 기저선 조건에서 효과적으로 통제된다. 단일조정과정을 거치지 않은 상태에서 피험자의 행동특성이 기저선 수준으로 회기하거나 그에 접근하게 되면 조정과정과 행동변화는 인과관계가 있는 것으로 판단할 수 있다.

특정한 효과가 나타나지 않거나 기대했든 것보다 효과가 적을 때가 있다. 이때 실험자는 다른 추가적 방법을 도입 측정하고 거기에서 효과를 기대하기도 하고 새로 수정된 조정방법을 사용하기도 한다. 이와 같은 행동변화는 반전디자인을 사용하는 경우에는 흔히 나타난다. 이런 경우에는 추가적 실험단계를 추가하거나 서로 다른 치료요인을 결합시킨다. 물론 이러한 디자인을 활용해서 얻은 것은 잠재적 치료효과로 인정해야 하며 이 효과는 특정치료에 의한 것으로 최근에 실시한 조정의 효과는 아니다.

중다기저선 디자인실험

중다기저선 디자인실험의 특징은 피험자의 행동, 상황, 세팅이 달라질 때마다 그에 따라 다른 실험조건이 제시된다는 데 있다. 이 디자인에서는 기저선의 반전은 하지 않는다. 조정도 1회에 한정된다. 이런 디자인의 또 다른 특징은 조정 후에 곧 행동변화가 나타난다는 점이다. 반전디자인실험에서와 같이 중다기저선 디자인실험은 행동의 안전성이 나타날 때까지 지속되는 기저선 단계에서 실험이 시작된다. 이때 조정이 시작된다.

이미 앞에서 말한 바와 같이 조정은 행동변화를 유도하기 위한 수단이다. 여기에는 성숙과 같은 요인들은 전혀 고려되지 않는다. 중다기저선 디자인에 기초한 심리학적 치료과정과 그 효과를 입증한 임상 사례를 보자(Nock. 2003). 피험자는 거식증 진단을 받은 4세 소아이다. 이 아이는 생후 7개월부터 거식증이 심했다. 그는 고체음식은 거부하나 물, 쥬스, 오트밀은 먹는다. 이로 인해 그의 건강상태는 극히 악화되었다. 치료자는 부모와 간호사와 함께 아이에 대한 공동치료에 착수하였다.

치료자는 모델링, 보상관리와 같은 기술을 도입하여 점진적으로 여러 가지 음식 섭취가 가능하도록 조정하였다. 2주간의 기저선 기간 후 실험자는 피험자의 음료 양을 높이는 데 역점을 두었다. 아이가 섭취하는 음료수의 양이 증가하면 씹기 쉬운 음식을 먹을 수 있게 하고 일정한 훈련기간이 지나면 딱딱한 음식을 먹게 훈련시켰다. 조정은 매주 임상장에서 이뤄지며, 여기서 피험자의 아버지는 조정방법을 습득한다, 아버지는 집에서 아이의 행동을 매일 조정한다. 수집된 결과 자료를 시각적으로 점검해 보면 조정을 받은 피험자는 음식 섭취량이 점진적으로 증가한다는 사실을 쉽게 발견할 수 있다. 중다기저선 디자인실험에는 여러 가지 장점이 있다. 무엇보다도 이 방법은 융통성 있게 활용할 수 있고 서로 다른 피험자, 서로 다른 상황, 서로 다른 문제에 매우 효과적이다. 중다기저선 디자인은 반전디자인과 같은 다른 방법을 사용했을 때 직면하는 여러 가지 문제를 비교적 쉽게 극복할 수 있다.

기준변경 디자인실험

치료자는 기저선 단계에서 나타난 행동특성을 바탕으로 행동조정에 들어간다. 이 과정에서 행동변화의 수준을 높이기 위해 강화기준을 점진적으로 변화시킨다. 이 과정에서도 환자의 치료는 계속한다. 그러므로 강화를 달리하였을 때 나타나는 치료효과는 행동변화를 통해 쉽게 이해할 수 있다. 이는 곧 기준변화에 따른 행동변화 관계와 다르지 않다. 각 단계에서 이뤄지는 기준변화에 대한 의사결정은 실험자에 의해 이뤄져야 한다. 기준은 고정되어 있지 않다. 그것은 지속적으로 변화시킬 수 있다. 이 과정에서 실험자가 변화의 강도를 높이기 위해 소규모의 반전디자인을 시도할 수는 있다. 다른 디자인에서와 마찬가지로 행동의 일관성이 어느 수준에 이르기까지는 행동조정은 지속되어야 한다.

기준변경 디자인을 사용한 거식증 아동의 치료 사례를 살펴보자(Luiselli, 2000). 이 치료에서도 다른 단일사례 실험연구에서와 같이 치료자는 부모에게 강화 방법을 교육시킨다. 이 실험에서 피험자는 음식을 씹는 시간이 길어질 때마다 그에 대한 강화를 받는다. 이때 음식의 종류는 문제되지 않는다. 초기 기저선 단계에서 피험자는 씹는 음식은 기피하는 경향이 있었다. 최초의 조정기에 그가 음식을 씹어 먹게 되었고 그 빈도가 높아질 때 그는 곧 강화를 받는다. 강화 조건이 다음 조건에서는 달라진다. 피험자가 음식을 2-3회 씹을 때 강화를 받는다. 즉 보상을 받을 수 있다. 보상을 받은 피험자의 음식섭취양은 지속적으로 증가한다. 이는 조정에 의한 음식섭취의 빈도가 증가한 결과이다.

어떤 형태의 단일사례 디자인 연구에서도 조정 후 곧 행동변화가 일어나는 경우는 거의 없다. 상당한 시간이 지난 후에 행동변화가 일어난다. 기준변경 디자인법은 활용성이 높은 방법의 하나로 평가받을 수 있다. 기준변경 디자인을 활용할 때 실험자는 목표행동을 체계적으로 또 점진적으로 변화시킬 수 있다. 이 디자인은 임상가의 의도에 따라 피험자의 목표 행동을 효과적으로 조정해나갈 수 있다. 하지만 기준변경 디자인에 단점이 없는 것은 아니다. 그것만으로는 행동 조정과 그에 따른 변화의 인과 관계를 만족하게 설명할 수 없다는 것이 큰 제한점으로 지적될 수 있다.

단일사례연구 디자인의 장점과 단점

방법론적 측면에서 보면 단일사례 연구방법은 몇 가지 점에서 대집단연구방법을 능가한다. 첫째, 특정 대상에 대한 조정과 그에 따른 행동변화 결과는 단일사례 연구 디자인 자료를 통해 보다 잘 이해될 수 있다. 사실상 일반적으로 많은 표집을 사용하는 연구에는 어려움이 따른다. 즉 많은 시간과 인력이 소요되고, 경제적 부담도 크다. 이와는 달리 단일사례연구는 제한된 인력과 적은 비용으로 보다 효과적으로 연구를 수행할 수 있고 보다 정확한 정보를 얻을 수 있다.

둘째, 단일사례 연구디자인은 조정 효과를 보다 효과적으로 탐지할 수 있다. 다른 한편 연구자 혹은 치료자는 제한된 조건을 융통성 있게 조정하는 것이 가능하고 이는 성공적 실험연구로 이어진다. 즉 필요에 따라 실험자는 실험방법에 수정을 가하는 것도 비교적 쉽다. 이는 연구자나 임상가의 치료 효능성과 유효성을 보다 융통성 있게 평가하고 그것을 조정하는 방법을 도입할 수도 있다.

셋째, 단일사례연구에 사용된 평가방법은 자료에서 나타나는 변화의 평가에도 활용할 수 있다. 대집단을 대상으로 한 연구에서는 시간의 변화에 따른 개별적인 변화보다는 실험 전과 실험 후에 나타난 결과만을 평가하는 것이 보통이다(Kazdin & Nock, 2003). 단일사례 연구에서 사용하는 계속적 평가와 중다실험단계에서는 행동변화의 유형과 그 시간적 관계를 자세히 평가할 수 있다. 대집단디자인 연구는 추리통계적 방법을 기반으로 크게 발전되었다. 하지만 그것도 완전무결한 방법이 아니다. 거기에도 많은 문제가 있다. 이러한 문제를 해결하는 데 도움을 주는 것이 단일사례실험연구이다(Krueger, 2001 ; Nickerson, 2000). 대집단 디자인 연구 방법이 가지는 여러 가지 문제점은 사례연구 디자인 연구 방법에서도 쉽게 발견할 수 있다. 무엇보다도 단일사례 연구 디자인에 의해서 발견된 사실은 일반화화가 어렵다는 점을 들 수 있다. 어느 한 사람의 치료에 성공한 방법을 다른 사람에게 적용하였을 때 그와 같은 효과를 얻기가 쉽지 않다. 이와 같은 단일사례실험연구의 단점은 충분히 받아들일 수 있다. 그러나 그 방법을 대규모 집단 연구에 활용했을 때 그런 문제가 완전히 배제될 수 없다는 점도 분명하다.

자료분석

단일사례실험디자인에서는 집단실험에서 얻는 것보다 훨씬 자세한 정보를 얻을 수 있을 뿐만 아니라 보다 많은 정보를 얻을 수 있다. 단일사례실험디자인에서 얻은 자료는 자료의 특성에 따라 시각적 방법이나 통계적 방법으로 분석한다.

시각적 탐지법

수집된 자료를 분석할 때 단일사례실험 연구법을 선호하는 연구자나 치료자는 추리 통계적 방법보다 시각적 탐지법을 선호한다. 왜냐하면 그들은 통계적 방법으로는 충분한 인과관계를 설명할 수 없기 때문이다. 시각적 탐지법을 선호하는 치료자는 조정에 수반되는 변화를 시각적 방법을 사용하거나 그래프를 사용해서 자료를 정리하고 그것을 바탕으로 후속 평가를 한다. 이 방법은 조정과 그에 따른 행동변화인 종속변인의 인과관계를 시각적으로 직접 점검해 볼 수 있다. 이것이 큰 장점이다.

방법론적 측면에서 볼 때 자료에 대한 시각적 점검 방법은 통계적 점검 방법과 크게 다르지 않다. 즉 조정 이전의 행동 특성과 조정 후에 나타나는 행동 특성을 비교하는 것은 어떤 분석을 하더라도 필요한 과정이다. 집단 디자인에서는 다수, 즉 하나보다 많은 피험자의 행동을 서로 다른 조전 하에서 측정한다. 이와는 달리 특정한 한 피험자 혹은 한 집단의 행동 특성을 다른 조건 하에서 반복 측정한다. 이러한 조건 하에서 집단적 책략 방법은 부적절하다.

단일사례 자료의 시각적 점검을 위해서는 그래프를 사용한다. 행동의 빈도는 세로좌표에, 그리고 시간/변화는 가로좌표에 각각 표시한다. 조건에 따른 행동 변화에 역점을 둔 단일사례에 대한 시각적 검증은 행동강도의 변화(평균치의 변화) 기준과 행동의 비율(행동성향의 변화) 기준에 따라야 한다(Kazdin, 1982). 행동 평균치의 변화는 평균 행동빈도에서 나타나는 행동변화의 크기를 의미한다. 행동수준의 변화는 조건의 변화에 수반되는 직접적인 행동변화를 의미한다. 동일 조건 하에서 행동 변화가 크다는 것은 잘못된 효과를 의미한다. 집단디자인과 마찬가지로 단일사례 디자인에서 동일한 조건 하에서는 작은 변화의 크기가 바람직하다.

행동성향의 변화는 조건의 변화에 따라 체계적으로 변하는 자료의 성향을 의미한다. 자료의 잠재기 변화는 조건의 변화에 따른 총 행동변화의 성향을 의미한다. 단일사례의 시각적 점검은 통계적 방법을 필요로 하지 않는다. 그러므로 통계적 의미의 수준과 같은 개념은 사용하지 않는다. 그 대신 효과에 수반되는 임상적 변화에 큰 관심을 갖는다. 시각적 점검이나 통계적 분석법은 모두 완전무결한 방법이 아니다. 거기에도 몇 가지 약점이 있다. 무엇보다도 시각적 점검 과정에서는 사소하지만 중요한 변화를 놓쳐버리는 실수를 범할 수가 있다. 연구자는 이점에 특별히 주의할 필요가 있다.

통계적 방법

대다수의 임상가들은 단일사례 자료를 시각적으로 점검하는 방법을 선호한다. 이들과는 달리 추리통계적 분석을 선호하는 임상가나 연구자도 많이 있다. 단일사례 디자인에서 얻은 자료를 통계적 방법으로 분석하는 것을 선호하는 사람이 시각적 점검 방법으로 분석하는 사람보다 많다. 그러면 왜 시각적 분석보다 통계적 분석을 선호하는가. 관찰 자료가 서로 관계가 있는 경우 단일사례 연구는 적합하지 않다. 계기적 의존성 혹은 자동상관은 F-테스트나 T-테스트의 통계적 오차의 자립성을 해칠 수 있다(Matyas & Greenwood, 1997). 계기적 의존 관계가 있을 때에 검사의 가치가 편향될 수가 있다. 이런 경우에 무작위통제 검사와 같은 논파라메트릭 검사로 대체할 필요가 있다. 또 다른 방법으로 시간계기적 분석을 고려해볼 수 있다. 이는 지속성을 지닌 자료를 비교할 때 큰 도움이 될 수 있다(Box et al., 1994).

단일사례 실험디자인에서 얻은 자료는 통계적 방법으로 분석할 때, 조정효과를 보다 쉽게 발견할 수 있다. 그러므로 통계적 방법, 시각적 방법, 아니면 이 두 가지 방법을 모두 사용할 것인가는 실험자가 어떤 목적을 가지고 실험했는지, 또 어떤 가설을 바탕으로 실험이 수행된 것인지에 따라 신중히 고려해서 선택해야 한다. 이 두 가지 방법은 모두 장점과 단점이 따른다는 점을 보다 깊이 고려되어야 한다.

제7장

무작위통제실험 / 임상실험

무작위통제실험

무작위통제실험(Randomized Controlled Trial, RCT)은 기대되는 치료효과에 영향을 줄 수 있는 요인들을 조심스럽게 통제하기 위한 통계적 방법이다. 이는 피험자를 몇 개의 집단으로 나눠 치료하고 그 결과를 통제집단과 비교하는 방법을 쓴다. 지금까지 연구에 관심이 있는 진료자들이 가장 선호하는 방법이다. 무작위통제실험의 본질과 응용가능성을 평가할 때 에는 연구계획, 방법과 측정도구, 표집 크기와 그 특성, 임상가의 특성, 종속변인, 자료 분석, 결과와 효과의 크기, 그리고 잠재적 부작용 등이 고려되어야 한다(Begg et al., 1996).

무작위통제실험은 실험자 혹은 임상가가 특정한 목적을 가지고 피험자 혹은 환자를 여러 가지 임상적 조절을 위해 특정한 조건에 배정하는 연구방법이다. 실험자는 조절을 위해 통제군과 비교하기도 하고 특정한 조건을 통제하기도 한다. 임상 장면에서는 통제를 위해 플라세보를 보조자료로 사용하기도 하고 아무런 조정도 하지 않는 방법을 쓰기도 한다. 무작위통제실험에 참가하는 사람을 참여자 혹은 피험자라고 부른다. 무작위통제 실험의 일차적 목적은 참여자에서 나타나는 조정과정의 결과를 측정하여 그것을 비교군과 비교하는 데 있다. 결과는 측정이 가능하고 양적 연구가 가능해야 한다. 무작위통제실험은 양적이고, 비교가 가능하고 통제 가능하다. 연구자는 설정된 두 가지 이상의 사태를 무작위로 선정 조정해 나갈 수 있다. 이와 같이 무작위통제실험은 가장 간편하면서도 임상적 연구에서는 실험자나 치료자에게 가장 큰 도움을 주는 연구방법이다.

무작위통제실험은 임상 연구에서 가장 빈번하게 사용되는 수량적 연구방법으로 임상실험연구수단이면서 임상장면에서는 그 효능성과 효과성을 검사하는 데 큰 도움을 준다. 다른 한편 임상장면에서 흔히 문제가 되는 약물의 부정적 효과를 입증하는 데 큰 도움이 된다. 무작위통제실험은 임상장면에서는 물론 사회과학의 영역에도 널리 활용된다. 심리학은 물론 범죄, 교육학의 영역에서도 유용하게 활용된다. 본질적으로 무작위통제실험은 하나의 연구 방법이다. 연구자 혹은 임상가는 환자로 하여금 무작위로 치료방법을 스스로 선택하게 하기도 한다.

무작위통제실험은 어떤 질병의 결과에 영향을 준 처치 효과를 검토하기 위해 활용되기도 한다. 이와 같이 무작위통제실험은 임상적 문제 연구에는 물론 치료효과의 기제를 밝히는 데 폭넓게 사용된다. 하지만 무작위통제실험은 모든 임상적 문제 해결에 사용될 수는 없다. 예를 들어 흡연의 경우를 생각해 보자. 위험적 요인의 영향을 밝히기 위해 모든 사람을 대상으로 한 무작위통제실험은 윤리적으로 받아들일 수 없다. 또 무작위통제실험은 심각한 질병의 문제해결을 위해 큰 도움이 되지 못한다(Jadad et al., 1996).

무작위통제실험은 연구 혹은 치료가 시작되기 전에 한두 가지 예비실험과정을 거치게 된다. 실제 실험에 있어서 환자를 무작위로 실험 조건에 배정하는 것은 동전 던지기와 크게 다르지 않다. 무작위 조치를 받은 후에는 두 집단의 피험자는 동일한 방법으로 다뤄진다. 검사를 받고 치료를 받는 것은 본질적으로 다르지 않다. 무작위 과정이 원만하게 이뤄지면 환자 혹은 피험자의 편견에 사로잡힌 배경 같은 것을 효과적으로 배재할 수 있고 예후적 요인의 균형을 잡을 수가 있다. 무작위통제실험법은 사회과학의 영역에서도 연구방법의 하나로 널리 사용되고 있다.

무작위통제실험의 역사

초기 임상실험의 기록은 기원전 600년 다니엘서에서 찾을 수 있다. 이는 채식주의 식단과 바비론 식단이 건강에 미치는 결과를 비교한 기록이다. 임상실험 기간은 10일에 불과하다. 이 실험은 현대인의 관점에서 보면 방법론적으로나 이론적으로 만족할 수 없으나 그 실험결과는 수천 년간 보존할 가치가 충분히 인정되고 있다(Jadad, 1998).

19세기에도 무작위통제실험의 방법을 사용한 연구가 많이 있었다. 1836년 『*American Journal of Medical Science*』의 편집자는 무작위통제실험을 이렇게 높이 평가하였다.'무작위통제실험은 금세기에 와서 이뤄진 주요 의학 연구의 하나이다. 이는 새로운 과학의 시대로 가는 새 출발이다. 여기에 게재된 논문은 새로운 연구방법을 활용한 최초의 공식적 표출이다'(Louis, 1836). 현대 무작위통제실험 발전에 큰 공을 세운 것은 영국의 과학자, 역학자, 통계학자 Sir Austin Bradford Hill(1897–1991)이다. 그는 흡연과 폐암의 관계를 밝히는 데 큰 공헌을 하였다. 특히 폐병에 대한 스트렙토마이신 치료의 기법을 소개하여 새로운 시대를 개척하였다. 그의 무작위통제실험법은 전 세계적으로 활용되었다. 이 방법을 활용한 논문은 수없이 많다.『*The Cochrane Registry*』(1999)에 소개된 논문만 해도 150,000편에 이르렀고 이는 근자에 개발된 근거중심 의학의 기초가 되었다.

무작위통제실험방법은 의학에서 뿐만 아니라 심리학(Peirce & Jastrow, 1985),교육학(Stigler, 1992 ; Dehue, 1997) 그리고 약학의 영역에서도 널리 활용되었으며 이제 새로운 방법의 자리를 굳히게 되었다. Hill은 폐결핵에 대한 스트렙토마이신 치료 결과를 『*Medical Research Council*』에 발표하였는데 이것은 무작위통제실험법을 사용한 최초의 논문으로 평가되고 있다. 20세기 후반에 와서 무작위통제실험은 의학에서 합리적 치료의 표준으로 인정받게 되었다. 이 무작위 통제실험체계에 이뤄진 연구는 세계적 과학자들이 공동 저술한*CONSORT*(*Consolidated Standard of Reporting Trials Statement*, 1996; 2001; 2010)에 자세히 수록되어 있다.

무작위통제 실험의 조정과 특징

무작위통제실험은 매우 다양한 용어로 표현되는 여러 가지 복잡한 조정을 거쳐야 한다. 그러므로 그 조정과정을 간략하게 분류하고 설명하기가 쉽지 않다. 이와 같은 어려움을 효과적으로 극복하기 위해 여기서는 편의상 Jadad(1998)의 체계에 따라 몇 가지 조정과정 및 그 특성을 설명하고자 한다.

조정 유형

무작위통제실험은 평가 조정의 측면에 따라, 설명적 혹은 실용적 실험, 효능성 혹은 효과성 실험, 그리고 1, 2, 3, 4단계 실험으로 재분류된다. 설명적 혹은 실용적 실험은 실험자의 조정 효과가 있는가? 만일 그 효과가 있다면 그것은 어떤 효과가 있는가? 그 법칙을 찾는 데 관심을 둔다. 이와는 달리 실용적 실험은 조정 효과에 대한 관심은 물론 모든 조정 효과를 체계적으로 기술한다. 설명적 실험이나 실용적 실험에는 모두 합리적이며 상보적 기능이 있다. 이 두 가지 실험방법의 특성을 가진 것이 무작위통제실험이다.

효능성 실험 혹은 효과성 실험은 특정한 조정 효능성과 효과성을 평가하는 데 무게를 둔다. 효능성은 가장 이상적인 특정한 환경에서 이뤄진 조정의 수준을 말한다. 이와는 달리 효과는 임상진료와 유사한 환경에서 이뤄진 조정 효과 수준을 의미한다.

1, 2, 3, 4단계 실험은 새롭게 개발된 기술이나 약의 효능성을 검증하는 단계이다. 1단계 실험에서는 동물에 대한 새로운 조정의 안정성을 검증한다. 이 단계에서 안정성이 인간을 대상으로 한 조정에도 활용 가능한가를 실험한다. 1단계에서는 건강한 피험자를 대상으로 실험한다. 1, 2단계의 조정 후에는 한정된 소수의 피험자를 대상으로 실험을 계속한다. 이는 다른 실험에서 나타나는 효능성을 평가하는데 목적이 있다. 이 단계에서는 안정성을 중심으로 한 효능성 평가에 역점을 둔다. 3단계에서는 안전성 실험에 역점을 둔다. 이 실험에서는 환자의 안정성이 확인되어야 하고 그 후에 실험을 한다. 대부분의 3단계 실험은 무작위통제실험이다. 4단계는 조정 효과의 확인과 유사한 실험이다. 이 단계에서는 실험과정에서 확인되지 않은 가능한 부정적 효과 탐색에 역점을 둔다.

조정에 대한 참여자의 노출과 반응

무작위통제실험은 균등디자인, 교차디자인, 그리고 요인디자인 등 서로 다른 디자인을 활용한다. 대부분의 무작위통제실험은 균등디자인의 규칙을 바탕으로 수행한다. 즉 피험자는 여러 가지 조정 조건 가운데 한 가지 조정 실험만을 받아야 한다. 동시에 다른 조정은 받을 수 없다. 실험에 참여한 모든 피험자에게 지속적으로 모든 연구조정을 받게 조치한다. 이것이 교차디자인의 기본 원리이다. 연구조정 순서는 피험자가 무작위 방법으로 결정한다.

이와 같은 디자인은 장기간 지속되는 실험에 보다 적합하다. 조정 시간은 다르지 않도록 안정성이 보장되어야 한다. 하지만 조정의 효과에 대한 잘못된 결론을 내릴 수 있는 위험을 안고 있다. 요인디자인은 두 개 이상의 실험적 조정의 효과를 독자적으로 평가할 수도 있고 그것을 결합시켜 효과를 평가하기도 한다. 이러한 상황에서는 요인 디자인의 기술을 필요로 한다. 예를 들어 2X2 요인 디자인으로 4세트의 자료를 얻을 수가 있다. A치료를 받은 환자, B치료를 받은 환자, 그리고 A, B치료를 모두 받은 환자를 생각할 수 있다. 중다요인을 내포하는 보다 복잡한 무작위통제실험에서는 중다요인 디자인법을 활용할 수도 있다. 이 방법으로 균등디자인에서 얻은 정보보다 더 많은 정보를 얻을 수 있다. 이 방법은 각 치료의 효과는 물론 주요인의 상호작용의 효과가 있는지도 알아볼 수 있다. 무작위통제실험을 수행하는 데 많은 노력을 요하는 단점이 있기는 하나 다른 실험방법에서 얻을 수 없는 정보를 얻을 수 있다는 장점도 있다.

참여자

무작위통제실험은 언제, 어디에서나 자유롭게 실시할 수 있다. 연구자의 의도에 따라 참여자의 수를 고정할 수도 있다. 한 피험자를 대상으로 실시할 수도 있고(개별 환자 실험 혹은 단일 피험자) 수많은 피험자를 대상으로 할 수도 있다(거대실험). 문화가 다른 피험자를 대상으로 실험을 할 수 있다(Carlton, 1995). 그 대신 예기했든 결과가 나올 때까지 계기적으로 실험을 계속한다(계기적 실험). 연구자가 연구 목적으로 피험자의 수를 미리 정한다(고정된 실험). 피험자의 수는 이미 결정할 수도 있고 통계적 방법을 써서 결정할 수도 있다. 이 방법은 보다 빈번하게 사용되고 있고 연구자에게 매우 친숙한 방법으로 인정받고 있다.

브라인딩기술수준/비무작위 선호

무작위통제실험에는 여러 가지 편향성이 개입된다. 이러한 편향성을 효과적으로 방지하기위해 여러 가지 방법을 쓴다. 그 가운데 하나가 곧 블라인딩기술이다. 블라인딩은 관찰편향의 위험을 경감시키는 데 도움이 된다. 공개적인 무작위통제실험에서 각 피험자는 자신이 어떤 조정을 받았는지 모두 알고 있다. 브라인딩 조건하에서 행해진 무작위통제시험 조건 하에서는 참가한 피험자는 자신이 어떤 조정을 받았는지 알지 못한다. 이중블라인딩 무작위통제실험에서는 환자와 치료를 담당한 의사가 함께 실험에 참여하게 된다.

삼중블라인딩 실험에는 블라인딩 상태의 환자, 치료의사, 연구자도 함께 참가하고 사중블라인딩 실험에는 블라인딩 상태의 환자, 치료의사, 연구자, 통계학자가 참여할 수 있으나 이 방법은 실제 널리 활용되고 있지않다. 무작위통제실험의 피험자 가 되는 것을 거부하는 사람이 있는가 하면 적극적으로 참여하여 연구를 위한 조정에 참여하는 사람도 있다. 이것이 곧 선호집단이고 선호집단을 중심으로 수행되는 것이 선호실험이다.

무작위통제실험의 결과 보고

근자에 와서 무작위통제실험 결과의 질이 연구자와 임상가의 관심의 대상이 되고 있다. 무작위통제실험 결과의 질은 관계되는 여러 가지 요인 때문에 쉽게 밝힐 수가 없다. 무엇보다도 큰 비중을 갖는 것은 편향된 디자인이다. 디자인 조건이 충족된 실험결과는 긍정적으로, 그리고 높은 평가를 받을수 있다. 디자인은 잘 되었으나 잘못 보고되면 그 결과는 낮게 평가될 수밖에 없다.

연구자와 임상가는 무작위통제실험의 질을 높이기 위해 많은 노력을 한다. 그들의 노력이 결실되어 역학자, 생물과학자, 편집자들의 공동 출판물로 출판된 것이 *CONSORT*이다(Begg et al., 1996). 여기에는 보다 나은 무작위통제실험의 보고 방법이 포함되어 있다. 근자에 와서 이 보고서도 큰 변혁을 맞고 있다. 변혁을 주도하는 사람들은 임상연구와 치료에서는 임상적 중요성 못지않게 통계적 의미도 중요하다는 점을 강조하고 있다(Chan et al., 2001). 이들의 주장에 따르면 임상적 중요성이 결여된 보고서는 무작위통제실험의 본질을 손상시키고 그 결과를 잘못 이해할 수 있다고 한다. 따라서 보고서에는 임상적 의미와 통계적 의미가 모두 포함되어야 한다는 주장이 크게 강조되고 있다. 따라서 통계적으로 의미 있는 결과가 임상적 의미를 훼손되어서도 안 되고 물론 통계적으로 무의미한 결과가 임상적 의미를 과도하게 평가해서도 안 된다.

임상실험

심리학자의 임상실험은 *NIH Guideline*(2009)에 따라 네 단계를 거쳐 수행한다. 1단계에서는 치료 모델 혹은 진료 모델의 타당성을 검사한다. 이때 약물치료를 받은 환자 가운데 20-80명을 대상으로 한다. 이 단계에서는 치료의 안전성을 집중적으로 검사한다. 서로 다른 치료 효과의 차이점을 검사한다. 이때 투약한 약물의 효과를 비교한다. 2단계에서는 치료의 효능성을 검사한다. 엄격한 실험결과를 임상결과와 비교한다. 이는 의학에서 플라세보의 치료효과와 비교하는 연구방법과 크게 다르지 않다. 3단계에서는 치료의 효율성을 검사한다. 이때에는 보다 많은 환자를 대상으로 한다. 인위적으로 조작한 환경이 아니라 현실 생활환경에서 실시한다. 4단계에서는 환자에 대한 치료가 어떤 도움이 되고 어떤 위험이 따르는지 그에 대한 보다 많은 정보를 수집한다.

제8장

메타분석

메타분석

메타분석은 경험적 자료를 분석하는 한 통계적 수단이다. 여기에는 여러 가지 기능이 내포되어 있다. 무작위통제실험방법은 물론, 여려 실험연구 결과를 양적으로 분석 종합하는 기능, 문헌개관의 기능, 또 장차 개발할 연구에 대한 문제를 발전시키는데 필요한 정보, 치료의 효능성과 효율성을 바탕으로 한 치료결과의 평가 기능이 포함되어 있다. 효능성은 내적 타당성에 의해 그리고 유효성은 외적 타당성에 의해 결정된다.

무작위통제실험은 일종의 효능 기능을 검사하는 수단으로 이는 서로 다른 조건하에서 나타나는 결과를 무작위로 평가한다. 무작위통제실험은 원인 규명을 위해서는 매우 큰 도움이 된다. 이는 실생활 상황보다는 실험실 상황에서 보다 큰 도움이 된다. 즉 무작위통제실험은 당장은 실용성이 결여될 수 있는 것은 장기간에 걸쳐 평가하기도 하고 다른 상황에서는 쉽게 적용이 불가능한 치료를 지속할 수도 있다.

과학적 지식은 일회성이 아니다. 그것은 장기간 축적된 결과이다. 그러므로 근거중심의 진료는 질적 향상을 위해 지속해야 한다(IOM, 2001). 정신건강 분야에서는 새로운 치료방법이 지속적으로 개발되고 그 효능성과 유효성이 메타분석의 결과에 의해 인정되고 있다. 예를 들면 세라트랄린과 파록세틴은 성인 우울증 치료에 매우 안전하고 효능성과 유효성이 높은 것으로 미국 식약청의 인정을 받았다. 이는 1980년 미국 정신의학회가 임상실험

결과를 발표하기 30년 전에 있었던 사실이다. 2000년-2003년에 1단계 임상실험결과가 발표되면서 항고혈압제 프로조신이 성인의 악몽 치료에 효과 있다는 사실이 밝혀졌고 2003년-2008년에 대규모의 2단계 임상실험을 통해 프로조신이 악몽과 다른 증후를 치료하는데 큰 효과가 있다는 사실이 밝혀졌다(Taylor et al., 2008 ; Taylor et al., 2007).

메타분석은 분석된 자료를 다시 분석하는 통계적 기술이다(Glass, 1976). 치료자, 연구자, 임상연구자에게는 보다 높은 객관성이 보장된 자료가 필요하다. 이를 위해 특정한 측정 방법이나 치료 방법에 대한 정보를 얻는 데 역점을 둔다. 그들은 실증적 근거가 보장된 자료를 수집하고 분석한다. 여기에는 이미 출판된 자료는 물론 미출판 자료까지도 폭넓게 수집한다. 이들 자료는 일정한 기준에 따라 수집되고 그것을 다시 엄격히 통계적 기준에 따라 선정되고 분석된 것들이어야 한다.

메타분석의 기능은 매우 다양하다. 메타분석은 이미 분석된 자료를 통합할 목적으로 수행되는 일종의 통계적 분석기술이다. 메타분석은 발표된 연구 결과의 일치점과 차이점을 발견하기 위해 다른 연구 결과와 비교하고 통합하는 통계적 기술이다. 메타분석은 체계적 개관의 주요 과정이다. 심리학은 물론 건강 관련 과학에서는 진단을 위해 여러 가지 검사도구를 사용한다. 또 효과적 치료를 위해 여러 가지 서로 다른 치료 기술도 사용한다. 이는 전문적 정보를 필요로 한다. 이를 위해 기존 문헌을 체계적으로 개관하는 데 이것이 곧 체계적 개관과정이다. 이 과정은 메타분석에서도 매우 큰 비중을 차지한다. 메타분석은 연구자나 진료자가 바라는 목적을 수행하기 위해서 기존 출판 자료와 미출판자료를 통합하는 통계적 방법이다. 메타분석은 활용 가능한 연구결과의 장단점을 체계적으로 개관하여 객관적 결론을 유도하는 통계적 기술이다.

메타분석의 역사

메타분석의 역사는 12세기 중국 철학에 기초한 연구방법론에 뿌리를 두고 있다. 서양의 학문세계에 메타분석의 방법이 소개된 것은 1904년이다. 영국의 통계학자 Karl Peason(1857-1936)은『*British Medical Journal*』에 장티푸스 예방을 주제로 한 논문을 발표하였는데 이를 통해 메타분석이라는 통계적 방법이 서양의 학문세계에 소개되었다. 과학사에 기록된 가장 체계적인 메타분석의 문헌으로는 듀크 대학교 심리학과 Joseph Pratt(1910-)와 J. Rhine의 공동연구논문을 들 수가 있다. 이들은 1882-1932년 사에 발표된 초감각적 지각을 주제로 한 실험연구논문 14편을 개관하여 그 결과를 출판하였다(Bősch, 2004). 이들이 사용한 방법이 곧 메타분석이었다.

메타분석의 선구자로 Archie Cochrane(1909-1988)을 빼놓을 수 없다. 그는 영국의 역학자로 진료의 효과성과 효용성을 엄격하게 구분 사용한 과학자로 기록된다. 그는 의료기관에 종사하는 진료자와 연구자들이 믿고 간편하게 사용 가능한 데이터베이스를 만들었다. 이를 바탕으로 여러 나라의 의사들이 뜻을 모아 국제적 코크레인 협의체(Cochrane Collaboration)를 만들었다. 이는 연구자와 진료자들이 편리하게 사용 가능한 데이터베이스가 되었을 뿐만 아니라 더 발전하여 근거중심 의학의 기초가 되었다.

연구자와 진료자에게 메타분석의 기술이 도입되면서 그들은 보다 정확한 진단과 치료에 필요한 정보를 효과적으로 수집 통합할 수 있게 되었고 대규모의 환자집단에 대한 보다 소중한 정보도 수집을 할 수 있게 되었다. 연구 주제에 대한 가설설정에 필요한 많은 정보도 얻을 수 있게 되었다. 메타분석을 통해 개인 사례 연구에 필요한 유용한 정보를 쉽게 얻을 수 있다는 장점을 충분히 인정되나 대집단의 연구에 필요한 예언의 기능은 크게 결여되었다. 또 연구 편차의 근원을 탐색하는 데 메타분석의 기술은 큰 도움이 되지 않는다는 단점도 있다.

메타분석의 수속절차

메타분석의 수행을 위해 개발된 프로그램은 매우 다양하다. *STATA* 프로그램을 사용한 메타분석은 연구 주제를 설정하고, 연구에 포함시킬 기준과 배제할 기준을 설정한다. 문헌을 탐색하고, 연구 자료를 선택한다. 연구의 질을 평가하고, 자료 색출하고, 그리고 통계분석의 결과를 제시하는 과정을 밟는다. 효과적인 분석을 위해 정확한 연구의 주제를 설정한다. 아울러 연구 주제를 연구하는 데 필요한 자료를 수집한다. 이 자료에서는 연구 주제를 연구하는 데 필요한 가설이 명시되어야 한다. 주제는 임상적 과제로서 활발한 논쟁의 대상의 될 수 있는 것이라야 한다. 연구의 목적은 구체적으로 기술되어야 한다. 또 중재 내용, 비교 집단, 그리고 임상적 관심 대상이 명시되어야 한다. 이 과정에서는 몇 가지 중요한 문제가 자세히 검토되어야 한다. 주제와 관련 있는 연구 자료가 메타분석 과정에 부정적 영향을 주고 있는지, 또 발표된 연구가 임상적으로, 혹은 방법론적으로 지나치게 이질적이어서 연구 결과와 통합의 의미를 상실하지는 않을지 자세히 검토할 필요가 있다.

적합한 연구 주제의 발견을 위해서 선정 기준은 자세히 정의되어야 한다. 그 연구에 포함시킬 것과 배제할 것을 선정하는 기준을 말한다. 여기에는 연구 사례의 형태, 실험군의 특성, 자료의 출판 특성, 사용된 언어의 종류, 그리고 연구기간 등이 포함되어야 한다. 일반적으로 메타분석의 자료는 무작위 배정을 기초로 한 임상실험 결과이어야 한다. 연구에 포함시키는 것은 연구 주제에 대한 연구 결론에 도움을 줄 수 있는 것이라야 한다. 결과와 무관한 자료는 연구에서 제외시켜야 한다. 연구에 포함시킬 기준은 메타분석의 결과에 큰 영향을 준다. 보다 많은 연구 기준을 설정하게 되면 보다 범위가 넓은 연구를 수행할 수 있다. 하지만 너무 주관적인 결론을 내릴 위험이 있다. 메타분석의 신뢰성이 떨어질 수 있다.

연구 주제에 대한 유용한 정보를 얻기 위해서는 보다 넓은 주제와 관련되는 연구 자료를 수집해야 한다. 문헌탐색을 위해 사용된 탐색어는 논문이나 보고서에 명기해야 한다. 효과적인 문헌탐색을 위해 만들어진 데이터베이스를 사용하면 큰 도움이 된다. 건강 관련 분야에 종사하는 전문가들에게 도움이 되는 데이터베이스는 많이 있다. 우리에게 큰 도움을 주는 데이터베이스는 *MEDLINE, EMBASE, BIOS, SCI, CINAHL, AMED, BIOSIS,* 그리고 *Psyc/INFO* 등이다. 그 외에 *GOOGLE, YAHOO* 등과 같은 일반 포털 사이트 검색을 통해서도 귀중한 자료를 탐색할 수 있다. 전자 데이터베이스를 통해 자료를 검색할 때는 두 개 이상의 데이터베이스를 통해 동시에 탐색하는 것이 매우 중요하다.

분석 대상 논문이 선택되면 여기에서 적절한 정보를 추출해야 한다. 추출된 정보에는 연구의 요약, 피험자의 특성, 처치 특성, 연구 수행 기간 및 평가 변인 등이 포함되어야 한다. 연구의 질은 곧 연구의 타당도를 의미한다. 즉 특정한 연구가 실제 측정하고자 하는 것을 얼마나 잘 측정하고 있는지 그 정도를 의미한다. 타당도에는 여러 가지가 있다. 측정자에게 큰 정보를 제공하는 것은 내적 타당도와 외적 타당도이다. 전자는 얻어진 특정 연구 결과가 연구하고자 했든 사실을 얼마나 정확하게 측정하고 있는지 그 정보를 의미한다. 이와는 달리 후자는 얻어진 특정 연구 결과가 다른 사태에까지 얼마나 정확하게 일반화시킬 수 있는지 그 정도를 의미한다. 메타분석에서 연구의 질에 대한 평가는 선택된 특정 논문의 타당도를 평가하는 것을 의미한다(Glass, 1976).

실제 메타분석 과정에서는 예기치 않았든 문제에 직면할 수 있다. 실제 질이 낮은 연구 결과를 분석에 사용했는데도 수준이 높은 연구를 사용한 결과처럼 보기도 한다. 질이 낮은 연구 결과를 통합하면 결과는 왜곡되기 쉽다. 다른 한계점은 아무리 정교하게 분석해도 극복할 수 없다. 그러므로 연구의 질은 정확하게 평가되어야 한다.

메타분석의 최종 단계에서는 적절한 통계법으로 연구 결과들을 통합해야 한다. 자료의 통합은 특정 변수에 대한 개별 환자의 자료를 사용해서 통합할 수도 있고, 해당 변인에 대한 요약자료를 사용할 수도 있다. 요약 자료를 사용한 효과 차의 메타분석을 위해서는 처리 효과 차에 대한 동일한 형태의 측정치와 해당 처리 효과에 대한 표준오차에 대한 정보가 필요하다. 메타분석에서 연구 효과 차이를 통합할 때 각 연구의 표집 크기에 근거한 가중 평균치를 사용한다.

소규모의 연구는 대규모의 연구에 비해 우연한 차에 의한 영향을 받는다. 그러므로 자료를 통합할 때 대규모 연구에 더 큰 가중치를 부여한다. 지금까지 메타분석의 개념, 발달의 역사, 그리고 메타분석을 수행하는 과정에 대해 간략하게 설명하였다. 메타분석에 관심이 있는 독자는 아래 문헌을 참고하기 바란다.*

---

*Borenstein, M. et al.(2009). *Introduction to Meta-Analysis.* New York ; Wiley.

Card, N.(2012). *Applied Meta-Analysis for Social Science Research.* New York ; Guilford.

Cooper, H. et al.(Eds.)(2009). *The Handbook of Research Synthesis and Meta-Analysis.* New York ; Sage.

Cooper, H. (2009). *Research Synthesis and Meta-Analysis : Step-by-Step Approach.* New York ; Sage.

Egger, M. et al.(2000). Practical Meta-Analysis

Hedgen, L & Olkin, I.(1985). *Statistical Methods for Meta-Analysis.* New York ; Academic.

Heolgeg, L. & Olkin, I.(1985). *Statistical Methods for Meta-Analysis.* New York ; Academic

Higgns, J. & Green, S.(Eds.)(2008).*Cochrane Handbook for Systematic Review of Interventions Cuicuester.* New York Wiley.

Lipsey, M. & Wilson, D. (2000). *Practical Meta-Analysis.* Oaks ; Sage.

Litten, J. et al.(2008). *Systematic Reviews and Meta-Analysis.* New York ; Oxford University Press.

제II부 청소년의 문제행동

제9장

자폐증 스펙트럼장애

자폐증 스펙트럼장애

자폐증 스펙트럼장애는 미국 정신의학회의 DSM-5에 최초로 등장한 진단용어이다. DSM-5가 출간된 것은 2013년으로 그 역사는 극히 짧다. DSM-5는 DSM-Ⅳ-TR을 구성하고 있는 자폐증장애, 아스퍼거장애, 특수화되지 않은 발달장애, 레트장애, 그리고 아동기 통합상실장애등을 포함한다. DSM-5에서는 레트장애를 제외한 다른 증후를 하나로 묶어 자폐증 스펙트럼장애라는 진단용어로 사용한다. 장애의 증후는 사회적 기능의 손실, 의사소통의 곤란, 상동적 혹은 반복적 행동, 그리고 흥미 범위의 위축으로 나타난다. DSM-5는 전통적인 유목적 분류체계에서 탈피하여 차원적 분류체계에 따라 장애를 진단·분류하는 획기적 변화의 산물이다. 이는 모든 장애를 하나의 자폐증 스펙트럼 우산 아래 포함시키고 있다. 여기서 스펙트럼은 광범위한 증후, 기술손상 수준, 장애수준을 폭넓게 포함시킨 것이 특징이다.

자폐증의 수준은 동일하지 않다. 그 손상의 수준은 가벼운 것이 있는가 하면 높은 것도 있다. 이러한 특수성을 고려한 것이 DSM-5에서 사용한 자폐증 스펙트럼장애 개념이다. 차원의 개념으로 자폐증 스펙트럼장애의 진단은 환자의 장애특성을 보다 잘 밝혀낼 수 있다. 왜냐하면 그들은 유사한 증후로 표출될 수 있고(수준의 차원) 다른 임상적 특성과 그와 관련된 특성(유전적 장애, 간질, 지적 불구)에 의해서 차별화될 수 있기 때문이다.

DSM-5에서는 여러 가지 사회적 기술의 결함을 하나의 도메인으로 통합하였다. 그러므로 자폐증 스펙트럼장애 진단을 받은 사람에서는 사회적 의사소통의 수준, 제한된 흥미나 행동의 특징에 대한 보다 정확한 정보를 받을 수 있다. DSM-5에서는 발병연령의 기준을 3세로 명시하지 않고 초기 발달기간으로 보다 융통성 있게 정하고 있다. 자폐증 스펙트럼장애의 증후는 매우 다양하다. 사회적 대인관계가 원만히 못하기도 하도, 의사소통과 행동의 유연성이 결여되기도 한다. 눈 맞추기, 안면표정, 몸짓과 같은 비언어적 행동도 정상과 크게 다르다. 또래의 문화에 어울리지 않게 행동한다. 다른 사람과 잘 어울리지 못한다. 언어발달이 느리고 발성이 이상하다. 그리고 다른 사람과 잘 어울리지 못한다.

어린 나이에 자폐증 스펙트럼장애로 진단받은 아이들은 사회적 기술과 의사소통 능력이 크게 떨어진다. 학습능력도 크게 손상된다. 특히 상호작용이나 협동을 요하는 학습수생능력이 크게 떨어진다. 가정에서는 관행적 행동을 고집하고 변화를 싫어한다. 감각적 기능이 예민하기 때문에 식사나 수면기능이 장애를 받는다. 지능수준이 낮을수록 순응력이 크게 떨어진다. 계획하고 조직하는 기능이 크게 떨어지면서 학습능력이 크게 떨어진다. 지능이 평균이상인 경우도 예외는 아니다. 이들은 성인기가 되어도 자립이 극히 어렵다. 이들은 해동에 유연성이 없고 신기성에 대한 관심이 결여되어 있다. 지속성이 결여된 자폐증 스펙트럼장애자는 성인이 되어도 심리적 사회적 기능이 크게 향상되지 않는다. 노년기에 가면 건강이 극도로 악화되기도 한다.

자폐증 스펙트럼장애의 행동특성과 그 발달

자폐증의 이상행동특성은 3세 이전에 여러가지 형태로 나타난다. 사회적 상호작용, 사회적 의사소통, 그리고 반복적 행동, 위축된 흥미활동의 도메인에서 표출된다. 한 가지 이상의 기능이 지연되거나 비정상적으로 발달하였을 때 자폐증 스펙트럼장애로 진단된다(APA, 2000). 아스퍼거증후군은 자폐증과는 달리 초기에 언어발달지체현상이 나타나지 않는다. 그러므로 이들에서는 의미있는 인지기능의 지연현상은 발견할 수 없다. 특수화되지 않은 여러 가지 발달장애가 뚜렷하게 나타났을때 아형 자폐증이라고 진단한다. 왜냐하면 이들의 가벼운 증후는 사회적 환경과 같은 한 도메인에서만 나타나기 때문이다.

자폐증 스펙트럼장애는 주의 변화에 쉽게 적응하지 못한다. 자폐증 스펙트럼장애에 대한 정보는 환자의 발병 연령과 발병 유형에서 얻을 수 있다. 자폐증 스펙트럼장애의 증후는 생후 12-24개월에 나타난다고 하지만 견해를 달리하는 사람도 있다. 생후 1개월 이전에도 증후가 나타난다고 주장하는 사람도 있고, 24개월 후에 나타난다고 주장하는 사람도 있다. 초기의 발달장애, 사회적 기능, 언어기능 장애에 대한 이해를 위해서는 발병 시기에 대한 정보가 중요하다. 부모나 양호자는 아동의 사회적 기능이 급진적으로 변화하는 것은 쉽게 관찰할 수 있다. 이와 같은 행동변화는 12-24개월 후에 나타나는데 2세의 정상적 발달 특징과 엄격하게 구별되어야 한다.

자폐증 스펙트럼장애의 행동특성은 아동기 초기에 나타나는 경우가 많다. 경우에 따라서는 사회적 상호관계의 상실은 출생 1년 후에 뚜렷하게 나타나는 경우도 있다. 자폐증 스펙트럼장애 가운데에는 생후 2년에 발달기능이 정지되고 사회적 행동과 언어기능이 급작스럽게 퇴행되는 사례도 있다. 이러한 장애는 특이한 것으로 자폐증 스펙트럼장애의 위험신호가 된다. 자폐증 스펙트럼장애는 일반적으로 언어발달이 느리다. 사회적 관심의 결여도 중요한 증후이다. 때로는 비정상적 사회적 행동도 하고 뚜렷한 목적 없이 사람을 끌어당기기도 한다. 가지고 놀지도 않으면서 주변에 있는 장난감을 제 앞으로 끌어당기기도 한다.

의사소통이 비정상적이다. 알파벳은 잘 이해하나 자신의 이름에 대해서는 관심이 없어 반응이 느리다. 이러한 특징 때문에 그는 귀머거리로 진단되기도 하나 사실상 이는 귀머거리와는 전혀 상관이 없다. 생후 2년이 되면 이상한 행동을 반복한다. 특이한 놀이는 하지 않는다. 성장하는 정상 아이들도 동일한 행동을 반복하는 것이 보통이다. 그전에 먹었던 음식을 다시 먹기도 하고 이전에 보았던 비디오를 다시 보기도 한다. 이런 행동은 전혀 이상하지 않다. 보통 있을 수 있다. 하지만 이런 행동은 자폐증 스펙트럼장애의 증후와는 크게 다르다. 정상아동과 자폐아는 그들의 행동유형, 빈도, 그리고 강도에 따라 다르게 구분된다.

자폐증 스펙트럼장애의 행동은 정상아동의 행동과 질적으로 다르다. 자폐아는 정상아동과는 달리 몇 시간씩 장난감을 가지고 노는 경향이 있다. 부모가 그것을 말리면 매우 불쾌한 반응을 한다. 자폐증 스펙트럼장애는 일시적인 기능퇴화현상이 아니다. 이는 평생 지속되는 일종의 학습형태이다. 초기 아동기나 초기 학령기에 나타나는 자폐증 스펙트럼장애는 후기 아동기에 가서는 발달에 큰 도움이 되기도 한다. 극히 보기 드문 사례이기는 하지만 청소년기에 행동이 쇠퇴하는 경우도 있지만 대다수는 행동에 긍정적 변화가 온다.

극히 소수이기는 하지만 자폐증 스펙트럼장애 가운데 성인기에 가면 독자적 행동도 가능하고 일상생활도 할 수 있다. 정상적 언어능력과 지적 능력을 가지고 특별한 흥미를 찾으며 자기의 기술을 발휘하기도 한다. 일반적으로 쇠퇴 수준이 낮은 장애자는 독자적으로 생활이 가능하다. 이들은 매우 순진해서 주위에서 좋은 평판을 받기도 한다. 다른 사람의 도움이 없이는 자신의 욕구를 만족시킬 수 없어 우울해지고 불안해한다. 성인들도 자신의 뜻을 이루지 못하고 심리적으로 위축되는 사례가 많다. 자폐증 스펙트럼장애의 경우 그 정도가 더 심하다.

자폐증 스펙트럼장애의 평가와 진단

자폐증 스펙트럼장애의 특성은 진단 평가자에 따라 그 내용이 달라진다. 수준 1의 진단과 평가는 보호시설에 근무하는 의사의 업무에 속한다. 의사는 장애자의 일상적 발달과정의 특성을 검사하고 진단 평가한다. 수준 2의 진단과 평가는 일정한 전문교육을 받은 전문가가 전담하는 업무이다. 그들은 관찰을 통해 보다 포괄적이고 체계적인 자료를 얻을 수 있다. 이 평가과정에서는 여러 가지 문제가 깊이 고려되어야 한다. 발달의 관점에서 볼 때 자폐증은 평생 지속되는 장애라는 사실을 항상 잊어서는 안 된다. 최초 진단에서 발견된 자폐증의 특징은 평생을 두고 크게 달라지지 않는다. 발달과정을 겪으면서 사소한 변화는 있으나 큰 변화는 없다. 진단자는 장애자의 발달과제 유형 결과를 통해 다음 단계의 변화를 정확하게 예언할 수 있어야 한다.

초기 아동기나 학령 전기에 나타난 자폐증 증후는 시간이 지나면서 악화된다. 하지만 시간이 흐르면서 그 상태는 점진적으로 호전되는 경우가 많다. 자폐증 스펙트럼장애는 〈표 9-1〉에 제시된 기준에 따라 평가한다. 이는 미국 정신의학회의 DSM, WHO의 ICD-10의 진단요강에 따라 작성된 것으로 이 진단체계는 세계적으로 널리 사용된다. 하지만 높은 신빙성과 타당성이 보장되는 진단을 위해서는 그에 지나치게 의존하는 것은 삼가야 된다. 자폐증 스펙트럼장애의 진단과 평가를 위해서는 진료자나 연구자는 환자의 부모와 상담을 통해 보다 유익한 정보를 얻어야 한다. 특히 부모와의 면접을 통해 초기 발달과정에 있었든 중요한 정보를 얻어야 한다. 또 치료자나 평가자가 환자의 증후를 직접 관찰 평가하는 방법도 활용해야 한다(Filipek et al., 2000).

<표9-1> 자폐증 스펙트럼장애의 진단기준

A. 여러 가지 의미에서 현재 혹은 과거에 있었던 사회적 의사소통과 사회적 상호작용의 지속적인 결함.

1. 사회적-정서적 상호관계의 결핍. 예를 들면, 비정상적 사회적 접근부터 정 상적 대화를 하지 못하는 상호관계의 결핍. 유사한 흥미, 정서의 결함. 자진해서 사회적 대인관계를 갖거나 다른 사람의 제의에 반응하지 못한다.
2. 사회적 상호작용을 위한 비언어적 의사소통의 결핍. 예를 들면, 서투른 언어적 의사소통과 비언어적 의사소통. 눈 맞춤과 신체언어의 결핍 혹은 제스츄어를 제대로 하지 못한다. 또 그것을 이해하지 못한다. 안면표정과 비언어적 의사소통이 전혀 없다.
3. 대인관계의 형성, 유지, 그리고 이해의 결핍. 여러 가지 사회적 관계에 어울리게 행동하지 못한다. 상상적 유희를 같이하기 곤란하다. 친구에 대한 관심이 없다. 현재의 심한 정도는 사회적 의사소통의 쇠퇴, 유연성이 결여된 반복적 행동을 기초로 평가한다.

B. 유연성이 결여된 반복적 행동과 흥미. 현재나 과거에 아래 특징 가운데 두가지 이상의 활동을 한다.

1. 상동적 혹은 반복적 근육운동, 물건사용, 혹은 언어사용(단순한상동적 근육운동, 장난감을 한 줄로 정열한다, 반향언어 등 특이한 말)
2. 동일성의 주장. 유연하지 못하고 틀어박힌 듯한 언어행동. 빈번한 비언어적 행동. 사소한 변화에 대해서 크게 불쾌감을 느낀다. 변화를 하기가 어렵다. 융통성이 결여된 사고. 관습의 존중. 매일 동일한 음식 섭취.
3. 비정상적인 일에 강한 흥미를 느낀다. 이상한 물건에 대한 강한 애착심을 갖는다. 제한된 흥미의 범위.
4. 외부자극에 대한 과잉반응 혹 과소반응. 환경의 감각적 측면에 대해 지나치게 관심을 갖는다. 동통에 대해 지나치게 무관심하다. 특정한 소리나 질문에 대해 부정적 반응을 한다. 사물에 대한 반응이 예민하다. 빛이나 운동에 대해 예민하게 반응한다. 현재의 심한 정도는 사회적 의사소통의 쇠퇴, 유연성이 결여된 빈복적 행동을 기초로 해시 평가힌다.

C. 증후는 발달초기에 나타난다. 그러나 사회적 욕구이상으로 까지 충분하게 나타나지 않는다.

D. 증후는 사회적 직업적, 혹은 주요 기능의 쇠퇴 원인이 된다.

E. 이 장애는 지적 기능장애, 지적 발달장애나 전반적 발달 지연으로 보다 잘 설명될 수 없다. 지적 장애와 자폐증 스펙트럼장애는 흔히 동시에 발병한다. 자폐증 스펙트럼장애와 지적 장애의 동시적 진단을 위해서는 사회적 의사소통은 예기했던 일반 발달 수준보다 낮다.

• 주의 : DSM-Ⅳ의 기준에 따라 자폐적 장애로 진단된 사람, 에스퍼거장애, 특별히 밝혀지지 않은 전반적 발달장애는 자폐증 스펙트럼장애로 진단되어야 한다. 사회적 의사소통기능이 현저하게 쇠퇴되어 있으나 그 증후가 자폐증 진단 기준에 맞지 않을 때에는 사회적 의사소통의 장애로 평가한다.

임상가는 자폐증 스펙트럼장애 증후를 바탕으로 정확한 진단을 내릴 수 있다. 자폐증 스펙트럼장애는 여러 발달단계를 거치는데 그에 따라 나타나는 증후도 달라진다. 임상가는 달라지는 임상증후를 객관적으로 진단하기 위해 미국 신경학회(American Academy of Neurology,AAN), 미국 아동 및 청소년 정신의학회(American Academy of Child and Adolescent Psychiatry, AACAP)와 같은 전문기관에서 출판하는 특수 진료페러메타를 확인 할 필요가 있다(Filipek et al., 2000). 이 페러메타에 따라 증후 평가는 제1수준의 평가와 제2수준의 평가로 달라진다.

제1수준의 평가는 기관에 근무하는 일반의사에 의해 최초로 이뤄진다. 제2수준의 평가는 경험을 가진 의사가 최초 선별과정에서 누락된 대상을 보다 종합적으로 실시된다. 자폐증 스펙트럼장애로 의심되는 환자에 대한 자세한 정보는 부모와 교사를 통해 얻어야 한다. 보다 체계적인 정보수집을 위해 임상심리학자, 신경심리학자, 그리고 정신과 의사와 같은 전문가들이 하나의 팀을 구성하여 진단에 참여할 필요도 있다(Ozonoff et al. (2005). 초기 변별과정에서 만족한 변별이 이뤄지지 않으면 심리학적 평가 도구를 사용하는 심리학자의 도움이 필요하다.

자폐증 스펙트럼장애의 차별적 진단

임상가나 연구자가 자폐증 스펙트럼장애를 진단할 때 오진을 하는 경우가 있다. 이를 피하려면 유사한 임상증후와 어떤 차이가 있는지 그에 대한 지식이 필요하다. 자폐증의 손상된 사회적 상호작용 가능은 퇴행기(특히 1-4세)에 뚜렷하게 나타난다. 연소 여성 장애자에서 나타나는 레트증후군일수록 자폐증 스펙트럼장애 증후와 매우 유사하게 나타난다. 그러므로 레트증후군으로 오진하기 쉽다. 이 시기가 지나면 레트증후군 장애자의 사회적 의사소통기술이 향상되며 자폐증의 특성은 더 이상 나타나지 않는다. 모든 진단기준의 요건에 충족되었을 때에만 이러한 진단이 가능하다.

선택적 함구증은 발병 초기에는 뚜렷하게 나타나지 않는다. 그러므로 자폐증과 구별하기가 쉽지 않다. 이미 장애진단을 받은 장애라 할지라도 상황에 따라 적절한 의사소통은 충분히 가능하다. 함구하고 있는 동안에도 사회적 상호작용기능은 건전하며 반복적 행동도 나타나지 않는다. 언어장애가 있을 경우 의사소통이 장애되어 이차적 사회적 관계가 어려워지는 경우가 있다. 특수언어장애는 비정상적 비언어적 의사소통이나 반복적 행동, 흥미,

활동과는 전혀 상관이 없다. 사회적 의사소통 기능과 사회적 상호작용 기능은 저하되었으나 극히 제한된 몇 가지 반복행동이나 흥미상실이 나타나지 않으면 그것은 자폐적 스펙트럼장애보다는 사회적 의사소통의 장애로 진단하는 것이 바람직하다.

어린 아이의 경우 자폐증 스펙트럼장애가 없는 지적장애는 지적 발달장애와 구분하기가 쉽지 않다. 언어기능과 상징적 기능이 발달되지 않은 지적 장애자는 진단하기가 쉽지 않다. 왜냐하면 그들에서는 반복행동이 현저하게 나타나기 때문이다. 사회적 의사소통이 개인의 비언어적 기술에 비해 저하되어 있을 때에는 지적 장애가 있는 자폐증 스펙트럼장애라는 진단이 보다 적절하다. 하지만 사회적 의사소통의 기술이 다른 지적 기능에 비해 높을 때에는 지적장애라는 진단이 보다 적합하다. 자폐증 스펙트럼장애의 특징은 운동의 상동성으로 나타난다. 그러므로 반복행동이 자폐증 스펙트럼장애를 보다 잘 설명될 수 있을 때에는 상동증적 행동장애로 진단한다. 상동성이 치료의 대상이 되면 두 가지로 진단하는 것이 보다 적합하다.

어떤 대상에 지나치게 주의집중하거나 쉽게 산만해지는 주의의 이상은 과잉활동증장애와 같이 자폐증 스펙트럼장애에서 흔하게 나타난다. 주의력결핍/과잉활동증장애자는 동일한 연령층에 비해 주의기능장애나 과잉활동장애가 있다고 판명되면 진단명을 고려해볼 수 있다. 아동기에 발병하는 정신분열증은 정상과 비슷한 발달과정을 거쳐 발달한다. 사회적 기능손상과 흥미상실 등이 전구증상으로 나타나는데 이를 자폐증스펙트럼장애에서 나타나는 증후와 혼동해서는 안 된다. 정신분열증의 주요 증상인 환각과 망상은 자폐증스펙트럼장애의 증후가 아니다. 여기서 어떤 소리가 들리는가, 어떤 병적인 망상을 한다고 해서 자폐증스펙트럼장애로 속단해서는 안 된다.

빈번한 지적 손실과 구조적 언어장애도 자폐증 스펙트럼장애의 동시이환장애 증후에 속한다. 그들은 적절한 문법을 바탕으로 문장을 이해하거나 문장을 구성하는 것이 불가능하다. 많은 자폐증 스펙트럼장애에서는 정신의학적 증후가 나타나지만 이는 장애진단의 한 부분이 될 수 없다. 자폐증 스펙트럼장애의 70% 이상의 동시이환정신장애가 있고 40%는 두 가지 이상의 동시이환장애가 있다.

주의력결핍/과잉활동장애가 자폐증 스펙트럼장애의 기준에 부합될 때에는 두 가지의 서로 다른 진단을 내릴 수가 있다. 이와 같은 동일한 원리가 현재의 자폐증 스펙트럼장애와 발달협화장애, 불안장애, 우울증장애, 그리고 다른 동시이환장애에도 적용된다. 비언어적 행동장애나 혹은 언어장애에 수면, 식사행동장애가 동시에 나타날 수도 있다. 도전적 행동이 불안과 우울증의 증후를 촉진시키는 경우도 있다. 발달협화에서와 같은 특수한 학습장애가 동시에 발병되기도 한다.

자폐증 스펙트럼장애가 다른 의학적 질병인 간질, 수면장애, 변비 등과 동시에 발병되는 경우도 있다. 회피성 음식섭취가 자폐증 스펙트럼장애와 동시에 나타나 음식기호의 범위를 축소시키기도 한다. 자폐증 스펙트럼장애에는 한 가지 이상의 장애가 수반된다. 일차적 주요 장애 외에 또 다른 장애를 동시에 경험하는 것이 보통이다. 이것을 흔히 동시이환 현상, 혹은 동시이환장애라고 한다. 자폐증 스펙트럼장애는 물론 동시이환장애도 개인의 일상생활에 부정적 영향을 주는 것은 별로 다르지 않다. 동시이환장애현상으로 흔히 나타나는 것은 수면장애, 식욕부진, 기분장애, 활동수준저하, 그리고 공격성 같은 것들이다.

자폐증 스펙트럼장애자에게는 한 가지 장애만 있는 것이 아니다. 그들 장애에서는 또 다른 장애가 동시에 발병한다. 동시이환장애는 나이가 들면서 장애의 유형도 다양해지고 그 정도도 악화해져서 치료가 무척 어려워진다. 자폐증 스펙트럼장애와 다른 장애는 구분하기가 어렵다. 왜냐하면 자폐증 스펙트럼장애의 증후는 다른 증후와 중복되기 때문이다. 가장 흔하게 나타나는 것은 발작장애 혹은 간질병이다. 이는 자폐증 스펙트럼장애의 11-39%를 차지한다. 또 다른 장애는 결절경화증이다. 이는 무해종이 뇌와 다른 주요 기관에서 성장하는 것으로 자폐증 스펙트럼장애의 1-4%를 차지한다. 자폐증 스펙트럼장애에서 흔하게 나타나는 동시이환장애로 지적장애를 빼놓을 수 없다. 이는 자폐증 스펙트럼장애의 40-69%를 차지하는데 여기에는 정신지체가 수반된다. 여성의 경우 심한 정신지체를 겪고 있는 것으로 알려졌다.

자폐증 스펙트럼장애의 25-35%는 학습장애자이다. 자폐증 스펙트럼장애에 수반되는 가장 일반적인 동시이환장애는 불안장애로 그 비율은 전체 환자의 7-84%로 추산된다. 또 다른 동시이환장애는 우울증으로 전체 환자의 4-58%이다. 자폐증 스펙트럼장애는 지시에 잘 순종하지 못하고, 협동하지 못하고, 다른 사람의 입장에서 일을 처리하지 못한다. 이와 같은 행동특징으로 보아 주의결핍증/과잉활동장애도 자폐증적 스펙트럼장애의 한 하위행동장애로 간주할 수 있다.

자폐증 스펙트럼장애에 대한 이해에 있어서 보다 큰 비중을 가지는 것이 그의 지적 기능의 특성을 이해하는 것이다. 자폐아의 사회적 기능의 특성과 그 수준에 대한 정보는 지적 기능 평가결과자료에서 얻을 수 있다. 그 외에도 평가된 지적 기능의 정보를 바탕으로 그에 관계되는 여러 가지 정보를 얻을 수 있다. 우선 그에 대한 교육계획을 수립할 수 있고, 자폐증의 예후에 대한 정보를 얻을 수 있고, 크게 보면 그의 노년기의 지적수준을 미리 예측해 볼 수 있다.

자폐증 스펙트럼장애에서는 비정상적 언어사용, 심한 공격성, 심하게 그리고 빈번하게 일어나는 다양한 임상증후가 현저하게 나타난다. 그러므로 검사하기도 어렵고 그 결과를 해석하기도 어렵다(Koegel et al., 1997). 보다 신빙성이 보장된 정보를 얻기 위해서는 동기수준을 높여줄 필요가 있고 장시간에 검사하는 것보다 자주 휴식시간을 주는 것이 바람직하다. 정신기능이 크게 떨어진 피험자에 대한 검사는 쉽지 않기 때문에 이런 점을 염두에 두고 사용할 검사를 선택할 필요가 있다.

언어사용이 자유로운 자폐증의 지능수준은 웩슬러검사로써 쉽게 평가할 수 있다. 이 검사결과에서는 몇 가지 특징이 나타난다. 무엇보다도 여러 하위검사의 프로파일이 고르지 않다. 동작성 지능이 언어성 지능 보다 높다. 언어성 지능과 동작성 지능의 차이도 장애의 수준에 따라 크게 다르게 나타난다. 동작성 지능이 언어성 지능보다 높은 프로파일을 통해 피검사자의 학습능력에 대한 귀한 정보를 얻을 수 있다. 언어성 지능이 동작성 지능보다 높을수록 사회적 기능 손상이 크고 이 둘은 두 지능의 차이가 없는 집단에 비해 뇌의 크기가 더 크다(Tager-Flusberg & Joseph, 2003). 아스퍼거증후군의 경우 언어성 지능이 동작성 지능보다 높다고 주장하는 사람이 있다. 하지만 이와 같은 사실을 바탕으로 자폐증 스펙트럼장애의 하위 유형을 결정하는 것은 삼가야 한다.

개인의 언어기능과 IQ의 특성에서 예후에 대한 정보를 얻을 수 있다. 예후에 대한 보다 정확한 정보를 바탕으로 그의 사고 특성을 평가하는 경우가 많다(Stone & Yoder, 2001). 사고기능의 특성은 여러 가지 검사를 통해 평가된다. 이때 검사 결과에만 의존하는 것보다는 여러 전문가의 의견을 듣는 것이 보다 바람직하다(Filipek et al., 2000). 자폐증 스펙트럼장애자 가운데도 정상적 언어소통이 가능한 경우가 있다. 이런 경우 정상적 언어소통이 가능한 것으로 단정하기 전에 많은 전문가의 의견을 듣는 것이 바람직하다. 또 눈맞춤, 제스추어, 안면표정과 같은 실용적 의사소통은 진단적 의미가 크다.

자폐증 스펙트럼장애에 대한 유익한 정보는 여러 가지 자료에서 얻을 수 있다. 그 가운데에서도 적응수준에 대한 정보가 진단에서 차지하는 비중은 매우 크다. 개인의 적응수준은 지능수준과 밀접한 관계가 있다. 지능수준과 사회적 행동수준이 크게 다를 때에는 개인의 일상생활의 질을 검토해볼 필요가 있다. 적응수준의 평가결과는 그에 대한 치료계획을 세우는 데 매우 중요한 의미를 갖는다. 그의 적응수준의 평가결과에 따라 그에 대한 치료의 모드가 달라진다. 적응수준이 낮을 경우 독자적 개인적 치료를 받는 것은 불가능하다. 일반적으로 자폐증 스펙트럼장애의 적응 수준은 그와 동일한 연령집단의 적응수준보다 월등히 낮다.

자폐증 스펙트럼장애에 대한 정보는 신경심리학적 평가결과에서 얻을 수 있다. 즉 유연한 사고가 불가능하다. 지속적인 주의집중이 어렵다. 불필요한 사건, 별로 의미 없는 일에 대해 지나치게 관심을 갖는다. 과잉행동수준이 높다. 실천기능의 결핍되었다는 사실이 발견된다. 실천기능은 일을 계획하고 조직하고 자제하는 기능이다. 사실 실천기능은 학교생활이나 사회생활에 있어서 큰 비중을 갖는다. 실천기능은 인지기능의 유연성과도 관계가 있다. 즉 인지기능이 유연할수록 실천기능 수준도 높다.

자폐증 스펙트럼장애의 유발요인

자폐증 스펙트럼장애의 발병원인은 확실하게 밝혀진 것이 별로 많지 않다. 다행이 발병을 촉진시키는 주요 위험요인 몇 가지가 밝혀져 있을 뿐이다. 자폐증과 광범위한 발달장애는 유전적 요인에 의해서 발병한다는 사실이 널리 밝혀지고 있다(Rutter, 2000). 이와 같은 사실은 후속되는 여러 연구에서도 밝혀졌다. 즉 자폐아의 형제에서 나타나는 자폐증의 발병빈도는 정상집단에서 발병하는 자폐증의 발병빈도보다 15-30배가 더 많다. 일란성 쌍생아의 발병 일치율은 이란성 쌍생아의 발병 일치율보다 현저히 높다. 자폐증의 태아기/주산기 위험요인은 자폐증 스펙트럼장애의 발병을 촉진시킨다. 여기에는 산모의 당뇨병, 산모의 많은 나이(30세 이상), 임신기간에 산모가 복용한 약물, 예를 들면 항경련제인 발프로에이트, 양수 속의 태변 등이다. 다만 자폐아는 비자페아나 다른 정상발달아동에 비해 보다 많은 위험요인이 발견되었을 뿐이다(Gardner et al., 2011).

신경해부학적으로 보면 자폐증은 뇌의 기능확장영역과 축소영역의 결합 결과이다. 이들의 연구에 의하면 태아기와 출생 후의 뇌 발달 단계에서 일어난 비정상적 신경발달과 가지치기 때문에 뇌의 어떤 부위에서는 과도한 신경이 모이게 되고 다른 영역에서는 신경의 수가 크게 줄어드는 현상이 나타난다. 연구자 가운데 자폐증은 전반적인 뇌의 확대현상이라고 보는 주장이 있는가 하면 전두엽, 거울신경계통, 변연체계통, 측두엽, 뇌량의 이상 결과라고 보는 사람도 있다. 자폐증 스펙트럼장애는 뇌의 회백질과 피질의 이상에서 유발한다(Sugranyec et al., 2011). 이와 같은 사실은 안면정서 반응과제 실험에서 중간 정도의 자폐증 스펙트럼장애자는 정상통제집단에 비해서 체성감각피질의 각성 수준이 낮게 나타난다.

거울신경계통에는 동정과 같은 감정을 유발하는 기능이 있다. 이 기능은 하위전두회

전과 하위체벽소엽에 위치하고 있다. 이 신경계통은 다른 사람의 행동을 모방하거나 관찰하면 각성된다(Shamay-Tsoory, 2011). 이 계통은 개인의 동정심을 유발하는 기능 외에 자폐증 스펙트럼장애와도 직접 연결되어 있다(Dapretto et al., (2006). 측전두엽의 기능장애는 자폐증 스펙트럼장애와 깊은 관계가 있다. 특히 언어지각, 사회적 인지, 동시주의, 행동관찰, 그리고 동정심과 깊은 관계가 있다. 측두엽은 상부측두뇌구와 방추상안면영역으로 구성되어 있다. 정도가 심한 자폐증 스펙트럼장애는 안면을 관찰할 때 방추상안면영역의 활동이 크게 저하된다는 사실이 기능성 자기공명단층촬영기술에 의해 발견되었다(Volkmar, 1999).

자폐증 스펙트럼장애는 정확한 의미에서 중추신경계통의 장애가 아니라 하나의 체계장애이다. 사립자의 기능이 장애를 받으면 여러 신체계통을 소상시키는 세포의 이상을 가져온다. 최근에 발표된 메타분석의 결과에서 자폐증 스펙트럼장애자의 5%는 고전적인 사립자의 장애를 받고 있다는 것으로 밝혀졌다.

자폐증 스펙트럼장애의 치료

자폐증 스펙트럼장애를 스스로 사회생활을 할 수 있는 수준까지 치료하는 것은 기대할 수 없다. 다만 환자의 결함수준을 낮춰주고 가족의 불쾌감을 경감시켜줄 수 있을 뿐이다. 이것이 치료의 한계이다. 불행한 일이지만 우리에게는 가장 훌륭한 단일치료기법은 없다. 치료자는 환자의 욕구에 맞춰 치료기법을 선택할 필요가 있다. 효과적인 특수교육, 행동치료 프로그램은 크게 도움이 된다. 가장 쉽게 선택 활용할 수 있는 것은 응용행동분석발달모델, 구조적 교육, 언어치료, 사회기술훈련, 그리고 작업치료이다(Myers et al., 2007).

나이가 어린 자폐증 스펙트럼장애에게는 근거중심의 치료가 큰 도움이 된다. 과학적 근거는 입증되지 않은 비타민 치료나 침술을 선호하는 환자도 있다. 자폐증 스펙트럼장애를 위한 근거중심의 치료기법으로 심리교육적 방법이 보편화되고 있다. 이는 환자의 인지, 의사소통, 그리고 사회적 기능을 향상시키는 데, 또 일탈행동을 최소화하는 데 큰 도움이 된다.

과학적 근거가 판명되고 전문가가 선호하는 자폐증 스펙트럼장애의 치료기법은 응용행동분석법이다. 이는 경험적으로 검증된 치료방법으로 발병 초기에 가정에서도 비교적 쉽게 실시할 수 있는 치료기술이다. 응용행동분석의 기법은 경험적으로 입증된 치료기법이기는 하지만 지능수준이 낮거나 증후가 심한 사례를 대상으로 실시할 때는 보다 세심한 주의를 요한다. 응용행동분석을 바탕으로 개발된 초기집중행동치료프로그램(EIBI) 은 잘 짜인 교육 프로그램이다.

일반커리큘럼은 언어, 사회적 기술, 놀이, 운동, 학술적 기술, 그리고 독자적 기술 습득에 도움이 되게 구성되어 있다. 학령전기아동의 치료를 위한 응용행동분석모델은 두 가지 기술로 되어 있다. 그 하나는 분산실연교육이다. 이 방법은 피험자가 하루에 수행해야 할 과제를 분산시켜 제공한다. 분산실연교육에서 치료자는 환자에게 지시하고, 환자는 그에 따라 과제를 수행하면 된다. 치료자는 그 결과에 따라 보상 여부를 결정한다. 만일 아동이 정확한 반응을 하지 못하면 강화를 유보하고 또 다른 실연 과제를 제시한다. 이 방법은 아동이 짧은 시간에 보다 많은 것을 학습할 수 있는 기회를 갖는다는 것이 큰 장점이다. 불행하게도 이 치료기법은 보다 널리 일반화시키는 데 큰 제약이 따른다. 이 제약을 극복하여 만든 것이 자연 환경 교육법이다. 이는 자연 환경에서 일어나는 일을 학습할 기회를 가질 수 있다. 이는 보다 아동 중심으로 이뤄지며 아동이 바라는 행동을 즉시 학습할 수 있는 기회를 제공할 수 있어야 한다(Granpeeshen at al., 2011).

제10장

지적기능장애

지적기능장애

지적기능장애 혹은 일반학습장애는 한정된 범위 내에서 정신지체라고도 불리우는 일반장애로서 성인기 이전에 발병하는 지적기능의 장애이다. 이 장애는 인지기능은 물론 한두 가지 부적응행동 장애를 수반하는 것이 특징이다. 지적기능장애는 증후적 지적장애와 비증후적 지적장애로 구분된다. 전자는 의학적 장애와 행동장애가 현저하게 나타난다. 이와는 달리 후자는 특별한 이상 증후가 없는 지적결함이다. DSM-5에는 지적장애(지적발달장애)라는 진단용어가 있는데 이는 DSM-Ⅳ에서 사용하던 정신지체라는 용어를 수정한 것이다. 수정된 진단용어는 중다축에 의해 평가된 장애를 단일축에 따라 평가하는 것이 하나의 특징이다.

지적기능장애는 개념적 도메인, 사회적 도메인, 실용적 도메인으로 구성되었다. 이는 적응기능을 저하하는 일반정신능력의 장애를 의미하기도 한다. 각 도메인에는 특유 기능이 내포되어 있다. 개념적 도메인은 언어, 독서, 쓰기, 수학, 흥미, 지식, 기억의 기능을 포함한다. 사회적 도메인은 동정심, 사회적 판단, 대인관계, 의사소통기술, 우정관계의 형성과 유지, 그리고 그와 유사한 기능을 포함한다. 실용적 도메인은 자기관리, 직무책임, 금전관리, 레크리에이션, 학교생활과 직무수행능력을 포함한다. 지적기능장애는 발달기 장애증후가 나타나는 시기에 발병한다고 하지만 그것은 확실한 근거가 없다. 지적기능장애는 일반적으로 독자적 생활이 불가능하다. 그들은 지적장애도 평생 주위의 사람들의 도움을 필요로 한다. 극히 소수이기는 하지만 독자적으로 가정에서 생활하면서 가족의 도움을 받으며 생산적 생활을 해나가는 사례도 있다.

지적기능장애의 행동특성과 그 발달

지적기능장애는 그와 동등한 연령집단, 성별집단, 사회문화적 집단에 비해 일반 정신능력 수준이 낮고 일상적응기능이 크게 손상되어 있다. 지적기능 장애의 특성은 임상적 평가와 표준화 검사에 의해 측정된다. 지적기능장애는 추리, 문제해결, 계획수립, 추상적 사고, 판단, 경험적 학습, 실용적 이해의 기능으로 언어이해, 실용적 기억, 지각적 추리. 수량적 추리, 추상적 사고, 인지적 효능성에 의해서 측정된다. 지적기능장애의 지능은 정상인에 비해 크게 낮다(IQ 65-75). 지적 수준은 기계적으로 해석하고 이해하기보다는 임상적 기술을 바탕으로 조심스럽게 이해되어야 한다.

지적기능장애는 자립 능력, 사회적 책임감 등이 크게 떨어진다. 그들의 주요 지적 도메인-개념적, 사회적, 그리고 실용적 도메인에는 여러 가지 특징이 있다. 개념적 도메인은 지식과 관련되는 것으로 기억, 언어, 읽기, 쓰기, 수학적 추리, 실용지식의 습득, 문제해결, 그리고 생소한 상황에 직면하였을 때의 순간적 해결능력 등이 포함된다. 사회적 도메인은 다른 사람의 감정, 경험에 대한 지각, 대인관계의 기술, 우정, 사회적 판단 능력을 포함한다. 실용적 도메인은 직무에 대한 책임감, 금전관리, 레크리에이션, 자기관리, 학교생활이나 직장생활에서 적응 등을 포함한다. 적응수준은 임상적 평가를 비롯해서 개인의 특성이 고려된 표준화 심리검사를 써서 측정한다. 부모, 교사, 양호자의 보고 자료도 적응수준의 평가에서 큰 도움이다. 그 외에 발달검사, 의학적 검사, 특히 정신건강 평가 자료는 좋은 정보의 기능을 한다.

지적기능장애를 유발하는 요인은 매우 다양하고 이질적이다. 그들은 사회적 판단이 극히 어렵다. 대인관계, 자기관리, 그리고 학교나 직장에의 적응이 어렵다. 지적기능장애에서 흔하게 발견되는 것이 의사소통의 기술저하이다. 이는 그 자체로서 끝나는 것이 아니라 공격적, 파괴적 행동을 유발하는 원인으로 작용한다. 지적기능장애는 남의 행동이나 말에 쉽게 속아 넘어가서 잘못 행동으로 빠져들기 쉽다. 본의 아니게 범법행동을 하고 신체적 폭력을 행사하기도 하고 성범죄를 저지르기도 한다. 지적기능장애의 자살 위험 수준이 매우 높다. 그들은 빈번하게 자살을 생각하고 시도하고, 결국에는 자살에 이르게 된다. 그러므로 지적기능장애의 검사에서는 그의 자살의도의 유무를 조심스럽게 검사해 보아야 한다.

지적기능장애의 증후는 발달초기에 처음으로 나타난다. 발병연령과 진단특성은 뇌장애의 수준과 그 원인에 의해서 달라진다. 근육운동, 언어, 사회적 기능의 특성과 같이 심한 장애의 특징은 생후 2년에 나타난다. 가벼운 장애의 경우 학령기 즉 학습능력이 현저하게 나타나기 전까지 그 특징이 나타나지 않는다. 진단에 있어서 중요한 것은 생활사나 현재 나타나고 있는 특징이다. 5세 이하의 경우 그에서 나타나는 증후가 전체 발달장애의 기준에 꼭 들어맞는 경우가 있다.

지적기능장애가 유전적 소인과 관계있을 때에는 다른 증후군과 같은 신체적 외모로 나타나는 수도 있다. 수막염 혹은 두부 손상이 있는 경우 발달기간에 발병되기도 한다. 지적기능장애가 이미 습득한 인지기능의 손실에 기인하였을 때에는 두 가지 장애 즉 지적기능장애와 신경인지장애로 차별진단하기도 한다. 지적기능장애는 일반적으로 점진적으로 진행되지 않는 것이 특징이다. 이와는 달리 레트증후군과 같은 유전적 장애는 증후가 점진적으로 진행되면서 지적기능이 점차적으로 악화된다. 초기 아동기 이후에 장애가 평생 지속되는 경우도 있다. 이 경우 장애의 수준은 시간이 지나면서 달라진다. 그 변화과정은 유전적 특성과 동시에 진행되는 상태의 영향을 받는다. 초기에 치료를 받으면 아동기와 성인기를 거치면서 적응수준이 달라질 수 있다. 지적기능이 급진적으로 변화할 경우는 지적기능장애로 진단할 수 없다.

지적기능장애의 진단과 분류

지적기능장애의 진단은 여러 가지 기준에 따른다. 우선 IQ가 70이하이고, 의사소통, 자기관리행동, 대인관계를 포함한 적응행동에서 적어도 두 행동이 이상이고, 그리고 알츠하이머병이나 혹은 외상적 뇌손상과는 무관한 장애가 18세 이전에 발병되었을 때 지적기능장애로 진단한다(APA, 2000). 진단과정에서 큰 비중을 차지하는 것은 IQ이다. 현재 심리학자들은 편차 IQ의 개념을 바탕으로 지적기능장애를, 아주 심한 수준(IQ 6-20), 심한 수준(IQ 20-35), 중도 수준(IQ 35-50), 그리고 가벼운 수준(IQ 50-70)으로 진단 분류한다. IQ 70 혹은 그 이하는 지적기능장애 진단의 일차적 기준으로 사용된다. 이를 중심으로 정신지체의 수준은 분류된다.

DSM-5에서는 임상적 평과 결과와 표준화 지능검사 결과를 기초로 하여 지적 기능장애를 분류 진단한다. 보다 정확한 평가와 진단을 위해서는 지적기능장애의 진단은 지능검사 결과에만 의존하기보다 개인의 적응수준도 함께 평가하고 그 자료를 참고해야 한다. 정신장애를 진단할 때 IQ검사 결과가 고려되지 않을 수도 있지만 지적기능장애의 평가에서는 IQ가 반드시 고려되어야 한다. DSM-5를 기초로 한 지능 평가 자료는 개인의 전반적 지능수준을 고려하지 않은 지능평가를 수용하지 않는다.

IQ나 그와 유사한 표준화 검사 결과를 바탕으로 개인의 지능수준을 평가할 때 매우 중요한 정보를 얻을 수 있다. DSM-5에서는 IQ가 70이나 그 이하일 때 특별히 관심을 갖는다. IQ는 새로운 검사를 활용할 때 플라인 효과(Flynn Effect)와 같은 과오를 피할 수 있고 보다 정확한 정보를 얻을 수 있다. 이것은 뉴질랜드의 지능연구자가 최초로 주장한 것으로 그의 주장에 따르면 세대 간의 IQ는 큰 차이가 있다고 한다. 이는 IQ 검사의 표집이 다르고 그에 따라 기준이 크게 달라지기 때문이라고 한다.

지적기능장애의 차별적 진단

지적기능장애는 다른 장애와 엄격하게 구별해야 한다. 지적기능장애는 특정한 유전적 혹은 의학적 장애가 아니다. 지적기능장애와 관련되는 유전적 증후군은 현제 진단과 깊은 관계가 있다. 지적기능장애는 인지장애와 차별화되어야 한다. 지적 기능장애는 신경발달장애로서 이는 신경인지장애와 구분되어야 한다. 지적기능장애는 인지기능 손상과 다르다. 신경인지장애는 지적기능장애와 동시에 발병한다. 이런 경우 두 가지 장애, 즉 지적기능장애와 신경인지장애로 각각 다르게 진단한다.

지적기능장애는 의사소통장애와 특수학습장애로 구분된다. 이 두 가지 신경발달장애는 의사소통과 학습 도메인의 특수한 장애로 지적행동과 적응행동의 결함은 나타나지 않는다. 이들은 지적기능장애와 동시에 일어난다. 이러한 경우 두 가지 진단명을 부치는 것은 크게 잘못된 것은 아니다. 지적기능장애는 자폐증 스펙트럼장애와는 크게 다르다. 자폐증 스펙트럼장애에서는 지적기능장애를 매우 흔하게 볼 수 있다. 자폐증 스펙트럼장애가 사회적 의사소통과 행동의 손상이 있을 때에는 검사 순서를 이해하지 못하기 때문에 검사하기가 매우 어렵다. 자폐증 스펙트럼장애의 지적기능을 평가하는 것은 필수과정이다. 자폐증 스펙트럼장애의 지능은 불안정하기 때문에 발달기간 동안 지속적으로 평가되어야 한다.

지적기능장애 진단을 받은 사람은 또 다른 유사한 정신장애가 따른다. 이것이동시이환현상이다. 지적기능장애에 수반되는 흔한 동시이환현상은 의학적 장애, 기타 여러 가지 장애가 있다. 특히 지적기능장애에서 나타나는 정신장애, 뇌성마비, 간질 등과 같은 장애의 발병률은 정상집단에 비해 3-4배가 더 높다. 동시이환장애의 예후와 결과는 지적기능 장애의 수준에 따라 크게 다르다. 그러므로 이들에 대한 평가는, 정상적 방법에 의존하기 보다는 보다 다양한 방법을 활용하는 것이 바람직하다. 이를 위해 환자의 불안정감, 기분장애, 공격성, 식사문제, 수면문제 여러 생활 장면에서의 적응에 대한 많은 정보를 수집할 필요가 있다.

가장 흔하게 나타나는 정신적 신경발달 장애는 주의력결핍/과잉활동장애, 우울증 /양극성장애, 불안장애, 자폐증 스펙트럼장애, 상동적 운동장애, 충동성 통제장애, 신경인지장애 등이다. 우울증장애는 지적기능장애의 수준에 따라 서로 다르게 나타난다. 환자의 자상행위가 발견되면 철저한 진단검사가 이뤄져야 한다. 지적기능장애가 심할 경우 공격적 행동과 파괴행동이 보다 빈번하게 나타난다. 그들은 주위의 사람을 괴롭히기도 하고 사물을 파괴하기도 한다.

지적기능장애의 유발요인

지적기능장애를 유발하는 원인은 매우 다양하다. 무엇보다도 큰 비중을 차지하는 것은 뇌의 발달손상이다. 출생 전, 분만과정, 혹은 아동기에 경험하는 뇌의 발달 손상은 지적기능장애의 직접적 원인으로 작용한다. 불행하게도 이들 원인 가운데 밝혀진 것은 매우 제한되어 있다. 많은 환자를 검사해보아도 그 원인이 밝혀진 것은 환자의 1/3에 지나지 않는다. 그 원인 발견이 어렵다는 사실을 입증한 셈이다.

지금까지 밝혀진 지적기능장애 원인으로는 다운증후군, 태아 알코올 스펙트럼장애, 취약 X-증후군 정도이다. 지적기능장애를 유발하는 요인으로는 유전적 요인을 들 수 있다. 부모로부터 이어 받은 유전인자의 이상, 유전인자의 잘못된 결합, 임신기간에 발생한 유전인자의 장애, 과도한 X-선 노출 등이 포함된다. 지적기능장애와 관계되는 유전적 질병으로는 단일 유전인자의 장애인 페닐케톤요증(PKU)을 들 수 있다. 이는 엔자임의 결함 때 페닐알라닌으로 불리는 단백질 처리기능이 손상되어 혈액 내에 페닐알라닌이 축적되지 못하게 된다. 이것이 곧 지적기능장애를 유발하는 원인으로 작용한다.

다운증후군은 염색체의 장애 결과로 이것이 지적기능장애의 원인으로 작용한다. 염색체의 장애는 산발성 장애로 이는 염색체가 과다하거나 너무 적을 때 나타나는 증후이다. 염색체의 구조변화가 곧 지적기능장애를 유발하는 원인이 되기도 한다. 취약 X–증후군은 단일 유전인자 장애로 X–염색체에 위치하며 지적기능 장애에 이어지게 된다.

임산부가 임신기간에 경험한 불행한 경험, 임산부의 음주나 복용한 약물은 지적기능장애를 유발하는 주요 원인으로 작용한다. 사실상 알코올복용에 의한 지적기능장애는 예방가능하다. 금주나 절주는 비교적 쉽기 때문이다. 음주에 못지않게 지적기능 장애를 일으키는 것은 흡연이다. 영양실조, 환경적 독소, 임신기간의 산모의 질병 –톡소플라스마증, 거대세포증, 풍진, 매독– 은 지적기능 장애을 유발하는 주요 원인이 된다.

미숙아와 체중미달아 가운데 지적기능장애가 많다. 분만과정에서 산모가 겪는 일시적 산소결핍이나 분만손상도 지적기능장애의 주요 원인이 된다. 출생 전후에 아이가 겪는 바람직하지 못한 생활환경은 지적기능장애의 유발 요인이 된다. 출생 후의 위험한 경험으로는 아동기의 여러 가지 질병, 백일해, 수두, 홍역, 수막염 등은 뇌염을 유발하는데 이는 뇌의 손상으로 이어진다. 납, 환경독소물은 뇌와 신경계통을 손상시키는데 이는 회복이 불가능한 정도로 심한 손상을 준다. 빈곤과 문화적 박탈은 지적기능장애의 주요요인이 된다. 가정의 빈곤은 성장하는 아이들에게 영양실조의 위험요인으로 작용한다. 아동의 질병은 그의 건강을 위협한다. 이 요인은 지적기능장애의 위험률을 크게 상승시키는 결과를 가져온다. 열악한 환경에서 생활하는 아이들은 바람직한 문화적 교육적 혜택을 받지 못한다. 열악한 환경에서 성장하는 아이들은 문화적 자극을 받을 기회를 많이 가지지 못하는데 이것이 곧 그들의 지적기능 장애로 이어진다.

지적기능장애의 치료

지적기능장애는 어디까지나 장애이지 질병은 아니다. 지적기능장애는 정신분열증이나 우울증과는 전혀 다르다. 현제 우리에게는 이 장애를 완치시킬 수 있는 기술이 없다. 지금 우리들은 그를 도와 자립할 수 있는 기술을 학습시킬 수 있을 뿐이다. 이것은 일반의학에서 쓰는 치료와 같은 의미를 갖는다. 우리는 지적기능장애의 치료를 앞세운 치료기관의 간판을 흔하게 볼 수 있다. 이는 발달장애자에게 자립할 수 있는 기술을 습득시키는 기관에 불과하다. 이러한 기관은 국가에서 경영하기도 하고, 영리를 목적으로, 혹은 비영리를 목적으로 개인이 운영하기도 한다. 이러한 기관은 대개가 입주시설로서 재활프로그램에 의지하고 있다. 이들이 할 수 있는 일은 개인이 독자적으로 자기 일을 수행할 수 있게 기술을 익혀주는 것뿐이다. 보다 더 나은 기관에서는 장애자는 물론 장애자의 부모가 동일한 프로그램을 수행하기도 한다.

아직 지적기능장애의 치료를 위해 특수한 약제도 개발된 것이 없다. 그럼에도 불구하고 발달지체를 겪고 있는 자폐증 아동에게 항정신제 혹은 기분안정제가 행동교정을 위해 널리 처방되고 있다. 일반 의료기관에서는 지적기능 장애에게 벤조디아제핀을 투여하여 그들의 각성수준을 낮추기 위해 처방되고 있다. 이것 때문에 심리학자와 정신의학자들이 오진한 경우가 많다. 지적기능장애에 따른 여러 가지 정신의학적 심리학적 문제를 치료하지 않고 방치했을 때에는 의사소통의 장애, 사회적 기술 습득의 장애, 그리고 유전적 이상을 일으킨다. 이를 방지하기 위해서 지적기능장애에 수반되는 심리적 사회적 문제의 원인을 밝혀 효과적으로 치료하는 것은 무엇보다도 중요하다(Lovas & Simmons, 1969).

Matson et al., (2008)은 지적기능 장애의 문제를 분석하고 치료하는 데 근거중심의 진료기법을 도입하였다. 이 진료 효과는 Chambles & Hollon(1998)의 판단기준에 따라 적어도 독자적으로 두 개의 무작위통제치료여부, 소수의 피험자를 사용한 실험연구는 세 개 이상의 실험여부에 따라 평가한다. 이 연구에서 적어도 두 사람의 연구자가 독자적으로 실험하고 적어도 아홉 명 이상의 피험자가 참가하였을 때 효과적인 치료로 인정받는다. 만일 치료 효과를 지지하는 연구가 적거나 한 팀의 연구자만에 의해서 연구가 수행되었을 때에는 효과가 있을 수도 있다. 이 규준에 맞지 않을 때 효과적 치료로 인정받을 수 없다.

제11장

주의력결핍장애/과잉활동증장애

주의력결핍장애/과잉활동증장애

주의력결핍장애/과잉활동증장애는 아동과 성인에서 나타나는 발달장애로서 행동제지 기능이 떨어지고, 지속적인 주의집중이 어렵고, 자신의 주어진 사태에 알맞게 행동하지 못한다. 주의력결핍장애/과잉활동증장애의 개념은 1798년 Sir Alexander Crichton(1763-1856)의 저서『정신적 발광의 본질과 근원 연구』(*An Inquiry into the Nature and Origin of Mental Derangement*)에 처음으로 학계에 소개되었다. '정신적 불안정성'이라는 용어로 시작된 주의력결핍장애/과잉활동증장애는 1902년 George Still(1868-1941)이 최초로 사용하였다. 이 용어는 최소뇌기능장애(1952년, DSM-Ⅰ), 아동기 과잉활동증(1968년 DSM-Ⅱ), 그리고 주의력결핍장애(1980년 DSM-Ⅲ)를 거쳐 주의력결핍장애/과잉활동증장애(1997년 DSM-Ⅲ-R)로 고착되었다. 1994년 DSM-Ⅳ에서는 주의력결핍장애/과잉활동증장애는 주의결손형,과잉충동형,결합형으로 구분 되었다. 2013년 판 DSM-5에서는 이 유형이 모두 수용되고 있을 뿐만 아니라 1930년대에 사용되었든 최소뇌손상이라는 용어도 포함되고 있다.

주의력결핍장애/과잉활동증장애의 주요 증후 및 행동특성

주의력결핍장애/과잉활동증장애는 특정한 대상에 대해 일관된 주의집중이 어렵다. 또 이들은 특정 과제에 지속적으로 주의를 집중하지 못한다. 특히 장기간 계속해야 할 일이나 어렵게 느끼는 일에 대해서는 지속적 주의 집중이 어렵다. 학생들의 경우 교실에서는 주의력기능 손상이 현저하게 나타난다. 독자적으로는 과제수행이 어렵고, 수업시간에 수행해야 할 과제를 독자적으로 처리하지 못한다. 친구들과 놀이를 하는 것도 특이하다. 시작한 놀이를 끝까지 지속하지 못하고 중도에서 포기하고 다른 친구들과 새로 놀이를 시작한다. 하지만 그것도 오래 지속하지 못한다. 주의력결핍장애/과잉활동증장애는 기억력이 떨어져 빈번히 물건을 잃어버린다. 과제도 혼자서는 완벽하게 해내지 못한다. 과잉활동증은 없으나 주의력결핍장애와 충동성장애가 있는 경우, 생각하는 것이 느리고 선택적 주의기능에 큰 결함이 있다(Barkley, 2003).

과잉활동증과 충동성은 ADHD와 동일차원으로 간주한다. 왜냐하면 거의 동시에 그 증후가 나타나기 때문이다. 이 장애의 과잉활동성 충동성 차원은 행동탈제지현상으로 개념화시키는 것이 보통이다. 과잉활동증은 항상 안절부절 못하고, 불안하고, 말이 많고, 신체적 활동이 과하다. 충동적으로 남을 건드리고, 대화과정에서도 자기 차례를 기다리지 못하고 생각 없이 행동한다. 개인의 과잉활동적-충동성의 특성은 다른 사람의 눈에 잘 띈다. 아이들을 돌보는 보모의 눈에는 그들은 분별없고, 책임감이 없고, 버릇이 없고, 미숙하다는 것이 잘 띈다(APA, 2000).

ADHD에는 주 증후 외에 다른 정신의학적 장애가 수반된다. 최근의 조사에서 ADHD 아동과 청소년의 80% 이상이 하나 이상의 동시이환장애로 고통을 받고 있다고 한다(Biederman et al., 2010). 가장 빈번하게 나타나는 ADHD의 동시이환장애는 외현적 행동장애이다. ADHD로 진단된 아이들의 1/2은 반항적 행동장애 혹은 행위장애로 진단된다. 반항적 행동장애는 일탈행동이 심하고, 규칙을 지키지 않고, 명령에 순종하지 않고, 자신의 행동에 책임을 지지 않는다. 행위장애는 반항적 행위장애의 정도가 더 공격적이고 파괴적이고 도벽이 심하고 자주 거짓말을 한다(APA, 2000). ADHD에서 내면화장애가 동시에 발병하는 경우도 많다. ADHD의 약 30%는 불안장애, 25%는 기분장애로 진단 분류된다(Biederman, 2005). ADHD-P1에서는 불안을 수반하지 않은 ADHD에 비해 불안장애는 충동성의 위험을 경감시킨다. ADHD는 빈번히 거절감과 실패감을 경험한다. 이것이 흔히 ADHD의 동시이환장애에 의한 증후로 나타날 수 있다. ADHD는 학습장애, 수면장애 등과 같은 장애도 흔하게 받는다.

ADHD는 아동기에 발병하여 성인기까지 지속되는 만성적 질병의 하나이다. 과잉활동증과 충동성의 증후는 학령전기, 대개 3-4세에 나타난다. 다만 주의기능의 장애는 이보다 약간 늦게, 즉 5-6세에 발병한다. 일반적으로 ADHD-P1은 ADHD-C보다 약간 늦게 발병하는 경향이 있고 8세 이후에 발병하는 일은 드물다. 대부분의 ADHD는 16세 이전에 발병한다(Barkley, 2003). 청소년기에 가면 과잉활동증의 증후는 쇠퇴하기 시작한다. 이때 근육운동과 같은 외현적 행동보다는 안정감의 상실과 같은 내현적 행동이 두드러지게 나타난다. 이때 연구자나 양호자는 상태가 호전되는 것으로 잘못 생각하는 수도 있다. 실제 과잉활동증이 줄어드는 것은 사실이나 주의력결핍과 같은 증후는 경감되지 않는다.

ADHD증후의 경감 양상은 남성과 여성이 크게 다르지 않다. ADHD 아동에 대한 계기적 연구결과를 보면 피험자의 78%에서 나타나는 증후는 성인에서 나타나는 증후와 크게 다르지 않다는 것을 알 수 있다(Biederman et al., 2010). ADHD 성인에서는 기분장애, 불안장애, 약물사용장애와 같은 내현적 장애 뿐만 아니라 거식증, 뜨레트 증후군과 같은 외현적 증후가 평생 동안 지속된다. ADHD 성인의 경우 50%가 불안장애를 동시에 경험한다.

ADHD의 행동특성은 여러 가지로 표출된다. 사회적 측면에서 보면 ADHD는 가족이나 동료관계가 원만하지 못하다. 그들은 일상생활에서 부모와 심한 갈등을 느낀다. 부모의 자녀 교육은 엄격하고 일관성이 없다. 자녀의 부모에 대한 태도는 적개심이 강하다. 이와 같은 생활은 부모와 자녀관계가 심하게 벌어져 모든 면에서 부정적인 상호관계로 변한다.

ADHD는 같은 나이 또래의 아이들보다 자기의 형제자매에게 보다 심한 갈등을 느낀다. 이러한 갈등은 외현성 행동문제로 뚜렷하게 나타난다. 파괴적 행동이 동시에 수반되게 되면 그의 갈등 수준은 더 높아진다. ADHD는 다른 아동보다 자신의 형제와 보다 사이가 보다 가깝다고 느끼지 못하게 되면 동시에 나타는 외현적 혹은 내현적 장애에서도 온정감이나 친근성 같은 것은 느끼지 못한다(Mikami & Pfiffner, 2008).

ADHD의 특성은 심한 사회적 기능결함으로 나타나기도 하고 친구 관계에서도 쉽게 나타나기도 한다. 이 아이들의 대부분(70%)은 친구관계에서도 심한 문제를 야기한다. 나이가 어린 ADHD는 게임할 때 차례를 기다리기 어렵고 게임 규칙을 준수하기가 쉽지 않다. 특히 ADHD-C는 대인관계가 충동적이고 파괴적인 경향이 있다(Wehmeir et al., 2010). 이와는 대조적으로 ADHD-P1은 때때로 심하게 수줍어하고, 피동적으로 행동하고, 사람과 어울리지 못하고 회피하는 경향이 있다. 이와 같은 사회적 기능의 결함 때문에 다른 사람과 쉽게 어울리지 못하고 때때로 심하게 거절당한 것과 같은 감정을 갖는 일이 많고 다른 친구들과 잘 어울리지 못한다. 반항적 장애 혹은 행위장애는 보다 심한 장애를 일으키고 심한 사회적 문제를 동시에 야기시킨다. 이들은 대인관계가 원만하지 못하고 청년기에 가면 심한 싸움쟁이로 발전하기 쉽다. 이들에 대한 치료를 위해 정신자극제 치료를 하기도 하지만 긍정적 효과는 기대하기 어렵다. 다만 그 정도를 완화시킬 수 있을 뿐이다.

ADHD는 수학환경을 가장 싫어한다. 학교생활에의 적응이 어렵다. ADHD 증후가 갑작스럽게 나타나는 곳이 곧 학교이다. 그들의 학업능력은 매우 낮다. 학업성취 수준을 검사해 보면 또래의 성적보다 크게 떨어진다(Dupaul & Stone, 2003). ADHD는 과제수행은 물론 새로운 계획을 세우는 것이 매우 어렵다. 이들의 과잉활동증과 충동성의 수준은 매우 높다. 교실에서는 교사의 승낙을 받지 않고 자리를 떠나 돌아다니기도 하고, 큰소리를 지른다. 빈번하게 규칙을 위반한다. 그는 벌을 받게 되고 그로 인해 다른 친구들과 좋은 관계를 유지하지 못하게 된다.

ADHD 아동이나 청소년은 매일 심한 좌절감을 경험하고 주위 사람들로부터 심한 비판을 받는다. 그것이 누적되면 성공보다는 실패를 보다 더 많이 경험하게 될 것이라는 예기감을 갖게 되고 결과적으로는 학습을 통해 얻어진 무기력감의 수준이 높아진다(Wehmeier et al., 2010). 이들은 왜곡된 자기지작 때문에 자신의 능력을 지나치게 과소평가한다. 부정적 사회적 의사소통의 특성도 뚜렷하게 나타난다. 행동제지기능이 쇠퇴된 ADHD는 자신의 정서통제가 불가능해져 스트레스 사태에 직면하였을 때에는 극단적인 정서반응을 한다.

주의력결핍장애/과잉활동증장애의 평가

ADHD의 특성 평가를 위해 여러가지 방법을 쓴다. 환자의 행동을 관찰하기도 하고 약물을 투여하기도 한다. 증후 평가를 위해 정신측정학적 측정도구를 활용하기도 한다. 이 척도 자체는 기술적으로 문제가 없는 것은 아니지만 ADHD에 대한 진단자가 기대하는 중요한 많은 정보를 제공하지 못한다. 같은 목적으로 부모의 평가자료도 수집하지만 그것은 편향될 가능성이 높다. 왜냐하면 ADHD 아동의 어머니는 우울증 성향이 높아서 그것이 평가결과에 영향을 줄수 있기 때문이다(Chi & Hinshaw, 2002). 우울증 편향의 특성은 교사나 다른 평가자의 평가 결과에도 크게 작용한다.

ADHD의 초기 감별을 위해서 구조면접을 갖는다. 그러나 그것은 반복측정이 요구되거나 특정한 도메인의 기능저하 상태를 검사하는 데에는 큰 도움이 되지 못한다. 구조면접자에게는 상당한 임상 경험과 양육 경험이 필요하다. 구조면접의 임상적 활용에는 많은 경제적 부담이 뒷받침되어야 한다. 이와 같은 단점을 보다 효과적으로 극복하기 위해 컴퓨터를 활용하기도 하지만 그것은 임상적 특성을 훼손하는 결점이 따른다. 이와 같은 결함이 있음에도 불구하고 구조면접 기술은 정신의학자와 심리학자는 그것을 선호한다. 아동의 기능장애나 전체적 기능을 평가를 한다. 이는 실시하기가 쉽고, 결과를 보다 쉽게 얻을 수 있는 장점이 있다. 기능손상에 대한 중다 차원적 평가는 주요 도메인의 기능을 전체적으로 평가하는 데 도움이 된다.

관찰을 통한 측정은 치료효과를 평가하는 글로벌 표준으로 꼽힌다. 그만큼 유용하게 사용될 뿐만 아리 그 효과도 믿음직한 것으로 평가되고 있다. 그런가 하면 관찰을 바탕으로 한 측정법에는 그에 따른 단점도 많이 있다. 우선 비용이 많이 들고, 관찰자는 특정한 교육을 받을 필요가 있다. 이는 필요에 따라서 중다평가가 필요하다. 한번, 혹은 극히 제한된 관찰결과로는 소기의 결과를 얻을 수 없을 때가 있을 때에는 관찰과 측정을 반복할 필요가 있다. 시간을 달리해서 관찰할 필요도 있고, 동일한 상황에서 여러 사람이 평가할 필요가 있는 경우가 임상장면에서는 흔히 있다.

아동의 공격적 행동장애에 대한 연구나 치료를 위한 관찰은 매우 중요하다. 이를 통해 수집된 자료의 임상적 유용성도 동시에 생각해야 한다. 비용 문제도 깊이 생각해야 한다. 집단면접이나 행동관찰은 실용적으로 널리 사용하는 것이 불가능하다. 이런 단점을 보완한 것이 펠남 척도이다. 이는 매우 간단한 행동 관찰결과를 기초로 해서 손상행동을 개념화하는데 큰 도움이 된다. 다른 한 편 손상된 기능의 도메인 특성을 평가하기도 한다. 이는 다른 측정방법이 적용될 수 없는 많은 영역의 자료를 수집할 수 있다. 이들의 척도는 다른 평가척도와는 다르다. 개인의 행동특성은 평가자가 직접 관찰하고 기술 할 수 있다. 치료자는 환자의 부모 평가 자료에 전적으로 의지하지 않는다. 특정한 아동의 특별한 행동을 지속적으로 관찰 할 수도 있다. 시간과 장소가 문제되지 않기 때문에 주로 기저율이 낮은 기능장애의 관찰에 크게 도움이 된다.

ADHD의 효과적 측정방법은 여러 가지가 있다. 교사나 부모의 평가자료는 보다 신빙성이 높고 유용하다. *Atkins*의 평가척도는 유용성이 매우 높다. 그 평가척도에는 ADHD를 매우 간편하게, 그리고 경제적으로 선별할 수 있다는 장점이 있다. 더 나아가서 이들 측정방법은 치료 장면에도 간편하면서도 많은 비용을 요하지 않는다. 이런 점이 전통적으로 사용되는 평가방법과 크게 대조를 이룬다. 이러한 측정 방법은 진단에 소요되는 시간이 절약되기 때문에 그것이 치료를 위해 활용할 수 있다. 일단 진단명이 결정되고 나면 임상가나 치료자는 여러 가지 임상활동을 수행한다. 환자의 저하된 기능을 찾아낸다. 도메인 내에서 목표 행동을 조작적으로 정의한다. 선행사건에 대해 함수분석을 실시한다. 이와 같은 방법은 DSM-Ⅳ의 진단체계에 신경을 쓰기 보다는 저하된 기능에 대한 함수관계분석에 역점을 둔다.

ADHD의 평가는 미국 아동 및 청소년 정신의학회(American Academy of Child and Adolescent Psychiatry, AACAP), 미국 정신의학회(American Psychiatric Association, APA)가 정한 규정에 따른다. 여기에는 측정기술을 뒷받침할 이론체계를 다룬 중요한 문헌도 함께 소개되어 있다. 여기에 소개된 측정도구는 아동과 청소년의 인위적 환경보다는 자연적 환경에서 야기되는 것들이 큰 비중을 차지하고 있다. 아울러 이 척도는 ADHD의 증후를 중심으로 평가한 결과가 기본이지만 그와 관련된 기능손상의 특성도 측정할 수 있다. ADHD의 공격적 행동, 행위장애, 과잉활동의 특성에 대한 소중한 자료는 부모와 교사의 관찰 자료에서 얻을 수 있다. 이는 특별한 관찰기술 습득을 위한 훈련은 요하지 않는다. 이 관찰체계는 ADHD의 행동특성 뿐만 아니라 치료효과에 대한 정보도 함께 습집할 수 있는 특성이 있다.

주의력결핍장애/과잉활동증장애의 진단기준과 하위유형

ADHD의 진단은 DSM-5에 제시된 기준에 따른다. 이 기준은 주의력결핍, 과잉활동증-충동성, 혹은 양자의 증후치료를 바탕으로 작성되었다. 이 진단기준 및 하위 유목은 〈표 11-1〉과 같다.

ADHD의 특성은 인구학적 변인과 밀접한 관계가 있다. 미국의 통계를 보면 ADHD로 진단된 아동은 500만 명이다(CDC, 2005). 보다 충격적인 사실도 있다. 미국 초등학교의 한 교실에는 보통 1-2명의 ADHD가 있다(APA, 2000). 가장 일반적인 진단 유형은 ADHD-C로 ADHD의 50-75%가 이 유형으로 진단된다. 20-30%는 ADHD-P1로 진단되며, ADHD-PH1로 진단되는 것은 15%도 되지 않는다. ADHD-PH1 유형은 ADHD-C의 전조로 그 빈도는 그렇게 높지 않다. ADHD의 발병성별비율에는 큰 차이가 있다. 소년의 ADHD 비율은 소녀의 ADHD 비율보다 2-9배나 더 높다(APA, 2000). 남성에는 ADHD-C형이 많고 거기에는 파괴적 행동장애가 수반된다. 이와는 달리 여성은 ADHD-P1형이 많고 거기에는 내면화 장애가 수반된다. ADHD-P1형 증후와 정서적 장애

<표11-1> 주의력결핍장애/과잉활동증장애의 진단기준

I. A 혹은 B

A. 아래와 같은 주의기능장애증후에서 6개 이상의 증후가 적어도 6개월 이상 지속 되거나 부적절한 발달증후가 나타난다.

주의기능장애

1. 때때로 세밀한 일에 주의를 집중하지 못한다. 학업, 일, 활동을 할 때 실수를 한다.
2. 때때로 과제나 유희에 정신을 집중하기가 어렵다.
3. 때때로 말을 잘 듣지 못하는 것 같이 보인다.
4. 지시나 학교 수업을 수행하지 못한다.
5. 때때로 활동을 조절하기가 어렵다.
6. 때때로 장시간 주의 집중이 요구되는 일이나 하기 싫은 일은 기피한다.
7. 필요한 물건을 잃어버리기도 하고 수행 할 일을 완수하지 못하는 수가 있다.
8. 쉽게 주의가 산만해진다.
9. 수행할 일상활동을 잊어버린다.

B. 6개 이상의 과잉활동증과 충동성 행동증후가 적어도 6개월 이상 지속된다. 발달 수준에 맞지 않는 파괴적 행동을 한다.

과잉활동증

1. 때때로 일정시간 앉아 있게 되면 손과 얼굴을 부비며 안절부절하지 못한다.
2. 때때로 일정한 시간이 지나면 자리를 떠난다.
3. 때때로 앉아 있기 거북하다고 느끼는 자리에 앉아 있게 되면 자리를 떠난다.
4. 때때로 여가활동을 즐기기가 어렵다.
5. 쫓기듯이 행동한다.
6. 때때로 지나치게 말을 많이 한다.

충동성

7. 때때로 문제가 해결되기 전에 답을 내놓는다.
8. 자기차례를 기다리기가 힘들다.
9. 때때로 남을 괴롭힌다.

II. 7세 이전에 쇠퇴증후가 나타난다.

III. 학교나 가정에서 쇠퇴증후가 나타난다.

IV. 사회생활이나 학교생활에서 임상적으로 의미 있는 증후가 나타난다.

V. 만연된 발달장애, 정신분열증, 혹은 기타 정신병적 장애를 앓고 있는 동안에는 이 증후가 나타나지 않는다. 이들 증후는 기분장애, 해리성장애 혹은 성격장애와는 크게 다르다.

- IA-ADHD. 혼합형 : IA, IB 두 기준이 과거 6개월 동안 일어났을 때
- IB-ADHD. 우세한 주의기능장애형:과거 6개월간 IA 기준에는 적합하나 IB 기준에는 맞지 않는다.
- IC-ADHD. 우세한 활동과잉증–충동형 : 과거 6개월 동안 IB 기준에는 부합되나 IA 기준에는 적합하지 않는다.
- 주의 : 기능장애와 과잉활동증의 특성에 따라 진단명이 달라진다. 주의력결핍증후/과잉활동증의 증후가 뚜렷할 때에는 ADHD-C형, 주의기능장애의 증후는 뚜렷하나 과잉활동증적 충동성 특징이 뚜렷하지 않거나 그것이 결여되었을 때에는 ADHD-P1형, 그리고 과잉활동증적-충동성은 뚜렷하나 주의기능장애가 없을 때에는 ADHD-PH1형으로 서로 다르게 진단한다.

는 눈에 잘 뜨이지 않기 때문에 치료의 기회를 놓치기 쉽다(Biederman, 2005).

ADHD는 사회적 경제적 조건과 무관하게, 그리고 비교적 빈번하게 발생하는 아동의 장애이다. 다만 그 발생빈도와 증후는 성별, 연령, 그리고 인종에 따라 크게 다르다. 세계적 발생빈도는 전체 인구의 3-8%로 추산하지만 이는 문화적으로 다른 진단기준 및 연구방법의 차이에 기인한 것으로 볼 수 있다(Biederman, 2005). 최근 미국에서 수행한 연구에서 ADHD 발병위험율은 인종간의 차가 크다는 사실이 밝혀졌다. 라틴아메리카계 미국인의 ADHD 발병위험율은 아프리카계 미국인의 ADHD 발병 위험률보다 낮다. 반대되는 자료도 있지만 그것을 통계적으로 의미가 있는 것은 아니다.

사회경제적 수준도 ADHD의 발병위험율과 깊은 관계가 있다. 사회경제적 수준이 낮을수록 ADHD의 발병위험률은 높다. 대부분의 ADHD의 부모도 ADHD이다. 이들의 교육수준은 낮고 직업생활에 더 심한 어려움을 겪는다. 2003년에 실시된 아동건강상태에 대한 조사 결과를 보면 많은 교육을 받지 못한 부모에서 태어난 아이들보다 고등학교 교육을 받은 부모에서 태어난 아이들 가운데 ADHD 발병빈도가 높다(CDC, 2005). 소수민족의 아이들과 보험혜택이 없는 아이들은 의료보험혜택을 받아 치료를 받는 아이들에 비해 ADHD 발병위험률이 훨씬 낮다. ADHD의 발병위험률은 나이가 많아질수록 높다. 9세 이상의 아이에서 나타난 ADHD 발병위험률은 그보다 나이가 어린 아이에서의 발병위험률보다 낮다(CDC, 2005).

과잉활동증장애의 치료

ADHD는 약물학적 방법으로 치료되기도 하고 행동주의 심리학적 방법으로 치료되기도 한다. 이 가운데 경험적 자료에 의해 그 타당성이 검증된 것은 정신자극제를 사용하는 방법과 행동강화법이다. ADHD의 치료기술로 그 타당성이 입증된 것은 정신자극제법이다. 이는 강화관리법과 함께 매우 광범위하게 사용된다. ADHD 치료를 위해 처방되는 향정신제는 중추신경계통을 자극하기 위한 수단으로 사용된다. 치료효과는 매우 좋아 ADHD의 치료의 황금치료표준으로 인정받고 있다. 단기간의 정신자극제 투여는 ADHD의 주의기능 손상, 과잉활동증, 충동성을 물론 그와 관련되는 공격성이 매우 효과적으로 치료된다. 정신자극제 치료를 받은 환자의 약 80%는 증후가 호전된다.

정신자극제가 모든 문제의 치료에 효과가 있는 것은 아니다. 환자-부모의 관계 사회적 기술, 친구와의 관계, 학교성적의 향상에는 크게 도움이 되지 않는다. 이러한 제한점을 극복하기 위해 개발된 것이 심리사회적 간여기술이다. 이는 독립적으로 사용되기도 하고 정신자극제와 병행하기도 한다(Biederman, 2005 ; Pelham & Fabiano, 2008).

ADHD 치료를 위해 흔하게 사용되는 것이 행동수정의 기술이다. 이는 보상체계를 활용한다. 부모나 교사에게 행동주의 심리학적 기술을 훈련시켜 그들로 하여금 치료에 참여하게 한다. 치료를 위해 부모나 교사는 바람직한 행동과 바람직하지 못한 행동에 보상과 벌을 어떻게 활용할 것인가. 그 방법과 이론을 체계적으로 학습할 필요가 있다. 이와는 달리 임상가는 직접 아동의 보상 관리에 관심을 갖는 경우도 있다. 바람직한 행동 형성을 위해 행동형성법을 활용하기도 한다.

행동수정의 기술은 과잉활동증후와 주의력기능장애의 증후 치료를 위해 연구 개발되었다. 초기 연구자들은 ADHD를 잘못된 학습 결과나 혹은 잘못된 사회적 보상 결과라고 생각하였다. 즉 이들이 곧 ADHD의 주요 요인으로 작용했을 것이라는 점을 바탕으로 그것을 교정하는 데 일차적 관심을 두었다. 그러므로 이를 교정하는 것이 곧 치료의 목적이라고 생각하였다. 이를 위해 부모나 교사를 훈련시키는 것이 중요하다는 점을 강조하였다. 사회적 학습이 ADHD에서 오는 증후와 밀접한 관계가 있는 것은 아니지만 부모나 교사의 훈련에서는 중요한 인과관계를 갖는다고 생각하고 그것을 조정하는 데 역점을 두었다.

강화는 바람직한 행동을 촉진시킨다. 학생이 자신의 행동에 대한 강화를 받게 되면 교사의 명령에 순종하고 학교의 숙제도 매우 성공적으로 수행한다. 이때 강화의 수단으로 토큰을 사용하거나 점수제를 사용한다. 벌은 공격적 행동과 같이 부정적 행동을 경감시키는 데 흔히 사용된다. 아동들에게 효과적인 벌이 곧 타임-아웃제도이다. 부모와 교사는 학교와 같이 자연 환경에서 오퍼런트 조건화의 기술 훈련을 받는다. 행동관리의 기술에 의해 신경학적 장애는 만족하게 치료하는 것은 불가능하다.

부모훈련은 ADHD 치료에 매우 일반적으로 활용되는 기술이다. 이는 반항적 일탈행동치료에는 물론 그에 따른 ADHD와 같은 동시이환현상 치료에 큰 도움이 된다. 부모 훈련 프로그램은 건강전문가의 책임 하에 수행되어야 한다. 실제 치료는 집단을 대상으로 실시할 수도 있고 개별적으로 실시할 수도 있다. 교육 받은 부모는 가정에 돌아가서 배운 것을 응용해서 실제 치료에 임할 수도 있다. ADHD에 대한 교육에서 시작하여 행동문제, 기본학습원리도 폭넓게 수행한다. 치료자는 부모로 하여금 매일 특정한 시간에 보람 있는 시간을 갖게 교육시킨다. 효과적인 치료를 위해서는 적절한 강화가 필요하다. 아이들이 보다 잘 복종하고, 또 독자적으로 과제를 수행할 수 있게 하기 위해 그에 대한 주의를 기울이는 것이 강화의 수단이 될 수 있다. ADHD에게 보다 중요한 것은 순종하고 복종하는 태도를 가지게 훈련시키는 것이다. 개인의 목표행동을 증대시키기 위해 적절한 타임-아웃 법을 병행하는 것이 효과적이다. 교사와 부모가 공동으로 작성한 기록카드는 아동의 학교생활에 순종하게 습관을 드리는 데 매우 큰 도움을 준다.

ADHD치료는 개인의 연구와 치료만으로는 큰 효과를 얻을 수 없다. 범정부 차원 혹은 보다 체계적인 조직을 가진 기관이 주동되어 이뤄져야 한다. ADHD의 치료에 필요한 정신 약물학적 치료를 위해 필요한 정신자극제를 강력하게 추천하고 있다. 물론 이 약물들은 국가 기관의 승인을 받은 것들이어야 한다. 부모교육훈련과 행동주의 심리학적 교실관리기술 등을 포함한 행동 치료가 가벼운 ADHD 치료를 위해 광범위하게 권장되고 있다. 국가기관이 승인한 정신자극제에 의해 치료효과가 나타나지 않을 때에는 행동치료로 대치할 수도 있다. 영국 정부는 주의결핍장애/과잉행동증장애 치료를 위해 가이드라인을 제시하였다(NICE, 2009). 이 가이드라인에는 아동과 청소년의 ADHD 치료를 위한 행동치료의 기술이 자세히 소개되어 있다. 부모를 위한 집단치료 프로그램도 개발되었다. 이는 학령기 아동의 ADHD 치료에 일차적으로 사용될 수 있게 구성되었다. 증후의 정도가 중간 정도이고 기능 쇠퇴의 정도가 심하지 않는 학령기 아동과 청소년의 치료를 위해 부모 훈련 프로그램과 행동치료 프로그램을 병행 사용하기도 한다. 이치료법의 효과가 나타나지 않을 때에는 명상법을 도입하기도 한다. 주의결핍장애/과잉활동증장애의 정도가 심한 경우에는 정신자극제 치료에, 부모 훈련 행동관리와 같은 방법을 병행하는 것이 바람직하다.

제12장

행위장애

행위장애

폭력, 방화, 도둑질, 가출, 그리고 무책임한 행동으로 주위 사람들을 괴롭힌다. 이것이 행위장애의 일부 특성이다. 그들은 다른 사람의 권리를 침해하기도 하고 빈번하게 나이에 어울리지 않은 행동을 하기도 한다. 행위장애의 진단은 미국 정신의학회의 DSM-5(APA,2013)의 분류체계에 따른다. 진단기준은 네 가지 행동 유형을 15개 문항을 써서 평가할 수 있게 구성되어 있다. 네 가지 행동 유형과 그를 측정하는 문항은 아래와 같다.

<표 12-1> 행위장애의 진단기준

1. 공격성

빈번하게 싸움질을 한다. 협박을 자주한다. 약자를 못 살게 한다. 자주 싸움을 건다. 싸울 때 위험한 무기를 사용한다. 사람들에게 잔인하다. 동물에게 잔인하다. 물건을 훔친다. 성행동을 강요한다.

2. 재산파괴

다른 사람에게 손해를 끼치기 위해 방화한다. 고의적으로 남의 재산을 파괴한다.

3. 도둑질・사기

가정, 빌딩, 차에 칩입한다. 책임 회피를 위해 거짓말을 한다. 값나가는 물건을 훔친다.

4. 법률위반

부모의 제지에도 불구하고 밤늦게 외출한다(13세 이전에 시작한다). 밤중에 집을 나가 방황한다. 상당기간 집에 돌아오지 않는다. 빈번히 결석한다(13세 이전에 시작한다).

위의 네 가지 증후 가운데 적어도 세 가지 증후가 현저하게 나타날 때, 지난 6개월간 적어도 1개 증후가 현저하게 나타날 때 행위장애로 진단한다. 위에 제시된 진단기준은 어느 것이나 동일한 비중을 갖는다. 즉 밤중에 집을 나가 방황하는 것이나 성행위를 강요하는 것을 동일하게 취급한다. DSM-Ⅳ는 발병연령에 따라 장애를 아동기 발병형과 성인기 발병형으로 구분하고 있다. 장애는 10세 이전에 한 가지 증후가 분명히 나타나야 하는 전제조건이 따른다.

행위장애의 특성은 공격적 행동으로 나타난다. 약자를 괴롭히고 잔인하게 행동한다. 연상자의 말에 순종하지 않는다. 거짓말을 잘하고 가출하는 일이 많아 자신의 행동에 대해 죄책감을 느끼지 않는다. 행위장애의 특성은 갑작스럽게 나타나는 것이 아니고 오랜 기간을 두고 서서히 진전되어 심각한 위험 수준에 이른다. 행위장애의 중요 요인은 바람직하지 못한 태도와 가정환경이다. 부모의 냉엄하고 강압적 양육 태도는 행위장애의 유발요인이다. 이와 같은 증후는 절대적인 것이 아니다. 수많은 요인들이 알려져 있지 않을 뿐이다.

행위장애는 사회적 규범을 어기고 직장이나 학업문제 때문에 사회적 문제를 야기한다. 행위장애는 반항적 일탈행위의 전조로 생각할 수도 있다. 행위장애아동이나 성인에서는 여러 가지 부정적 행동 특성이 나타난다. 빈번하게 사람이나 동물들을 공격한다. 물건을 파괴한다. 도둑질을 한다. 주요 규칙을 위반한다. 공격성의 특성은 약한 사람을 못살게 군다. 협박을 한다. 자주 싸움질을 한다. 위험한 무기를 사용한다. 다른 사람에게 신체적으로 무자비하게 군다. 동물을 학대한다. 감시가 있는데도 물건을 훔친다. 다른 사람에게 다양한 행동으로 성행위를 강요한다.

재물의 파괴는 두 가지 기준에 의해서 진단한다. 다른 사람을 해치기 위해 불을 지르고 재물을 파손한다. 이러한 행동은 고의적으로 이뤄진다. 다른 사람의 가옥, 빌딩, 혹은 자동차를 파괴하고 책임 회피를 위해 거짓말을 한다. 감시자의 눈을 피해 값진 물건을 훔친다. 규범 위반 행위장애는 부모의 제지에도 불구하고 밤에 외출하는 것(13세 이전에 시작된다) 일주에 두 번 정도는 밤에 외출하고 집에 돌아오지 않는다. 그리고 빈번한 결석(13세 이전에 시작)을 하는 행동으로 나타난다.

행위장애에는 우울증과 불안과 같은 다른 적응 문제가 따른다. 이것이 곧 대표적인 동시이환장애이다. 행위장애는 그 자체가 질병일 수도 있고 주의력결핍장애에서 오는 충동성의 결과일 수도 있다. 또 사회적 인지기능의 결함이 행위장애를 유발하기도 한다. 이는 친구를 멀리하는 적응문제로 이어지는 동시이환현상으로 이어지기도 한다. 어떤 이유에서 유발된 것이든 아동과 성인의 성격장애를 이해하고 성공적으로 치료하기 위해서는 그에 수반되는 동시이환현상을 이해할 필요가 있다.

ADHD는 아동과 청소년의 성격장애에 수반되는 가장 일반적인 동시이환현상 가운데 하나이다. 대부분의 경우 ADHD는 행위장애의 증후가 나타나기 전에 나타난다. 메타분석에서도 청소년 행위장애의 36%, 행위장애소녀의 57%에는 ADHD와 같은 동시이환장애가 수반된다는 사실이 밝혀진 바가 있다. ADHD(충동성, 행동과잉증)는 행위장애의 발달을 촉진시킨다. 특히 소년에서 그 특징이 두드러진다(Burns & Walsh, 2002). ADHD 증후가 나타나는 것은 보다 정도가 심한 행위장애의 발병을 예견할 수 있는 지표이다. 행위장애의 동시이환장애로 나타나는 비율도 상당히 높다. 대부분의 경우 행위장애는 우울증이나 불안보다 앞서 발병하는 것이 보통이다. 하지만 소수의 경우 우울증이나 불안이 행위장애보다 먼저 발병하는 경우도 있다.

행위장애와 우울증의 관계는 일반위험요인에 의해 결정된다. 단순한 인과관계에 의해서 결정되는 것이 아니다. 또 이들의 관계는 성별 차에 따라 다르다. 여자의 비행과 우울증은 서로 밀접한 관계가 있으나 그러한 밀접한 관계를 발견하기가 어렵다. 성격특성과는 상관없이 행위장애와 우울증이 동시에 발병하면 젊은 연령층에서는 자살 위험이 높다. 불안장애와 행위장애의 동시이환율은 여자의 경우가 남성의 경우보다 훨씬 높다. 행위장애와 동시에 발병하는 불안장애는 행위장애만 나타나는 경우 장애의 수준은 그렇게 심하지 않다. 행위장애와 동시에 발병하는 불안장애는 개인에게 큰 손상을 끼치지 않는다. 이와 같이 일관성이 없는 사실에 대한 설명은 연구자에 따라 다르다. 이들의 주장에 따르면 행위장애 아동 가운데 불안 수준이 낮은 아동들은 심한 장애를 받을 수 있고 이들은 자신의 행동결과에 의해 불쾌감을 느끼지 않는다. 이와는 달리 행위장애 아동 가운데 불안 수준이 높은 아이들은 기능 손상과 문제행동 때문에 스트레스를 받게 되는 경우도 있다.

행위장애의 유발요인

행위장애를 유발하는 요인은 매우 다양하며 이들은 서로 상호작용을 통해 장애의 증후를 보다 복잡하게 한다. 무엇보다도 조기의 과잉활동증은 행위장애를 유발하는 큰 위험요인으로 꼽힌다(Loeber & Keenan, 1994). 유아의 신경심리학적 변화는 신경계통에 큰 변화를 일으키는데 이는 곧 아동의 정서적 불안, 과잉활동증, 충동성, 그리고 부정적 정서 유발로 이어진다.

행위장애의 학습기능은 크게 떨어진다. 특히 언어기능의 수준은 매우 낮다. 이 수준은 아동기에 발병하는 행위장애와 청소년의 비행 가능성을 예언하는 지표가 된다. 행위장애 수준이 높은 아동과 청소년은 벌보다는 상에 대해 보다 예민하게 반응한다. 그러므로 그들을 보상반응유형이라고 한다. 이러한 성격특성 때문에 이들은 어떤 바람직한 결과를 예상되면 부적응 행동을 감행한다. 행위장애 수준이 높은 아동과 청소년은 사회적 인지기능이 크게 떨어지기 때문에 사회적 환경에 따라 행동한다(Crick & Dodge, 1994). 행위장애아동과 청소년에게는 특이한 행동특성이 있다. 즉 사회적 단서에 주의를 기울이지 못한다. 지나치게 편견에 사로잡혀 행동한다. 공격적으로 행동하고 의사결정을 한다(Dodge & Petti, 2003).

부모-자녀의 병적 관계는 행위장애의 유발 요인이 된다. 즉 불건전한 부모와의 애착관계, 고압적인 부모의 태도는 자녀의 행위장애를 촉진시킨다. 유아기의 부적절한 애착관계는 다른 보호적 요인에 의해 그 정도가 조절된다. 부모의 부적절한 양육태도, 부모의 일관성이 결여된 교육, 안절부절 못하는 부모의 태도, 융통성이 결여된 교육 등이 자녀의 행위장애를 촉발한다. 자녀의 행위장애는 부모의 부적절한 교육방법, 부모가 경험한 스트레스 수준에 따라 다르게 나타난다. 행위장애 아동의 부모가 갖는 사회적 인지기능이 낮아 사회적 적응 수준이 낮다. 행위장애는 부모의 사회적 적응과도 밀접한 관계가 있다. 즉 부모의 불건전한 사회적 적응은 자녀의 행행위장애로 이어진다. 성격장애에 ADHD가 동시에 이환된 아이의 경우 아동기에 ADHD를 경험한 사례가 많다.

행위장애 부모의 반사회적 행동도 아동의 행위장애 발병위험 수준을 증가시키는 요인이 된다. 부모의 범죄, 공격적 행동은 아동의 비행, 공격성, 행위장애, 반항적 일탈행동을 유발한다. 부모의 약물복용 경험도 아동의 행위장애를 유발하기 쉽다. 약물을 복용하는 부모일수록 아이에 대한 관심이 별로 없다. 또 그들은 아이들과 취미가 크게 다르다. 행위장애의 발병원인으로 작용한다. 이와는 달리 아동의 불건전한 행동이 부모의 음주를 부추기는 경우도 있다.

부모의 결혼 갈등, 부모의 바람직하지 못한 행동은 아이의 행위장애 유발요인이 된다. 부모의 결혼 갈등은 자녀의 교육에 바람직하지 못하며 이는 곧 행위장애의 발달로 이어진다. 행위장애 아동이나 그들의 부모는 스트레스 감내기능이 매우 낮다. 그들은 일상생활에서 많은 헤슬을 경험하기도 한다. 다른 사람에 비해 안정된 직장생활을 하지 못한다. 부모의 불안정한 직장생활은 아이들에게는 스트레스의 근원이 되고 바람직한 부모 역할 형성을 왜곡하고 그것이 곧 건전한 사회적 인지기능을 해치는 경우가 많다(Johnston, 1996).

행위장애는 개인의 부정적 가족 요인이 큰 비중을 차지한다. 이에 못지않은 것이 개인의 교우관계이다. 교우관계의 특성에 따라 행위장애의 발달이 좌우된다. 초등학교에서 친구와 잘 어울리지 못하고 외톨이 생활을 하는 아이들에서는 성장 후에 행위장애 발생빈도가 높다(Roff & Wire, 1984). 아동기의 고립생활도 일탈그룹의 멤버가 되기 쉽다. 이 일탈그룹은 성격장애의 수준과 그 빈도를 높게 상승시키고 약물복용으로 이어진다. 그러므로 비행의 예언지표로 사용된다. 행위장애는 사회적 환경요인(불량한 주거 및 학교 환경, 유년기의 바람직하지 못했든 가정환경)의 영향을 크게 받는다. 낮은 사회경제적 수준은 행위장애의 발달을 촉진시킨다(Frick et al., 1989).

행위장애의 분류

행위장애는 임상적 특성을 중심으로 분류되기도 하고 발병 시기를 중심으로 분류되기도 한다. 임상적 특성중심의 행위장애는 파괴적 행위장애와 반항적 일탈행위장애로 분류된다. 다른 한편 발병시기중심의 행위장애는 아동기 발병 행위장애와 청소년기 발병 행위장애로 분류된다.

임상적 특성 중심의 분류

파괴적 행위장애는 그 빈도, 강도, 만성수준, 퇴행수준에 있어서 반사회적 행동과는 크게 다르다. 무엇보다도 발달적 측면에서 크게 다르다. 그들은 거짓말이 심하고, 복종심이 부족하고, 빈번하게 신경질을 부린다. 형제간의 관계도 매우 좋지 못하다. 보다 구체적으로 파괴적 행위장애의 행동특성을 살펴보자. 6세 아동의 53%는 거짓말이 심하다. 5세 아동의 20%는 다른 사람의 물건을 파괴한다. 고교생의 33%는 한 해 동안 적어도 1회 이상 싸움질을 한다. 아동기의 파괴적 행동, 불복종, 반항적 행동, 그리고 반사회적 행동은 일정한 진단기준에 따라 진단 분류된다(APA, 2001). 파괴적 행위장애는 정신건강문제 가운데 극복하기 어렵고 경제적 부담이 크다(Connor, 2002).

행위장애는 여러 가지 형태로 나타난다. 폭행이 심하다. 학교성적이 크게 떨어진다. 그 정도가 심한 경우에는 학업을 중단할 수밖에 없다. 화학물질에 의존성이 강하다. 취업하기가 어렵다. 결혼생활과 가족관계가 원만치 못하다. 범죄자가 되기 쉽다. 비교적 일찍 발병하는 행위장애는 범법행위가 심하다. 공격적으로 행동한다. 학교성적이 크게 떨어진다. 반사회적 행동이 심하다. 주의기능이 떨어진다. 신경학적 손상이 심하다. 좋은 예후를 기대할 수 없는 것이 특징이다. 성인의 행위장애도 아동의 행위장애와 같이 범죄 행동을 한다. 취업하기가 어렵다. 정신의학적 증후가 동시에 나타난다. 파괴적 행위장애는 많은 경비가 들기 때문에 효과적인 치료를 일정기간 지속할 수 없다.

성인의 권위에 대해 지속적으로 반항하고 공격적으로 행동할 때 반항적 일탈행위 장애로 진단한다. 반항적 일탈행위장애 진단을 받은 아이들은 반항적이고, 성인에 대해 공격적으로 행동한다. 복종심이 부족하다. 그들은 다른 사람과 타협하지 못하고 남의 행동을 지나치게 비난하는 일이 많다. 반항적 일탈행위장애는 심하게 신경질을 부린다. 어른과 자주 다툰다. 어른의 요구를 거부한다. 고의적으로 다른 사람을 화나게 한다. 타인의 행동을 심하게 비난한다. 다른 사람 때문에 기분이 쉽게 변한다. 화를 자주 낸다. 변명을 자주한다. 이들 특성 가운데 최소 4가지 특성이 6개월 이상 지속될 때 반항적 일탈행위장애로 진단한다.

행위장애의 수준은 단순한 신경질적 발작과 반항행동에서부터 반사회적 행동, 공격성까지 그 수준과 유형은 매우 다양하다. 행위장애는 특정 행동으로 끝나지 않는다. 거기에는 보다 복잡한 증후가 동시에 수반되기 때문에 그 결과는 예측하기가 쉽지 않다. 이들이 하나의 군집을 형성하게 되면 보다 심각한 문제, 예를 들면 반항, 반사회적 행동, 행동장애, 혹은 비행으로 발전한다(Hinshow & Lee, 2003). 행위장애는 미국 정신의학회의 진단기준을 따르지만 전적으로 그에 의존하는 것은 삼가해야 한다. 반항장애는 하나의 부정적 행동으로 여러 가지 증후로 나타난다. 즉 고의로 주위 사람을 화나게 한다. 남을 비난한다. 어른의 말에 순종하지 않는다. 자신의 감정을 억제하지 못한다. 사소한 일에도 심하게 신경질을 부린다. 행위장애에 따른 행동은 사람과 동물에 대한 공격, 재물 파손, 거짓말과 도벽, 그리고 심한 범법행위 등으로 나타난다.

반항적 일탈장애와 행위장애는 개념적으로 특별한 의미를 갖는다. 이 두 진단명에는 위계적 관계가 있다. 즉 보다 행위장애의 정도가 심한 집단은 심한 반응을 한다. 하지만 반항적 일탈장애 수준이 높다고 해서 반드시 행위장애가 되는지는 확실하지 않다(Lahey & Loeber, 1994). 심한 행위장애의 증후가 나타나지 않지만 반항하는 사람이 많다. 반항과 행위장애는 매우 밀접한 관계가 있다. 즉 상담소에 의뢰한 소년에 대한 3년간의 계기적 연구결과를 보면 행위장애자의 82%는 이미 반항적 일탈행위 진단을 받은 사실이 있다는 연구결과가 있다(Lahey & Loeber, 1994). 이것을 보면 반항적 일탈행위 장애는 행동이 보다 심한 행위장애의 유발요인으로 간주할 수 있다는 사실을 알 수 있다.

반항적 일탈행동과 행위장애의 차이가 메타분석 결과에 의해 입증되었다(Frick et al., 1993). 이들의 연구결과에서 행위장애는 두 개의 차원으로 구성되어 있다는 사실이 밝혀졌다. 첫째 차원은 외현적-내현적 차원이다. 외현적 극은 직접 관찰 가능한 행동으로 구성된다. 이와는 달리 내현적 극은 직접 눈으로 관찰할 수 없는 행동(도벽이나 거짓말) 등으로 구성된다. 둘째 차원은 행위장애의 변화를 설명하는데 매우 중요한 의미를 갖는다. 이 차원은 하나의 파괴적-비파괴적 차원이다. 이 차원에서는 외현적 행동은 외현적-파괴적 행동(공격)과 외현적-비파괴적 행동(반항)으로 분류된다. 이는 내현적 행동은 내현적-파괴적 행동(재산침해)과 내현적-비파괴 행동(풍습 위반)으로 구분된다.

행위장애를 4개 증후군으로 군집하는 것은 몇 가지 측면에서 매우 유용하다. 첫째, 행위장애의 구분은 비행을 변별하는 법률체계 -격렬한 범법(외현적-파괴적), 풍습범죄(내현적-비파괴적), 자산침해범죄(내현적 파괴)- 와 잘 일치한다(Office of Juvenile Justice and Delinquency Prevention, OJJDP. 1995). 둘째, 행위장애를 이와 같이 묶는 것은 단일 행위장애 예를 들면 공격적 행동만을 보이는 사람과 여러 가지 행위장애, 예를 들면 공격성과 풍습 위반등과 같은 행위장애를 변별하는 데 크게 도움이 된다.

셋째, 서로 다른 행위장애에는 서로 다른 원인이 있다. 쌍생아 연구에서 아동의 파괴적 행동은 유전적 인자가 큰 비중을 차지한다는 사실이 밝혀졌다. 여기서 우리는 두 가지 형태의 행위장애 -불복종, 공격성- 에 대해 보다 주의할 가치가 있다. 지나친 성인에 대한 불복종은 행위장애의 큰 특징이다. 이 증후는 행위장애자의 초기에 나타나 상당기간 지속한다. 이는 학업수행과정, 친구관계형성에 부정적 영향을 준다. 성인에 대한 불복종행위장애와 무관하지 않다(Duma, 1996).

행위장애의 한 차원으로서 공격성은 매우 일관성이 있는 중요한 의미를 가지며 이는 치료가 쉽지 않다. 공격성에는 여러 가지 유형이 있다(Crick & Dodge, 1996). 공격성은 보복성 공격, 적개심 공격, 혹은 반응성 공격으로 분류되며 이들은 개체가 위험에 처해 있을 때 방어수단으로 분노와 적개심으로 표출되는 사례가 많다. 공격성은 표출되지 않은 것으로 개인의 이득을 얻기 위해 설득하기도 하고 복종케 하는 것이다. 이는 약자를 못살게 하거나 자신의 우울성을 내보이려고 하는 것들이다. 이와 같은 유형의 공격성은 도구적 공격, 계획성 공격, 혹은 순행성 공격으로 구분하기도 한다.

여러 유형의 공격성은 완전한 독립적 실체가 아니다. 그렇기 때문에 서로 다른 공격행동이 수반된다. 즉 한 유형의 공격성은 다른 유형의 공격성을 수반한다. 예를 들면 반응성 공격행동은 사회적 고립으로 이어지며 동료로부터 외면당하는 경향이 있고 공격성이 심화되어 정서 조절이 어렵게 된다. 반응성 공격성은 사회적 정보처리기능이 매우 낮다. 그러므로 일상생활에서 직면하는 사소한 문제를 효과적으로 해결하지 못한다. 어려운 사태에 직면하게 되면 공격적으로 반응하는 경향이 있다. 순행성 공격성은 자신의 공격성을 보다 긍정적으로 평가 반응한다. 이것이 반응성 공격성과 다른 점이다(Schwartz et al., 1998). 순행성 공격과 반응성 공격성은 외부에 노출된다. 이와는 다른 형태의 공격성이 있는데 이것은 간접적인 공격으로 관계적 공격이다. 이는 사회적 고립, 사회적 소외와 같은 전략을 포함하고 있다. 루머를 유도한다거나 친구 관계를 이간시키는 것과 같은 행동을 포함한다. 관계적 공격은 남성에서 보다 여성에서 보다 빈번하게 발견할 수 있다.

발병시기 중심의 분류

행위장애는 아동기에 발병할 수도 있고 청소년기에 발병할 수도 있다. DSM-Ⅳ-TR에서는 행위장애의 하위유형을 발병 연령에 따라 구분한다. 즉 10세 이전에 심한 증후를 나타나는 유형과 10세 이전에는 심한 증후를 나타내지 않은 유형으로 구분하고 전자를 아동기에 발병행위장애, 그리고 후자를 청소년기에 발병하는 행위장애라고 부른다. 이와 같은 구분은 많은 연구자의 지지를 받고 있다(Moffitt, 2003). 이 주장을 따르면 아동기에 발병하는 행위장애 집단은 아동기와 청소년기에 보다 심한 행위장애 증후가 나타난다. 이들이 성인기에 가면 반사회적 및 범죄행동이 두드러지게 나타난다고 한다. 아동기 발병행위장애자의 발병은 낮은 지능에서 그 원인을 찾을 수 있다.

청소년기에 발병하는 행위장애자에서는 두 유형에서 나타나는 특성의 차이를 어떻게 설명할 것인가. Moffitt(2003)는 이렇게 설명하고 있다. 아동기에 발병하는 행위장애집단의 행동온상은 부적절한 가정환경이다. 아이들과의 상호작용의 산물이라고 보는 경우도 있다. 이러한 잘못된 상호작용의 과정은 아동의 사회화 과정을 통해 부모와 형제간에는 물론 교사나 친구와의 관계도 잘못 형성된다. 이와 같은 잘못된 장애 행동 형성은 그의 심리사회적 적응을 해치게 된다.

이와는 달리 청소년기에 발병하는 행위장애는 정상과정을 벗어난 성장을 하게 된다. 그들에서 나타나는 반사회적 행동과 범죄행동은 주관적으로 느끼는 성숙감과 성인의 지위를 경험해 보고 싶은 결과다. 이와 같은 행동은 그 주변의 반사회적 동료집단으로부터 보상을 받게 된다. 그로 인해 그의 행동의 수준은 퇴화될 수밖에 없다. 이러한 행위장애 때문에 성인이 될 때까지 그의 행동수준은 크게 쇠퇴한다. 행위장애를 아동기 발병형과 청소년기 발병형으로 구분하는 것은 행위장애 발달을 설명하는 데 매우 유용하기는 하지만 이를 분명하게 구분하기가 쉽지 않다는 점에 주의를 해야 한다. 여자 집단에 적용할 때에는 보다 많은 검사를 필요로 한다는 점을 가볍게 여겨서는 안 된다.

행위장애의 증후는 청소년 보호시설에 수용된 집단, 정신병원 외래환자, 학령기 아동에서도 흔하게 나타난다. 특히 학령기 아동 집단에서는 비정서적 특징이 뚜렷한 아동의 비율이 현저하게 높다. 이들은 동정심과 죄의식이 없다. 정신장애자의 행동은 매우 공격적이다. 또 이들에서는 특이한 기질적 특성도 발견할 수 있다. 충동적이고 과잉 활동적이다. 이는 아동기에 발병한 행위장애의 특성과 유사하다.

정서적으로 무감각한 아이들은 동정심과 죄의식이 없다. 그들은 신기하고 새로운 활동을 선호하고 위험이 따르는 행동도 피하지 않는다. 그들에서는 반사회적 행동장애에 대한 사회화 교육의 효과는 크게 기대하지 못한다. 그들은 타인에 대한 부정적 행동에 대해서도 별로 부끄럼을 느끼지 않는다. 정서적으로 미숙하고 지능수준도 낮다. 행위장애는 정서적 무감각성의 특성에 따라 큰 차이가 있다. 즉 정서적 무감각 특성이 없는 행위장애는 정서적 무감각 특성이 뚜렷한 집단에 비해 보다 공격적으로 행동한다. 또 현실적인 위험에 직면하게 되면 과감한 행동을 취한다. 정서적 무감각 특성이 없는 행위장애는 잘못된 양육의 결과이다. 이들의 언어성 지능은 크게 떨어진다. 정서적 무감각 특성을 보이지 않는 행위장애는 정서적 불쾌감의 수준이 높고 주위 환경에서 일어나는 일에 대해서도 예민하게 반응한다. 특히 불쾌감을 주는 사태나 사건에 대해서는 매우 예민하게 반응한다.

지금까지 발표된 사실을 종합해 보면 정서적 무감각 수준이 낮은 아동과 청소년은 정서통제의 어려움을 겪는다(Frick & Morris, 2004). 이들은 충동적으로 행동하며 반사회적 행동을 서슴치 않는 경향이 있다. 다른 비행 소년과는 달리 자신의 행동에 대해 후회하지 않는다. 그들의 행동 특성은 성인기까지 이어간다. 성장과정에서 증후가 호전되는 일은 극히 드물다. 이들은 분노를 억제하지 못하고 그것을 외부로 분출시키고 공격적으로 행동하는 경우가 많다.

행위장애의 진단과 평가

개별면접

아동 및 청소년의 문제에 대한 신빙성이 있는 정보는 개인과의 개별면접 또는 부모나 교사와의 면접을 통해 얻을 수 있다. 9세 미만의 피보험자가 제공하는 보고 자료는 신빙성이 보장되지 않는다(Loney & Frick, 2003). 청소년과 아동은 자신의 공격적 행동이 가정과 사회에 어떤 영향을 주는지 알지 못한다는 점은 면접자가 알고 있을 필요가 있다. 행위장애의 유익한 내현형 정보는 아동이나 청소년 본인들로부터 정보를 얻을 수 있다. 특히 환자의 문제와 학습능력 결함에서 기인한 경우 면접자는 부모나 교사와 단독 면담을 갖는 것이 바람직하다. 이러한 상황에서는 비구조적 면접으로 신빙성이 보장된 정보를 얻는다는 것은 쉽지 않다. 수집한 자료에서 얻은 정보에 대한 신빙성과 타당성을 높이기 위해서는 구조면접이 필요하다. 신빙도와 타당도 등 정신측면학적 건전성이 입증된 검사를 활용할 필요도 있다.

아동의 행위장애 진단에 필요한 정보는 부모와 보호자를 통해 얻을 수 있다. 이들 정보에서 진료자는 행위장애가 아동의 학업성적과 사회적 기능장애에 어떤 영향을 주고 있는지 쉽게 알 수 있다. 구조면접이라고 해서 완전한 것은 아니다(Loney & Frick, 2003). 여기에도 몇 가지 문제가 있다. 무엇보다도 중요한 정보를 얻기 위한 면접은 많은 시간을 요한다. 보통 2시간 이상이 소요된다. 이렇게 많은 시간을 내서 얻은 정보지만 그것을 자세히 분석해보면 별로 도움이 되지 않은 것들이 많이 포함되어 있다. 특히 9세 미만의 아동에서 얻은 정보의 신빙성은 크게 떨어진다.

행동평가척도는 행동장애 아동과 성인의 행동특성 평가를 위해 매우 광범위하게 사용된다(Kamphaus & Frick, 2002). 대부분의 행동평가척도는 부모나 교사, 혹은 본인이 스스로 검사하는 경우도 있다. 평가척도는 아동과 청소년의 교우관계, 학업관계 정보에 대해 체계적으로 평가하는데 도움이 된다. 이를 통해 학습기능의 저하에 대한 자세한 정보를 얻을 수 있다. 평가척도를 사용하면 아동과 청소년의 행동장애에 대한 기준에 기초한 평가를 가능하게 한다. 더 나아가서 다른 집단의 기준과도 비교가 가능하다.

행동관찰

아동과 청소년의 행동특성에 대한 정보는 자연적 조건, 예를 들면 가정, 학교, 운동장에서 수집한다. 방법이 곧 행동관찰법이다. 이는 특정한 행동특성을 인위적 조작없이 그대로 직접 관찰이 가능하다는 장점이 있다. 아동의 행위장애에 대한 관찰 자료가 부모나 교사의 정보 없이 그의 구금율을 정확하게 예언해주는 지표가 되는 사례도 있다(Patterson & Forgath, 1995).

행동관찰법은 연구자의 시간과 노력을 아껴주는 큰 장점도 있다. 나이가 많은 아동과 청소년의 행동관찰자료는 크게 도움이 되지 않은 사례도 있다. 이와 같은 어려움을 극복하기 위한 방법도 있다. 여기서는 유사한 장면을 조작하고 그 안에서 일어나는 행동을 관찰하고 그 결과를 분석하는 방법을 쓴다. 이와 같은 방법은 도벽과 파괴행동특성을 연구할 때 크게 도움이 된다. 자연 조건 하에서 관찰과 구조적 환경에서 적용 가능한 여러 유형의 코딩체계가 개발되었다. 우선 구조적 미시적 관찰방법을 생각할 수 있다. 이는 어린 아이들이 진료소나 가정에서 부모와 어떻게 어울려 지내는지를 평가하는 데 매우 편리한 방법이다.

임상장면에서는 부모와 아동을 짝지여 한 표준 장면에 배치한다. 부모의 아동에 대한 통제의 수준을 달리 할 수도 있고 치료기간도 쉽게 조정 할 수 있다. 통제의 수준은 순차적으로 달리한다. 아동이 부모의 통제를 전혀 받지 않고 자유롭게 행동하는 상황에서부터 부모가 자녀의 행동을 직접 통제하는 상황으로 달라진다. 가정에서의 관찰은 구조의 수준이 좀 낮다. 실험자는 부모나 아동으로 한 평상시와 다르지 않게 생활하게 지시한다. 이와 같은 코딩시스템을 통해 부모와 아동의 행동은 자세히 기록된다. 이때 부모의 아동에 대한 행동의 선행사건과 결과에 대한 특성은 몰론 행위장애에 대해서도 기록된다.

학교에서는 아동의 행동을 관찰할 때 측정도구를 함께 사용할 수 도 있다. 이는 학교에서 이뤄지는 교사–아동의 상호관계의 특성을 평가하는 데 필요한 자료를 얻는데 도움이 된다. 이는 신빙성이 있고 타당성이 보장된 정보를 얻는 데 매우 유용하고 권장할 만한 방법이지만 많은 시간과 인력을 필요로 하는 것이 단점으로 지적되기도 한다(Aspland & Gardner, 2003). 자기 자신이 다른 사람에 의해 관찰되고 있다는 것에 대한 반발은 아동과 청소년, 그리고 부모에게는 문제가 되지 않는다. 특히 임상가와 연구자가 그들로 하여금 관찰과정에 친숙하게 하기 위한 것일 때에는 큰 문제가 되지 않는다.

자연환경에서 독자적으로 관찰하는 방법 대신 다른 사람을 훈련시켜 아동과 성인의 환경에서 그들의 행동을 관찰하고 기록하게 하는 방법도 쓸 수 있다. 가장 널리 사용되는 것이 부모의 매일 보고이다. 이는 24시간 동안 아동을 관찰한다. 부모의 매일 보고 자료는 행위장애의 심한 수준을 평가하기 위해 부모의 치료과정을 단축시키기 위해, 또 치료결과를 평가하는 데 사용된다. 이는 행동평가척도나 면접에 의한 정보수집에 걸리는 시간보다 훨씬 시간이 절약된다는 장점이 있다.

행위장애의 평가에서는 몇 가지 점을 정확하게 확인해야 한다. 우선 평가대상자의 행위장애 수준을 확인해야 한다. 부모나 교사의 잘못된 판단에 의해 평가대상이 되지나 않았는지를 정확하게 확인해야 한다. 진단을 위한 평가전에 행위장애의 유형과 그 수준을 확인해야 한다. 행위장애를 유발하는 위험요인과 발달과정을 정확하게 이해해야 한다. 이를 위해 행위장애에 대한 근거에 기초한 평가법을 활용한다. 행위장애의 본질, 동시이환장애, 그리고 그에 수반되는 위험요인에 대한 가설을 설정할 필요가 있다. 발달과정을 평가하므로서 평가의 영역과 그 구조에 대한 지식을 얻을 수 있다. 행위장애가 청소년기에 발병한 것으로 판명되면 낮은 공격성, 지적 결함, 성격상 취약점, ADHD 등 동시이환장애가 확인되어야 한다. 행위장애가 일탈 집단과 가까워진다고 판단되면 이점에 대해 집중적으로 평가해 볼 필요가 있다. 이와는 달리 행위장애가 청소년기 이전에 발병되었다고 판명되면 인지기능, 성격특성, 동시이환장애, ADHD 그리고 가족기능을 철저하게 평가할 필요가 있다.

정서적 무감각 특성이 없는 아동기에 발병한 행위장애는 언어기능 손상이 심하고 정서통제가 어렵다. 이는 불안이 심하고 분노를 수반한 공격성 행동으로 이어진다. 아동기에 발병하는 정서적 무감각의 특성이 높은 아이들에서는 의미있는 행동특성을 발견할 수 있다. 즉 인지기능의 손상, 처벌에 대한 감수성결여, 위험하고 신기한 행동 선호, 죄의식과 동정심의 결여 등이다. 공격성의 수준에 대한 정보를 갖는 것이 매우 중요하다. 사실 사람들을 어떤 유형으로 정확하게 분류하는 것은 쉽지 않다. 그러므로 지금까지 기술한 것은 근거중심의 평가를 위한 가설에 지나지 않는다. 이 가설을 검증하고 이들의 발달경로에 대한 기술과 얼마나 잘 부합되는가를 결정하기 위해서는 보다 종합적인 평가가 수반되어야 한다. 더 나아가서는 중다평가방법이 보강되어야 한다.

보다 효과적인 평가를 위해서는 다단계평가기술을 도입할 필요가 있다. 첫 단계에서는 행위장애 행동과 관계되는 행동과 동시이환장애를 확인하기보다 광범위한 검사를 실시해야 한다. 이 단계에서 행위장애의 특성에 대한 검사도 수반되어야 한다. 둘째 단계에서는 첫째 단계에서 수집한 자료보다 자세한 정보를 수집해야 한다. 이 단계에서는 면접이나 평가단계에서 수집한 행위장애 행동 특성과 그에 따른 기능의 저하 수준이 보다 세밀하게 측정되어야 한다. 이 자료는 아동과 청소년의 행위장애의 특성을 측정하고 그 본질을 이해하는 데 큰 도움이 된다. 이 단계에서 행위장애의 적응 수준이나 퇴화 수준을 결정하는 것도 중요하다.

이와같은 사실들은 아동의 발달 수준에 따라 달라질 수 있다. 행위장애가 임상적으로 어떤 의미가 있는 것인지 아니면 성장과정에서 일시적으로 나타난 것인지에 따라 행위장애에 접근하는 방법이 달라지지 않을 수 없다. 이는 학령기 이전에는 구분이 쉽지 않다. 또 이들의 9세까지의 보고 내용은 신빙도가 크게 떨어진다는 점에 주의할 필요가 있다. 그러므로 아동기 이전의 아동이나 청소년의 검사 내용은 그 신빙도가 확고하게 보장되지 못한다는 점을 염두에 둘 필요가 있다. 부모에 대한 이들의 반항적 특성도 고려되어야 한다.

행위장애의 치료

성장과정에서 부모로부터 충분하고 적절한 보상을 받을 기회를 가지지 못한 것은 행위장애의 유발 요인이 된다. 또 이들은 풍부한 사회적 경험을 가지지 못했다는 사실이 임상적 관찰에서 발견되었다. 그러므로 실제 치료에서는 행위장애자가 경험하지 못했든 사회화 과정을 체험할 수 있게 할 필요가 있다. 행위장애자는 보상이 따르지 않은 환경에 너무 예민하게 반응하는 경향이 있다(O' Brien et al., 1996). 이와 같은 행위장애의 특성을 감안해서 치료계획을 세우고 그에 따라 치료를 할 필요가 있다. 그들에게는 보상관리의 기술을 바탕으로 치료계획을 세우고 그것을 수행해 나갈 필요가 있다.

보상관리체계는 매우 간편하고 효과적인 치료방법이다. 이 프로그램은 아동의 행동에 점진적 변화를 가져올 수 있는 행동목표를 설정하고, 아동이 이 목표를 수행해 낼 수 있는지 모니터링해 본다. 이 목표에 이르렀을 때 치료자는 적절한 강화를 한다. 부적절한 행동에 대한 벌의 체계도 가지고 있어야 한다. 이 프로그램은 학교나 가정에서 손쉽게 수행할 수 있다.

행위장애 치료를 위해 보다 널리 알려진 것은 행위장애자의 부모 에 대한 훈련이다. 부모관리훈련은 행위장애의 부모로 하여금 행위장애자에게 보다 체계적인 보상 방법을 가르쳐주는 데 목적이 있다. 부모관리훈련에서는 보다 효과적인 부모-자녀의 상호작용 방법을 개발한다. 이를 위해 부모는 아동의 행동에 보다 많은 관심을 가져야 하며, 보다 빈번한 의사소통의 기회를 가져야 한다. 부모의 온정 감정수준을 향상시킨다. 부모는 아이들로 하여금 보다 바람직한 긍정적 친사회적 행동을 표출하게 한다. 부모로 하여금 보다 효과적인 반응을 할 수 있는 기능을 향상시킨다. 부모에게 보다 효과적으로 교육할 수 있는 책략을 학습시킨다.

행위장애의 공통되는 특성은 사회적 인지기능의 손실이다. 공격성이 심한 행위장애의 한 특징은 사회적 정보처리 능력의 결함이다. 이러한 결함을 치료하기 위해서는 사회적 목표를 설정하고 그것을 효과적으로 수행해나갈 수 있는 기능을 습득시켜나갈 필요가 있다. 공격성이 심한 행위장애는 친구들에게도 지나치게 공격적으로 대하는 경향이 있다(Dodge et al., 1997). 이들은 친구간의 갈등해결을 위해 공격적 행동을 선호하기도 한다.

대부분의 인지행동기술훈련은 아동으로 하여금 충동적 행동이나 반응을 제지하는 기능을 신장 시키는데 역점을 둔다. 이를 위해 치료자들은 아동으로 하여금 문제해결의 과정을 효과적으로 수행 할 수 있게 훈련시키는 데 큰 비중을 둔다. 아동으로 하여금 문제를 인지하는 방법, 어떤 대체반응법을 택할 것인가 또 친구와의 관계에서 보다 효과적으로 대치하는 데 있어서 가장 적절한 방법은 어떤 것인가를 스스로 생각해 보게 한다.

인지행동기술훈련의 방법에는 여러 가지가 있고 이들간에는 매우 유사한 점이 많다. 하지만 기술 훈련에 있어서 크게 강조하는 점에는 다소 차이가 있다. 예를 들면 자기교육훈련 프로그램에서는 충동적 반응을 제지하는 데 역점을 둔다(Kendall & Blaswey, 1985). 이와는 달리 분노극복 프로그램은 지각적 편향을 바꾸는 데 역점을 둔다. 사고책략 커리큘럼에서는 아동으로 하여금 사회적 기술을 향상시키고 보다 나은 정서적 각성을 하는 데 역점을 둔다(Greenberg & Kusche, 1993). 인지행동 프로그램은 치료기술의 향상에 역점을 두고 있다. 이 과정에서는 치료자의 매우 적극적인 역할을 요구한다. 치료기술을 교육시키는 과정에서 모델링을 해주기도 하고 사회적 역할 장면에서는 보다 적극적으로 모델링 역할도 해야 한다. 대부분의 치료계획은 집단치료를 염두에 두고 계획되어 있다. 그러므로 치료과정에서 예기치 못한 일이 발생하는 것도 사전에 예방해야 한다.

모든 행위장애가 심리학적 기법으로만 치료되는 것은 아니다. 행위장애의 효과적 치료를 위해 자극제를 투약할 때도 있다. 행위장애 전문치료기관을 찾는 아이들의 60-90%는 ADHD이다(Abikoff & Klein, 1992). ADHD와 관계되는 충동성장애는 공격적 행동수준이 높고, 통제하기가 쉽지 않다. 또 ADHD는 간접적으로 행위장애로 이어진다. 그러므로 행위장애 치료에서는 ADHD의 치료가 보다 중요하다. ADHD의 효과적 치료를 위해서 자극제 투약의 방법은 매우 바람직하다. 교실에서 일어나는 공격성, 기물파손과 같은 행동과 거짓말은 메칠페니데이트(리탈린)에 의해 보다 효과적으로 치료된다. 행위장애 치료를 목적으로 리탈린을 사용하는 것은 보상법으로 치료하는 것보다 효과가 크다. 행위장애 치료를 위해 자극제를 투여하고자 할 때에는 깊이 생각해야 한다. 특히 동시이환장애를 수반하지 않은 행위장애를 치료하기 위해서 자극제를 투약하였을 때 그 효과는 크게 기대할 수 없다는 것이 전문가들의 공통된 의견이다.

제13장

반응성 애착장애

반응성 애착장애

John Bowlby(1907-1990)의 이론에 의하면 성장하는 아이들은 부모, 친구, 보육자와 지속적으로 깊은 감정적 유대관계를 가지고 싶어 한다고 한다. 이것이 곧 애착 감정의 기본이다. 이 애착의 감정을 잘 분석해 보면 아이들은 부모나 친구, 보육자를 안식처로 생각하고 그들에게 심리적으로 항상 가까이 하고 싶어 한다. 이러한 감정을 충족하지 못하면 심한 고통을 느낀다. 이것이 극히 정상적인 애착관계의 표출이다.

불행하게도 이러한 행동과는 동떨어지게 행동하는 아이를 볼 수 있다. 정서적 표현이 없고 위축된 행동을 한다. 어려움을 당해도 부모의 도움을 청하지 않는다. 부모나 양호자가 도움을 주려고 해도 그것을 받아드리지 않는다. 주위 사람들에게 정서적 사회적 반응을 하지 못한다. 때로는 주위 사람들에게 갑작스럽게 짜증을 내고 그들을 두려워하고 회피한다. 친숙한 사람에 대한 사회적 관계가 적절하지 못하면서도(제지형) 친숙하지 못한 사람에게는 지나치게 친절하게 대한다(탈제지형). 이것이 곧 반응성 애착자의 또 다른 특성이다.

반응성 애착장애는 1980년 DSM-Ⅲ에 처음으로 소개되었다. 이 장애의 증후 발병 연령은 진단요강에 따라 조금씩 차이가 있다. 1980년 DSM-Ⅲ에서는 생후 8개월로 규정하고 있으나 1987년 DSM-Ⅲ-R에서는 생후 5년으로 달라졌다. 장애는 제지형과 탈제지형으로 구분되어 DSM-Ⅳ, DSM-Ⅳ-TR, ICD-10에 소개되었다. 이들은 발병 위험요인보다는 이미 임상적 장애가 뚜렷하게 나타난 사례를 중심으로 체계화한 것이다.

현재 우리들이 사용하는 반응성 애착장애체계는 1940-1980년 까지 약 40년간 영국 심리학자, 정신의학자, 정신분석자 John Bowlby, 미국계 캐나다 발달심리학자 Mary Ainworth(1913-1999), 오스트리아계 미국 정신분석자 Ronė Spitz(1887-1974)의 연구 결과를 바탕으로 폭넓게 연구 발전하였다. 애착이론은 심리학, 동물행동학, 진화론의 개념을 기초로 하여 아동의 사회적 행동연구에 큰 변화를 가져왔다. 애착이론에 의하면 아동들은 위험이나 불쾌한 일에 직면하면 특정한 애착의 대상에 접근하려고 한다고 한다. 이는 분명 생존가치가 있는 행동이다. 이를 변별성 혹은 선택적 애착이라고 한다. 또 아이들은 양육자를 안전성의 기반으로 생각해, 그것을 바탕으로 환경을 탐색하고 보다 친근한 사람과 친근하게 된다.

애착은 사랑이나 감정과는 다르다. 하지만 이들은 완전히 독립된 실체가 아니다. 서로 유기적 관계를 갖고 있다. 애착행동은 생후 6개월에서 3년 사이에 두드러지게 나타난다. 유아들은 자기에게 예민한 사회적 작용을 효율적으로 할 수 있는 성인에 대해 애착을 느끼며 일관성 있는 양호자로 기억한다. 양호자의 반응이 애착발달로 이어지고 이것이 곧 아동의 감정, 사고 기타 기대형성의 기반이 된다.

반응성 애착장애의 유발요인

반응성 애착장애의 유발요인은 대우 다양하다. 초기 아동기에 어머니나 보호자와 정상적 애착관계를 형성하지 못한 것이 큰 원인으로 꼽힌다. 보다 구체적으로 그들은 초기 아동기에 부모로부터 버림을 받았거나 생후 6개월에서 3년 사이에 양육자와 헤어진 경험, 빈번한 양육자가 바뀐 환경 등이 반응성 애착장애의 주요 유발 원인으로 꼽힌다. 반응성 애착장애자의 한 가지 특성은 심한 지적 장애이다. 잘못된 사회적 관계와 잘못된 양육행동은 반응성 애착장애를 유발하는 주요 요인으로 작용한다. 기질의 특성, 혹은 환경에 대한 반응특성이 반응성 애착장애를 유발하는 원인이 될 수 있다. 성장하는 아이들이 질이 낮은 양호자와 생활하게 되면 정상적 발달을 기대할 수 없다. 부모의 동일한 양호를 받은 아이들에서도 장애의 유형이 다른 경우도 있다. 제지형 장애를 받는 아이가 있는가 하면 탈제지형 장애를 받는 아이도 있다. 아직 우리에게는 이를 설명할 수 있는 이론적 연구도 임상적 연구도 없다. 외상후 스트레스가 성격장애나 정서적 장애를 유발하는 사례가 있다.

반응성 애착장애의 인구학적 특징에 대한 연구는 극히 초보적 단계에 머물러 있다는 것은 어느 누구도 부인하지 못할 것이다. 왜냐하면 반응성 애착장애 표집은 수집하기가 매우 어렵다. 양육기관이나 고아원에서 생활하는 아이들을 대상으로 한 연구가 그래도 쉬운 편이다. 그들에게는 부모의 보살핌을 받지 못했다는 공통점이 있다. 그것을 빼고는 장애의 역학적 특징은 알려진 것이 거의 없다. 보다 구체적인 자료를 살펴보자. O'Connor et al.,(2000)은 루마니아에서 영국으로 입양한 아이들을 대상으로 한 연구결과를 발표했다. 이들은 루마니아에서는 심한 박탈경험을 겪은 아이들이다. 이들은 24개월에서 42개월간 수용생활의 경험이 있다. 그들이 6개월이 되었을 때 받은 검사결과에서 30%에서는 심한 탈제지 증후가 뚜렷하게 나타났다. 양육아에서 나타난 반응성 애착장애는 비율도 아직 불확실하다. 유타에서 행해진 연구에서 보면 대상자의 17%가 반응성 애착장애로 진단되었으나 진단방법이 밝혀지지 않아서 그 진단은 신빙성이 보장될 수 없다(Steele & Buchi, 2008).

반응성 애착장애의 진단

DSM-Ⅳ에서는 반응성 애착장애를 제지형과 탈제지형으로 구분한다. 제지형에는 몇 가지 행동특성이 있다. 즉 적절한 사회적 상호작용이 불가능하다. 지나치게 감정과 행동을 억압한다. 지나치게 조심한다. 양면가적 감정을 가진다. 지나치게 상반되는 행동을 한다. 보육자에게 접근과 회피의 행동을 한다. 남을 심하게 의심한다. 탈제지형에도 몇 가지 행동특성이 있다. 애착의 대상이 불분명하다. 애착대상 선택이 무분별한 사회적 접촉을 통해서 이뤄지며 그에 애정의 감정을 느낀다. 친숙하지 못한 사람에게도 친근감을 표출하기도 한다. 이는 선별기능의 결함을 의미한다.

두 유형의 발생빈도는 진단에 의해 결정된다. 이때 장애의 정도와 부적절한 사회적 관계의 조건이 중요하다. 중요한 것은 5세 이전의 발병여부와 버림받은 정도가 보다 더 중요하다. 이 문제해결을 위해 미국 정신의학회에서도 많은 관심을 가지고 있다(O'Connor & Zeanah, 2003). 무엇보다도 중요한 것은 학령전기부터 아동의 행동특성에 관심을 갖는 것이다. DSM-Ⅳ에 소개된 대상이 불분명한 애착이라는 용어 자체가 수사적 모순이다. 애착이라는 말은 본질적으로 대상이 불분명한 것이 아니다. 또 버림을 받았다는 것이 어떤 의미가 있는지에 대해 의견의 일치된 것이 없다. 많은 학대를 받은 아이들은 반응성 애착장애로 진단하거나 잘못된 애착을 경험한 것으로는 생각할 수 없다.

DSM-Ⅳ와 ICD-10의 진단기준에 의하면 반응성 애착장애에서는 제지의 기능이 장기간 지속된다고 한다. 이와 같은 사실은 경험적 자료에 의해서 입증되었다. ICD-10 진단기준에 의하면 무분별한 사회성이 애착의 증후로 나타난다고 한다. DSM-Ⅳ에서는 탈제지의 기능은 환경변화 후에도 지속된다고 한다. 이와 같은 사실을 보면 탈제지 행동이 신빙성 있는 진단기준이 될 수 있겠는가에 관심이 쏠린다. 근래에 발표된 진단기준은 탈제지 행동이 줄어들지 않은 상태에서도 임상증후는 향상된다고 한다. 만일 이것이 사실이라면 제지 행동을 임상장면에서 어떻게 개념화할 것인가. 또 애착형과 반응성 애착장애의 관계를 어떻게 이해해야 할 것인가 하는 문제가 생긴다. 특정한 진단기준이 임상활동에 결정적 영향을 주지는 않지만 그것이 후속되는 임상이나 연구 활동에 큰 영향을 주는 것은 틀림없다. 특히 그것이 후속되는 반응성 애착장애와 관계되는 연구와 평가에서 큰 비중을 갖는다.

반응성 애착장애에 대한 정의에 있어서 임상적-과학적 도구를 사용할 때 특별한 주의가 필요하다. 인터넷 등에 소개된 과학적 검증이 따르지 않은 도구의 사용은 피해야 한다(Randolph, 2000). 근거중심의 평가척도가 없기 때문에 반응성 애착장애에 대한 연구가 큰 혼란에 빠진 것은 틀림없다. 반응성 애착장애 평가를 위해 근거중심 모델을 개발하는 것이 곧 임상연구를 위해 큰 도움이 될 수 있다. 반응성 애착장애의 행동특성은 5세 이전에 나타나며 장애의 정도가 심하고 발달측면에서 보면 매우 부적절하다. 그것은 전적으로 부모의 잘못된 양호의 결과로 볼 수 있다.

반응성 애착장애는 발달적 측면에서 보면 부적절한 사회적 상호작용의 산물이다. 일반적으로 반응성 애착장애는 남을 의심하고 정서적으로 일관된 반응을 하지 못하는 제지형과 애착대상을 잘못 선택하는 탈제지형으로 구분된다. 반응성 애착장애는 ICD-10의 기준에 따라 진단하기도 한다. ICD는 DSM에서 제시한 제지형과 탈제지형의 구분을 따르지 않고 독자적 기준을 사용하고 있다. ICD-10의 기준에 따르면 DSM의 제지형에 DSM에 제시하지 않은 네 가지 특별한 기준이 부가하고 탈제지형에는 DSM에 제시되지 않은 두 가지 기준을 부가하여 진단기준으로 하고 있다(Minnis et al., 2006).

DSM과 ICD-10은 모두 유목적 기준을 채택하고 있다. Bowlby는 이들과는 다른 진단기준을 사용하고 있다. 즉 정신사회적 기능의 스펙트럼을 진단기준으로 삼고 있다(King & Newnham, 2008). 문제는 애착치료에 직면하였을 때 더욱 복잡해진다. 애착치료자들은 애착장애를 아동의 에너지 소비의 수준으로 간주한다. 치료자들은 반응성 애착장애를 반사회적 행동, 양심적 이해의 결여, 충동통제의 곤란, 심한 공격성, 무책임감, 무관심, 정신적 방랑자, 자기파괴 행동자로 생각한다.

이들의 견해와는 달리 APA(2000)는 반응성 애착장애를, 정신지체, 자폐증, 행위장애, 반항성 일탈장애와 혼동해서는 안 된다는 것을 임상가에게 경고하였다. DSM의 기준에는 임상가의 자유재량으로 판단할 수 있는 불분명한 영역이 남아있다. ICD는 보다 특이한 장애를 다루는 기준을 제시하고 있다. 하지만 애착이론가는 장애의 측면보다는 발달의 측면에 보다 깊은 관심을 갖고 있다. 아직까지도 진단자들 사이에는 행동을 정신지체나 발달장애로 구분할 수 없다고 생각하는 사람이 있다. 이들의 주장에 따르면 아직도 아동의 안락, 자극, 정동과 같은 기본적 정서에 대해 관심을 가지지 않는 가정이 많다고 한다. DSM이나 ICD에서 반응성 애착장애를 불안정한 애착스타일로 진단하는 것은 임상적 진단이 아니다. 그것은 심리사회적 기능스펙트럼을 의미한다. 이와는 달리 임상적 진단은 장애에 대한 유목적 진단의 기반을 제공한다. 애착이론을 사회적 기준의 스펙트럼으로 보는것은 진단기준이 모호해지고 분류가 불분명해진다.

반응성 애착장애의 치료

반응성 애착장애의 치료를 위해 심리교육 프로그램을 사용한다(Mukaddes et al., 2004). 이 프로그램은 반응성 애착장애를 비롯해서 여러 유형의 발달장애, 자폐증 등의 치료에도 널리 활용된다. 이 프로그램은 치료를 요하는 부모들을 교육시키는 프로그램으로 환자의 특성에 따라 그 내용이 달라진다. 어떤 경우를 막론하고 부모가 자녀의 문제행동을 올바르게 인식하고 자기 스스로 교사의 역할을 할 수 있게 교육시키는 것이 중요하다. 여기서는 행동주의 심리학적 기술을 바탕으로 환자를 이해하고 평가하게 교육시키는 것이 무엇보다도 중요하다. 특정한 부모에 대한 심리교육 프로그램을 통해 아동의 행동에 뚜렷한 변화가 따르고 친구와의 관계가 보다 긍정적으로 변화한다는 사실을 발견할 수 있다.

행동수정의 기술은 반응성 애착장애를 효과적으로 치료할 수 있다는 사실이 Buckner et al.(2008)의 단일사례 실험디자인연구에 의해서 확인되었다. 피험자는 생부의 학대를 받든 7세 소녀였다. 그의 퇴화된 사회적 행동은 행동수정의 기술로 완전히 회복되었다. 이들이 사용한 방법은 단일사례 실험법이었다. 청소년의 행동수정을 위해 여러 가지 방법을 쓴다. 그 가운데 하나가 입양이다. 초기에 심한 행동문제를 가진 아이들이 입양 후에 크게 상태가 호전되는 것은 매우 흔하다. 그것은 여러 가지로 설명할 수 있다. 무엇보다도 입양부모로부터 그에 대해 많은 정보를 얻을 수 있다. 또 일단 입양된 아이들에서는 입양 후 상당기간 동안에는 반응성 애착장애나 그에 관계되는 행동증후가 나타나지 않는다(Rutter et al. 2007). 그러나 이와 같은 사실을 바탕으로 한 연구는 통제변인이 분명히 밝혀지지 않았기 때문에 임상적활용으로 일반화시키는 것은 삼가야 한다.

애착이론은 반응성 애착장애 치료기술 개발에 큰 도움이 된다. 애착치료에서는 불안전한 애착관계를 갖는 양육자-자녀관계에서 생기는 갈등을 해소하는데 역점을 준다. 개념상으로 보면 반응성 애착장애와 불안전한 애착관계는 동일하지 않다. 애착치료에서 양호자는 자녀에 대한 무관심의 특성을 교정하는데 역점을 둔다. 양호자는 자녀로 하여금 안정성과 위안감을 가질 수 있게 교육시킬 필요가 있다. 이와 같은 양육자의 노력은 자녀의 행동변화로 이어지고 이는 곧 부모-자녀간의 애착심을 크게 향상시키는 결과를 가져온다. 이는 지금까지 발표된 반응성 애착장애에 대한 견해와 크게 다르다. 즉 전형적 반응성 애착장애는 아동이 감수성이 보장된 양육환경에서 성장한 결과일것이라고 한다. 양육자의 양육 질은 반응성 애착장애 행동유발원이 되지 않는다. 양육자의 양육 감수성이 증진되었다고 해도 반응성 애착장애와 관계되는 행동이 감소되지는 않는다.

일차적 연구결과에서도 반응성 애착장애 관련 행동은 예민성 양육환경에서도 나타난다. 이제 애착에 기초한 치료는 불안정한 관계에서 안전한 관계에서 이뤄져야 한다. 하지만 이는 새로운 애착관계 형성을 의미하지 않는다. 반응성 애착장애 아동은 자신의 양호자에게 선별적 애착심을 표시할 수 없다. 이제 애착치료와 구분되는 새로운 치료방법을 도입할 필요가 있다. 애착을 기반으로 발전시킨 치료프로그램이 곧 아동-부모 정신치료이다. 이 치료프로그램은 부모관계와 사회적 위기수준이 높은 아이들의 애착안정성을 증대시키기 위해 연구개발된 것이다(Lieberman et al., 2006). 이 치료모델에는 여러 가지 특징이 있다. 즉 부모의 양육능력은 자신이 양육받은 경험의 질에 의해서 결정되고 자신의 양육자와 어떻게 상호작용을 했는지 그 질에 의해 결정되는 가정을 기반으로 한 치료프로그램이다. 왜냐하면 애착의 체계는 아이가 자신이 직면한 위협과 안정성을 어떻게 자각하고 그것을 통합했느냐에 따라 그 특성이 결정되기 때문이다.

Cicchetti등이 2006년에 발표한 아동-부모 정신치료결과를 보자. 그들은 피험자에게 아동-부모 정신치료와 심리교육양육치료를 비교하였다. 이는 부모의 양육태도, 부모 양육 스트레스, 그리고 사회적 지지의 특성을 측정하는 것이 주된 목적이었다. 이 연구에서 학대받은 가족과 함께 생활하는 유아들은 그의 어머니와 함께 그의 생활의 질에 대해 전문가의 평가를 받았다. 학대받은 표집은 남아 60명, 여아 77명 모두 137명과 그들의 어머니였다. 학대받지 않은 비교집단은 남아 28명, 여아 24명 모두 52명과 그들의 어머니였다. 치료에 앞서 불안정한 학대집단의 약 90%는 조직을 상실한 애착집단으로 분류되었다. 이들은 학대를 받지 않았지만 빈곤과 같은 어려움을 경험한 아이들이다. 치료 후 아이들의 나이가 약 2세가 되었을 때 아동-부모 정신치료를 받은 집단의 안정된 애착수준은 50%이상 크게 증가하였다. 그러나 통제 집단에서는 애착의 안정성에서 아무런 변화가 나타나지 않았다. 이 결과를 보면 두 치료에서 두드러지게 나타나는 예민한 양육은 일반적 치료요인이 된다는 것을 알 수 있다.

홀딩치료의 기초를 제공한 것은 Welch Martha이다. 이는 환자의 저항적 행동을 억제하기 위해 특정한 환경에 억류시키는 것으로 전통적으로 사용해 오든 강박적 치료를 조금 수정한 치료 기법이다(Hughes, 2014). 치료자는 아동의 방어를 극복시키기 위해 신체적 구속이 필요하다는 것이 주된 주장이지만 실제 여러 가지 문제가 따르는 것도 인정하지 않을 수 없다. 홀딩치료가 소개되기 전에는 재생치료와 같은 강압적 치료를 받다가 목숨을 잃는 사례도 많이 있었다. 이와 같은 단점을 보완하기 위해 비강제성 홀딩이라는 용어가 등장하기도 했지만 치료과정에서 신체적 구속을 피할 수 없다는 점에서는 크게 다르지 않다.

비통제치료에 대한 자세한 기술은 Becker-Weidman(2008)의 저서에서 찾을 수 있다. 그는 비통제기술을 바탕으로 Hughes(2014)가 개발한 치료기법으로 광범위한 발달장애의 치료효과를 검증하였다. 이 실험에는 64명의 학대받은 아동(5-16세)과 그 양육자가 참가하였다. 34명의 아이들은 양부모와 함께 외래진료소에서 정기적으로 광범위한 발달장애치료를 받은 30명의 아이들은 통제집단으로 외래환자 치료를 받았다. 광범위한 발달장애에서는 아동과 양육자 간에 애착관계를 형성하고 그것을 유지하는데 역점을 둔다. 이 치료과정에서는 버림받았을 때, 또 보호시설에서 받은 슬픈 감정도 치료한다. 또 이 치료에는 또 사회적 관계의 형성, 사회적 수용행동형성도 포함된다. 양육자와 아동은 치료자와 함께 치료에 참석한다. 실제 치료에서는 건전한 애착심을 학습하기, 수치심 경감, 건전한 신체적 학습을 하게 된다. 이로서 이들은 외상과 관계되는 경험을 새롭게 학습할 수 있고 경험을 새롭게 통합시키는 경험을 하게 된다.

광범위발달치료에서는 아동과 양육자 간의 애착관계를 발달시켜 그것을 유지하는 데 역점을 둔다. 이 과정에서 양육자의 도움을 받아 부정적 내적 변화를 가져올 것으로 가정한다. 치료 후 광범위발달장애치료에서 오는 문제행동과 부정적 행동증후에서 벗어날 수 있다는 사실을 치료자에게 보고한다. 또 불안, 우울증이 크게 감소되었다는 사실도 보고한다. 광범위발달장애의 장기 치료효과가 Becker-Weidman(2008)의 연구에서 입증되었다. 측정된 광범위 발달치료효과가 4년 이후까지도 크게 변하지 않고 유지된다는 사실이 발견되었다. 광범위발달치료의 연구는 과학적 근거검색을 시도한 점에서 큰 의미를 가진 것으로 평가되지만 거기에도 몇 가지 제한점이 있다. 무엇보다도 쉽게 접할 수 있는 치료방법을 제시하지 못하고 있다는 점이다. 즉 쉬운 특별한 치료기법을 간략하게 제시 못했다는 점이다. 또 반응성 애착장애에 대한 진단이 불분명한 것이 큰 결점으로 지적될 수 있다.

반응성 애착장애를 유발하는 위험요소는 매우 다양하다. 그 가운데 비중이 큰 요소는 양육기관의 양육이다. 그러므로 이를 비정상적 양육의 지표로 삼는다. 따라서 반응성 애착장애 아동에 대한 치료의 연구는 양육원에서 양육되는 아이들에 대한 치료연구로 이뤄진다. 이들이 선호하는 치료법은 무작위통제실험법이다. Turner et al. (2007)는 양육아의 행동 질을 향상시키기 위해 양육자에 대해 인지 행동치료를 하였다. 아동의 행동문제와 정서적 문제의 치료를 위해 양육자의 양육태도를 변화시키는데 역점을 둔다. 이 과정에서 아동은 치료대상에서 배제한다. 이 실험에서 아동의 태도에는 전혀 영향이 없었고 인지행동치료를 받은 양육자가 아동을 양육하는데 전혀 영향을 주지 못했다. 아동의 수용조건변화에도 어떤 영향이 나타나지 않았다는 몇 가지 사실이 발견되었다. 인지행동치료에 의한 반응성 애착장애행동의 변화는 기대하기 어렵다. 그에 대한 대안치료로서 양부모에 대한 치료 프로그램을 도입했을 때 반응성 애착장애와 관련되는 행동은 그들이 개발한 질문지로서 평가하였을 때 그들의 행동이나 정서에 뚜렷한 개선의 증후가 나타나기 시작했다(Minnis et al., 2001).

제Ⅲ부 성인의 정신병리

제14장

치매/인지기능장애

치 매

치매는 신체적으로 극히 정상적인 사람에서도 나타나는 인지기능의 손상상태이며 그 발병요인은 매우 다양하다. 일반적으로 생각할 수 있는 주요인은 뇌 손상이나 신체적 손상이다. 치매는 65세 이상 노년의 5%에서 흔하게 볼 수 있다. 경우에 따라서는 65세 이전에 발병하는 수도 있는데 이를 조기발병치매라고 부른다(Fadil et al., 2009). DSM-5에서는 신경인지장애라는 다른 이름을 쓰고 있다. 치매는 단일 질병이 아닌 비특수성 증후이다. 인지기능장애는 기억, 주의, 언어, 그리고 문제해결능력 등 여러 도메인에서 나타난다. 이러한 기능 손상이 보인다고 해서 곧 치매로 진단해서는 안 된다. 그 증후가 최소한 6개월은 지속되어야 한다. 인지손상기간이 극히 짧을 때에는 섬망 혹은 망상으로 진단한다. 치매는 후천적인 인지기능의 전체적인 쇠퇴현상으로 다른 질병과 같이 개인의 일상활동에 부정적 영향을 준다. 이 장애는 다른 장애와는 달리 멀쩡한 의식상태에서 일어나는 것이 특징이다 (WHO, 1993 ; APA, 1994).

기억력 쇠태는 치매의 진단에 있어서 필수적인 조건이다. 기억력의 변화는 진단에 있어서 중요한 조건이고 이는 점진적으로 쇠퇴한다. 한때 치매는 퇴치되지 못한다는 비관론도 있었으나 지금은 사정이 크게 달라졌다. 다소 낙관적 치료효과도 기대할 수 있다. 치매에는 크게 알츠하이머병, 혈관성 치매, 그리고 레비체 치매로 분류된다. 치매의 특성은 뇌에 대한 사후 검사에서 밝혀진다. 치매에서는 망상이 일찍 나타난다. 기억력 손상은 일차적인 쇠퇴로 장기간 지속되지 않는다.

알츠하이머병은 발병시기가 불분명하다. 언제 발병했는지 모르는 가운데 점차적으로 그 정도가 심해진다. 이 때 기억력과 학습능력이 크게 쇠퇴한다. 혈관성 치매는 기억력이 단계적으로 서서히 쇠퇴한다. 완전히 쇠퇴되기까지 안정성과 회복기간을 거치면서 점진적으로 진행된다. 고령자의 인지적 기능이 쇠퇴한다는 사실은 부인하지 못하지만 그것은 치매의 진단기준과 부합되지는 않는다. 이들의 지적 쇠퇴는 일상생활에 지장을 줄 정도는 아니다. 여러 해에 걸쳐 진행되면서 그때마다 여러 가지로 다르게 진단된다. 인지기능은 다소 쇠퇴되어도 일상생활에는 큰 불편이 없다. 현대용어를 쓰자면 이들의 특성은 가벼운 인지적 손상으로 진단할 수 있다. 발병시기가 불분명한 알츠하이머병의 경우 병적상태가 현저하게 나타날 때에는 정상과 다른 점을 쉽게 발견할 수 있다.

가벼운 인지적 기능 손상자의 50%는 5년 내에 치매로 발달할 가능성이 높다는 주장도 있다. 하지만 확실한 근거가 입증된 것은 별로 많지 않다. 역학적 연구를 종합해 보면 80세가 되면 뇌에 병적 변화가 생기는 것으로 알려졌다. 이는 혈관의 변화나 알츠하이머병의 변화, 혹은 이 두 가지의 변화로 생각할 수 있다(Snowdon, 2003). 가벼운 인지적 손상의 변화는 치매의 위험이 높은 것으로 비칠 수도 있는데 이는 치매 연구자에게는 매우 귀중한 지표로 사용된다.

치매는 경제적 측면에서, 또 의료적 측면에서 조심스럽게 다뤄져야 되는 범국가적 사업이다. 치매의 예방과 치료에 대한 국가적 사업이 소홀해지면 인류의 역사에서 경험해 보지 않은 재앙을 받게 된다는 것이 전문가들의 주장이다. 2008년 전 세계 치매인구는 3,000만으로 집계되었고 2030년에는 5,900만으로 증가될 것으로 추정되었다(Ferri et al., 2005). 이에 따라 그에 따른 사회적 비용도 전반적으로 크게 증가하고 있다. 영국의 경우 매년 치매관리에 소요되는 비용은 증가하고 있다(Knapp & Prince, 2007).

연령은 치매연구에서 매우 중요한 변인이다. 전체적으로 65세 이하 치매 발병은 0.1%도 되지 않지만 80세 이상의 20%에서는 치매 위험률이 매우 높다. 치매에서 쉽게 발견할 수 있는 현상은 인지기능의 변화이다. 그러므로 임상가는 이 점에 특별한 주의를 기울일 필요가 있다. 인지기능 외에 비인지적 특성, 치매의 행동, 심리적 증후, 우울증, 불안, 환각, 망상, 도전적 행동에도 관심을 가질 필요가 있다.

알츠하이머 병에는 여러 가지 정서적 장애가 따른다. 환자의 1/5–1/6에는 피해망상이 따른다. 환자의 30%는 사물이나 인물을 잘못 인지한다. TV나 건물에 비치는 사물이나 인물을 실제 인물로 잘못 확인하기도 한다. 환자 가운데 시각적 환각이나 청각적 환각장애를 수반하는 치매도 1/10이 넘는다. 치매와 우울증은 동시에 나타나기도 한다. 30%의 치매환자는 불안과 우울증을 호소하기도 한다.

치매 그 자체는 단일 장애가 아니다. 거기에는 기억력의 쇠퇴, 의사소통의 장애, 그리고 사고기능의 장애가 따른다(National Institute of Neurological Disorders and Stroke, NINDS, 2013). 근래에 와서 인간의 수명이 길어지면서 치매에 대한 관심이 크게 늘었다. 이것을 마치 장수의 산물로 오해하는 경향이 있다. 나이가 많은 사람 가운데 인지기능이 잠시 쇠퇴하는 현상도 흔히 볼 수 있다. 이는 정상인에서도 흔히 볼 수 있는 인지력의 하락현상으로 치매는 아니다. 왜냐하면 이는 자기는 물론 다른 사람의 생활을 해치지 않기 때문이다. 치매라는 용어는 일상생활에 부정적 영향을 주는 두 개 이상의 증후를 기술할 때 쓴다.

치매의 임상적 증후

치매의 증후는 환자가 스스로 경험한 것과 그 주변사람의 눈에 띄는 것이 크게 다르지 않다. 치매의 진단은 미국 가정의학회가 2001년에 출간한 기준에 따른다(American Academy of Family Physicians, AAFP, 2001). 이는 증후를 중심으로 진단한다. 증후는 여러 가지 형태로 나타난다. 최근의 기억을 손실한다. 동일한 질문을 반복한다. 이전에 경험한 것을 쉽게 망각한다. 친숙한 과제 수행을 완수하기가 어렵다. 준비할 음료나 식사준비를 잊어버리는 일이 많다. 의사소통이 어렵다. 언어의사소통과정에서 단순한 어휘를 쉽게 잊어버린다. 의사소통과정에서 어휘를 잘못 활용한다. 방향감각이 없다. 시간과 장소지각이 손상된다. 친숙한 거리나 장소를 찾아가는 것이 불가능하다. 외출하다가 자기 집을 찾아오지 못한다. 판단력 저하. 자주 자기의 나이를 잊어버린다. 잠시 동안 자기 집을 떠나 방황한다. 추상적 사고의 장애·금전적 거래가 어렵다. 물건을 잘못 챙긴다. 물건 둔 곳을 잘 기억하지 못한다. 기분이 심하게 변한다. 성격변화가 있다. 안절부절 못한다. 다른 사람을 대하는 것을 두렵게 여긴다. 솔선수범 능력이 없다. 어떤 일을 시작할 때 앞장서지를 못한다.

치매는 단순히 기억력의 손상만 문제되지 않는다. 거기에는 추리, 파지의 기능손상, 감정과 활동 패턴의 상실도 따른다. 치매는 정신적 심리적 기능을 손상시키기 때문에 삶의 질이 악화되어 입원으로 이어지는 수도 있다. 상태가 악화된 치매는 자기 자신을 부정하고 행동의 일관성을 상실하게 된다. 치매는 행동의 조직력을 상실하기 때문에 매우 부적절하게 행동하고 안절부절하지 못한다. 낮에 정처 없이 방황하기도 한다. 그 상태가 더 심해지면 밤중에도 밖에서 방황하기도 한다. 치매는 자기 가족을 가족이 아니라고 부정하기도 한다.

DSM-5에 처음으로 신경인지장애라는 진단 용어가 소개되었다. 이는 DSM-Ⅳ에서 사용하는 치매, 기억상실증, 기타 인지적 장애를 새롭게 이름 붙인 것이다. 치매라는 용어는 의사와 환자들이 선호하는 용어로서 노령 층에서 나타나 퇴행성 장애와 같이 관행적으로 사용되고 있다. 이와는 달리 신경인지장애는 외상성 뇌손상이나 HIV 감염을 겪은 사람들에게 부치는 용어로서 그 의미가 넓은 개념이다.

신경인지장애는 섬망 상태에서 시작되며 주 신경인지장애, 가벼운 신경인지장애, 그리고 그들의 병리적 하위 유목이 포함된다. 신경인지장애에서는 매우 다양한 증후가 나타난다. 즉 알츠하이머병에서 기인한 신경인지장애, 혈관성 신경인지장애, 뇌의 신경세포 쇠퇴에 기인한 신경인지장애, 루이체 장애를 가진 신경인지장애, 파킨슨병에 기인한 신경인지장애, 전두측두 치매, 외상성 뇌 손상에 기인한 신경인지장애, HIV/AIDS 바이러스 신경인지장애, 물질/약물복용에 의한 신경인지장애, 헌팅턴병에 기인한 신경인지장애, 프리온병에 기인한 신경인지장애, 또 다른 의학적 질병에 기인한 신경인지장애, 여러 가지 원인에 기이한 신경인지장애, 특수화 되지 않은 신경인지장애 등.

신경인지장애는 여러 가지 장애를 포함하는데 일차적 임상적 증후는 인지기능의 손상이다. 이들은 선천적인 것보다 후천적인 것이 많다. 치매는 유형도, 그것을 유발하는 원인도 매우 다양하다. 동일한 유형의 치매에서 나타나는 증후도 조금씩 다르다. 증후는 서로 중복되는 경우가 많기 때문에 증후만 가지고는 치매의 진단은 매우 어렵다. 정확한 진단을 위해서는 뇌 투시와 같은 고도의 검사가 필요하다. 일반적으로 진단을 내리기 위해서는 나타난 증후가 최소 6개월 이상 지속되어야 한다. 단기간 지속되는 인지기능의 손상도 있는데 이는 치매로 진단하는 것 보다 섬망으로 진단하는 것이 타당하다. 섬망은 치매와 혼동하기 쉽다. 왜냐하면 그들에서 나타나는 증후가 서로 비슷하기 때문이다.

섬망은 갑작스럽게 나타나며 지속기간은 몇 시간에서 몇 주간 비교적 짧다. 이는 신체적 장애와 관계가 있다. 치매는 뇌졸증이나 혹은 외상을 제외하고는 잠행적으로 진행되며 몇 개월에서 몇 년까지 점차적으로 장기간에 걸쳐 뇌의 기능을 퇴화시킨다(Caplan & Robinowitz, 2010). 우울증과 정신병을 포함한 정신적 질환에서 나타나는 증후는 섬망과 치매에서 나타나는 것과 조심스럽게 차별화되어야 한다.

치매의 유발요인

치매의 일차적 원인은 죽어가는 뇌세포에서 찾을 수 있다. 뇌세포의 사멸은 상당기간을 두고 점진적으로 이뤄진다. 발병요인에 따라 진단 특성이 크게 달라진다. 알츠하이머 치매는 뇌 손상의 결과이다. 이는 점진적인 뇌세포의 사멸에서 그 원인을 찾을 수 있다. 혈관성 치매는 뇌 손상과 같은 심장혈관장애의 결과이며 뇌에 있어서 혈액의 정상적 흐름을 방해한다. 외상후 치매는 외상에 의한 뇌세포 사멸결과이다. 외상성 뇌의 손상은 치매의 주요 원인이 된다. 운동선수는 지속적으로 그리고 반복적으로 뇌의 손상을 경험하고 그것을 축적시키기 때문에 그것이 후에 치매를 유발하는 원인으로 작용한다.

점진적 뇌세포의 사멸은 알츠하이머 치매의 일차적 유발원인이 다. 미국의 경우 치매환자의 60-80%가 알츠하이머 치매이다. 전체 치매환자의 큰 비중을 차지한다(Alzheimer's Association, 2013). 알츠하이머 치매는 주요 뇌세포끼리 얽혀 생긴 플라크 현상으로 생각할 수 있다. 이들 모두가 단백질 이상 현상으로 플라크 안에서 베타-아밀로이드를 형성하여 이들이 타우단백질의 통합 형성을 저해한다. 이와 같은 과정은 뇌의 질병에서 흔하게 관찰된다. 하지만 그것이 다른 장애를 유발하는 것인지는 불확실하다(National Institute of Neurological Disorder and Stroke, NINS, 2013). 알츠하이머 치매의 신경세포는 다른 세포와의 연결이 잘되지 않아 결과적으로 뇌의 전체 크기가 줄어든다.

레비체 치매는 뇌의 이상구조와 관계되는 신경퇴화에 의한 치매로서 이는 알파시누크레인이라고 부르는 단백질의 변화가 큰 원인으로 작용한다(Alzheimer's Association, 2013). 두 가지 이상의 치매가 동시에 발병할 때 혼합형 치매라고 부른다. 레비체 치매와 알츠하이머 치매가 동시에 발병하는 것은 흔한 일이다. 세 가지 유형의 치매가 결합되어 나타나기도 한다.

치매에서는 파킨슨병과 헌팅턴병이 현저하게 나타난다. 파킨슨병에서는 레비체의 손상이 두드러지게 나타나는데 이는 뇌의 기능을 점차적으로 손상시킨다. 파킨슨병의 뇌에서는 통제불가능 한 움직임이 나타난다. 그러나 그것이 치매의 원인이 되지 못한다. 이는 손상된 단일 유전인자의 결과이다. 이 발병 연령은 20세에서 80세로 매우 발병 폭이 넓다. 30-50세 사이에서 가장 많이 발견된다.

치매의 증후는 피크병으로 알려진 전두측두 손상과 정상 압력 뇌수종으로 나타난다. 알츠하이머병에서 나타나는 것과 동일한 이상조직에서 오는 후피질위축과 다운증후군으로 나타난다. 치매의 발병요인은 치매의 유형에 따라 다르다. 외상적 뇌 손상은 뇌의 백질을 손상시킨다. 뇌 안에서 벌어지는 혈액공급이나 산소공급이 일시적으로 정지되며 저산소성 허열성 손상, 뇌졸중, 허혈성 뇌졸중, 지주막하, 경막하역 혹은 감염, 뇌막염은 뇌에 영향을 줘 간질발작을 일으키고, 급성 뇌수종은 장기간 인지기능에 부정적 영향을 준다.

과도한 알코올 섭취는 알코올 치매, 베르니케 뇌병변 혹은 코르사고프 정신병을 유발한다. 신경기능 쇠퇴 질병은 치매를 유발하는 주요 요인이다. 이는 장기간에 걸쳐 점진적으로 상태가 악화되는 것이 특징이다. 이는 일차적으로 뇌세포를 자극해서 세포의 기능을 회복할수 없게 만든다. 매우 일반적인 것은 아니지만 비쇠퇴 조건은 이차적으로 뇌세포에 영향을 준다. 이는 치료결과에 따라 기능이 회복될 수도 있다.

치매의 발병원인은 증후가 나타난 연령에 따라 다르다. 노령인구의 경우(보통 65세 이상) 대다수의 치매는 알츠하이머병, 혈관성 치매, 혹은 두 가지 치매로 나타난다. 레비체 치매도 매우 흔하게 나타나는데 이도 위에 소개한 원인에 의해서 발병한다(Neuropathology Group, 2001). 갑상선 기능저하는 인지기능이 점진적으로 쇠퇴되지만 치료를 통해 완전히 회복이 가능하다.

가장 일반적인 혈관성 치매 증후로는 카다실증후군, 메라스증후군, 유전적 아미노산의 신진대사장애인 호모시스티누리아, 뇌의 회백질 손상에 의한 빈스방거병, 뇌동맥의 위축으로 혈액순환 장애를 일으키는 모야모야병 등을 들 수 있다. 빈번하게 두부손상을 받는 권투선수는 만성적으로 외상적 뇌장애를 입을 위험수준이 높다. 정상적 기능을 가진 40세까지의 정상 성인은 신경학적 질병이나 특별히 질병이 없이는 치매가 되지 않는다. 이 연령집단에서 점진적인 인지기능이 쇠퇴되는 사람이 있는데 정신병, 알코올, 약물복용 혹은 신진대사의 장애가 원인으로 작용할 수 있다. 특정한 유전적 장애가 신경성 치매의 발병원이 될 수도 있다.

모든 연령층에서 기억력 문제를 호소하는데 이는 신경퇴행성 질병이라기보다 우울증으로 보는 것이 타당하다. 모든 연령층에서 비타민 결핍과 만성감염증을 호소한다. 그들은 치매 이전에 다른 증후를 호소하는데 의태성 퇴행치매로 나타나기도 한다. 크로이츠펠트-야코프병은 매우 희귀한 퇴행성 신경성 질환으로 치매를 유발한다. 이는 단백질 장애의 질병인 프리온에서 시작하여 수주 혹은 수개월에 걸쳐서 치매상태가 악화되는 것이 특징이나 느린 속도로 점진적으로 치매가 때로는 급진적으로 진전되는 경우도 있다. 다른 한편 뇌질환 혹은 섬망은 느리게 발전하여 치매와 유사하게 발전한다. 이 장애의 원인으로 뇌감염 혹은 염증, 림프증 혹은 약물에 의한 독성간장애 혹은 신장장애, 그리고 만성 급성경막하 등을 생각할 수 있다.

치매의 검사와 진단

치매의 정확한 진단을 위해 여러 가지 심리학적 교육학적 검사는 물론 자기공명단층촬영과 같은 고도의 기술을 요하는 신경생리학적 검사도 한다. 치매에 대한 정확한 진단을 위해서는 인지검사가 필요하다. 치매검사를 위해 개발된 인지검사의 종류도 매우 다양하다. 5-15분대에 검사할 수 있으면서 높은 신빙도가 보장되는 검사를 사용하면 큰 도움이 된다(Sager et al,. 2006; Fleisher et al.,2007; Karlawish & Clark, 2003). 치매 진단을 위해 친척이나 양호자에게 환자의 일상생활에서 나타나는 인지기능의 특성을 평가하게 하는 방법도 있다. 이런 종류의 검사 가운데 가장 신빙성이 높은 것은 호주 멜버른 대학 교수 Anthony Jorm의 *IQ CODE*이다. 임상신경심리학자는 인지검사를 실시하고 그 결과를 바탕으로 조언을 한다. 이 검사를 통해 치매의 특성에 따른 여러 가지 기능적 패턴을 찾게 된다. 이들은 기억력, 속도, 주의, 언어기능은 물론 정서적 심리학적 적응에 대한 정보도 얻을 수 있다.

내담자의 특성을 보다 정확하게 이해하기 위해서는 내담자의 기억력과 인지기능의 건전성은 *AMTS*와 같은 표준화된 검사를 사용해서 객관적으로 검사해야 한다. *AMTS*는 네 나이는 몇이냐? 지금 몇 시냐? 내가 너에게 말하는 주소를 반복하라. 금년은? 네가 있는 병원의 이름은? 너에게 도움을 주는 (의사, 간호사) 두 사람의 이름을 인지여부? 너의 생년월일? 세계대전이 일어난 해는? 대통령의 이름? 20에서 1까지 역으로 읽기 등과 같은 10개 문항으로 구성되어 있다. 정확한 답에는 각각 1점을 준다. 7점 이상은 정상이나 6점이나 그보다 낮으면 인지기능의 쇠퇴로 간주한다(Burleigh et al., 2002).

*PGCOT*검사는 호주 뉴사우스 웨일즈 대학교에서 연구 제작된 것으로 *AMTS* 보다 간단하게 피험자의 정신능력을 평가할 수 있다. 실험자는 피험자에게 하얀 종이에 둥그런 원이 그려진 종이 한 장을 준다. 피험자에게 그 위에 11시 10분을 알리는 바늘을 그려 넣게 한다. 그 결과를 바탕으로 치매에 대한 검사는 끝난다. 보다 정확한 정보를 얻기 위해 다음 단계의 검사를 실시한다. 이 검사는 제보자와의 면담이다. 이 면접에서는 근자에 있었던 사건이나 대화의 내용, 정확한 어휘나 부적절한 어휘 사용, 금전 사용이나 약물복용, 보다 건전한 교통수단 이용 등에 관계되는 정보를 수집하는데 역점을 둔다. 이 검사에서 기억손실이 의심될 때에는 표준화된 검사, 예를 들면 관행적 혈액검사, 컴퓨터 촬영, 뇌 촬영 등을 추가 할 필요가 있다.

*MMSE*는 보다 수준 높은 인지기능검사로서 보다 효과적으로 정신기능을 검사할 수

있다(Alzheimer's Association, 213; NICE, 2006). *MMSE*는 시간과 장소에 대한 오리엔테이션, 어휘회상, 언어능력, 주의와 계산, 시공간 기능력을 측정하는 문항으로 구성 되어 있다. 사물의 이름을 맞추는 것을 검사한 후에는 그에 대해 평가를 한다. 이 때 구두나 서면 보고 어느 방법도 좋다. 자발적으로 정확하게 문장을 쓰고 복잡한 주어진 자극을 정확하게 복사할 수 있는지 검사한다(National Institute of Neurological Disorders and Stroke, 2013). 이 검사에서 최고점은 30점이다. 24-27점 이하는 치매의 가능성이 있고 이 점수보다 높을 때에는 정상으로 간주한다. 이 검사결과를 해석하는데 있어서 교육수준, 언어와 문화, 감각기능의 손상, 정신의학적 기능 등이 고려되어야 한다. *MMSE*는 알츠하이머병에 의한 치매의 진단에 도움이 되고 약물치료의 가능성에 대한 정보를 얻는데 도움이 된다. 가벼운 정도의 알츠하이머병은 *MMSE* 점수 26점 이하, 20점 이하는 알츠하이머 병 중간 정도의 장애, 10점 이하는 아주 심한 알츠하이머병으로 각각 진단분류가 가능하다(NICE, 2006; Alzheimer's Society, 2013).

발병원인을 찾기 위해 관행적으로 혈액검사를 한다. 이 검사에는 비타민 B12, 엽산갑상선자극호르몬(TSH), C반응성담백, 풀블러드카운트, 전해액, 신장기능, 간 효소 등이 포함된다. 치매 진단을 위해 자기공명단층촬영은 필수다. 신경검사에서 큰 신경학적 문제가 발견되지 않지만 이를 통해 치매의 원인이 될 수 있는 정상적 압력 하이드로세파루스는 물론 다른 치매에 관계되는 정보를 얻을 수 있다.

장기간 지속된 지적기능장애를 발견하는데 단일광자방출단층촬영(Single Photon Emission Computed Tomography, SPECT)과 양전자방사단층촬영(Positron Emission Tomography, PET)은 매우 큰 도움이 된다. 이는 임상적 검사나 인지검사와 유사한 기능을 하기 때문이다. SPECT는 알츠하이머병과 혈관성 장애를 구분하는데 큰 도움이 되며 임상적 검사에 의한 것보다 월등하게 좋은 정보를 제공한다. 근래에 와서 피츠버그합성 B 방사추적 PIB(Pittsburgh Compound B Radiotrace, PIB)와 PET가 알츠하이머병을 포함한 여러 가지 치매를 감별 진단할 수 있다는 사실이 밝혀졌다. 호주에서 수행된 한 연구결과를 보면 PIB-PET는 가벼운 치매 환자가 2년 내에 알츠하이머병 환자로 악화된다는 사실을 86%까지 정확하게 진단이 가능하다는 사실이 발견되었다. 66명을 대상으로 한 미시간 대학교에서 다른 방사선 트레이서를 사용한 연구에서는 탄소11 이수화 베나진(Carbon-11 Dihydrotetra Benazine, DTB)은 가벼운 인지장애나 가벼운 치매의 1/4 이상을 정확히 진단할 수 있다.

치매의 치료

미국의 보훈병원에서는 환자의 현실감각을 증진시킬 목적으로 치료과정에서 인지기능의 강화에 큰 비중을 둔다. 근자에 와서는 같은 목적으로 컴퓨터나 인터넷 프로그램을 사용하기도 한다. 이러한 접근법은 서로 다른 용어를 사용하기 때문에 일관성을 찾기가 쉽지 않다. 인지적 자극법은 효과적인 치료의 방법으로 특정한 장소에 대한 오리엔테이션을 강화시키는 것으로 보조 자료를 쓰기도 하고 환경을 변화시키기도 한다. 이 과정에서는 기억력을 되살릴 수 있는 자료는 모두 활용한다. 현실 오리엔테이션은 교실에서 집단으로 실시할 수도 잇다. 가장 오랜 역사를 가진 인지자극치료는 1주에 3-4번 실시할 수 있으며 1회에 요구되는 시간은 30분이면 충분하다. 초기의 인지자극치료에서는 14회의 치료기간이 필요했다. 1주에 2-3회 실시하는데 1회치료에 소요되는 시간은 60-90분이다. 치료에서 사용할 자료는 긍정적 결과를 가져오는 사건, 회상자료를 사용한다(Spetor et al., 2006).

인지자극치료는 NICE(2006)도 인정하는 효과적 치매치료 기법이다. 이 치료의 효과는 아세틸콜린나, 에스트라제 억지제의 복용에서 나타난 효과보다 월등하게 높다.

인지자극치료는 치매진단을 받은 모든 사람 특히 장소, 인물, 시간감각이 퇴행된 사람에게 필요하며 이는 가족이나 많은 훈련을 받지 않은 사람도 시술할 수 있다. 인지자극치료는 세계생물학적 정신의학회에서도 인정하는 치료기법으로 이는 기분을 포함한 신경정신의학적 증후치료에 큰 효과가 있지만 그 결과에는 일관성이 보장되지 못한다(Livingston et al., 2005).

현실오리엔테이션치료는 치매치료에 큰 효과가 있다. 이와 같은 사실은 Spector et al.,(2000)의 메타분석의 결과에서 입증되었다. 인지자극치료의 효과는 무작위통제실험 분석결과에서도 입증되었다. 그들은 환자를 무작위로 뽑은 정상치료 집단과 2주마다 14회에 걸쳐 인지자극 훈련 집단에서 나타난 치료효과를 검사한 결과 인지자극 치료집단의 호전수준이 현저하게 높다는 사실을 발견하였다. 그 효과는 약물치료를 받은 알츠하이머병 집단보다 월등하게 좋았다. 그 효과는 6개월 이상 지속되어 경제적 측면에서도 환자에게 큰 도움이 되었다. 가정에서 양호자의 인지자극치료를 받은 137명의 인지기능이 크게 향상된 사례도 있다. 인지자극치료와 신체적 훈련을 병행하였을 때 인지기능과 감정상태가 뚜렷하게 호전되었다(Olazaran et al., 2004).

인지훈련은 특정한 인지기능 과제를 지도자의 지시에 따라 수행하는 훈련기술이다. 이 과정에서 사용되는 인지과정은 기억, 주의, 그리고 문제해결과 같은 일상생활과제 등이다.

뇌는 원래 근육과 유사한 데가 많다. 규칙적인 근육운동은 신체적 기능을 향상시키는 것과 같이 뇌도 규칙적으로 운동시키면 특정 기능이 향상되어 장기간 유지된다. 인지훈련은 건강한 노인이나 가벼운 인지적 결함이 있는 노인을 훈련시키는데 널리 사용된다.

개발된 인지훈련의 기술은 다양하다. 실제 훈련에서는 지필검사 형태를 취할 수도 있고(Davis et al., 2001), 컴퓨터프로그램을 사용할 수도 있다. 또 가정생활의 활동을 유추해서 만든 프로그램을 활용할 수도 있다(Loewenstein et al., 2004). 실제 훈련에서는 치료자가 환자와 직접 대면할 수도 있고 집단을 대상으로 치료자가 치료에 깊이 관여하기도 한다. 인지훈련은 최소한의 훈련을 받은 사람이면 가정에서 치료를 수행할 수 도 있다. 인지훈련의 효과에 대해 전문기관, 예를 들면 세계생물정신의학회(Livingston et al., 2005)나 NICE(2006)에서는 언급하지 않고 있다. 이로 보아 인지훈련의 효과는 보다 깊이 고려해야 할 것 같다.

Sitzer et al.(2006)은 알츠하이머병자에 대한 인지훈련 효과를 검사할 목적으로 17개의 연구결과를 메타분석하였다. 모든 연구에서 치료효과는 보통수준이었다. 그들은 회복책략과 보상책략을 구분하였다. 전자는 일반 인지자극과 반복기억을 포함하고 후자는 외적 보조장치, 기억, 과정학습을 포함하고 있다. 회복책략은 효과의 크기가 크게 나타났고 일반 자극기술의 효과는 5개의 연구 가운데 4개의 연구에서 그 효과가 크게 나타났다. 또 이 연구에서 개별치료 효과의 크기가 집단치료의 효과의 크기보다 현저히 크게 나타났다. 또 이 연구에서 낮은 치료효과의 크기는 연구디자인의 측면에서 보다 질이 높은 것으로 밝혀졌다. 치료효과의 크기는 연구결과에 따라 다르다. 자기평가의 치료효과는 제보자가 평가한 것 보다 낮게 나타났다.

무작위통제실험 디자인을 사용한 치료결과를 보면 인지훈련은 치매치료에 크게 도움을 주지 못했다. 보다 구체적인 연구결과를 보자. Heiss et al.(1994)는 26주간 기억, 지각, 근육운동훈련을 받은 집단과 중간정도인 알츠하이머 환자 치료결과를 비교하였다. 26주 후 두 집단 간에 어떤 차이도 나타나지 않았다. Cahaweiner et al.(2003)은 6주간 기억훈련 프로그램집단에게 6주간 다른 교육 및 지지집단의 기억측정 결과와 비교하였다. 신경심리학적 검사결과에서 기억훈련이 좋은 영향을 주었다는 사실도 발견되었다. 훈련을 통해서 부분적으로 긍정적인 효과를 얻은 연구도 있다.

Davis et al.(2001)는 매주 1시간 훈련을 받은 집단과 초기 알츠하이머병 환자의 수행결과를 비교하였다. 훈련과제는 얼굴–사람의 연합, 일정한 간격을 두고 보상하는 방법과 개인정보를 반복하는 방법을 비교하였다. 훈련이 끝난 후 훈련 집단에서는 자신이 평가한 기저선 보다 크게 향상되었다는 사실을 발견하였다. 여러 신경심리학적 검사 가운데 훈련받은 집단의 주의과제의 점수가 약간 높았다. 그러나 우울증이나 자기생활에 대한 자아평가의 결과에서는 큰 차이를 발견할 수 없었다. 인지훈련의 치료효과는 매우높다(Loewenstein et al. 2004). 인지훈련의 효과가 크다는 사실을 입증한 신경심리학적 평가결과도 있다. 치매환자를 매일 한 시간씩 기억, 문제해결 훈련을 시키고 플라시보 치료를 받은 78명의 치료결과를 비교하였다. 그 결과 치료집단에서는 치료효과가 두드러지게 나타났다. 이와 같은 사실은 훈련집단의 양육훈련을 맡은 양호자의 평가결과에서 밝혀졌다.

인지회복치료에서는 환자 개인의 문제를 밝히는데 역점을 둔다(Clare, 2007). 여기서는 인지과제수행기능보다는 일상생활행동의 기능을 강화하는데 역점을 둔다. 실제 치료에서는 회복, 보상 혹은 환경수정 중 어느 하나의 영역에 관심을 갖게 된다. 치료목적은 기억가능력을 향상시키거나 혹은 매일일상과제를 보다 장기간 유지할 수 있게 훈련시키는데 있다. 이는 여러 가지 기술을 필요로 한다. 기억능력을 강화시키기 위해서는 외적 보조 자료가 필요하다. 피험자가 보다 효과적으로 과제를 수행할 수 있게 하기위해서는 의미적 평가, 중다기억, 피험자가 수행할 과제 같은 것을 활용할 필요가 있다(Bird & Kinsella, 1996).

환자 개인의 일상생활 수행기능을 강화하고 그것을 장기간 보존시키기 위해서는 환자 개인이 수행한 것을 활용하는 것이 바람직하다. 외적 기억보조자료는 쇠퇴한 기억기능을 회생시키는데 도움이 된다. 보조자료는 매우 다양하다. 기억책자, 기억지갑 등은 상실된 기억능력을 회생시켜 사회활동을 지속하게 하는데 도움을 준다(Bourgeois, 1990). 이정표검사도 친숙하지 못한 환경 적응에 도움이 된다(Hanley, 1981).

특별한 교육방법은 기억력 유지에 크게 도움이 된다. 초기 알츠하이머병 환자에게 친구의 이름을 교육시켰다. 그들은 도움을 주는 중다요인법, 단서를 삭제시키는 데, 시간 간격을 두고 기억시키는 방법 등을 사용한 결과 훈련 후 기억이 크게 향상되었고 그 효과는 2년 이상 지속 유지된다. 초기의 알츠하이머 환자에게 그를 지지하는 사람의 이름을 가르친다. 일정한 훈련을 받은 후 환자의 91.40%는 회상성적이 크게 증가한다. 가벼운 알츠하이머 환자가 안면-성명 연합훈련을 받으면 식별기능이 호전된다. 그러나 통제집단에서는 어떤 호전도 발견할 수 없었다. 그 호전된 기억능력은 상당기간 지속된다. 치료에 대한 반응에서 큰 개인차가 나타났는데 자신의 기억력이 떨어진다는 사실을 지각하고 있는 사람일수록 더 많은 것을 기억할 수 있다는 사실이 이 실험에서 밝혀졌다.

치매의 예방과 약물치료

현대의학으로는 죽은 뇌세포의 기능을 회복시키는 것은 불가능하다. 그러므로 질병 원인을 찾아서 치료하기 보다는 그 발병을 예방하는데 역점을 두고 있다 (National Institute of Neurological Disorders and Stroke, 2013; Alzheimer's Association, 2013). 만일 치매의 증후가 회복 가능한 원인에 의해 생긴 것이라면 뇌세포의 사멸을 예방할 수 있고 조직손상을 성공적으로 예방할 수 있다. 알츠하이머병은 약물 사용으로 경감시킬 수 있고 개인 생활의 질을 증대시킬 수 있다. 이런 목적으로 콜린에스테라제 제지제, 도네페질(아리셉트), 가린타민(레미닐), 타크린(코그넥수)등이 널리 사용된다. 그 외에도 메만틴(나멘다), 나메나 수용기 길항체가 단독으로, 혹은, 다른 약 콜린에스테라제 제지제와 결합되어 치매 치료에 사용된다. 콜린에스테라제 제지제는 도네페질과 같은 파킨슨병 치료에 큰 도움이 된다.

제15장

알코올장애

알코올장애

알코올에 의한 다양한 심리적 장애를 알코올과 관계되는 장애 혹은 알코올장애라고 한다. 이는 알코올사용장애와 알코올유도성장애로 크게 분류된다. 전자는 다시 알코올 의존과 알코올 남용으로 세분되며 후자는 알코올 중독과 알코올 금단으로 세분된다. 알코올사용장애는 알코올 의존과 알코올 남용을 통합한 알코올과 관계되는 장애이다. 알코올사용장애는 미국 정신의학회의 진단요강(DSM-5)에 따라 진단되며 그 수준에 따라 가벼운 수준, 증정도 수준, 심한 수준으로 세분 진단한다. DSM-5에 제시된 알코올사용장애 진단기준은 〈표 15-1〉과 같다. 진단자는 제시된 진단기준 가운데 두 개 이상의 증후가 나타나는 사람에게 알코올사용장애로 진단한다.

〈표15-1〉 알코올사용장애 진단기준

1. 예상보다 많은 알코올을 장기간 마신다.
2. 알코올의 양을 줄이거나 통제하려고 하지만 뜻대로 되지 않는다.
3. 알코올 효과에서 벗어나는데 많은 시간이 걸린다.
4. 알코올을 마시고 싶은 욕구가 강하다.
5. 알코올을 마시는 빈도가 높기 때문에 직장이나 가정에서 자기의 역할을 수행하지 못한다.
6. 과도한 알코올 섭취 때문에 사회적 대인관계가 악화되는데도 계속 알코올을 마신다.
7. 과도한 음주 때문에 사회적 · 직업적 활동이 줄어들거나 포기된다.
8. 신체적 위험 상황에서도 반복적으로 음주한다.
9. 과도한 음주에 의한 신체적 · 심리적 문제가 있어도 계속 음주한다.
10. 내성이 나타난다. 기대했던 효과를 경험하기 위해 보다 많은 양의 술을 필요로한다. 같은 양의 술을 계속 마셔도 효과가 크게 떨어진다.
11. 금단증후가 나타난다. 알코올 특유의 금단 증후가 나타난다. 금단증후를 피하기 위해 계속 술을 마시게 된다.

지나친 음주로 알코올에 대한 감내성이 생겨 보다 많은 양의 알코올을 보다 빈번하게 섭취해야 되는 사람이 있다. 술을 마시지 못하면 금단증후 때문에 심한 고통을 겪는다. 이를 방지하기 위해 보다 많은 술을 보다 빈번하게 마셔야 된다. 이런 현상이 곧 알코올의존이다. 알코올에 대한 감내성이 생기면 평소에 즐기든 음주습관으로는 술에 취하지 않는다. 금단증후가 생기면 손발이 떨리고, 초조하고, 구토를 느끼며 수면장애가 오는 것이 보통이다. 알코올의존현상이 생기면 일상생활이 장애를 받는다. 이를 극복하기 위해 본인이 금주를 시도하지만 뜻대로 되지 않는다. 이에 따라 더 많은 양의 알코올을 보다 빈번하게 마시게 된다. 알코올의존이 생기면 술을 마시기 위해 보다 많은 시간을 낭비하게 된다. 더 나아가서 직장생활에 적응하기가 어려워지고 가정생활도 순탄치 못하게 된다. 물론 대인관계는 매우 좋지 않다. 친구와 주위 사람들이 하나둘씩 자기 주위를 떠나게 된다. 알코올의존에는 심리적 문제는 물론 여러 가지 신체적 장애, 예를 들면 간질환이 수반된다.

지나친 음주는 개인의 일상생활을 파탄시킨다. 그것으로 끝나지 않고 심한 경우에는 법적 문제로 비화되는 문제를 일으키는 경우가 있다. 이것이 곧 알코올남용에서 오는 몇 가지 문제이다. 알코올남용은 알코올의존에서 나타나는 것과 같이 심한 감내성이 생기거나 금단증후가 생기지는 않는다. 하지만 빈번한 폭음 때문에 직무수행이 어렵고 가족이나 주위사람들에게 폭행을 가하는 수가 있다. 알코올남용은 기계조작이나 운전이 위험하다는 사실도 잊는다. 그 결과 사지를 절단할만큼 심한 사고를 경험하는 사례도 많이 있다.

알코올사용장애를 진단할 때에는 금단증후, 감내성, 알코올에 대한 갈망과 같은 심리적 생리적 증후가 깊이 고려되어야 한다. 알코올 금단증후는 섭취한 알코올의 양이 줄어든 4-12시간 후에 나타나는 심리적 생리적 증후이다. 지속적으로 알코올을 섭취하는 사람이 알코올을 섭취하지 못하게 되면 강한 불쾌감을 느낀다. 음주자는 그 불쾌감에서 벗어나기 위해 지속적으로 알코올을 섭취한다. 그는 음주에 따른 부정적 효과는 전혀 고려하지 않는다. 금단증후는 여러 가지 형태로 나타난다. 흔한 증후로 수면장애를 들 수 있다. 그 증후는 기복을 겪으면서 상당기간 이어진다. 알코올 섭취에 대한 욕구가 강해지면 그것을 충족시키기 위해 상당히 많은 시간을 할애한다.

알코올 섭취의 욕구가 강하게 일어나면 술 외에는 아무것도 생각하지 못한다. 학생인 경우 학교 가는 것도 잊는다. 회사원의 경우 회사 출근도 생각하지 않는다. 학생인 경우 학업성적이 저하되고 직장인은 주어진 일을 효율적으로 처리하지 못한다. 가정주부의 경우 양육과 가정관리의 책임을 망각한다. 학생인 경우 무단결석이 빈번하고 성인의 경우 직장이탈이 빈번하다. 알코올중독은 술에 중독된 상태에서 자동차를 운전하기도 하고 위험이 따른 상황에서 기계를 조작하기도 한다. 알코올 사용 장애의 지속적 음주는 간 기능을 손상시키고 심리적으로는 우울증에 빠지기 쉽다. 가정에서는 가족에게 심한 폭행을 한다.

알코올사용장애는 다른 물질, 예를 들면 대마, 코카인, 해로인 등을 복용한다. 이런 물질 섭취가 불가능하면 불쾌한 감정을 경험하게 된다. 이런 감정을 경감시키기 위해 알코올을 섭취하기도 한다. 때로는 우울증이 심하거나 불면증이 심할 때 과도하게 알코올을 섭취하기도 한다. 반복적 음주는 위장관, 심맥계통, 중추 및 말초신경계통에 부정적 영향을 준다. 위장관에 주는 영향으로는 위궤양, 혹은 십이지장궤양을 생각할 수 있다.

심한 음주자의 15%는 간경화증, 췌장염, 식도, 위, 기타 위장관의 암 발생률이 매우 높다. 가장 일반적인 것이 고혈압이다. 심한 음주자에서는 심근증, 근병증, 트리글리세라이드등을 쉽게 찾아 볼수있다. 지방단백질이 증가하면 심장질환의 위험성이 높아진다. 말초신경병, 근약화, 이상감각증, 말초감각저하도 나타난다. 지속적인 중추신경계통의 장애는 인지기능저하. 기억력 저하, 그리고 소뇌의 기능 쇠퇴로 이어진다. 이러한 변화는 알코올의 섭취나 외상, 그리고 비타민 결핍에 의해 일어날 수도 있다. 일시적인 알코올에 의한 우울증과 양극성 장애가 있을 때 알코올사용장애는 자살 위험이 매우 크다.

알코올장애가 개인의 일상생활에 주는 영향 범위는 매우 넓다. 운전 및 기계조작의 기능이 크게 떨어진다. 직장에서의 적응능력이 떨어지고 대인관계와 의사소통이 여의치 않다. 표면상으로는 무관해 보이는 알코올 장애는 물론 그와 관계되는 장애는 사회생활에서 무단결근이 많고 업무와 관계되는 사고를 일으킨다. 또 그들의 생산성은 매우 낮다. 알코올 사용 장애는 직장에서 빈번하게 사고를 내고 폭력을 사용한다. 그리고 자살하는 비율도 매우 높다. 알코올사용장애도 다른 정신의학적 장애와 마찬가지로 서로 다른 인구학적 변인과 깊은 관계가 있다. 미국에서 조사한 알코올사용장애 평생이환율은 30.3%로 비교적 높은 편이다. 알코올 의존의 평생이환율은 12.5%, 알코올 오용의 평생이환율은 17.8%이다. 성의 특성에 따라 알코올사용장애 평생이환율은 다르다. 여성의 평생이환율은 19.5%로 남성의 평생이환율 4.2%보다 훨씬 높다.

금주에는 큰 성차가 있다WHO(2004). 남성에 비해 여성의 금주율이 높다. 금주비율은 문화적 인종적 특성에 따라 다르다. 이슬람 문화권의 금주율은 다른 문화권의 금주율보다 훨씬 높다. 아프리카계, 스페인계, 아시아계의 미국인은 알코올 사용률이 낮다. 젊은 연령층의 알코올 사용 장애 이환율은 노년층의 이환율보다 높다.

알코올사용장애를 진단할 때 유사한 증후를 보이는 장애와 구분 진단해야 한다. 비정신병적 알코올 사용도 항상 염두에 두어야 한다. 알코올사용장애는 기분장애가 심하다. 신체적 기능을 손상시킬 만큼 많은 양의 술을 마신다. 정상적인 사람에서도 중독될 정도로 많은 술을 마시는 사람이 많다. 그러나 대다수는 알코올사용장애의 진단 대상이 아니다. 알코올사용장애 진단 기준에 맞는 사람은 20% 미만이다. 그러므로 매일 조금씩, 그리고 우연한 경우에 중독된 수준의 술을 마신다고 해서 알코올 사용자로 진단할 수 없다.

알코올사용장애의 증후는 진정성, 최면성 혹은 항불안제사용장애에서 나타나는 증후와 매우 유사하다. 그러므로 두 집단을 동일한 유목으로 진단하는 수가 있다. 이것은 분명이 오진이다. 특히 의학적 문제에 직면하였을 때는 조심해야 한다. 알코올사용장애 증후는 행위장애, 반사회적 성격장애와 매우 유사하다. 알코올사용장애의 증후는 물질사용자의 반사회적 행동장애에서 나타나는 증후와 매우 유사하다. 그러므로 실제 진단에서는 진단기준에 어느 정도 합당한가 세밀하게 검토해 볼 필요가 있다.

알코올중독

알코올중독의 임상적 특징은 알코올을 섭취하고 있을 때 혹은 알코올을 섭취한 직후에 나타난다. 이때 나타나는 임상적 문제행동 혹은 심리적 변화는 매우 다양하다. 부적절한 성적 행동, 공격적 행동, 심한 기분변화, 판단력의 저하, 사회적 혹은 직업기능의 손상 등이다. 중독의 정도가 심해지면 사회적 혹은 직업기능의 손상 수준도 크게 높아지며 생명을 위협하는 혼수상태로 이어진다. 이들 증후는 다른 의학적 질병(당뇨병, 케토에시도시스)와는 무관하며 섬망 상태의 표출도 어니며 다른 우울증 치료제(벤조디아제파인 같은)와 전혀 관계가 없다.

알코올중독은 심신 협화 기능을 손상시킨다. 이로 인해 운전 기능이 떨어져 사고 유발 위험이 증가한다. 알코올 사용 여부는 본인의 호흡을 통해서 나타나는 냄새, 주의 사람들의 관찰 결과, 혈액이나 소변의 분석 결과를 통해 판단할 수 있다. 알코올 중독자는 중독기간에 일어났든 사실을 망각하는 경향이 있다. 이와 같은 현상은 혈중알코올수준과 깊은 관계가 있다. 가벼운 알코올 중독에서는 서로 다른 증후들이 다른 시간에 나타난다. 가벼운 알코올 중독은 대부분의 사람들에서 2회 음주 후에 뚜렷하게 나타난다. 에탄올 10-12mg을 섭취하면 혈중알코올농도는 약 20mg/dL 증가한다. 음주 초 혈중알코올수준이 증가하면 환자는 말이 많아지고, 웰빙 감정을 경험하고, 과대망상을 한다. 후에 혈중알코올수준이 떨어지면 점차적으로 우울해지고 금단증후가 더 뚜렷하게 나타난다. 특히 인지기능이 현저하게 떨어진다. 혈중알코올수준이 매우 높아지면 잠들면서 지각마비 첫 단계에 돌입한다.

혈중알코올수준이 높아지면(300-400mg/dL) 호흡과 맥박이 정지하고 더 진전되면 생명을 잃을 수도 있다. 알코올중독의 지속기간은 일정한 시간에 마신 알코올의 양에 따라 달라진다. 일반적으로 마신 술이 신체에 들어가면 신진대사과정을 겪는다. 혈중알코올수준은 매시간 15-20mg/dL 속도로 떨어진다. 중독의 증후는 혈중알코올수준이 떨어질 때보다 그 수준이 높아져 있을 때 보다 현저하게 나타난다. 알코올중독자는 자살로 이어질 위험이 매우 크다. 특히 알코올에 의한 중독자는 다른 물질에 의한 중독자보다 자살의 위험수준이 현저히 높다.

알코올중독의 지속기간은 사람에 따라 다르다. 길게는 몇 시간이 지속된다. 미국인을 대상으로 한 알코올중독 연구결과를 보면 15세 때 최초로 알코올중독이 나타난다. 발병빈도가 높은 집단은 18-25세 연령집단이다. 알코올중독의 빈도와 그 강도는 나이가 많아지면서 점차적으로 줄어드는 경향이 있다. 알코올중독자의 센세이션시이킹 수준과 충동성 수준은 매우 높다. 이는 곧 기질 특성이 알코올중독과 밀접한 관계가 있음을 의미한다. 알코올중독은 환경특성과도 깊은 관계가 있다. 즉 알코올 사용 장애는 문화적 차이와 깊은 관계가 있다. 대학생을 대상으로 한 연구를 보면 남녀 모두 사교클럽에 속해 있는 학생들 가운데 다른 집단의 성원에 비해 알코올중독자가 비교적 많다. 알코올중독은 문화적으로 의미가 있는 날에 보다 빈번하게 발생한다.

문화의 특성에 따라 중독에 대한 관용 수준이 다르다. 서양문화권에서는 다른 문화권에서보다 남성 알코올중독자에 대해 비교적 관대하다. 특히 서양문화권에서는 청소년기와 젊은 성인의 남성 알코올중독은 보다 온정적으로 수용된다. 알코올중독은 여러 가지 방법으로 탐색 가능하다. 행동특성, 또 개인의 호흡상태의 특성을 통해 알코올중독의 여부는 탐색 가능하다. 알코올중독의 수준은 개인의 호흡 상태를 통해 결정할 수 있다. 알코올중독의 정도는 그가 섭취한 알코올이나 물질의 양에 의해서 결정된다. 즉 섭취한 알코올이나 물질의 양이 많으면 알코올중독의 정도는 자연적으로 증가한다,

알코올중독은 다른 장애와 엄격하게 구분되어야 한다. 여러 가지 의학적 장애(당뇨병 산증, 신경학적 장애, 소뇌성운동실조, 급성다발성경화증)가 순간적으로 알코올 장애와 구분하기가 어려울 때가 있다. 그러므로 진단과정에서는 이를 서로 다르게 진단되어야 한다. 진정제, 최면제 혹은 항불안제나 혹은 다른 진정 물질, 항히스타민제에 의한 항콜린 효능성은 알코올중독으로 잘못 진단하는 수도 있다. 이를 차별 진단하는 데 환자의 호흡, 혈액이나 알코올 수준의 측정을 통해서 쉽게 감별해낼 수 있다. 진정제 혹은 최면제에 의한 중독의 증후는 알코올중독에서 나타나는 심리적 변화와 크게 다르지 않다.

이러한 변화는 신체기능을 손상시키고 판단기능을 손상시킨다. 만일 이 수준이 높을 때에는 생명을 위협하는 혼수상태에 빠질 수도 있다. 기능이 손상되고 판단력이 저하된 상태에서 운전하게 되면 교통사고를 낼 위험성이 높다. 알코올의 냄새가 나지 않으나 혈액이나 소변 독성학 분석을 통해 유익한 정보를 얻을 수 있다. 알코올중독에서는 다른 물질오용 증후가 동시이환현상으로 나타나는 수가 있다. 미국 정신의학회가 제시한 알코올중독의 진단 기준은 〈표 15-2〉와 같다.

<표 15-2> 알코올중독의 진단기준

A. 최근의 알코올 섭취

B. 알코올 섭취 중 혹은 직후에 나타난 임상적으로 의미 있는 행동이나 심리상태의 변화. 부적절한 성적 혹은 공격적 행동. 기분변화 판단력의 손상.

C. 알코올 사용 중 혹은 직후에 아래 증후 가운데 하나 이상의 증후가 나타난다.

1. 불분명한 언어
2. 불균형 운동
3. 비틀거리는 걸음걸이
4. 안구진탕증
5. 주의력 기억력 저하
6. 혼수상태

D. 이 증후는 다른 신체적 조건과는 무관하다.

알코올금단

알코올금단의 특징은 이해하기가 쉽지 않다. 장기간 복용하든 알코올을 중단했을 때 나타나는 증후이기 때문이다. 금단증후와 자율신경계통의 과잉활동은 위장장애의 증후를 수반한다. 금단증후는 여러 가지 사회적 활동을 손상시킨다. 직장생활에서는 사무추진기능이 크게 손상된다. 이 증후들은 다른 의학적 상태와는 전혀 상관이 없다. 또 다른 정신장애에 의해서도 잘 설명되지 않는다. 다행히 이 증후는 알코올이나 벤조디아제핀에 의해 효과적으로 치료된다. 금단증후는 알코올의 혈중농도가 급작히 떨어질 때 나타난다. 알코올의 신진대사가 비교적 빠른 속도로 진행될 때 알코올 금단증후의 강도는 높다. 급성 금단 후에는 불안, 불면증, 자율신경계통의 기능장애는 3-6개월간 지속되지만 그 강도는 별로 높지 않다. 알코올 금단에서는 극적인 심한 자율신경 과잉활동, 미진, 알코올 섬망과 같은 증후가 나타난다. 그 비율은 10% 미만이다. 3% 미만의 환자에서는 강직성 간대 발작이 일어나는 수도 있다.

의식의 변화, 정신적 혼란은 알코올 금단의 핵심은 아니다. 하지만 알코올금단 섬망은 시각, 촉각 혹은 환청을 수반한다. 알코올금단 섬망이 더 발전하게 되면 간 부전, 폐렴, 소화관 출혈, 두부외상 후유증, 저혈당, 전해액 불균형, 임상적 증후가 나타난다. 모든 면에서 건전한 사람의 약 50%는 알코올금단증후에서 완전히 벗어날 수 없다. 입원한 환자가 경험하는 알코올 금단율은 80%가 훨씬 넘는다. 10% 미만의 금단자는 알코올금단망상 혹은 금단발작을 일으킨다.

급성알코올금단은 과도한 음주 4-5일 후에 발병한다. 알코올금단은 연령과 깊은 관계가 있다. 즉 30세 미만에서는 알코올금단은 매우 보기 힘들다. 나이가 많은 집단에 보다 흔하게 나타나며 그들은 심한 알코올금단을 경험하게 된다. 알코올금단은 알코올 섭취의 양과 빈도에 따라 발병률이 크게 달라진다. 즉 나이가 많다든가 보다 많은 알코올을 섭취하는 집단에서 알코올금단을 경험하는 사람이 많다. 금단증후가 나타나면 지속적으로 음주하게 되고 알코올금단증후의 발병 빈도는 증가하게 되고 직업수행기능이 떨어지고 사회생활기능이 점차적으로 떨어진다. 모든 기능이 떨어지고 좋은 예후는 기대할 수 없다.

알코올금단도 다른 정신적 증후와 마찬가지로 저혈당증, 당뇨병성 캐토애시도와 같은 동시이환현상을 수반한다. 유전병으로 알려진 미진은 알코올금단과 관계되는 떨림과 혼동하기 쉽다. 또 알코올금단과 매우 유사한 증후로 나타나는 것이 안정제, 최면제, 불안제에 의한 금단증후이다. 심한 음주자는 금단증후에서 완전히 벗어날 수 없다. 이와 같은 금단증후는 행위 장애와 반사회적 성격장애에서도 흔하게 발견할 수 있다. 나이가 많을수록 금단 증후의 정도가 심하다. 이들은 우울제 치료제에 의존하는 경향이 있다. 미국 정신의학회가 제정한 알코올금단 진단기준은 〈표 15-3〉과 같다.

<표 15-3> 알코올금단의 진단기준

A. 장기간의 알코올 사용을 중단하거나 혹은 감량

B. 기준 A에 기술된 알코올 사용을 중단하거나, 감량한 후 수 시간 혹은 수 일 후에 아래 증후 가운데 2 가지 혹은 그 이상의 증후가 나타난다.

1. 자율신경계통의 과잉활동(발한, 맥박 100bpm이상)
2. 손 떨림 증가
3. 속 매스꺼움
4. 일시적 환각•착각
5. 정신운동 동요
6. 불면증
7. 불안
8. 일반화된 간헐적 경련성 발작

C. 기준 B에 수록된 증후가 사회생활, 직장생활 및 다른 영역의 생활에 부정적 영향을 준다.

D. 이 증후들은 다른 의학적 장애와는 무관하며 다른 정신적 장애를 통해 보다 잘 설명될 수도 없다.

알코올장애의 치료

동기면접치료

동기면접치료는 내담자 중심의 치료기술로서 환자 스스로 음주와 알코올에 의존한 생활에 변화를 시도하는 기술이다. 이 기술은 물질사용장애치료를 위해 개발되었다. 통상적 알코올사용장애 치료와는 달리 동기면접은 비대면 방법으로 자신에게 변화를 가져오게 하는 방법이다. 동기면접치료는 환자로 하여금 알코올 사용이나 물질오용의 생활습관 변화를 시도하는 사람에 대한 동정적 상담기술이다. 이는 알코올에 대한 애증감정의 변화를 시도하는 사람을 돕는 적극적인 상담기술이다. 상담기술에서 큰 비중을 차지하는 것은 자기효험의 감정이다. 환자가 자기 스스로 알코올의 문제를 성공적으로 해결해낼 수 있다는 신념이고 이는 곧 치료결과에 긍정적 영향을 미칠 수 있다는 강한 신념이다(Miller & Rollnick,

2002). 이는 알코올 사용자의 알코올 사용에 대한 애증감정을 변화시키는 데 매우 큰 효과가 있다.

동기면접치료는 네 가지 중요한 원리에 기초하고 있다. 내담자로 하여금 자기의 문제를 효과적으로 극복할 수 있다는 효능의 감정을 갖게 해준다. 내담자의 저항을 수용한다. 그리고 내담자로 하여금 현제 자신의 행동은 장차 자기의 행동이 크게 달라질 수 있다는 신념을 갖게 한다. 이것이 동기면접치료의 기본원리이다.

첫째, 치료자의 내담자에 대한 동정심의 표시는 동기면접치료에 있어서 큰 비중을 갖는다. 치료자의 모든 행동은 내담자의 입장에서 수행되어야 한다. 내담자의 눈을 통해서 이 세계를 보고, 내담자의 생각에 따라 사물을 생각하고, 내담자의 감정에 따라 사물을 느끼고 내담자와 동일한 경험을 공유해야 한다. 내담자는 치료자가 자신을 충분히 이해하고 있다고 생각될 때 자신의 경험을 털어놓을 수 있고 다른 사람과 경험을 공유할 수도 있다. 내담자는 치료자의 동정을 받게 될 때 자신의 애증감정을 보다 쉽게 극복할 수 있게 되고 자신의 감정변화를 촉진시켜나갈 수 있다.

둘째, 자기효능감의 지지이다. 치료자는 내담자가 스스로 자신의 행동을 변화시킬 수 있다는 동기를 부여하는 것이 매우 중요하다. 동기면접치료에서 치료자는 내담자가 자신의 행동을 스스로 변화시켜야 되겠다는 마음을 갖게 하고 그것을 실천할 수 있게 동기를 부여하는 것이 무엇보다도 중요하다. 이 과정에서 내담자는 자신의 행동변화에는 어떤 왕도는 존재하지 않는다는 신념을 갖는다. 자기 스스로 창의성을 발휘해서 변화의 계획을 세우고 실천한다. 주위 사람들의 변화에 따른 경험담을 경청하는 것도 큰 도움이 된다.

셋째, 변화과정에서 직면하는 저항을 피하는 것보다 변화를 위해 그와 공존해야 한다. 기피한 저항은 변화에 대한 동기부여에 대한 큰 도움이 되지 않는다. 이를 위해 상담자는 내담자가 새로운 것을 지향할 수 있게 힘을 보태줄 필요가 있다. 이를 통해 내담자의 저항력은 점진적으로 경감된다. 동기면접치료는 내담자로 하여금 스스로 문제를 발견하여 그것을 해결하는 데 필요한 에너지를 제공한다. 치료자는 내담자가 새로운 방법을 찾게 해야 한다. 치료자가 새로운 해결방법을 제시하는 것은 저항을 극복하는 바람직한 방법이 아니다.

넷째, 격차의 지각이 필요하다. 사람들은 현제 자신의 위상과 장차 자신의 위상에 큰 차이가 있다는 사실을 지각했을 때 변화에 대한 동기 수준은 높아진다. 그러므로 치료자는 내담자로 하여금 현제 자신은 훗날의 자신과 크게 다름을 깨닫게 한다. 성공적 동기면접치료 효과는 효과적인 기술을 요한다. 이는 언어적인 것은 물론 비언어적인 것도 있다. 어느 것이나 변화를 갈망하고 그것을 촉진시키는 기술이어야 한다.

면접을 위해 마이크로 카운슬링 기술을 활용한다. 이는 몇 가지 특징이 있다. 질문은 공개적이어야 한다. 이는 예/아니요 혹은 매우 간단하게 반응할 수 있는 질문이 아니다. 또 이는 매우 제한된 정보를 바탕으로 대답할 수 있는 질문도 아니다. 치료자가 내담자에게 주는 질문은 내담자가 깊이 생각하고 평가과정을 요하는 질문이라야 한다. 이러한 공개 질문은 내담자로 하여금 자신에게 왜 행동변화가 필요한가, 그러한 변화가 자기 힘으로 가능한가를 깊이 생각해 볼 수 있어야 한다.

내담자의 장점을 확인할 수 있게 기술해야 한다. 이는 내담자와 치료자 간의 레포 형성에도움이 되고 자신을 보다 다른 각도에서, 그리고 보다 긍정적으로 보게 된다. 이러한 기술을 통해 내담자는 이미 이전에 실패한 경험을 넘어서 새로운 변화가 가능하다는 점도 스스로 깨닫게 된다. 이와 같은 긍정적 확증은 자기효능의 감정을 신장시켜주는 주요 요인이 된다. 치료자의 숙고 혹은 숙고적 청취가 중요하다. 이는 동기면접치료에 있어서 매우 중요한 기술이다. 치료자의 숙고적 청취는 동정심을 표출하는 삶으로 통한다. 치료자가 주의 깊게 청취하고 숙고하는 반응을 보이면 환자의 치료자에 대한 태도가 크게 달라진다. 내담자는 상담자를 자기가 무엇을 원하는 지 충분히 이해하고 있다고 생각한다. 그 외에도 책략으로서의 숙고적 청취는 내담자로 하여금 변화를 위한 가이드로 생각하게 만든다.

숙고과정에서 치료자는 내담자가 보다 긍정적으로 변화하는 것을 목격할 수 있다. 숙고에는 아주 단순한 것부터 아주 복잡한 것까지 여러 수준이 있다. 내담자는 서로 다른 수준의 숙고를 통해 서로 다른 변화를 하게 된다. 환자가 저항할 때에는 어떤 형태의 숙고가 도움이 된다. 또 내담자가 보다 적극적으로 변화를 시도할 때에는 다른 형태의 숙고가 더 도움이 되는 수가 있다. 이는 치료자가 상담과정에서 어떤 변화가 있었는지에 관심이 있을 때 사용하는 특별한 기술이다. 상담요약은 모든 토론 과정에 있었던 사실에 대해 의사소통을 하고 상대방을 이해하는 데 도움을 준다. 치료자는 요약을 통해 내담자에 대한 정보를 취사선택할 수 있다. 이를 통해 유익한 것은 수용하고 그렇지 못한 것은 폐기할 수 있다.

단서노출치료

단서노출치료는 사회학습이론과 조건화이론을 바탕으로 체계화된 한 치료기술 이다. 이들 이론에 의하면 부정적 알코올 사용은 알코올과 관계되는 자극의 잘못된 연합과정의 산물이라고 한다. 실제 치료에서는 알코올에 대한 욕구가 생기면 알코올 단서에 직접 노출시키는 것이 효과적인 치료방법이다. 이 치료 패러다임에는 극복기술과 의사소통의 기술이 포함되어 있다. 단서노출치료의 효율성은 Monti et al. (1993)의 무작위통제실험 검증에서 입증되었다.

연구자들은 40명의 입원환자로 DSM-Ⅲ-R의 진단기준에 따라 알코올의존자로 진단되었다. 연구자들은 환자를 단서노출치료 집단과(N=22) 그와 대조되는 집단(N=18)으로 나눴다. 단서노출치료 집단은 2주 동안 6개의 단서에 노출되었다. 이 단서는 모두 피험자가 선호하는 음료였다. 환자는 마시고 싶은 욕구가 매우 높아진다.

실험자는 가장 위험스런 장면이 어떤 것인가를 찾아내 상상적 방법으로 단서에 노출시켰다. 이 과정에서 극복기술훈련을 시킨다. 여기서 치료집단은 전통적 치료를 받는다. 단서노출치료집단은 일일 섭취량을 통제받는다. 그 결과 두 집단에서 모두 술을 마시고 싶은 충동이 크게 줄어들었다. 3개월간 추적결과 음주 욕구가 크게 줄어들었다. 6개월간의 후치료에서는 단서노출치료 집단에서는 음주한 적이 없다는 사실이 밝혀졌다. 단서노출치료 집단에서는 통제집단에 비해 금주비율이 현저하게 높았다. 여기서 단서노출집단의 효능이 높은 것이 입증되었지만 연구상의 문제가 많이 개입되어 있다는 점에 유의할 필요가 있다.

Drummond & Glautier(1994)는 종합병원 알코올 클리닉에서 치료를 받는 남성 환자 35명을 대상으로 단서노출치료 효과의 우월성을 입증하였다. 환자들은 DSM-Ⅲ-R의 진단기준에 따라 알코올 의존자로 진단되었다. 피치료자의 치료오염을 방지하기 위해 처음 환자 20명은 단서노출치료를 실시하고 다음 15명에게는 긴장이완 통제훈련을 시켰다. 단서노출치료 훈련에서는 10개의 단서에 노출시킨다. 긴장이완 통제는 10회에 걸쳐 긴장이완훈련을 시켰다. 치료결과는 1, 3, 6개월에 걸쳐 평가하고 그 결과를 회귀분석 하였다. 그 결과 단서노출치료 집단의 호의적 반응수는 통제집단의 호의적 반응보다 높았다. 알코올 의존성은 물론 알코올 소비량이 현저하게 줄어들었다.

Sitharthan et al.(1997)은 금주보다는 감소된 음주량을 평가하는데 일차적 목표를 두었다. 피험자는 90분의 진단노출치료(N=22)나 인지행동치료(N=20)를 받는다. 그 결과 단서노출치료 집단에서는 인지행동치료 집단에서 보다 음주 횟수가 현저하게 감소되었고 음주에 의한 문제가 현저히 감소되었다는 사실이 발견되었다. 단서노출치료의 효과를 검증할 목적으로 교육집단과 긴장이완 통제집단을 비교하였다. 실험자는 하루에 90분간씩 2주간 매일 교육시켰다. 이전의 연구결과를 보면 두 집단 간에는 아무런 차이가 발견되지 않았다. 이 연구에서는 단서노출치료 집단에 비해 통제집단에서는 6-12개월간 재발비율이 높게 나타났다. 또 심한 음주습관을 가진 사람이 많아졌다. 여기서 교육이나 긴장이완 교육에 의해서 음주상태가 호전되는 것은 발견할 수 없었다.

12단계 치료프로그램

이 치료프로그램은 1935년 주식 브로커 Bill Wilson과 외과의사 Bob Smith가 주동이 되어 창설한 알코올 어나니머스(AA)의 주장을 바탕으로 하고 있다. 이는 금주를 시도하는 알코올중독자를 돕는데 일차적 목적을 두고 있다. 이제 이 기구는 세계적으로 73,000개의 지부를 두고 있다. 미국과 캐나다의 개인 회원은 800,000명이다. 12단계 치료프로그램이 발표된 후 동일 목적을 가진 프로그램이 등장하였다. 이것이 곧 마약제 어나니머스(NA)이다. 이 치료프로그램은 AA의 치료 목적과 거의 유사하다.

12단계 치료 프로그램은 아래와 같은 단계를 순차적으로 수행한다. 우리에게는 문제가 있다. 그렇지만 그것을 극복할 힘이 없다. 건전한 정신 상태를 회복시킬 수 있는 것은 내 자신뿐이다. 내 자신이 문제를 해결한다. 내 자신은 신을 믿는다는 의미가 아니다. 그러므로 무신론자나 불가지론자들도 종교의 틀을 벗어나서 자유롭게 사용할 수 있다. 자기 스스로의 도덕적 항목 표를 갖는다. 자기의 물질사용을 부채질하는 질이 좋지 않은 행동, 결함과 그 유형을 밝힌다. 이 단계는 가장 어렵기 때문에 스폰서의 도움이 필요하다. 도덕 항목 표를 확대한다. 중독자는 자신의 결함을 수용하고 내 자신이나 다른 스폰서에게 고백한다. 내 자신에게 자신은 준비가 되었다고 말한다. 내 자신에게 자신의 결함을 벗겨달라고 부탁한다. 중독자는 자신이 괴롭힌 사람에게 용서해줄 것을 부탁한다. 도덕적 항목과 내 자신과 연결 짓는다. 중독에서 회복되어 다른 중독자를 돕기로 나선다. 12단계의 치료를 성공적으로 마친 사람은 다른 사람과 서로 만나기도 하고 다른 사람의 태도도 주의 깊게 관찰해 본다.

재발방지훈련

알코올중독 치료를 받고 상태가 호전된 사람이 다시 많은 알코올을 사용하는 사례가 있다. 이것이 곧 재발이다(Marlatt & Gordon, 1985). 재발현상은 사회인지이론과 행동이론을 바탕으로 설명된다. 이 이론에 따르면 재발은 일종의 과도기적인 과정으로 시간이 지나면 자연스럽게 나타나는 현상이라고 한다. 재발과정에 대한 이와 같은 주장은 알코올사용장애 치료결과에 보다 긍정적인 영향을 준다. 재발과정은 인지행동의 원리를 바탕으로 효율적으로 설명된다. 이 접근방법에는 특별한 치료기술이 함축되어 있다. 이 기술은 내담자로 하여금 재발 가능성이 있다는 점, 그리고 그것을 자기 스스로 극복할 수 있다는 점을 교육시키는데 역점을 둔다.

재발사태를 보다 효과적으로 극복하기 위해서는 내담자가 스스로 극복하기 어려운 사태를 발견하여 그것을 극복하는 기술을 습득시킬 필요가 있다. 이를 위해 내담자는 치료자와 전문적인 면담을 가질 필요가 있다. 이 과정에서 상담자는 내담자로 하여금 재발상황을 생생하게 상상해 보게한다. 이는 내담자가 극복하기 어려운 사태를 보다 효과적으로 극복하는데 큰 도움이 되고 자기보고자료를 통해 그가 다시 심한 음주를 할 가능성이 있는가를 알아볼 수 있다. 금주를 결심하지 못한 내담자에게 자신의 음주행동을 되돌아보게 한다. 이 과정에서 음주에서 오는 대인관계의 어려움을 일깨워 준다. 이는 이미 금주하기로 결심한 사람에게도 적용이 가능하다.

일단 내담자가 자신의 위험상황을 인지하였다고 판단되면 치료자는 그가 그 상황에서 해방될 수 있게 몇 가지 책략을 쓴다. 내담자로 하여금 위험한 사태와 관련되는 여러 가지 신호를 인지하게 한다. 이 신호는 곧 내담자가 경험하게 될 사태의 단서 역할을 한다. 위험신호를 인지하게 되면 치료자는 내담자로 하여금 그 사태를 피할 수 있는 행동을 찾아보게 한다. 이 과정에서 치료자는 내담자가 위험한 사태를 극복하려는 동기가 있는지, 또 그것을 극복할 능력이 있는지를 확인한다. 이 확인단계 다음에는 내담자에게 보다 효율적인 극복책략을 학습하는 방법을 교육시킨다. 이를 위해 인지행동심리학의 기술을 필요로 한다. 음주사태의 극복수준은 곧 자기효험의 수준을 말한다. 내담자가 자신이 위험사태를 극복할 수 있다는 사실을 확인하게 되면 치료자는 역할시연을 통해 혹은 특별한 극복 실현방안을 내담자에게 보여준다.

치유된 증후의 재발예방과 행동변화를 위해서는 그의 효험성 감정수준을 증대시킬 필요가 있다. 이를 통해 내담자의 정복감의 수준을 신장시키고 임상적 상태의 악화를 예방할 수 있다. 환자의 자기효험 감정수준을 높이는데 내담자와 치료자의 상호협동이 무엇보다도 필요하다. 이는 새로운 치료자-환자의 관계형성의 중요성을 의미하는 것으로 치료자에 대한 환자의 맹종을 의미하는 것은 아니다. 재발방지를 위해서 환자는 주의사람들의 행동을 역할모델로 하여 자기 자신이 자신의 행동을 보다 객관적으로 평가하고 보다 긍정적 변화를 시도함을 의미한다. 내담자는 스스로 객관성의 감정을 신장시킬 수 있어야 한다. 내담자는 자신의 음주가 일종의 중독이라는 점을 깨닫게 되어야 하고 그것을 자신이 변화시켜야 한다는 책무감을 경험하게 한다. 치료자는 내담자에게 자신의 습관변화는 일종의 기술습득의 과정이라는 점을 깨닫게 할 필요가 있다.

자기효험의 감정을 신장시키는 방법은 매우 다양하다. 보다 큰 효과를 얻기 위해서는 과제에 전체적으로 접근하는 것보다 여러 개의 과제로 분할·접근할 필요가 있다(Bandura, 1977). 보다 효과적인 재발방지를 위해서는 음주자가 스스로 자신의 음주습관을 긍정적으로 변화시켜야 되겠다는 마음가짐이 중요하다. 왜냐하면 내담자는 그것을 통해 자신이 스스로 변화할 수 있다는 치료자의 감정을 가질 수 있기 때문이다.

내담자의 행동변화에 대한 피드백은 재발방지에 보다 큰 도움이 된다. 물론 이 과정에서 음주와 무관한 행동에 대해서도 피드백을 해줄 필요가 있다. 매우 사소한 피드백이라도 내담자의 행동변화에 큰 도움이 된다. 재발방지의 기능을 활성화하기 위해서는 내담자의 알코올 효과에 대한 정확한 지식이 필요하다. 내담자는 알코올에 대한 긍정적 기대감을 가져야 한다. 알코올효과에 대한 긍정적 기대감은 알코올에 대한 신빙정도와 플라시보 효과에 의해 형성된다. 이 효과는 음주자의 기대감에 의해 형성된 것이다. 이는 알코올 그 자체의 생리적 변화에서 기인한 것이 아니다. 그것은 플라시보에 의해 매개된 것이다. 알코올이 사회적 행동에 미치는 영향은 플라시보에 의해 매개된다.

많은 음주자들은 금주 후에 습관의 퇴화를 경험하게 된다. 음주자는 습관이 퇴화되는 것을 막고 통제가 되지 않은 퇴화의 습관을 싸워 이겨야 한다. 내담자는 술의 사용을 제약하고, 퇴화의 증후가 나타나면 곧바로 치료자와 면담하는 것이 바람직하다. 때로는 치료자는 환자에게 서면지시를 내릴 수도 있다. 이 지시에는 알코올사용 제지의 필요성과 재발사태, 환경과 멀리하는 것이 중요하다는 사실이 포함되어야 한다.

재발방지는 내담자에게 응급처치의 수단이 될 수도 있다. 일반적으로 음주자는 재발방지 관리 제도를 기피하는 경향이 있으나 사실 재발시에는 그것이 큰 도움이 된다. 인지기능을 재구성하므로서 효과적으로 재발을 방지할 수 있다. 이는 내담자가 재발방지의 본질을 이해하는데 크게 도움이 된다. 인지적 재구성법은 음주자의 금주의지가 결여되었다는 사실을 보다 잘 깨닫게 해준다. 이는 장차 유사한 사태에 처했을 때 보다 효과적으로 대처하는데 큰 도움이 된다. 이와 같은 관점에서 볼 때 재발방지 교육은 극복과정과 사태적 결정요인의 상호작용에서 이뤄진다는 것을 알 수 있다. 극복과정과 사태적 결정요인은 필요에 따라 수정될 수 있다. 재발에피소드의 재구성을 통해 내담자의 재발에 대한 잘못된 생각을 바꿔 줄 수 있다.

개인의 생활에서 스트레스가 증가하고 생활스타일의 균형이 깨진다는 생각이 들면 그에 관계되는 요인을 평가하는 것은 매우 중요하다. 이를 위해 제작된 심리검사를 사용하면 유용한 정보를 많이 얻을 수 있다(Delongis et al., 1982). 보다 정확한 정보는 자기가 지각하고 있는 생활스트레스 원을 유쾌한 생활사건과 어느 정도 일치하는지를 평가하는데서 얻을 수 있다.

금주치료를 받은 대다수의 환자들은 음주나 오락이 만족의 근원으로 바뀌어 가고 있다고 생각하는 경향이 있다. 보다 성공적 치료를 위해서는 내담자로 하여금 자신이 경험한 비음주 레크리에이션 활동을 되찾도록 권장할 필요가 있다. 또 특수한 인지행동 기술훈련을 통해 보다 균형이 잡힌 생활스타일을 유지할 필요가 있다. 치료의 한 수단으로서 내담자의 긍정적 중독을 신장시킬 필요가 있다. 이를 위해서 참선, 운동, 혹은 요가를 권장할 필요가 있다. 이는 기분, 건강, 극복을 위해 장기적으로 긍정적 영향을 준다. 자기훈련의 기술도 긍정적 중독의 발전을 위해서 도입할 필요가 있다. 개인의 균형 잡힌 생활스타일은 음주욕구 수준을 저하시킨다. 완전한 금주는 기대할 수 없다. 이는 이미 이전에 경험했든 조건자극에 노출되기 때문이다. 자극통제는 단순한 기술이다. 하지만 이러한 자극에 직면하게 되면 나타나는 반응의 빈도나 강도를 경감시킬 수 있다. 특히 금주 초기에 그 효과가 크다. 이 기술은 내담자가 알코올 사용과 직접 관계되는 상황, 가정, 사무실, 동네에서 알코올을 기피하게 만든다. 주위에 은밀하게 알코올을 즐기는 사람이 있을 때에는 술은 깊숙이 간수해야 한다. 그들은 빈 술병만 보아도 술에 대한 유혹을 받게 된다.

일반 가정에도 음주 조건화 단서가 도처에 있다. 그가 즐기는 방, 특히 그가 가족들과 함께 술을 마셨던 방은 술에 대한 유혹이 더 강렬하게 작용한다. 이러한 경우 환자의 치료를 위해 방을 달리하는 것도 한 가지 방법이다. 어떤 사회생활장면이나 재발위험이 있는 사태는 과도한 음주를 유발하게 되는데 이것은 고전적 조건화 과정에 의해 형성된 결과이다. 이와 같은 현상은 금주 초기에 흔하게 나타난다. 따라서 치료자는 내담자로 하여금 회식을 피하고, 위험이 높은 사태를 피하도록 조언하는 것이 재발의 위험을 예방하는 효과를 가져온다.

재발방지를 위한 심리학적 기술, 예를 들면 자극통제, 균형 잡힌 생활스타일은 재발방지를 위해 큰 도움이 된다. 하지만 내담자의 음주욕구가 깨끗하게 해소된 것은 아니다. 그러므로 상담자는 새로운 기술을 도입할 필요가 있다. 그 하나로 상담자는 내담자에게 이와 같은 사실은 얼마든지 있을 수 있기 때문에 그것을 예견하고 수용하도록 교육시키는 방법이다. 내담자에게 그것을 외부자극에 대한 극히 정상적 반응임을 수용하도록 교육시킨다. 내담자는 자신의 음주욕구와 충동을 같은 현상으로 보아서는 안 된다. 그것 보다는 내담자에게 그 음주에 대한 충동을 외부자극에 대한 정서적 혹은 생리학적 반응이라는 사실을 교육시킨다. 이는 과거에 많은 술을 마셨든 사회적 환경과 연합된 것으로 Pavlov의 개는 과거에 음식물을 준다는 신호였든 벨소리를 듣고 지속적으로 타액반응을 하는 것과 다름이 없다.

재발방지의 임상적 연구가 크게 진전되었다. 그 가운데 한 사례를 보자. 우선 내담자에게 음주에 대한 욕구나 갈망을 넘실거리는 파도를 상상해 보게 한다. 이와 같은 상상적 기술을 갈망써핑이라고 한다. 이는 갈망과 욕구로 해면을 쓸어가는 파도와 같이 생각하게 만든다. 또 내담자에게 파도와 싸우기보다 파도 위에서 서핑을 즐기는 것을 상상해 보게 한다. 이렇게 생각하게 되면 욕구와 갈망을 외부의 자극의 결과라고 생각하게 되고 이를 통해 욕구와 갈망에서 벗어나게 된다. 치료자는 내담자가 재발통로지도를 개발할 수 있게 도와주어야 한다. 즉 이는 위험수준이 높은 사태에 대한 인지행동 분석을 하게 한다. 이는 그 사태를 회피하기도 하고 곧 극복하는 등 여러 가지 방법이 포함되기도 한다.

제16장

도박장애

도박장애

술, 담배, 마약은 우리 주위에서 흔하게 볼 수 있는 중독의 원천이다. 이에 못지않게 중독을 일으키는 것이 도박이다. 알코올 중독자가 술을 마시고 싶은 강력한 욕구 때문에 술을 마시는 것과 같이 도박을 하고 싶은 욕구가 강한 사람이 있다. 이것이 곧 도박장애이다. 도박장애는 〈표 16-1〉과 같은 DSM-5의 진단기준에 따라 진단 평가한다. 도가 지나치지 않은 도박은 사회적으로 전혀 문제되지 않으나 병적 도박은 사정이 다르다. 그들은 카지노 출입이 빈번하고 오락기에서 벗어나기가 힘들다. 또 그들은 내기를 하기 위해 운동경기를 즐긴다. 그들은 도박에 따르는 가정적, 사회적, 경제적, 법률적 결과를 전혀 생각하지 못하고 지속적으로 도박을 한다. 이것이 그들의 특징이다.

<표 16-1> 도박장애의 진단기준

A. 지속적이고 반복적인 도박이 임상적 손상으로 이어진다. 12개월 내에 아래 증후 가운데 4개 혹은 2개 이상의 증후가 나타난다.

1. 자기가 바라는 흥분감을 경험하기 위해 보다 더 많은 돈을 가지고 도박을 한다.
2. 도박을 중단하려고 하면 안절부절 못 한다.
3. 도박을 중단하려는 노력은 하지만 계속 실패한다.
4. 때때로 도박에 열중한다. 이전 도박을 계속한다. 다음 도박의 승패를 예시해 보기도 하고 도박으

로 돈을 벌수 있는 방법을 궁리한다.
5. 정신적 고통,무기력함, 죄책감, 불안, 우울이 있을 때 마다 도박한다.
6. 잃은 돈을 만회하기 위해 다시 도박한다.
7. 도박을 은폐하기 위해 거짓말을 한다.
8. 도박으로 대인관계, 교육이나 진로의 기회를 놓친다.
9. 도박에 의한 경제 상태에서 벗어나 기위해 다른 사람에게서 돈을 빌린다.

B. 도박장애는 잘 설명되지 않는다.

- 7개월 동안에 증후가 소실되고 진단기준에 따라 1회 이상 들어맞으면 도박장애로 진단한다. 기간에 따라 세분화한다(일시적 도박장애).
- 계속적으로 증후를 경험하고 여러 해 동안 진단기준에 들어맞는다(지속적 도박).
- 이전의 진단기준에 완전히 들어맞은 상태에서 3개월에서 12개월에 증후가 나타나지 않을 때(조기 경쾌).
- 12개월 동안은 도박장애 기준에 들어맞지 않는다(영구적 경쾌).

현재 수준은 아래와 같이 평가한다.

4–5 진단기준에 부합되면 가벼운 상태
6–7 진단기준에 부합되면 중간 상태
8–9 진단기준에 부합되면 심한 상태

병적 도박

노름 때문에 가정생활과 직장생활이 크게 손상되고 건강이 악화되는데도 도박 습관을 버리지 못하는 것이 병적 도박의 특성이다. 병적 도박장애는 도박의 습관을 자기의 의지로 제지하지 못한다. 병적 도박은 여러 가지 개인적 문제 사회적 문제를 일으킨다. 경제적 손실은 물론 대인관계 등이 크게 손상된다. 부부간의 갈등을 야기한다. 아동을 학대하는 습관이 생긴다. 병적 도박은 그 자체로 끝나는 것이 아니고 알코올 중독이나 약물 중독으로 이어지는 사례가 많이 있다(Hall et al., 2000).

병적 도박은 개인의 경제적 파탄을 가져오고 심한 경우에는 자살로 이어지는 사례도 많이 있다. 병적 도박의 인구학적 변인과도 깊은 관계가 있다. 조기에 시작한 도박은 도박장애로 이어진다(Volberg, 1994). 미국의 병적 도박 사례를 분석해 보면 그들은 사회경제적 수준이 낮고 이혼자가 많은 것이 특징이다. 보다 큰 가치가 있는 것을 얻기 위해 사소한 가치를 희생시키는 것이 도박이다. 도박은 자신은 물론 가족의 생활을 크게 해친다. 자신은 물론 가족, 직업을 포기하면서까지 도박에 빠지는 경우도 있다. 도박장애는 자신이 잃은 것을 단 한 번에 만회하려는 병적 욕구가 강하다.

도박장애는 가족, 친구, 치료자 등 주위 사람들에게 거짓말을 자주 한다. 그들은 잃은 돈을 되찾을 목적으로 횡령도 서슴지 않는다. 그들은 도박을 하다가 파탄한 가정살림을 회복하기 위해 가족의 도움을 청하는 것이 보통이다. 도박장애는 왜곡된 사고를 한다. 그들은 과학적 기초가 결여된 미신적 사고를 한다. 자기에게는 사회적 권력과 신망이 있다고 자신을 과잉 포장한다. 도박장애의 사고는 특이하다. 자신이 직면한 문제를 해결해줄 수 있는 것은 돈밖에 없다고 생각한다. 도박장애는 매우 충동적이고, 정력적이고, 안절부절 못한다. 그러면서 쉽게 지쳐 포기하기도 한다. 자신이 무력감에 빠졌을 때, 죄의식을 느낄 때, 혹은 우울할 때 도박을 한다.

도박장애의 반 이상은 빈번하게 자살을 생각하고 있으나 실제 자살을 시도한 것은 그렇게 많지 않다. 도박장애의 증후가 나타나는 것은 일정하지 않다. 청소년기에 증후가 나타나기도 하고 성인기 초기에 증후가 나타나기도 한다. 혹은 그 이후에 증후가 나타나기도 한다. 도박장애는 몇 가지 특징이 있다. 즉 점차적으로 도박 빈도가 높아지고 도박을 위해 쓰는 돈의 액수가 점차적으로 증가한다.

도박은 정기적으로 할 수도 있고, 우연한 기회에 할 수도 있고, 도박장애가 지속적인 것도 있고 일시적인 것도 있다. 도박에 의해 더 많은 스트레스를 받게 되고 보다 심한 우울증을 경험하게 되고 약물복용기간이 길어진다. 도박장애는 특별한 치료를 받지 않아도 자발적으로 회복되는 사례도 있다. 이들 가운데 다시 도박을 하는 사람이 많이 있다. 도박장애 증후는 여성보다는 남성에서 일찍 나타난다. 청년기에 도박을 시작하는 사람의 대상은 가족이나 친구이다. 조기 도박장애는 충동적이고 물질사용을 선호하는 경향이 있다.

대다수의 고교생과 대학생의 도박욕구 수준은 시간이 지나면서 크게 떨어진다. 남성보다는 여성에서는 중년기나 혹 그 후에 도박장애의 증후가 시작된다. 도박장애, 도박행동은 연령과 성별 차와 깊은 관계가 있다. 나이가 많은 성인보다는 젊은 연령층과 중년층이 도박을 선호한다. 청소년층과 나이가 좀 적은 성인층에서는 여성보다는 남성에 도박장애가 더 많다. 젊은 연령층은 스포츠 배팅을 보다 선호하는 경향이 있다. 나이가 많은 성인들은 빙고도박을 보다 많이 선호하는 경향이 있다. 도박장애는 개인의 심리사회적 기능, 건강, 특히 정신건강에 큰 부정적 영향을 준다. 도박장애는 도박에 몰입하기 때문에 가족이나 가까운 친구와 멀어지는 결과를 가져온다. 도박장애는 사회활동에도 부정적 영향을 준다. 그에 못지않게 개인의 건강도 크게 해치는 결과를 가져온다.

도박장애는 직업적 도박과 사회적 도박으로 엄격하게 구분되어야 한다. 직업적 도박은 전문도박꾼들 사이에 이뤄지며 거기에는 큰 위협이 따른다. 사회적 도박은 친구나 직장동료들과 이뤄지는 것으로 장시간 지속되는 일은 없다. 이 도박에서는 합리적 금전적 손해는 각오해야 한다. 그러므로 도박 후에 후회하는 사람도 있다. 도박장애의 건강 상태는 좋지 않다. 도박장애에는 여러 가지 질병이 따른다. 가장 흔하게 나타나는 것이 심계항진과 협심증이다. 도박장애에서 흔히 발견되는 것은 물질사용장애, 우울증장애, 불안장애, 그리고 성격장애 등이며 도박장애보다 일찍 발병되는 것이 있지만 도박장애가 발병되었을 때 그것이 확실하게 나타날 수도 있고 그렇지 못할 때도 있다. 도박장애는 불안장애와 물질사용 전에 발병하기도 한다.

병적 도박의 실체는 확실하게 밝혀진 것이 없다. 그 발병 원인은 물론, 치료방법 그리고 그에 관련되는 변변한 심리적 이론도 없다. 이와 같은 어려움을 극복하기 위해서는 도박장애는 근거중심의 이론을 기초로 해서 새롭게 출발할 필요가 있다. 이는 확실히 실험적 연구에서 얻은 확실한 근거를 필요로 한다. 도박장애에 대한 근거중심의 접근은 무엇보다도 정확한 평가 자료를 필요로 한다. 이러한 필요에 따라 여러 거지 심리학적 측정 도구들이 개발 활용되고 있다. 신빙성이 있고 타당선이 입증된 자료가 얻어지게 되면 개인의 병적 도박의 실체를 밝혀낼 수 있다. 보다 유용한 자료를 얻어 그것을 유용하게 활용하려면 심리학적 인지과정에 대한 지식이 필요하다.

병적 도박의 특징은 여러 가지 행동에 나타난다. 도박을 화제로 많은 이야기를 한다. 도박의 계획을 세우고 도박에 대해 많이 생각한다. 적은 노력으로 보다 많은 돈을 얻으려고 한다. 도박회수를 줄여보려고 노력해도 그것이 뜻대로 되지 않는다. 도박 때문에 경제적으로 어려워지면 주위 사람들에게 거짓말을 자주 한다. 병적 도박에는 여러 가지 정신장애가 따른다(Black & Moyer, 1998). 도박은 그 수준에 따라 수준0 도박, 수준1 도박, 수준2 도박, 수준3 도박으로 분류되며 도박 수준에 따라 도박 행위의 특성이 다르다. 수준 0 도박은 도박하고 싶은 생각이 없다. 수준 1 도박은 사교적, 레크리에이션 도박으로 병적 의미는 전혀 없다(Shaffer et al. 1999). 수준 2 도박은 문제를 일으킬 여지가 있다. 그리고 수준3 도박은 심각한 의미를 가진 도박으로 강박적인 의미가 내포된 장애이다

도박 특성은 평가척도에 의해 결정된다(Lesieure & Blume, 1987). 이는 20개 문항으로 구성되어 있어 실시하기 쉽고 결과를 쉽게 얻을 수 있으며 광범위하게 활용되고 있다(Shaffer et al., 1999). 병적인 특성은 아니지만 문제성향의 유무를 검사하기 위해 사용되는 것이 *CPR*이다(Ferris & Wynne, 2001), *SOGS*(Lesieur & Blume, 1987)는

CPGI(Ferrig & Wynne, 2001)와는 달리 도박충동이나 그에 대한 사고의 유무를 측정하기 위해서 쓰이는 것이 *G-SAS*(Stinfield et al., 2004)이다. 병적 도박의 특성은 자기공명영상 자료에서 얻을 수 있다. 여기서 얻은 정보는 *SOGS*(Lesieur & Blume, 1987)와 깊은 관계가 있다. 자기공명영상자료를 보면 도박자가 실제 도박을 하면 그 활성화 수준에 따라 뇌에서 여러 가지 변화를 일으킨다(Habib & Dixon, 2010). 병적 도박자의 뇌의 활동특성은 알코올 중독자가 우울할 때 나타나는 뇌의 활동 특성과 매우 유사하다. 병적 도박은 도박자의 생활 특성과는 물론 뇌구조의 특성과도 깊은 관계가 있다. 밀접한 관계가 있다. 병적 도박자의 뇌의 구조를 조사해보면 랑게르 한스 섬의 활동이 지나치게 활발하다는 점을 발견 할 수 있다.

병적 도박의 치료

병적 도박 치료방법은 매우 다양하다. 이는 크게 심리학적 치료 방법과 약물학적 치료 방법으로 구분할 수 있다. 이 두 방법이 추구하는 목표는 크게 다르지 않다. 즉 도박을 방지하는 데 있다. 심리학적 방법은 개인의 환경 조절과 인지 기능변화에 역점을 두는가 하면 약물학적 방법은 개인의 생물학적 기제의 변화에 역점을 둔다. 도박의 원인에 대한 견해는 학자에 따라 다르다. 즉 약물 치료자는 세로토닌과 같은 신경화학물질이 도박을 유발한다고 주장한다. 이와는 달리 심리학자들은 환경이 도박을 유발한다고 생각한다.

현대 심리학자들은 도박 중독의 치료가 무엇보다도 중요하다는 점을 강조한 나머지 유용한 치료 기술을 많이 개발하였다. 그 가운데 대표적인 것이 행동치료의 기술이다. 여기에는 인지치료와 인지행동치료, 그리고 알코올장애치료를 위해 개발된 12단계치료 모델 등이 포함된다. 이와 달리 약물학적 방법을 선호하는 사람은 의학적 모델에 크게 의존하는 경향이 있다. 병적 도박의 높은 치료효과는 Pallesen et al.(2005)의 메타분석 결과에서 입증되었다. 이들은 인지치료, 절충적 치료, 12단계의 치료 기술을 바탕으로 한 122개의 서로 다른 연구 결과에서 심리학적 치료 방법은 병적 도박의 치료에 큰 도움이 된다는 사실을 밝혀냈다.

도박장애 치료에 행동치료기술이 널리쓰이며 그 효과도 높다. 치료자들은 체계적 감도감강법이나 혐오적 조건화기법을 선호한다. 감도감강을 위해 혐오자극에 노출시킬 수도 있고 그렇지 않을 수도 있다. 혐오조건화 기법은 환자가 원하지 않은 행동과 사고를 치료하는

데 활용된다. 상상적 감도감강법은 환자의 불안을 경감시키는 데 유용하게 사용된다. 이 기술은 고전적 조건화의 원리에 기초를 두고 있다.

McConaghy et al.(1983)은 병적 도박 치료를 위해 감도감강기술을 사용하였다. 그는 환자로 하여금 도박 장면을 상상해 보게 하고 20초 간격으로 긴장훈련을 시켰다. 도박장애 치료가 종료 후 실험자들은 환자를 추적한 바 치료효과는 장기간 지속되고 있다는 사실을 발견하였다. 혐오치료를 선호하는 전문가는 점차적으로 줄어들고 있는 것이 사실이다. 하지만 이 치료기술은 행동주의 심리학의 발전 초기부터 중독치료에 널리 사용된 고전적 기술의 하나이다. 이 기술은 지나치게 반응성 조건화의 원리에 의존하고 있다는 비난이 없는 것은 아니지만 여러 중독치료에 큰 효과가 있다는 점은 높이 평가된다. 실제 치료에서 치료자는 혐오 자극, 예를 들면 전기쇼크나 유해물질을 중독물질이나 혹은 중독행동과 연결시킨다. 10일 동안의 치료를 받은 후에 2개월 동안 최초의 실험에서 추적한 결과 도박하고 싶은 생각은 전혀 없었던 것으로 보고되고 있다.

비논리적 사고, 부적응적 사고는 도박중독을 유발한다. 이와 같은 주장은 4회에 걸친 무작위통제실험법에 의해 검증된 결과이다(Hodgins & Petry, 2004). 최초의 실험에서 Echeburia et al. (1996)는 비보 노출, 인지 재구성, 그리고 이 둘을 결합하는 방법을 썼다. 그 훈련의 효과는 좋은 편이었고, 6개월 후의 추적 조사에서도 그 효과는 그대로 유지되었다. Sylvain et al. (1997)은 도박장애자에게 인지적 재구성, 문제해결술, 사회기술훈련, 그리고 재발방지훈련을 시키고 그 결과를 통제 집단과 직접 비교하였다. 그 결과 참가자의 40%에서는 치료효과가 뚜렷하게 나타났지만 통제 집단에서는 겨우 6%만이 치료효과가 있었다.

Ladouceur et al. (2001)는 인지적 재구성법과 재발방지법으로 병적 도박자를 치료하고 그 효과를 통제 집단과 비교하였다. 그 결과 집단 치료를 받은 환자의 25%는 통제 집단에 비해 월등한 치료효과가 있다는 사실을 발견할 수 있었다. 도박장애는 인지치료의 기술과 행동치료를 접목시키면 그 효과는 두 기술이 갖는 독자적 효과보다 더 클 것이라는 것이 현대 도박장애 치료자들의 주장이다. 이는 자극통제와 강화의 원리를 결합한 치료수단이다.

정신의학적 치료는 중독장애 치료에 널리 활용되며 그 효과도 좋다(De Ruberis & Crits-Christoph, 1998). 하지만 그 발병 원인은 밝혀내지 못한다. 더 나아가 왜 병적 도발을 치료하는 데 인지행동치료가 효과적인가? 이 물음에 대한 명확한 대답도 나온 것이 없다. 인지행동치료는 심리학적 문제를 행동이론의 측면에서 접근하고 있다. 이와 같은 관점에서 보면 도박행동은 간헐적 강화를 받으면서 비논리적으로 사고하는 과정에서 생성된 신념의 결합체로 생각 할 수 있다(Hodgins & Petry, 2004).

이 기술을 이해하는 데 있어서 방아쇠의 개념을 이해하는 것이 무엇보다도 중요하다. 이 용어를 심리학적 용어로 해석한다면 이는 곧 도박의 환경을 조정하는 선행조건이다. 인지적 관점에서 보면 이 방아쇠의 각성수준은 도박에 대한 생각이 들거나 도박의 충동이 생기면 점차적으로 그 수준이 높아진다(Tavares et al., 2003). 많은 연구에서 인지행동치료는 도박의 수준을 조절하는 역할을 한다는 사실이 밝혀졌다. 인지행동치료에 의한 도박 치료의 효율성을 입증한 또 다른 사례로 Petry et al.(2006)의 연구 및 그 결과를 살펴보자. 그들은 200명의 도박자에 대한 인지행동치료 효과와 도박자 어나니머스에 대한 치료 효과를 비교하였다.*

실험자들은 피험자를 도박자 어나니머스치료(GA), 도박자 어나니머스치료+인지행동치료(GA+CBT), 혹은 도박자 어나니머스치료(GA)+8회에 걸친 개별집단으로 나눴다. 실험자들은 도박자의 도박회수와 도박에 탕진한 금액을 조사하여 그것을 일차적 종속변인으로 설정하였다. 그들의 자료를 보면 도박장애자의 월평균 도박일수는 14일 이였고 그들이 소비한 돈의 기저율은 $1,200이었다. 인지행동치료의 효과는 1개월 후, 6개월 후, 그리고 1년 후에 측정하였다. 그 결과 1년 후에 측정된 치료효과는 매우 좋은 것으로 나타났다. 인지행동치료를 받은 환자의 경감 수준은 도박자 어나니머스치료를 받은 환자에 비해 의미 있게 높았다. 그 치료효과는 1년 후에도 유지되고 있었다.

도박자 어나니머스(GA)는 알코올 어나니머스(AA)의 모델을 기초로 만들어진 것으로 환자가 병적 도박에서 완전히 해방될 수 있도록 만들어진 치료기술이다(Petry, 2005). 도박자 어나니머스치료의 효능을 입증한 Stewart & Brown(1988)의 치료결과를 살펴보자. 이 치료에는 232명이 참석했다. 그들은 16년 동안 겨우 네 번만 치료에 참석하였다. 참여자 가운데 7%만이 도박 1년 후에 도박에서 완전히 해방될 수 있었다. 도박자 어나니머스치료는 다른 보조 치료와 병행될 때 치료효과는 더 높아진다. Russo et al.(1984)은 100명의 도박 근절을 희망하는 환자를 대상으로 하였다. 그들에게 집단치료와 개별치료를 하고 효과를 검사하였다. 어느 집단에서나 30%의 환자는 1년 후에 도박을 중단하는 데 성공했다. 도박자 어나니머스치료에 참여하는 것도 도박에서 벗어나는 데 큰 도움이 되었다는 사실이 밝혀졌다. 또 도박자 어나니머스치료에 참여한 도박장애자는 전문적 치료를 받고 도박에서 해방되고자 하는 욕구가 강하다는 사실은 후에 밝혀졌다(Petry, 2003).

---

* 도박중독을 경험한 사람이 모여 자신의 경험을 바탕으로 도박중독에서 벗어나고자 하는 사람에게 조언을 하기 위해 모인 집단이다. 도박을 중단하고자 하는 욕구를 가진 사람은 누구나 그 회원으로 가입해서 활동할 수 있다.

성공적 도박장애 치료를 위해 약물을 사용한다는 사실이 한정된 사례발표나 실험연구에서 밝혀졌다. 도박장애 치료에 효과가 큰 약물로는 선택적 세로토닌(SSRIS), 기분안정제, 그 외 오피오이드 길항제 등이 있다. 이러한 약물들은 뇌의 화학기능수준을 정상화시키기도 하고 다른 정신의학적 상태를 동시에 유발하여 도박장애의 증후를 경감시키기도 한다. 지나친 도박습관을 가진 사람을 치료하기 위해 약물치료를 한 Grant et al.(2006)의 연구결과를 보자. 그들은 오피오이드 길항제 날메페네 치료를 통해 도박의 증후를 경감시키려고 시도하였다. 그들은 207명의 도박장애자를 16주 동안 무작위로 플라시보 통제 치료를 하였다. 그 결과 집단 간에 도박의 심한 정도가 크게 나타났고 사용한 약의 분량에 따라 서로 다른 부작용이 나타난다는 사실을 발견하였다. Hollander et al.(2000)은 약물과 플라시보를 사용한 치료결과 투약 순에 따라 약의 효과도 크게 다르게 나타난다는 사실을 발견하였다.

도박장애 치료를 위한 수용치료효과는 인지행동치료, 12단계치료, 동통치료의 효과보다 월등하게 높다(Haynes et al., 2004). 수용치료는 행동치료와 인지치료를 결합한 제3의 치료기법으로 콘텍스트이론의 철학적 개념에 바탕을 둔 치료기법으로 심리학적 문제 치료에 광범위하게 사용된다. 이 치료방법은 상대적 구조이론을 기초로 개발되어 광범위한 영역의 문제 치료에 응용된다(Haynes et al., 2001). 스킨너 학파의 심리학들도 언어와 인지과정을 행동주의 심리학적 기초 위에서 설명하고 있다. 수용치료는 6개의 심리학적 과정 즉 수용, 제거, 상황으로서의 자아, 현재 순간과의 접촉, 가치, 그리고 참여 등의 기능으로 구성되어 있다(Haynes et al., 2006).

수용은 순수한 인지적 치료와 가장 분명하게 차별화되는 치료 책략에 속한다. 이 책략은 바람직하지 않은 사고나 정서를 통제하기보다 그것을 수용해서 충분히 경험해 보게 한다. 제거는 유해한 언어, 즉 행동을 유발하는 사고나 언어 사용을 피하게 하는 수단이다. 상황으로서의 자아는 자아의 의식, 혹은 지식의 초월적 의미를 발견하는 데 역점을 둔다. 이는 단순한 표면적 의미나 인지와는 다른 자아의 의미를 발견하는 데 역점을 둔다. 이는 모든 심리학적 문제는 과거나 미래의 관점에서 생각하는 경향이 있다. 이것보다 현재 자신의 입장에서 생각하는 것이 보다 더 적응의 의미가 있다. 가치와 헌신은 개인의 삶을 증진시키는 것으로 이것은 치료의 결과를 보다 정확하게 예언할 수 있다. 위에 소개한 수용치료의 구조를 보면 이는 몇 가지 점에서 도박장애 치료에 큰 도움이 될 것으로 보인다. 무엇보다도 사고를 행동의 결정요인으로 간주하는 것은 놀랄 만큼 새로운 생각이다. 병적 도박자의 일반적인 인지 왜곡은 흔히 볼 수 있는 것으로 이를 차단하는 것이 치료에 있어서는 무엇보다도 중요하다. 전통적인 인지행동치료자들은 이와 같은 일을 성공적으로 수행가능하다고 하지만 개인의 충동에서 벗어나기란 쉽지 않고 도리어 비생산적 역효과를 가져오는 경우도 있다(Masedo & Esteve, 2007).

제17장

불면증장애

불면증장애

우리생활의 1/3은 잠자는 시간이다. 이것이 정상적인 삶이다. 나머지 시간은 일을 하고 휴식을 취하면서 보낸다. 수면은 주간에 누적된 육체적 피로를 풀어주고 뇌의 기능을 회복시켜주고, 그리고 불쾌한 감정을 정화시켜주는 기능을 한다. 이와 같이 수면은 육체적 건강뿐만 아니라 정신적 건강을 지키는 데 매우 중요한 역할을 한다. 이러한 기능을 하는 수면이 어렵거나 정상을 벗어나게 되었을 때 수면-각성장애라고 한다.

거의 모든 사람은 매일 일정한 시간에 잠을 자고 일어난다. 그래야 개인의 일일생활리듬이 유지되고 건강한 생활을 할 수 있다. 연구자의 결과에 따라 다소 차이가 있기는 하지만 정상인은 하루24시간 가운데 6-8시간 잠을 잔다. 그 가운에 1/4은 꿈을 꾸는 시간이다. 건강 유지에 가장 적절한 수면시간은 얼마일까. 하루에 7시간 수면을 취하는 사람 가운데 장수자가 가장 많다. 이와는 대조적으로 수면시간이 6시간 미만이거나 8시간 이상의 수면을 취하는 사람 가운데 사망률이 가장 높다.

적절한 수면시간은 연령에 따라 차이가 있다. 신생아에게는 하루에 20시간의 수면이 필요하다. 나이가 많아지면서 수면시간은 점점 줄어든다. 수면은 중간에 저하된 신체와 중추신경계통의 기능을 회복시켜주는 기능을 한다. 비급성안구운동수면은 신체근육의 기능회복을 촉진시키는 기능을 하고 급성안구운동수면은 단백질 합성을 증가시켜 뇌의 기능을 촉진시킨다. 또 중간에 학습한 정보 가운데 불필요한 것을 버리고 필요한 정보는 잘 기억되도록 재정리하는 기능을 한다. 수면에는 여러 가지 기능이 있다. 불쾌한 감정을 정화시켜주고 아침에는 상쾌한 기분을 갖도록 도움을 주는 기능도 한다.

수면의 기능이 손상된 상태를 수면-각성 장애라고 하며 여기에는 불면증장애, 과잉수면장애, 수면발작증, 호흡관련수면장애, 24시간 주기리듬 수면장애, 비급성안구운동 수면장애, 악몽장애, 급성안구운동 수면장애, 하지불안증후군, 물질/약물 유도성 수면장애 와 같은 유형이 있다. 불면증 혹은 불면장애는 밤에 잠들기가 어렵거나 자기가 원하는 만큼 잠을 이루는 것이 어려운 상태이다(Roth, 2007). 잠을 자고 싶어도 잠을 이루지 못한다. 이로 인해 주간 활동이 크게 지장을 받는 상태이다. 잠들기 시작하거나 그 상태를 유지하는 데 어려움을 겪거나 아침 일찍 깨서 잠들지 못한다. 이것 때문에 수면의 양과 질에 불만이 많다. 이러한 장애가 주3일 이상 3개월 이상 지속되면 심한 고통을 겪고 일상생활이 큰 장애를 받는다. 보다 자세한 진단은 〈표 17-1〉과 같은 기준을 따른다.

<표 17-1> 불면증장애 진단기준

A. 하나 혹은 그 이상의 증후 때문에 수면의 양과 질에 대한 불만이 많다.

1. 잠들기가 어렵다. 아이들의 경우 어머니나 양호자의 도움 없이는 잠들기가 어렵다.
2. 잠든 상태를 그대로 유지하기가 어렵다. 빈번하게 잠에서 깨면 다시 잠들기가 어렵다. 어린이의 경우 어머니나 양육자의 도움 없이는 다시 잠들기가 어렵다.
3. 아침에 일찍 잠에서 깨면 다시 잠들기가 어렵다.

B. 수면장애는 임상적으로 의미 있는 고통이나 손상을 유발하고, 직업, 교육, 학교생활이나 다른 중요 한 기능을 손상시킨다.

C. 주마다 적어도 세 번이상의 수면장애를 경험한다.

D. 적어도 3개월 이상 수면장애를 경험한다.

E. 적절한 수면을 취할 수 있는데도 수면장애를 경험한다.

F. 불면증은 다른 각성장애, (호흡관련 수면장애, 일일주기리듬수면장애)과정에서도 일어난다.

G. 불면증장애는 물질사용과는 무관하다.

H. 공존하는 정신장애와 의학적 조건만으로는 불면증장애는 적절하게 설명되지 않는다.

I. 공존하는 정신장애, 신체장애는 불면증을 적절하게 설명하지 못한다.

물질사용장애를 포함한 비수면장애, 정신적 동시이환현상이 고려되어야 한다.

불면증 증후는 적어도 1개월 이상 3개월 미만 지속된다(일시적 불면증).

불면증 증후가 3개월 이상 지속된다(지속적 불면증).

1년에 두가지 이상의 에피소드를 경험한다(재발병 불면증).

불면증은 임상적 특성에 따라 수면 시작 불면증, 수면 유지 불면증, 그리고 수면 종료 불면증으로 구분된다. 수면 시작 불면증은 잠들기가 어려운 불면증이다. 불면증과 정상인이 잠드는 데 소요되는 시간은 차이가 있다. 정상인은 침실에 들어간 10-15분 후면 잠든다. 이와는 달리 불면증은 침대에 들어가 잠에 들어가는 데 30분 이상 걸린다. 수면 유지 불면증은 수면 중에 자주 잠에서 깬다. 잠에서 한 번 깨면 다시 잠들기가 어렵다. 수면종료 불면증은 예상한 시간보다 일찍 잠에서 깨서 다시 잠들기가 어렵다.

성인의 경우 밤에 잠들기 어렵다. 깊은 잠에 들지 못하고, 깨어 있다. 아침에 일찍 일어난다. 혹은 잠을 자고 깨도 피로회복이 되지 않고 각성상태를 느끼는 것이 수면장애의 특징이다. 그 외에도 수면장애는 주간 활동이 크게 지장을 받는다. 수면장애는 일정한 체계에 따라 분류된다. 대표적인 것이 APA(2013)의 *DSM-5*, WHO의 *ICD-10*, (Edinger et al., 2004), *RDC* 그리고 American Academy of Sleep Mecicine의 *ICSD-2*이다. ICD-10은 현재 증후와 기능을 바탕으로 만들어진 진단기준이다. RDC와 ICSD-2는 여러 개의 하위 유목으로 구성되어 있으며 불면증의 원인을 평가하는 데 편리하게 구성되어 있다. 이들 진단체계가 수면장애의 원인을 밝히고 그 타당도를 입증하기 위해서는 많은 연구가 필요하다. 과거의 수면장애에는 다른 정신의학적 장애가 수반되기 때문에 이를 이차적 수면장애라고 부른다. 수면장애는 이차적 수면장애보다는 같은 시기에 수반되는 것으로 보는 것이 보다 타당하다(Morin et al., 2006).

불면증은 건강전문가에 의해 가장 쉽게 발견될 수 있다. 그만큼 흔하게 발병되는 장애이다. 역학적 조사결과를 보면 불면증은 성인의 6%를 차지한다. 그들의 12%는 불면증 때문에 주간 생활에 큰 어려움을 겪는다(Ohayon, 2012). 성인의 9-12%는 만성불면증을 겪고 있고 15-20%의 성인은 때때로 수면장애를 경험한다고 한다. 성인의 경우 남성보다는 여성에 불면증이 많다. 만성불면증은 개인의 사회생활, 건강, 그리고 경제생활에 큰 부정적 영향을 준다. 만성수면장애는 정상적 수면자에 비해 주간 활동에 지장을 받으며 직장생활에 충실할 수 없다. 꾸준히 치료를 해야 하기 때문에 경제적 손실도 크다. 또 만성수면장애자의 사고위험이 매우 높다. 또 그들은 우울증, 불안수준이 높고 약물오용의 위험도 매우 높다.

불면증장애의 진단과 발달

불면증장애는 주우울증과 같은 정신장애, 의학적 상태, 호흡과 관련되는 장애와 무관하지 않다. 하지만 그것이 불면증장애와 동일한 장애는 아니다. 예를 들면 불면증장애에는 불안과 우울증이 수반되는 수가 있는데 그것만 가지고 정신병으로 생각해서는 안 된다. 불면증에서 나타나는 증후는 그 자체의 과정을 밟아서 발전한다. 불면증은 그 자체가 정신병의 증후보다 뚜렷하게 나타난다. 지속적인 우울증을 유발하는 위험요인으로 작용할 수도 있다. 불면증과 정신장애의 증후가 동시에 나타났을 때 모두 치료대상이 된다.

불면증장애를 진단할 때 환자에서 얻은 정보가 매우 중요하다. 하지만 그것이 곧 진단기준이 되어서는 안 된다. 잠들기가 어렵고 잠에 들어도 그것을 장시간 지속할 수 없다고 해서 그것이 곧 불면증장애로 진단되어서는 안 된다. 수면장애는 자신의 사회적, 직업적 기능 손상이 수반되어야 한다. 수면장애는 다른 의학적 장애에 의해서 올 수도 있다. 불면증장애는 의학적 장애와는 상관없이 나타나는 수도 있다. 불면증장애는 서로 다른 수면기간에 나타난다. 수면 개시 불면증 혹은 초기 불면증은 수면시간에 잠들기가 어렵다.

수면유지불면증 혹은 중기불면증은 밤중에 빈번하게 잠에서 깬다. 말기불면증은 다시 잠들기가 어렵기 때문에 아침에 일찍 각성하는 특성이 있다. 수면유지곤란은 불면증장애에서 가장 흔한 장애이다. 수면에 대한 불안 수준은 시간이 지나면서 크게 달라진다. 잠들기가 어렵다고 하는 사람이 어느 때 잠은 들어도 그 상태를 유지하기가 힘들다고 불만을 토로한다.

비회복수면은 개시수면과 유지수면이 결합된 수면장애를 호소하는 수면장애이다. 이와 같은 부적절한 수면장애는 다른 형태의 수면장애, 예를 들면 호흡과 관련되는 호흡장애에서도 흔하게 나타난다. 수면장애는 수면을 방해하는 생리적 및 인지적 각성 요인의 결과로 나타날 수 있다. 수면 때문에 고통 받는 사람은 수면에 대해 지나치게 신경을 쓰는 경향이 있다. 수면을 취하려고 노력을 하면 할수록 보다 큰 좌절감을 느끼고 그에 따라서 수면의 기능은 크게 떨어진다. 수면문제에 관심을 집중하고 잠을 취하려고 노력하면 노력할 수록 정상적 수면 개시의 기제는 손상되어 불면증으로 이어진다.

불면증이 장기간 지속되면 수면습관이 크게 악화된다. 지나치게 많은 시간을 잠자리에 머물기도 하고 낮잠을 자기도 한다. 잘못된 사고를 하기도 하고 불면에 대한 공포, 손상된 주간 과제에 대한 걱정을 많이 한다. 주간에 경험한 불쾌한 일이 불면증을 일으키기도 한다. 피로, 기력 저하, 기분장애가 불안과 우울증을 유발하고 그것이 곧 불면증을 유발하는 원인이 되기도 한다. 지나치게 신경을 썼든 주간에 일 때문에 깊은 잠을 이루지 못할 수도 있다. 불면증장애는 특정한 발달시기에 발병하는 것이 아니다. 젊은 성인기에 발병할 수도 있고 아동기나 청소년기에도 발병하기도 한다. 여성의 불면증장애는 폐경기에 시작되어 일과성 열감이 끝날 때까지 지속한다,

불면증장애는 사태 혹은 환경에 따라 서로 다르게 발병한다. 불면증장애 가운데 수일 혹은 수주 지속되다가 그의 환경에 변화가 오면 임상적 특성이 변하는 불면증장애가 있는데 이것이 사태적 혹은 급성 불면증장애이다. 불면증장애는 그것을 환경에 변화가 오면 곧 소실되기도 하고 증가 악화되기도 한다. 불면증장애의 임상적 증후는 환경적 변화의 영향을 크게 받는다. 심한 외상적 경험 때문에 불면증을 경험한 사람은 그 주변의 관계를 부정적으로 보게 된다.

조건화 과정에 의해 형성된 각성이 장기간 지속되면 결국에는 불면증장애로 발전하게 된다. 급성 심리적 스트레스나 정신장애도 같은 과정을 거쳐 불면증장애로 발전한다. 예를 들면 우울증으로 고통 받을 때 얻은 에피소드에 주의를 집중하게 되면 부적 조건화가 형성된다. 이것이 곧 불면증장애이다. 이렇게 형성된 불면증장애는 우울증의 에피소드가 해결된 후에도 그대로 지속된다. 어떤 특정한 발병 원인이 발견되지 않는데도 잠행성 요인이 불면증장애를 유발하는 요인으로 작용한다. 현재 자신이 직면한 스트레스가 불면증장애의 원인으로 작용할 수도 있다.

연령 수준에 따라 불면증을 호소하는 빈도가 다르다. 중년층과 노년층 성인일수록 수면에 대한 심한 불만을 호소한다. 불면증장애의 임상적 증후의 특성도 연령에 따라 다르다. 수면개시장애를 호소하는 것은 젊은 성인과 성인층에 많고 수면유지장애를 호소하는 것은 중년층과 노년층에 더 많다. 아동과 청소년층에도 수면개시 장애와 수면유지장애가 많이 발병한다. 하지만 이를 뒷받침할 수 있는 이론적 근거는 아직 발표된 것이 없다. 아동기의 수면장애는 조건화 과정의 산물이다. 부모의 일관된 수면계획 결여가 곧 아동의 수면장애를 유발하기도 한다.

연령에 따라 저하된 신체적 건강 상태가 노년층의 수면장애의 원인이 된다. 수면 형태의 변화는 정상적 발달과정과 밀접한 관계가 있다. 불면증장애에 대한 과학적 근거를 찾기 위해 수면다원검사를 한다. 이는 관행적인 불면증진단을 위해 사용하는데 이는 노년 불면증 연구나 치료를 위해, 또 불면증의 원인을 발견하는 데 더 큰 도움을 준다. 불면증이나 수면에 대해 과도한 관심, 주간에 경험한 불안정감, 주의력의 결손이 곧 불면증을 유발한다. 주의력의 저하는 사고 발생비율을 상승시키는 결과를 가져온다. 장기간 지속되는 불면증은

개인의 정신적, 물질적 손상의 원인이 되는데 여기에는 우울증, 고혈압, 심근경색 등과 같은 장애가 수반된다. 빈번한 결석, 결근에 따른 생산성의 저하, 삶의 질 저하. 그리고 심한 경제적 고통도 피할 수 없게 된다.

불면증장애의 차별적 진단

정상적 수면의 변화와 불면증장애는 다르다. 사람에 따라 정상적 수면 지속 시간이 다르다. 수면시간이 짧은 사람(단기수면자)은 자신의 수면시간에 깊은 관심을 갖는다. 그들은 불면증장애와 크게 다르지 않으나 잠들기가 어렵거나 잠든 상태를 오래 지속 못하는 것은 아니다. 이점은 불면증과 크게 다르다. 불면증과 같이 보다 장기간수면을 취하고 싶어서 침실에 긴 시간 머물러 있고 싶어 하기도 한다. 임상적 불면증장애는 정상인, 또는 연령과 관계되는 수면의 변화와는 분명하게 차별화되어야 한다. 환경적 사정 때문에 잠을 이룰 수 없을 때 생기는 수면이 박탈되는 불면증장애와 엄격하게 구분 진단 되어야 한다.

생활 환경의 급변으로 수일 혹은 수 주간 정상적으로 수면을 취할 수 없는 경우가 있는데 이는 불면증장애와 엄격하게 구분되어야 한다. 이와 같은 급성 혹은 단기불면증장애도 개인을 불안하게 하고 개인의 사회생활, 직장생활에 큰 부정적 영향을 준다. 이러한 증후의 빈도가 심해서 다른 진단 기준에 들어맞을 때에는 특수화된 불면증장애나 혹은 특수화되지 않은 불면증장애로 진단한다. 여기서 3개월 이상 지속되어야 한다는 기준은 적용되지 않는다.

24시간주기리듬 수면각성장애자가 수면기를 지연시켜 수면을 취하려고 할 때에는 수면 개시 장애를 경험한다. 그러나 수면시간이 달라져서 자신의 내생 24시간주기리듬 수면각성장애와 일치할 때에는 수면장애를 전혀 느끼지 않는다. 하지불안증후군이 있을 때에는 잠을 들기도 어렵고, 잠들었다 해도 그 상태를 장시간 유지하기가 어렵다. 다리를 움직이고 싶은 충동과 다리에 오는 불쾌한 감각 때문에 수면이 어려워지는데 이는 불면증장애와 크게 다르다.

호흡과 관련되는 불면증장애자는 수면 중에, 코골기, 호흡중단을 경험한다. 수면성 무호흡 장애에는 불면증 증후가 따른다. 일반적으로 여성과 노인에서 많이 발병한다. 기민증 혹은 발작적 수면은 불면증장애의 원인으로 작용하지만 주간에 과도하게 느끼는 졸림, 탈력 발작, 수면 관련 환각, 불면증장애와 엄격하게 구분되어야 한다. 반응소실증은 수면 중에 이상한 행동을 한다. 이는 불면증장애보다는 행동장애에 속한다.

불면증장애의 치료

지금까지 불면증장애는 약물치료에 크게 의존하였다. 불행하게도 그 치료효과는 장기간 지속되지 않는다. 치료효과를 보다 장기간 보장해주는 것이 비약물 치료방법이다. 대표적인 것이 인지행동치료이다. 여기에는 자극 통제, 역설적 사고, 수면제한, 수면위생, 긴장이완훈련, 그리고 인지적 재구성 등과 같은 기술이 포함된다(Kirkood, 1996).

인지행동치료

불면증장애를 치료하고 치료된 상태를 장시간 유지하는 데 인지행동치료가 큰 도움이 된다. 불면증장애에 대한 인지행동치료의 효과는 벤조디아제핀에 의한 치료효과보다 월등하게 높다. 인지행동치료는 불면증장애의 치료에 탁월한 효능이 있다. 인지행동치료는 보다 나은 수면 습관을 갖게 해주고 수면에 대한 부정적 생각에서 벗어날 수 있게 도움을 준다. 또 인지행동치료는 비현실적 수면 기대에서 벗어날 수 있게 하고 불면증장애에 대한 잘못된 개념에서 벗어날 수 있게 도움을 주고 과도한 불면증에 대한 불안에서 벗어날 수 있게 한다. 인지행동치료를 다른 치료기술과 병행했을 때 보다 좋은 치료효과를 거둘 수 있다. 예를 들면 자극통제법과 긴장이완치료를 들 수 있다. 단기간의 불면증 치료를 위해서는 최면 명상도 크게 도움이 되나 이는 시간이 지나면서 내성이 생겨 치료효과가 경감되는 수가 있다. 불면증장애에 대한 인지행동치료의 효과는 다른 치료기법에 비해 효과가 월등하게 높을 뿐만 아니라 치료를 종료하거나 중단한 후에도 그 효과는 그대로 지속된다.

불면증장애에 대한 인지행동치료의 효과는 최면제를 사용한 약물 치료의 효과보다 월등하게 높다. 그래서 인지행동치료는 불면증장애 치료에 가장 널리 천거되고 사용되고 있는 치료방법이다. 한때 불면증 치료를 위해 가장 높게 평가되었던 행동치료에 앞서기 시작한 것이 메타인지치료이다(Ong et al., 2012). 불면증장애 치료를 위해 인지행동치료의 기법이 도입된 역사는 비교적 길다. 인지행동치료는 다양한 기법을 쓴다(Morrin & Espie, 2003). 또 필요에 따라 개별적으로 실시할 수도 있고 집단을 대상으로 실시할 수도 있다(Espie et al., 2003). 치료 세션을 치료자의 판단에 따라 2-10회에 걸쳐 실시할 수 있다.

불면증장애에 대한 인지행동치료의 우월적 효과는 메타분석의 결과에 의해 입증되었다. 그 결과를 보면 인지행동치료에 의해 수면 개시 시간, 잠에서 깨는 빈도, 깨어 있는 기간, 전체 수면 시간, 수면 질의 평가 등 수면치료에 긍정적 변화가 있다는 것을 알 수 있다. 이 긍정적 변화는 퍼센트 등위로 환산하면 70-80%의 환자가 인지행동치료에 의해 긍정적 변화를 경험하였다는 것을 알 수 있다.

인지행동치료에 의한 절대적 변화의 결과를 자세히 살펴보면 수면개시 잠재시간은 54-65분에서 30-37분으로 줄어들었다. 매일 밤잠에서 깨는 빈도는 1.63-2.44에서 0.44-1.67로 줄어들었다. 전체수면시간은 5.5-6.0시간에서 5.8-6.5시간으로 크게 증가하였다. 성인에 대한 인지행동치료 효과는 나이에 따라 다르다. 나이가 많을수록 치료효과가 떨어진다(Montgomery & Dennis, 2008). 인지행동치료의 높은 효과는 불면증 치료에서 입증되었다(Morrin et al., 1999). 더 나아가서 인지행동치료는 섬유근육통(Edinger et al., 2001), 골관절염, 관상동맥질병, 폐질환(Rubarczyk et al., 2005), 그리고 암(Espie et al., 2001)치료에도 효과가 크다.

인지행동치료가 불면증의 치료효과를 높인다는 사실은(Bailargeon et al., 1998)의 단일사례 실험분석에서도 확증되었다. 자극통제법과 수면교육법은 불면증 치료 효과를 크게 높인다. 특히 성인의 불면증은 수면교육과 자극통제법에 의해 크게 호전된다. 이와 같은 사실은 단일사례 실험디자인에 따른 치료에서도 입증되었다. 그 외에 불면증 치료효과는 반전디자인(A-B-A-B)을 사용한 치료에서도 높게 나타났다(Haynes et al., 1975).

불면증 장애 치료를 위해 뇌에 유입되는 혈액의 온도 수준을 낮춰주는 방법도 쓴다. 혈액의 온도 수준을 낮춰주면 뇌의 신진대사률이 떨어지고 이것이 불면증장애를 경감시키는 효과를 가져온다. 장기간 수면을 취하고, 또 정상적인 수면 계획을 수행하면서 장시간 각성하는 것도 치료의 한 방법이다(Merrigan et al, 2013). 행동치료를 통해 수면에 긍정적 변화를 가져올 수도 있다. 행동치료는 보다 건전한 수면 습관을 유지하는 데 도움이 된다. 생물학적 시간을 보다 규칙적으로 작동하게 하는 데 도움이 된다. 뇌파 생물학적 바이오피이드백은 불면증장애 치료의 효과를 증진시키고 수면의 지속기간과 그 질을 향상시키는 데 큰 도움을 준다.

자극통제

자극통제 기술로 수면 중에 형성된 부정적 조건화 행동을 변화시킬 수 있다. 실제 자극통제치료 기술은 수면 환경에 변화를 가져오는 것으로 이는 수면위생, 혹은 수면건강법이라고 한다. 이 기술은 마음만 먹으면 쉽게 스스로 시행할 수 있다. 침실은 수면을 위해서만 활용하는 것도 한 가지 치료방법이 된다. 여기서 TV 시청이나 독서를 위해 활용하는 것이 아님을 깨닫게 한다. 수면에 들어가는 시간과 잠에서 깨는 시간을 규칙적으로 지켜나간다. 수면을 취하고 싶은 생각이 들면 곧 수면을 취하는 것도 불면증장애의 치료기술이다. 침실에 들어갔는데 곧 잠들지 않을 때가 있다. 이러한 경우 침실에서 억지로 잠을 청하기보다는 다른 방으로 옮겨가는 것도 한 가지 치료방법이다. 지나치게 수면에 관심을 가질 필요가 없다. 너무 밝은 침실은 수면을 방해한다. 낮잠을 피하는 것이 건전한 수면을 취하는 데 큰 도움이 된다.

자극통제 치료는 수면제지의 수단으로 침실에 머물고 있는 시간과 잠들어 있는 시간을 조화시키는 기술이다. 수면–각성 계획의 유지, 낮에 특정시간 수면을 취하는 시간관 가벼운 수면 박탈 시간의 유지 등이다. 치료에 소요되는 시간은 스스로 결정한다. 처음에는 자기가 감당할 수 있는 시간에서 시작한다. 자신이 그 시간을 감당할 수 있게 되면 15분 정도 시간을 연장할 수 있다. 아침에 일찍 잠자리에서 일어나는 사람으로 하여금 자신의 내부 수면 시계에 적응시키기 위해서는 침실의 밝기 치료가 크게 도움이 된다.

불면증장애 치료를 위한 자극통제법은 매우 손쉽게 활용할 수 있다. 침실에서 일어나는 바람직하지 못한 행동을 반전시키는 기술이다. 치료자는 불면증 환자에게 건전한 침실 활용법을 습득시킨다. 침실은 수면만을 위한 공간임을 교육시킨다. 침실에서는 TV를 시청하거나 독서를 금한다. 그리고 잠자고 싶을 때에만 침실에 들어간다. 침실에 들어가 10–15분이 지나도 잠들지 못하면 침실에서 나와 다른 방으로 옮겨가게 한다(Bootzin, 1972). 이와 같은 치료의 이론적 근거는 분명하다. 불면증은 환경(침실)과 수면과 양립할 수 없는 행동 간에 걱정, 잠들 수 없다는 근심, 걱정 때문에 형성된 부적응적 행동이다.

역설적 사고

역설적 사고는 인지과정을 재조절하는 기술로 불면증장애자로 하여금 저녁에 잠들려고 하지 말고 밤중에 각성 상태를 유지하게 한다. 이 기술은 자신이 일부러 잠들려고 스스로 노력하는 것이 아니라 그것은 잠들려고 노력하는 것에서 오는 불안을 경감시키기 때문으로 생각하는 것이 보다 타당하다. 이것은 일종의 피동적 행동의 결과로 수면을 취하려고 하는 노력을 경감시키고 주관적 수면 개시에 대한 주관적 평가의 수준을 낮춰주는 기능을 한다고 볼 수 있다(Kierlin, 2008).

불면증장애 치료에는 동기 요인이 크게 작용한다. 특히 명상은 불면증장애의 치료에 큰 도움이 된다. 마인드풀 상태는 불안감을 해소시키고 수면을 취하는 데 큰 도움이 된다(Cincotta et al., 2009). 마인드풀 상태를 기초로 한 인지행동치료는 불안감은 물론 수면과 관계되는 생각을 억제하는 데 큰 효과가 있다. 역설적 사고 치료자는 불면증장애자로 하여금 침실에 들어갔을 때 잠들지 말고 각성 상태를 유지하게 지시한다. 역설적 지시는 환자가 보다 많은 수면을 취해야 되겠다는 데에 대한 불안에서 벗어나게 하는 데 큰 도움이 된다(Ascher & Efran, 1978).

불면증치료를 위해 위에서 언급한 세가지 방법외에 여러가지 방법이 쓰인다. Spielman et al.(1987)이 개발한 수면제한법은 수면의 효능을 높이는 한 기술이다. 이 기술은 침실에 머무는 시간과 수면을 취하는 시간에 큰 격차가 있어서는 안 된다는 점을 강조한다. 환자의 침대에 머무는 시간을 야간 수면 평균 시간에 근사하게 수면시간을 제한한다. 이 과정이 지나면 수면기간이 길어질 수도 있고, 줄어들 수도 있다.

수면위생은 수면을 방해하는 요인을 배제하는 기술이다. 즉 카페인, 알코올, 니코틴, 낮잠, 다양한 수명 계획, 독서를 피한다. 이 교육과정을 필한 후에는 자신의 수면 습관과 친숙하게 되어 보다 효율적인 수면을 취할 수 있게 된다. 긴장이완훈련에는 점진적 근육긴장이완훈련, 횡경막 호흡, 바이오피드백, 명상 등이 포함된다. 이 훈련은 개인의 정신생리학적 각성수준을 경감시키는 데 도움이 된다. 인지적 재구성은 수면에 대한 비이성적 신념에서 벗어나게 하고 환자에게 정확한 수면에 대한 정보를 제공하여 보다 정확한 수면 지식을 갖도록 하는 데 역점을 둔다(Bootzin & Rider, 1997).

제18장

물질사용장애

물질사용장애

물질사용장애는 DSM-5에 처음으로 등장한 진단 명칭이다. 이는 DSM-Ⅳ에서 사용했든 물질오용 혹은 물질의존으로 진단되든 것을 하나로 통합시킨 진단 명칭이다. 물질사용장애는 임상적으로 현저한 손상을 가져오는 하나 혹은 그 이상의 물질을 사용하는 것이 특징이다. 물질오용은 개인의 신체적 정신적 건강에 부정적 영향을 주거나 다른 사람의 웰페어를 해치는 약물을 지나치게 많이 사용하거나 그 약물에 의존하는 현상이다.

물질사용장애는 사회적 측면에서 부정적 결과를 가져오는 약제를 계속적으로 반복 사용하는 것이 한 특성이다. 물질사용자는 학교생활이나 직장생활에 적응하기가 어렵다. 또 원만치 못한 대인관계로 심한 갈등을 느낀다. 지금도 물질오용과 물질의존에 대한 논쟁은 계속되고 있다. 전문가들은 이 두 용어를 엄격하게 구분 사용하고 있다. 물질의존은 물질의 생리적 증후를 또, 물질오용은 물질사용의 사회적 결과에 보다 큰 비중을 두고 사용한다. DSM-Ⅳ에서는 물질오용과 물질의존을 분리 사용했으나 DSM-5에서는 이 두 기능을 통합하여 물질사용장애로 쓰고 있다. 이 두 용어의 차이점은 〈표 18-1〉과 〈표18-2〉에서 알아볼 수 있다.

<표 18-1> 물질오용의 진단기준

A. 부적절한 물질사용으로 임상적으로 유의미한 불쾌감을 야기한다. 12개월 동안 아래와 같은 증후가 1-2개 나타난다.
1. 반복되는 물질복용 때문에 가정생활과 직장생활에 문제가 따른다.
2. 반복되는 물질오용으로 신체적 이상이 발생한다.
3. 반복되는 물질오용으로 법률적 문제에 직면하게 된다.
4. 지속적인 물질사용의 영향으로 사회적, 대인적 관계가 장애를 받는다.

<표 18-2> 물질의존의 진단기준

A. 부적절한 물질사용의 형태로서 일상적으로 큰 손상이나 불쾌감을 느끼고 12개월내에 아래 증후 가운데 3-4개의 증후를 경험하게 된다.
1. 감내성 중독이나 어떤 효과를 얻기 위해 물질의 양을 증가 시킬 필요가 있다. 동일한 양의 물질을 지속적으로 사용하면 효과가 현저하게 떨어진다.
2. 금단증후 금단증후는 특정물질에 따라 서로 다르게 나타난다. 동일하거나 거의 유사한 물질에 의해서 증후가 소실되거나 그로부터 피하게 된다.
3. 다량의 물질을 장기간 섭취한다.
4. 물질을 감량하거나 통제하는데 지속적으로 노력하나 성공하지 못한다.
5. 물질을 얻기 위해 많은 시간을 보낸다.
6. 물질사용으로 중요한 사회적 활동이나 직업생활을 중단하거나 줄어든다.
7. 물질사용에 의한 신체적 심리적 문제에 대한 지식을 가지고 있으면서도 물질사용을 지속한다.

물질오용은 중독이나 물질의존으로 이어진다. 의학적으로 보면 생리적 의존은 금단증후로 이어지는 감내성이 있어야 된다. 오용과 의존은 중독과 구별되어야 한다. 이는 약의 부정적 효과가 있는데도 계속적으로 사용하고자 하는 강박적 사고이다. 이는 화학적 의존성이 따를 수도 있다. 의존성은 항상 오용의 의미가 내포되어 있지만 의존성 없이 오용하는 경우도 흔히 있다. 특히 물질오용이 시작될 때에는 그것이 더 심해진다. 의존은 생리적 과정을 내포하지만 물질오용은 개인적 특성, 오용물질, 그리고 사회적 요건과 매우 복잡한 관계가 있다.

DSM-Ⅳ-TR에서는 물질오용과 물질의존을 구분하고 임상적으로 의미있는 장애를 수반하는 부적응적 유형의 장애라고 규정한다. 여기서 실제 사용하는 양이나 빈도는 문제가 되지 않는다. 물질의존은 인지적 행동과 생리적 증후의 군집으로서 특정한 물질을 지속적으로 사용하는 것이 특징이다. DSM-Ⅳ-TR에 따른 물질오용의 진단기준은 〈표 18-1〉 그리고 물질의존의 진단기준은 〈표 18-2〉와 같다. 실제 진단에 있어서 동시이환장애에 주의할 필요가 있다.

물질사용장애에는 다른 정신의학적 문제가 따른다. 하지만 정신건강문제와 물질사용장애에 대한 감별 진단은 쉽지 않다. 보다 더 어려운 문제는 교도소와 같은 집단생활장면에서 일어난다. 그들에게는 보다 더 많은 동시이환현상이 수반되는데 매우 일반적인 현상이다(Emmelkamp & Vedel, 2006). 물질사용장애에는 다른 정신의학적 문제가 수반된다. 이것이 곧 동시이환현상으로 이들에게 이중진단자라는 진단명을 부여하는 경우가 많다. Emmelkamp & Vedel (2006)는 이중진단자에 대한 심리사회적 치료, 약물치료에 대한 효과를 비교 검증할 목적으로 많은 무작위통제실험 연구를 수행했지만 불법적 약물사용자에 대한 연구는 별로 없다. 정신장애치료의 기법은 이중장애치료에도 효과가 있다. 물질사용장애에 수반되는 불안과 우울증과 같은 동시이환장애 치료를 위해 사용되는 인지행동치료의 효과는 높다(NICE, 2006).

미국인을 대상으로 조사한 자료를 보면 2%가 약물사용장애, 8.5%가 알코올사용자이다(Grant et al., 2004). 물질오용 및 정신건강청(Substance Abuse and Mental Health Service Administration, SAMHSA, 2002)의 조사결과를 보면 미국 사람의 9.4%가 약물오용 혹은 약물의존자이다. 그 가운데 1.4%는 약물 및 알코올 의존자이고 1.7%는 물질오용자이다. 6.4%는 약물의존/오용자, 6.4%는 알콜의존자/오용자이다. 대마초는 가장 강력한 불법 약물이다. 대마초 사용자는 모든 불법 약물 사용자의 3/4을 차지한다. 하지만 입원치료자의 수는 그렇게 많지 않다. 2002년 조사 결과에서는 12세 이상자의 40%는 대마초를 사용한 경험이 있는 것으로 밝혀졌다.

유럽의 코카인 사용자/의존자는 미국에 비해 매우 낮고 영국에는 코카인 사용자가 가장 많다. 미국에서는 암페타민을 매우 쉽게 손에 넣을 수 있다. 2002년 조사 결과 12세 이상의 5%는 메즈알페에를 복용한 것으로 밝혀졌다. 전체인구의 14%는 평생 한 번은 히로인에 접할 수 있다. 히로인 사용은 습관성 약물 복용 자에게만 사용이 제한되고 있다. 역학적 임상적 연구에서 많은 사람이 여러 가지 약물을 복용하고 있는 것으로 밝혀졌다. 지역사회 표집에서는 알코올과 대마초를 혼용하는 일이 가장 흔하다. 임상 표집에서 중다물질사용은 보다 흔하게 찾아볼 수 있다. 오피오이드 의존자, 코카인 의존자가 가장 많은 알코올과 대마초 의존자가 그 뒤를 잇는다(Emmelkamp & Vedel, 2006).

주요 물질과 그 주요기능

인간의 정신적 신체적 건강을 해치는 것으로 알려진 물질은 법률로 금지되어 있고 그 법을 어겼을 때에는 처벌을 받게 되어 있다. 미국 정신의학회가 금지하고 있는 위험물질은, 알코올, 암페타민, 카페인, 대마초, 코카인, 환각제, 흡입제, 니코틴, 오피오이드, 진정-최면-불안안화제 등 이다.

메탐페타민은 가장 강도가 높은 흥분제이다. 이는 담배처럼 피울 수도 있고, 코로 흡입할 수도 있고, 구강으로 섭취할 수도 있다. 혹은 주사로 맞을 수도 있다. 약 효과의 강도는 어떻게 섭취하였느냐에 따라 다르다. 피웠거나 주사하였을 때에는 바로 효과가 나타난다. 코로 흡입하였을 때에는 5분 후에, 구강으로 섭취하였을 때에는 20분 후에 효과가 각각 다르게 나타난다. 메탐페타민의 효과는 12시간 이상 지속된다. 만성적으로 이를 복용하게 되면 심장혈관장애를 일으켜 혈압이 상승하여 졸도의 위험이 크다. 과도한 양을 섭취하였을 때에는 발작이 일어나고 체온이 높아진다. 즉시 처치를 하지 않으면 생명을 잃을 위험이 크다.

대마초는 마리화나, 또는 대마로 불리기도 한다. 마리화나는 헨나초 혹은 대마초 꽃이 있는 상단부 입줄기를 결합한 것이다. 대마 같은 식물의 꽃 상단부에서 채취한 갈색이나 검은 빛깔을 띤 송진이다. 대마초는 흔히 담배를 피우는 것 같이 입에 다 문다. 그것은 되도록 장시간 긴장 상태에서 벗어나고 있고 싶기 때문이다. 때로는 지각기능이 예민해져 감각 입력 기능이 강화된다. 대마초는 여러 가지 부작용, 안절부절못함, 분노, 그리고 수면 문제를 일으킨다(Budney et al., 2004). 대마초 사용자의 10%는 감내성이 생겨 의존성 위험수준이 높아진다.

아편제는 오피오이드의 하위급으로 이는 아편에서 추출한 알칼로이드이다. 헤로인 외에 흔하게 오용되는 아편제에는 모르핀과 코데인이 있다. 헤로인을 사용하게 되면 곧 충천감을 느끼고 피부가 화끈거리고 입이 건조해지면서 팔과 다리가 무거워진다. 약의 효과는 주사 후 10초 내에 나타나며 피웠거나 코로 냄새를 맡으면 10-15초 후에 효과가 나타난다. 만성 히로인 사용은 감내성과 금단증후를 가져온다.

코카인은 보통 코를 통해 흡입한다. 때로는 물이나 정맥 주사로 희석시켜 섭취하기도 한다. 코카인은 사용 몇 분 후에 충천감이 생기고 그 상태가 15-30분간 지속된다. 소량의 코카인을 사용하면 기운이 나고 말이 많아진다. 이것 때문에 코카인이 항우울제로 잘못 이해되기도 한다. 다량의 코카인을 사용하면 충천감이 생기고 불안, 불안정감, 이상한 공격적 행동, 피해망상증이 나타난다. 피울 수 있는 코카인은 크랙 코카인이라고 부른다. 크랙 코카인은 보다 빠르게 쾌감을 일으키는데 그것은 5-10분간 지속된다. 때로는 오르가즘의 감정을 느끼기도 한다. 강력한 쾌감을 느끼고 나면 불안, 과잉각성, 그리고 불면증이 따른다. 코카인 의존성은 코로 흡입하였을 때에는 몇 주 후에 생긴다.

엑스터시는 환각제 효과를 가진 흥분제이다. 이는 구강으로 섭취하였을 때 그 효과는 6시간 이상 지속된다. 엑스터시는 광란이라고 부르는 철야 댄스를 위해 쓰는 것으로 이를 사용하면 보다 장시간 댄스를 즐길 수 있다. 여기에는 불안, 우울증, 정신착란, 편집병과 같은 심리적 부작용이 따른다. 잠재적인 신체적 위험도 따른다. 심장박동, 혈압상승, 심장 콩팥의 장애, 이상고열, 탈수증과 같은 질병이 수반된다. 병원응급실에 오는 사람 가운데 엑스터시 관련자도 있다. 그러나 많지는 않다. 고도의 쾌감, 혹은 충천감, 청각시간의 각성을 수반하나 즐거운 감정을 유발하지는 않는다.

가장 일반적인 환각제는 리세르그 디에티 아미드(LSD), 실로시빈, 메스칼린 등이다. 환각 효과를 가진 물질로는 마약의 버섯이 있다. 이는 다양한 실로시빈 판히토로서 여러 가지 환각 물질을 함유하고 있다. 약물 오용자는 단일약품을 복용하기보다 알코올과 약물을 조합해서 사용한다. 이는 단일약품 사용에서 오은 불쾌감이나 금단증후에서 벗어나기 위해서이다. 예를 들면 크랙 코카인은 환각제와 조합해서 사용한다. 보다 더 빠른 효과를 얻기 위해 크랙을 사용한다. 그러고 나서 헤로인을 사용한다. 이는 크랙 사용에서 오는 우울증에서 벗어나기 위해서이다.

물질사용장애의 영향

물질사용자에게는 여러 가지 복잡한 의학적 문제가 따른다. 오피오이드 정량 초과 사용자는 흔하게 많이 볼 수 있는 것으로 이들은 의학적 치료가 필요하다, 불법 약물사용자의 반 이상이 지나치게 많은 약물을 복용한다. 주사를 통해서 물질을 사용하는 사람에서는 B형 및 C형 간염을 쉽게 발견할 수 있다. 이들은 만성간질환으로 발전할 가능성이 높고 사망률이 매우 높다. 다량의 암페타민과 코카인 특히 크랙 코카인은 혈관수축에 의한 국소빈혈 혹은 심근경색과 같은 질병을 일으킨다. 흥분제를 담배처럼 피웠을 때에는 폐질환을 유발할 가능성이 매우 높다. 코카인은 일시적으로 정신병적 증후, 편집병 증후를 일으킬 수 있으나 약을 중단하면 위험한 장면에서 벗어날 수 있다. 코카인 유도성 정신병이라는 용어가

이러한 증후를 기술하기 위해 매우 흔하게 사용된다. 만성적 코카인 사용은 코카인 유도성 섬망을 유발한다.

메즈암페타민 사용자에서는 편집병과 환각을 포함한 망상 상태가 일어난다. 지금까지의 연구결과에서 상당수의 약물오용자는 인지적 기능이 크게 쇠퇴되어 있다는 것이 밝혀졌다(Emmelkamp & Vedel, 2006). 만성코카인 오용자는 주의, 기억, 의사결정, 문제해결능력이 크게 떨어진다. 장기간에 걸친 대마초 사용자는 그 약물을 중단 후에도 지속적으로 인지 기능이 크게 떨어진다. 만성적으로 사용하는 과도한 약물은 뇌의 구조나 기능에 부정적 영향을 준다.

손상된 뇌는 약물 사용을 중단해도 약물에 의해 손상된 부위나 인지적 기능의 회복은 크게 기대 못한다(Bates et al., 2005). 물질사용자는 여러 가지 신체적 문제에 예민하게 반응한다. 왜냐하면 영양 상태가 좋지 않기 때문이다. 불법 약물 사용자는 HIV와 AIDS 감염의 위험이 높다. 그들은 소독되지 않는 주사바늘을 사용하고 보호받을 수 없는 성관계를 갖기 때문이다. 소독이 잘못된 주사바늘을 사용하는 것은 C형 감염 위험으로 이어진다. 약물 소비의 증가는 신체적 손상과 사망 유발가능성을 증가시킨다. 아편제 중독은 이환율을 높이고 조기 사망의 위험을 증가시킨다. 정기적 히로인 사용자의 사망률은 일반 집단의 13배나 많다. 지속적으로 아편제 사용자의 42.5%는 75세 이전에 사망한다는 통계가 있다(Galdi et al., 2003).

약물사용자는 여러 가지 사회적 문제를 일으킨다. 대부분의 히로인 사용자와 약물혼용자는 약물을 입수하는 데 많은 시간이 필요하다. 이것 때문에 가정생활과 직장생활이 편할 수 없다. 이를 숨기기 위해 그들은 거짓말을 하고 범죄행동을 한다. 물질 구입에 필요한 자금을 얻기 위해 마약밀수도 한다. 여성 가운데 히로인과 크렉 코카인 중독자는 매춘에 빠지기도 한다.

코카인 사용자는 가정문제, 취업, 법률문제 등 여러 가지 문제를 안고 있다. 특히 크랙 코카인 사용자의 경우 그 정도가 심하다. 크렉 코카인 사용자는 성생활이 문란하다. 전혀 알지 못하는 사람과도 쉽게 성관계를 갖는다. 목적은 약물을 얻기 위한 자금을 얻는 데 있다. 알코올이나 약물사용자는 가정폭력이 심하다. 약물사용자는 폭력의 희생자가 되기도 한다. 특히 여성들은 배우자에 의한 폭행에서 오는 불쾌감 극복 수단으로 약물에 의존하는 경우가 많다. 이때 많이 쓰이는 것이 헤로인, 대마초, 코카인, 그리고 크랙이다. 그러나 알코올은 제외된다. 부부가 모두 약물사용자일 때 그들 간의 폭력위협은 매우 높다. 금전에 대한 갈등이나 부부가 약물을 서로 나눠서 복용하게 되면 배우자의 폭력 수준은 더 높아진다. 약물 사용자 중에 부랑자가 되는 사례가 많다.

물질사용장애의 치료

동기면접치료

물질사용자는 변화에 대한 욕구가 없고, 그 욕구가 있다 하더라도 변화에 대해 양면가적 감정이 심하기 때문에 치료하기가 어렵다. 이러한 물질사용장애자치료를 위해서 우선 그에 직접 접근하는 것이다. 이는 환자의 저항을 극복하는 데 필수적 조건이다. 변화에 대한 욕구가 없고 양면가적 감정을 가진 사람에게 접근하는 방법이 논의되기 시작한 것은 별로 오래되지 않았다(Miller,1983). 이를 위해 개발된 것이 동기면접이다. 이 방법을 개척한 것은 뉴멕시코 대학의 심리학과 명예교수 William Miller이다.

동기면접에서 치료자는 환자에게 물질사용장애나 오용과 관계되는 문제에 대해 깊이 생각해 보게 한다. 동기면접은 지지적/동정적 상담과 변화의 방향을 직접 연결시키는 데 역점을 둔다. NICE(2009)에는 동기면접의 효율성이 자세히 소개되어 있다. 동기면접치료는 두 번에 걸친 단기치료에 역점을 둔다. 단기치료에서는 저항보다는 동정 표출에 역점을 둔다. 물질사용장애의 양면가적 감정을 경감시키기 위해서는 긍정적 피드백이 필요하다. 단기치료는 대마초나 흥분제 사용자가 정상적 약물 치료에 반응이 없거나 그 효과가 극히 적은 사람을 대상으로 한다. 그러므로 잘못된 오피오이드 사용자에게 효과가 크다.

물질사용장애에 대한 동기면접 치료효과는 메타폰 치료효과보다 월등하게 높다는 사실이 Saunders et al.(1995)의 무작위통제실험 결과에서 입증되었다. 치료자들은 약물사용 장애에게 동기면접이나 심리교육을 실시하였다. 6개월간의 측정조사에 동기면접을 받은 약물사용장애자의 재발 빈도는 통제 집단의 재발 빈도보다 현저하게 줄어들었다는 사실을 발견하였다. 그 후 15회 이상 무작위통제실험 결과를 검증하였다. 동기면담 후 대마초 의존자, 오피오이드 의존자, 코카인, 암페타민 사용자, 중다약물 사용자의 동기 수준이 크게 향상되었다는 사실이 밝혀졌다. 대부분의 연구에서 동기면접을 받은 사람에서는 동기 수준이 향상되고 약물 사용이나 중지 빈도가 현저하게 줄어들었다. 여성의 HIV 위험 행동, 보호받지 못하는 성교의 위험수준이 크게 떨어졌다.

아프리카계 미국 HIV 여성을 대상으로 한 동기면접의 효과를 다룬 결과를 보자. 연구자들은 동기면접치료 집단과 건강증진 통제집단으로 양분하였다. 치료 후 추적 자료에서 HIV보균자에 대한 동기치료 집단은 통제집단에 비해 위험 경감 동기가 강화되었고 콘돔 사용이 습관화되고 부부간에 콘돔 사용을 중심으로 보다 많은 시간을 두고 대화했다. 모든 치료 집단에서 동기면접 치료의 큰 효과를 기대할 수는 없다. 부정적 효과도 흔하게 나타난다. 중다약물 사용자, 코카인 의존자에 대한 동기치료의 효과는 거의 없다는 주장도 있다(Miller et al., 2003). 특히 정신과 입원환자인 물질사용장애에서는 동기면접의 높은 효과는 기대할 수 없다. 동기면접 이후 효과가 높은 사람일수록 물질오용 서비스를 필요로 하지 않는다(Burken et al., 2003). 동기면접 치료의 부정적 효과를 경감시키기 위해서는 입원 중에 보다 높은 수준의 동기면접 치료를 받을 필요가 있다.

동기면접에 대한 준비가 없거나 그 치료에 대한 양면가적 태도를 가진 사람에게 치료 효과가 있는 경우가 있다. 코카인 중독 치료에서는 동기면접을 하지 않은 사람보다 동기면접을 한 사람의 치료효과가 높다. 동기면접이 물질사용장애 치료에 탁월한 효과가 있다는 사실이 Burken et al.(2003)의 메타분석 결과에 의해 입증되었다. 동기면접을 받은 물질사용장애자는 물질사용의 의욕이 크게 떨어진다. 메뉴얼에 따르지 않은 동기면접의 효과는 동기면접 메뉴에 따른 면접 효과보다 훨씬 낮다(Hettema et al., 2005).

동기면접의 효과는 연구자의 충실성 효과의 영향이 크다(Burken et al., 2003). 즉 동기면접의 창시자 Miller의 연구에서는 다른 연구에서보다 높은 효과가 있다. 하지만 이런 효과가 훈련이나 슈퍼비전의 차이에서 기인하는 것인지 그 원인은 분명하지 않다. 그러므로 Miller의 동기 면접효과를 다른 세팅에 일반화시키는 것은 깊이 고려되어야 한다. 네덜란드에서 여러 집단을 대상으로 한 다른 연구에서도 유의미한 동기치료 효과가 나타났다. 동기면접의 효과는 치료 센터에 따라 다르다. 모든 동기면접의 효과는 동일할 수 없다. 동일한 훈련과 슈퍼비전을 통해서만 바람직하고 동일한 동기면접의 효과는 기대할 수 있다.

단서노출치료

물질과 관계되는 단서는 물질사용장애자에게는 매우 중요한 의미를 갖는다. 단서노출치료는 용이하지 않다. 왜냐하면 이를 일반화시키기 위해서는 여러 가지 조건 자극 변별이 가능해야 하기 때문이다. 높은 반응 강도를 성공적으로 극복한 후에는 여러 단서에 직면하게 되면 보다 적극적으로 극복할 수 있다. 대부분의 치료결과를 분석해 보면 단서노출치료만으로는 보다 만족할 결과를 얻을 수 없다. 이를 극복하기 위해서는 보다 광범위한 인지행동치료 같은 다른 치료법과 병행할 필요가 있다.

단서노출법은 불법 약물 사용자 치료에 큰 효과가 있다는 사실이 무작위통제실험 결과에서도 입증되었다. 2005년에 Marrissen 등은 127명의 아편제 의존자를 대상으로 한 통제 연구에서 단서노출법에 의해 나타난 생리적 반응은 플라시보 심리치료 후에 나타난 것보다 많았다. 또 단기노출치료를 받은 후에는 통제집단에 비해 재발빈도가 훨씬 많았다. 물론 치료의 빈도나 치료기간이 반응성 조건을 유발하는 데 충분한 것은 아니었다. 아편제 의존자에서 물질에 대한 욕구가 전혀 없을 때까지 자극에 노출시켜야 한다. 이때 치료자는 그에 관계되는 조건자극을 정확하게 파악해야 한다.

보상치료

인간의 행동은 여러 가지 방법으로 수정된다. 물질사용장애의 행동도 예외는 아니다. 물질사용자의 행동도 오퍼런트 조건화의 원리에 따라 변화시킬 수 있다. 물질사용장애자의 흥미나 라이프스타일도 같은 방법으로 변화시킬 수 있다. 이 과정에서 큰 비중을 갖는 것은 강화제이다. 이를 위해 여러 자기 형태의 토큰이 강화제로 사용된다. 이런 토큰을 사용함으로써 물질사용은 성공적으로 중단시킬 수 있다. 메타돈에 의해 중다약물 복용자의 생활습관이 성공적으로 변용된 사례도 있다(Spitzer et al. 1992). 불행하게도 이는 어느 문화에서나 동일하게 사용할 수 없는 것이 큰 결함이다. 왜냐하면 그 약제를 다루는 법규가 나라마다 다르기 때문이다. 이러한 토큰 사용은 치료자가 기대했던 반응이 나타나면 곧 강화를 해줄 수 있는 장점도 있다.

토큰을 보상으로 주는 치료법은 보상강화제와 병행해야 한다(Hunt & Azrin, 1973). 보상강화제는 약물과 병행함으로써 그의 라이프스타일에 큰 변화를 가져올 수 있다. 이 과정에서는 약물사용을 억제하기보다 약물사용과 무관한 사회적 행동을 향상시키는 데 역점을 두는 것이 바람직하다. 지역사회의 강화는 토큰이 수반되지 않은 경우에도 약을 끊는 데 큰 도움이 된다. 보상치료법은 코카인 의존자, 마리화나 감량 사용, 코카인 의존자, 메타돈 복용자, 물질사용자, 오피오이드 의존자에 대한 성공적 치료에 큰 도움이 된다. 이 효과는 보상이 단절된 후에도 그대로 지속된다는 사실이 Higgins et al.(2000)의 무작위통제실험에 의해 입증되었다. 보상치료의 효과는 코카인 사용자의 치료에는 큰 효과가 있으나 오피오이드 사용자에게는 어떤 변화도 가져오지 않는다는 상반된 주장도 있다.

여기서 강화제 그 자체보다는 효과적인 우연적 강화제의 기능에 무게를 두어야 한다. 메타돈 치료는 하나의 보상으로 작용한다(Spitzer et al., 1992). 이와 같은 사실은 병리실험실에서 얻은 소변검사의 결과에서도 뚜렷하게 나타난다. 코카인 오용자에 대한 보상치료 후 소변검사 결과에서는 42%가 최소 10주간은 약물을 중지하는 사례도 있다. 보상관리를 받지 못한 환자에서는 겨우 17%에 지나지 않다 (Silverman et al., 1996). 보상치료는 약물과는 무관한 여러 가지 행동 변화에도 활용된다(Petry et al., 2001). 예를 들면 가족관계 향상에도 긍정적 영향을 준다. 왜냐하면 가족성원들이 그가 약물 사용을 중단하고 보다 건전하게 행동했을 때 눈에 보이지 않은 사회적 강화가 되었기 때문이다. 그것이 곧 재발을 방지하는 수단으로 작용한다. 보상치료 기간에 가족활동에 참석한 사람과 그렇지 않은 사람에서 나타나는 치료 효과는 크게 다르다(Lewis & Petry, 2005).

가족활동은 가족끼리 음악회에 가는 것, 연극 구경을 가는 것, 자녀의 학교 방문 등을 포함한다. 극히 사적인 가족끼리 어울리는 활동이다. 이런 가족활동에 참여하는 사람은 가족관계에 긍정적 영향을 주며 이는 다시 약물 사용의 욕구가 경감되고 치료 효과가 크게 향상된다. 가족활동에 참가하는 코카인 오용 성인 치료 효과가 보다 장기간 지속된다. 가족활동에 참가하는 사람은 그러한 활동이 없는 사람에 비해 가족간의 갈등 수준이 매우 낮다.

물질사용장애자에 대한 치료 결과 토큰을 사용한 보상집단 치료 효과는 통제 집단의 치료 효과보다 월등히 높다는 사실이 Lussier et al.(2006) 등의 메타분석 결과에 의해 확인되었다. 강화의 크기에 따라 치료효과는 크게 다르다. 행동 즉시 강화를 했을 때에 그 효과는 강화를 지연시켰을 때보다 크다. 토큰의 값이 클 때 효과와 크기는 토큰의 값이 적을 때보다 그 효과가 더 크다. 이와 같이 토큰을 사용한 보상치료는 약물 복용 습관과 같은 행동에 긍정적 변화를 가져오는 효과를 가져온다.

코카인 오용 방랑자에 대한 보상치료의 우월성이 Schmacher et al.(2007)의 무작위 통제치료에 의해 입증되었다. 보상치료는 주관 치료의 효과보다 훨씬 높다. 치료 후 6개월간의 추적 조사에서 보상치료 집단의 55%, 이와는 달리 주간치료자의 25%가 각각 약물을 끊을 수 있게 되었다. 불행하게도 불법 약물 사용에 대한 보상관리 연구는 비교적 많지 않다. 반면 아편제 사용자 코카인 사용자에 대한 연구는 많이 이뤄져 있고 그 효과도 큰 것으로 판명되었다. Dutra et al.(2008)의 메타분석 결과에서 대마초, 코카인, 오피오이드, 여러 가지 물질 오용과 의존에 대한 치료에서 보상 훈련 집단에서 29.4% 인지행동치료 집단에서 35.3% 인지행동치료와 보상치료를 병행했을 때에는 44.5%가 호전되었다는 사실이 밝혀졌다. 보상 집단의 경우 인지행동치료와 보상치료를 병행하였을 때 그 치료 효과는 더 크다.

인지행동치료

인지행동치료는 전통적인 행동치료, 행동분석적 접근, 그리고 인지치료의 패러다임이 모두 혼합된 치료 기술이다. 물질사용장애의 치료에 있어서 인지행동치료는 전통적 기술의 결함 극복을 염두에 두고 개발된 기술이다. 인지행동치료는 개인이 위험한 사태를 인지하고 그것을 극복하는 데 필요한 개인의 능력을 증대시키는 데 관심을 갖는다. 장애의 재발을 예방하는 것도 중요하다. 인지행동치료는 물질에 대한 잘못된 생각을 변화시키는 기술과 책략을 학습시키는 데 큰 관심을 갖는다. 이를 위해 실연, 과제 부여, 그리고 인지치료의 기술을 활용한다. 인지행동치료자는 환자에게 왜 물질사용에 빠져 그 습관을 버리지 못하는지 스스로 깨닫을 수 있게 도와주고 그것을 효과적으로 극복할 수 있는 새로운 기술을 학습시킨다. 한때 인지행동치료는 재발방지 모델(Marlatt & Gordon, 1985)과 극복기술훈련 모델을 구분 사용하였다. 이는 근자에 와서 인지행동치료 프로그램으로 통합되었다. 하지만 순수한 인지치료 효과의 근거는 확실하게 밝혀진 것이 없다(Beck et al., 1993).

NICE(2006)의 가이드라인에 밝혀진 결론과는 상반되지만 코카인의존환자는 인지행동치료에 의한 치료효과가 크다는 많은 연구가 있다. 코카인 오용이나 의존자에 대한 극복기술의 교육이 크게 도움이 되며 코카인 의존환자에서는 인지행동치료 원리에 기초한 재발 예방교육의 효과가 크다. 이는 단순한 대인관계 심리치료나 임상적 관리보다 그 효과가 크다. 우울증에 빠진 코카인 오용자에게 인지행동치료는 단순한 재발방지법, 지지적 임상조정 보다 효과가 더 크다(Carroll et al., 1995). 고위험 사태에서 코카인-특수극복기술훈련을 받았을 때에는 퇴원 후 3-6개월간 통제 집단에 비해 코카인 사용빈도가 통제 집단에 비해 현저하게 낮다(Monti et al., 1993).

극복기술훈련, 알코올 어나니머스치료(AA), 마약제 어나니머스치료(NA) 그리고 12단계 치료 효과를 비교한 많은 연구가 있다. 비교한 연구가 많이 있기는 하지만 통일된 결과는 찾아보기 어렵다. Maude-Griffin et al.(1998)의 연구에서 인지행동치료의 효과가 크다는 사실이 밝혀졌다. 코카인 오용자에 대한 Wells et al.(1994)의 연구에서는 인지행동치료의 효과는 12단계 회복지지그룹에서 나타난 효과와 매우 유사하다. 즉 이 두 가지 치료법은 6개월간 코카인 사용 빈도가 현저하게 줄어들었다. McKay et al.(1997)의 12단계 강화법에 기초한 집단치료는 월등하게 높다. 이와는 달리 12단계 치료법이 인지행동치료의 효과보다 높다는 주장도 있다. 이 자료는 퇴원 후 12개월 간 추적 조사에서 얻어진 결과이다.

코카인 사용자에서 나타난 결과는 일관성이 없다. 암페타민 사용자의 극복기술훈련의 효과는 좋다. 하지만 그 차가 의미 있는 수준인지는 확실치 않다. 동기면접을 갖고 극복 기술을 습득한 암페타민을 중단 한 사례는 눈에 띄게 증가한다(Baker et al., 2005). 또 두 집단의 건강상태는 매우 좋다는 사실은 흥미 있는 사실이다. 암페타민 사용이 경감되면 여러 가지 행동변화가 따른다. 중요한 변화는 중다약물사용, 범죄행동수준, 정신의학적 고통, 우울증의 수준 등이 크게 떨어지는 것 등 이다. 약물사용장애에 대한 재발방지에 기초한 인지행동치료의 효과는 비교적 높다는 사실이 Irvin et al.(1999)의 메타분석 결과에서 밝혀졌다. 즉 인지행동치료를 받은 환자는 통제집단에 비해 약물사용을 보다 많이 억제하는 경향이 있다. 재발방지교육의 효과는 약물 사용자보다 알코올 사용자에서 더 크다. 또 재발방지는 심리사회적 기능장애 치료에 보다 효과가 크다. 인지행동치료를 받는 사람으로 약물상담을 받는 사람에서는 중간에 치료를 포기하는 사례는 극히 한정되어 있다.

부부치료

약물사용자는 치료수단으로 부부치료를 받는다. 이 부부치료는 약물절재의 습관 유지, 배우자의 약물오용과 그와 유사한 사태 극복 능력 향상, 일반적 기능 향상, 그리고 사회적 조직 체계에의 적응을 촉진시키는 기능이 있다. 이 도메인의 기능을 향상시키는 기술은 약물사용자가 처한 사태에 따라 서로 다르다. 중다약물사용자, 오용 치료를 위해 인지치료와 부부치료를 병행하였을 때 그 효과가 높다는 사실은 Fals-Stewart et al.(2001)의 무작위통제실험에 의해 확인되었다. 즉 인지행동치료와 부부치료를 동시에 받은 사람은 개별치료만을 받은 사람에 비해 보다 쉽게 사회생활에 적응할 수 있었다. 또 부부치료를 병행한 사람은 복용하는 약의 양이 줄었고 12개월 추적 조사에서도 그들의 약물 절재기간이 의미 있게 길었다. 이와 유사한 효과는 중다약물오용자에 대한 치료결과에서도 잘 나타나고 있다(Winter et al. 2002).

약물치료를 위해 부부치료를 받은 집단과 개인인지치료를 받은 집단에서 나타난 치료효과를 비교하였을 때 부부치료를 받은 사람의 치료효과가 더 오래 지속되었다(Kelly, 2003). 메타돈유지치료 실험에서 환자는 개별적으로 메타돈유지치료를 받을 수도 있고 꼭 같은 조건 하에서 부부치료를 받을 수도 있다. 부부치료를 받은 사람 가운데 소변검사에서 아편제-코카인 긍정적 반응이 나온 사람은 통제 집단에서보다 훨씬 적었고 그들의 약물사용량은 현저하게 줄어들었다(Fals-Stewart et al., 2001).

부부치료 효과의 우월성은 Powers et al.(2008)의 메타분석의 결과에서 입증되었다.

메타분석을 위해 연구자는 부부치료의 효과를 개별 중심 치료, 통상적 치료, 그리고 약물 사용에 대한 인지치료의 결과를 서로 비교하였다. 같은 결과가 무작위통제실험에 의해 확증되기도 하였다. 여기에는 불법약물사용자에 대한 치료결과도 포함되어 있었다. 이 자료의 분석에서 부부치료와 개별치료의 효과가 현저하게 높다는 사실도 밝혀졌다. 이를 자세히 분석해 보면 사용빈도, 사용결과, 다른 반응의 영역에서도 동일한 결과를 얻을 수 있다는 것을 알 수 있다. 부부치료는 치료 후의 만족도메인에서 월등하게 효과가 높았다.

12단계치료프로그램

물질사용자에 대한 치료는 전문교육을 받은 특정 집단의 전유물이 아니다. 알코올 어나니머스(AA)에 참여한 경험이나 마약제 어나니머스(NA)에 참여한 경험이 있는 사람도 물질사용자에 대한 치료에 직접 참여할 수 있고 물질사용자에게 큰 도움을 줄 수 있다. AA는 1935년 미국에서 창설되어 전 세계에 널리 보급되어 있다. AA는 환자로 하여금 알코올에 대한 강박관념에서 벗어나게 하고 그들로 하여금 보다 행복한 생활을 할 수 있게 도움을 주는데 목적이 있다. 마약제 어나니머스(NA)와 코카인 어나니머스(CA)도 세계적인 조직으로 불법약물사용자가 약물에서 해방되는 데 도움을 주는 것을 일차적 목적으로 한다. 자조그룹인 AA는(Kelly, 2003)에 의해 설립되었다. 이들이 중심이 되어 개발한 국제적 조직도 있다. 약물오용자는 자립할 수 있게 도움을 받을 수 있다. 이들은 여러 가지 기법을 활용하는데 12단계치료법이 그 가운데 하나이다. 12단계치료프로그램에 가장 열성적으로 참여하는 것은 미국의 임상가들이다.

미국의 경우 입원환자를 대상으로 한 알코올 치료 프로그램의 95%가 AA와 NA을 기초로하여 연구개발된 것이다(Brown et al., 1998). 12단계자조그룹은 알코올의존자와 물질의존자의 치료에 큰 효과 있다는 사실이 무작위통제실험 결과에 의해 입증되었다. 그들은 500명 이상의 환자를 12단계개인치료, 개별인지행동치료, 개별정서지지치료 혹은 집단상담그룹으로 나눠 치료하였다. 1년간의 추적 조사에서 12단계개인치료프로그램의 효과가 가장 큰 것으로 입증되었다. 이 실험의 피험자는 대부분이 물질사용장애자로 입원치료를 받고 있는 남성이다. 1년 후 추적 연구에서는 두 가지 치료방법의 효과는 거의 비슷하였다(Moos et al., 1999). 실험결과에서 12단계치료프로그램치료를 받은 사람의 45%가 약을 끊을 수 있었고 인지행동치료를 받은 사람의 경우 36%만이 복용중인 약을 끊을 수 있게 되었다.

제19장

만성동통장애

만성동통

동통은 불쾌한 감각과 정서적 경험으로 이는 사실상 혹은 잠재적 조직손상이다(International Association for the Study of Pain, IASP, 1986). 이러한 정의로는 동통의 복잡한 생물학적, 심리학적, 사회적 요인을 충분히 설명하지 못한다. 보다 더 많은 지식을 바탕으로 한 정의가 필요하다. 만성동통은 6개월 이내 혹은 그 이상 지속되는 것으로 현대의학이 풀어야 할 큰 숙제 가운데 하나에 속한다. 우리는 여러 가지 이유로 일차적 진료를 받기 위해 병원에 간다. 그 가운데 하나가 동통이다. 동통 때문에 병원에 가는 경우가 많다. 만성동통은 많은 치료비용이 든다. 이는 HIV/AIDS, 심장혈관질병, 그리고 암 등의 치료비용보다 훨씬 더 많다(Cousins, 1995).

만성동통으로 고통 받는 환자는 당뇨병이나 암 환자보다 많다 (American Academy of Pain Medicine, AAPM, 2008). 1999년 미국 관절염재단에서는 18세 이상 성인 가운데 많은 사람이 한번 혹은 그 이상 동통 때문에 고통을 받고 있으며 그들의 43%는 심한 동통 때문에 사회활동에 지장을 받는다. 심한 동통을 경험하는 사람도 15%가 넘는다. 여성의 46%는 매일 동통을 경험하며 남성의 37%보다 현저하게 높다. Krueger & Stone(2008)의 조사연구에 의하면 동통을 호소하는 사람은 크게 증가하는 추세이며 자살에 의한 사망자보다 4배나 더 많다.

만성동통은 개인의 생활에는 물론 다른 이웃, 사회의 구성원들에게까지 매우 큰 부정적 영향을 준다. 동통은 국가의 개발 수준에 따라 다르다는 사실이 18개국에서 수집한 42,249명을 대상으로 한 연구결과에서 입증되었다. 선진국 표집의 37%가, 그리고 개발도상국가 표집의 41%가 각각 동통 때문에 고통을 받는다는 자료가 있다(Tsang et al., 2008). 미국의 조사 자료에서 성인의 경우 1억 명 이상이 어떤 형태의 동통을 경험하고 있다는 사실이 밝혀졌다(IOM, 2011). 미국 아동의 25%는 만성동통으로 고통 받고 있다(Pengin et al., 2000). 만성동통을 호소하는 전체 인구는 심장병, 당뇨병, 기타 암 환자를 모두 합친 것보다 많다.

만성동통은 일차적으로 개인의 건강과 그의 일상생활에 매우 심한 부정적 영향을 준다. 또 그것은 개인의 기분을 우울하게 하고 신체적 기능을 크게 손상시킨다. 만성동통은 장기 치료를 요한다. 그러므로 많은 치료비가 소요된다. 이는 한 가정의 경제적 손실을 가져 온다. 한 개인의 만성동통은 가족간의 유대관계를 해친다. 심한 경우에는 건강까지도 해치게 된다. 이러한 상황이지만 우리에게는 아직 만성동통을 효과적으로 치료하는 의학적, 약학적, 그리고 외과기술이 없다(Turk et al., 2011). 이러한 사정을 효과적으로 극복하기 위한 새로운 치료기술이 등장하였다. 그 가운데 하나가 심리학적 치료의 기술이다.

동통에 대한 정의와 그 기준은 연구자나 임상가에 따라 서로 다르다. 또 분류방식도 다르다. 동통이 30일 미만 지속되는 동통을 급성 동통, 6개월 이상 지속되는 동통을 반응성 동통, 그리고 1-6개월간 지속되는 동통을 아급성 동통 또 예기했든 치유기간을 훨씬 넘기는 동통을 만성동통이라고 정의 분류한다(Turk & Okifuji, 2001). 3-6개월 이상 지속되는 동통을 만성동통이라고 정의하기도 한다(Desono et al., 2013). 만성동통은 병리적 생리과정과도 깊은 관계가 있다. 일반적으로 배각으로 보내는 침해전도가 지속적으로 각성되면 병리적 변화를 일으킨다. 이는 동통 신호가 전도되는 식역의 수준을 저하시키는 결과를 가져온다. 또 그것은 동통자극에 반응하는 비침해성 신경세포의 활동을 개시한다. 비침해성 신경세포는 동통 신호의 활동을 자극하며 전도시키는 기능도 한다. 동통 신호의 활동을 촉진시키는 신경섬유를 C-신경세포라고 부른다. 그것은 동통감각을 일으키는 기능을 한다(Vadivelu & Sinatra, 2005).

발병원인이 서로 다른 만성동통은 뇌의 구조와 기능에 영향을 주는 하나의 질병이다. 자기공명영상법을 사용한 연구 결과를 보면 만성동통 환자의 경우 해부학적 기능 연결이 정상에서 벗어나 있다는 것을 알 수 있다(Turt & Okifuja, 2001). 이와 같은 구조적 변화는 신경유연성현상으로 쉽게 설명된다. 만성동통의 경우 신체성 표상, 말초 및 중후감수성을 정확하게 인지하기 못한다. 이와 같은 부정적 변화는 이질통이나 통각과민증을 유발하는 원인으로 작용한다.

만성동통을 겪고 있는 사람의 특성이 뇌파에서도 잘 나타나 있다. 뇌파에서는 각성 수준이 높으며 동통을 유인하는 신경유연성이 크게 변화되었음을 발견할 수 있다. 보다 특이한 사실은 동통으로 고통 받는 사람의 뇌에서는 휴식상태에 있는 사람에 비해서 β–파는 크게 증가하나 α–파 활동은 크게 저하되고 있는 것을 발견할 수 있다. 또 θ–파는 감소되어 있다. 만성동통장애자의문제는 동통 증후 그것만이 아니다. 그들에게는 우울증이나 불안이 동시이환증후로 나타난다. 만성동통장애자는 고통악화동통에 대한 공포 때문에 신체 활동이 크게 제한을 받는다. 때로는 체중이 크게 떨어지기도 한다. 이들에서 나타나는 동시이환증후는 치료하기가 쉽지 않다. 왜냐하면 그들에게 처방되는 약제는 상호작용을 일으켜 약의 효과에 부정적 영향을 주기 때문이다.

동통에 대한 반응에서 크게 어려움을 겪은 경험이 있는 사람은 어름목욕에 의한 심한 동통을 경험하게 된다(Sullivan et al., 1995). 이는 동통에 대해 지나치게 주의를 집중한 결과이다. 만성동통환자의 MMPI 결과에서는 두 가지 특이한 반응이 나타난다. MMPI 척도 1과 3이 척도 2에 비해 점수가 높다. V자 그래프에 Λ자를 형성하는데 이를 역전V 성격이라고 한다. 이는 신체감각에 대한 지나친 예민반응 을 의미한다. 이들은 스트레스에 직면하게 되면 신체적 증후가 뚜렷하데 나타난다. 또 자신의 정서적 상태, 예를 들면 우울증을 인지하지 못한다. 또 다른 특징은 신경증적 삼합 성격이다. 이들의 MMPI 프로파일을 보면 척도 1, 2, 3의 점수가 모두 높다. 이들이 스트레스에 직면하게 되면 심한 신체적 증후가 나타난다. 또 그에 대한 불평도 많다.

중요한 심리적 요인은 신경증적 경향성이다. 이는 급성 동통으로 만성동통을 일으키는 주요 요인으로 작용한다. 그러나 임상적 근거는 좀 다르게 해석한다. 즉 만성동통이 신경증적 경향성의 원인으로 작용한다고 생각한다. 장기간의 동통이 치료를 통해 상태가 호전되었을 때 신경증적 불안 수준이 크게 낮아져서 정상으로 회복된다(Fishbain et al. 2006). 자아존중감의 수준이 낮은 만성동통환자의 경우도 동통증후가 소실되면 자아존중감의 수준이 곧 향상된다(Melzack & Wall, 1996).

대부분의 만성동통환자는 자신의 인지기능이 크게 떨어진다고 호소한다. 그들은 망각이 심하고, 주의집중이 어렵다. 또 과제수행이 어렵다고 호소하는 것을 쉽게 발견할 수 있다. 이와 같은 호소는 순수한 주관적 사고의 돌출만이 아니다. 객관적 심리검사의 결과애서도 그들은 주의기능의 쇠퇴, 기억, 정신적 유연성, 언어능력, 인지과제 수행속도가 매우 느리다는 사실이 발견된다. 그러므로 보다 정확한 치료 결과에 대한 평가를 위해서는 이와 같은 특성이 충분히 고려되어야 한다(Kreitler & Niv, 2007).

전통적으로 동통은 말초적 현상으로 연구되고 치료되었다. 이와 같은 견해는 1965년 캐나다 멕길 대학의 심리학자 Ronald Melzack(1929-)와 영국 의 해부학자 Parick Wall(1925-2001)이 공동으로 발표한 관문통제이론에 의해 큰 변화를 맞게 되었다(Melzack & Wall, 1996). 사람은 신체적 손상이나 혹은 손상의 위험을 받게 되면 그 신호는 뇌에 전달되고 그에 따라 동통을 경험하게 된다. 이는 척수의 배각에서 조절되는데 상행활동과 하행활동으로 이뤄진다. 상행제지는 체영역의 마찰에 의해 일어난다. 이는 정보를 배각으로 보내는데 가상적인 관문을 폐쇄하여 아프다는 충격을 경감시킨다. 이로 인해 동통의 양은 감소된다. Melzack 와 Wall은 뇌과정이 동통의 관문을 어떻게 폐쇄하고 개방하여 동통을 경험하게 되는지에 대해 많은 문제를 제기하고 그에 대한 실험적 연구를 통해 많은 동통에 수반되는 주의, 정동, 해석, 그리고 기억과 같은 과정의 특성을 밝히는데 크게 공헌하였다.

동통관문통제이론은 동통 연구에 새로운 문제를 제기하고 그것을 성공적으로 해결하였다. 무엇보다도 이 논문을 통해 동통의 신경생리학적 구조에 대한 새로운 사실이 발견되었다는 점은 과소평가 할 수 없다. 특히 동통 과정에서 심리학적 요인의 비중이 크게 작용한다는 점이 새로운 발견으로 꼽혀지게 되었다. 동통 경험에 있어서 심리적 요인의 비중이 관심을 끌게 되면서 동통의 심리학적 치료의 영역이 개발되었다. 특기할 만한 것은 동통에 대한 여러 가지 극복책략 기술의 발전이다. 이를 계기로 동통 기제 연구는 물론 치료의 기술이 크게 발전하였다.

영상 기술의 발달로 동통 연구 및 치료는 새로운 변화를 맞게 되었다. 무엇보다도 동통의 형성과정과 그에 대한 경험과정이 뇌에서 어떻게 수행되고 있는지를 보다 구체적으로 이해할 수 있게 되었다. 더 나아가서 이를 통해 동통에 대한 심리학적, 의학적 치료의 기술이 크게 발전하게 되었다(Jensen, 2010). 신경생리학 모델의 등장으로 동통에 대한 연구와 치료는 새로운 변화를 맞게 되었다. Apkarian et al.(2009)의 주장에 따르면 뇌에는 단일 동통센터는 존재하지 않으며 동통경험에는 여러 통합된 피질계통이 관련되어 있는데 이 동일한 피질체계가 통합을 이루지 못하거나 그것이 파손되면 동통현상이 일어난다. 동통 과정에 관여되는 뇌의 영역은 (동통의 의미를 결정하는)전두엽 피질, (동통에 정신적 정동적 의미를 결정하는)전방대상 피질, (동기에 관계되는 정보를 처리하는)랑게르 한스 섬 등이다(Jensen, 2010).

관문통제이론과 마찬가지로 신경생리학적 모델도 동통에 대한 심리학적 치료가 어떻게 영향을 주는지 잘 설명하고 있다. 동통 치료를 위해 사고를 변화시키면 전두엽 전부피질의 활동과정에 변화를 가져온다. 전두엽 전부피질은 강한 동통으로 발전할 수 있는 유해한 자극에 대해 보다 예민하게 반응한다. 그러므로 이 영역의 활동에 변화를 일으키면 동통변화를 증대시킬 수도 있고 경감시킬 수도 있다.

감각피질과 변연체계통의 활동 변화를 통해 동통의 변화과정에 대한 정보를 얻을수 있다. 변연체계통, 랑게르 한스 섬의 활동 변화를 통해 동통에 대한 심리학적 치료의 발달과 적응의 기제를 이해 할 수 있다. 다른 한편 중추신경생리학적 모델은 중추신경생리학적 활동을 중심으로 심리학적 치료의 발달과 적응의 과정을 이해 할 수 있다. 이 이론과 기제는 기능적 자기공명영상 바이오피드백(de Charms et al. 2005), 운동영상(Moseley, 2006), 경면시각 피이드백 (McCabe et al., 2006), 감각적 변별훈련 (Moseley et al., 2008)등과 같은 여러 가지 전문기술을 활용한다. 뇌는 말초신경계통이나 배각에서 들어오는 모든 정보를 피동적으로만 수용하지 않는다. 뇌는 들어오는 정보를 보다 적극적으로 탐색하여 선정하고, 추가정보가 필요하다고 생각되면 그것을 보다 적극적으로 탐색한다. 동통에 대한 심리학적 간여는 광범위한 영역에서 수용되고 있으며 그 효능성도 크게 인정받고 있다.

주요 만성동통장애

요 통

요통은 현대인의 중요한 건강 문제에 속한다. 미국의 (Center for Disease Control, CDC, 2006), National Center for Health Statistics, HCHS, 2006)의 발표에 의하면 3개월 동안에 요통을 호소한 사람은 성인의 1/4에 이른다고 한다. 동통을 호소하는 데에는 성차가 크다. 즉 여성의 24%, 남성의 19%가 각각 동통을 호소한다. 또 다른 연구에서는 성인의 12-45%가 한때 하배부통을 경험하고 있으며 성인의 60-80%는 생애에 한번은 동통을 경험하게 된다는 사실을 밝혀냈다.

45세 이하의 성인에서 가장 흔하게 활동제한을 받는 것은 요통이며 이는 가장 높은 보상가능장애에 속한다(American Academy of Pain Medicine, AAPM, 2008). 미국 근로자의 2%는 해마다 보상가능한 허리 동통장애를 받는다(Whecler, 2007). 병결자 사유를 조사해 보면 20%가 요통증 때문이고 평균 병결일수는 30일이다(Borenstem & Wiesel, 1989). 직장인의 보상성 장애자는 25%가 곧 요통증 환자이다. 소규모 금속 공장에서 지불하는 비용의 2-8%가 요통증 환자에게 지불되고 있다. 남성보다는 여성이 보다 빈번하게 요통증을 호소하나 남성의 수술비율은 여성의 수술비율의 배가 초과한다.

미국 정부는 매년 요통치료를 위해 많은 의료비를 지출하고 있다(Bernstein & Wiesel, 1989). 질병이나 결근, 생산성의 손상까지 계산하면 그 손실 액수는 크게 증가한다. 개인의 가정에서 부담하게 되는 비용까지 생각하면 직접·간접비용은 크게 증가할 수밖에 없다. 대부분의 요통증은 일시적인 것이지만 만성적인 요통증으로 고통 받는 사람도 많이 있다. 근자에 와서 이는 크게 증가하는 추세이다. 불행하게도 만성요통증의 원인과 그에 관계되는 사실은 널리 알려져 있지 않고 있다. 그들 증후의 병리적 요인이 밝혀진 것은 10-15%에 지나지 않다. 이에 대한 자세한 정보는 Dionne (1999)에서 얻을 수 있다. 이는 독자가 만성요통증의 정보를 얻는 게 크게 도움이 될 것이다. 그에 의해서 남성 만성통증자는 경제사회적 수준이 낮고, 교육수준이 낮고, 외상적 손상의 역사가 있고, 비대하고, 신장이 평균보다 높고, 정신적 스트레스를 받는 직종에 종사하며 부양하는 자녀가 많은 것이 특징이다.

두 통

두통에는 편두통과 긴장성 두통의 두 가지가 있다. 편두통은 가슴이 두근거리며 머리의 한쪽에서 시작된다. 통증이 진행되면서 동통은 양쪽으로 확산된다. 눈이나 관자놀이 영역에서 시작되어 짧게는 2시간, 길게는 3일 후에는 통증이 자연스럽게 소실되기도 한다. 편두통이 일어나면 속이 매스껍고 때로는 토하기도 한다. 때로는 소리에 대해 예민하게 반응하는 음성공포증과 빛에 예민하게 반응하는 빛공포증을 경험하기도 한다.

편두통은 일주에 1-2회 일어나기도 하고 1년에 한두 번 일어나기도 한다. 평균 편두통 발작은 한 달에 한두 번 일어나는 것이 보통이다. 편두통 환자의 10%는 전구증상을 경험한다. 이는 두통 30분 전에 일어나 약 30분간 지속되다가 소실된다. 흔히 볼 수 있는 전구증상은 반짝이는 빛, 꾸불꾸불한 선 등이다. 언어장애를 경험하게 되고, 팔과 다리에 따끔거리는 것을 느끼기도 한다. 전구증후로 고통 받게 되는 경우 고전적 편두통이라 부른다. 이러한 전구증후가 없는 경우 일반적 편두통이라고 부른다.

긴장성 편두통은 두부 양쪽에서 일어나며 지속적으로 압박감을 느낀다. 이는 흔히 타이트 밴드 혹은 모자라 부르는데 이는 쑤시고 고통을 야기하는 질이 좋지 않은 동통경험이다. 이는 전두, 관자놀이, 두부와 목 뒷면 어깨 부위에서 시작하여 머리 전체에 확산된다. 긴장성 편두통은 짧게는 30분에서 길게는 7일간 지속되다가 소실된다. 두통이 한 달에 15일 이하 일 때에는 일시적 긴장형 두통이라고 한다. 만일 한 달에 15일 이상 두통이 있을 때에는 만성적 긴장형 두통이라 부른다. 긴장성 두통은 편두통에 비해 강도가 약한 두통이다. 편두통 환자의 과반은 긴장성 두통 환자이다. 이들은 흔히 편두통과 긴장성 두통의 혼합형 두통 혹은 편두통과 긴장성 두통의 결합형 두통이라고 부르기도 한다. 대부분의 연구자들은 순수 편두통과 혼합형 편두통을 한데 묶고 긴장성 두통과 함께 혈관성 두통이라고 명명하고 유사한 방법으로 치료한다.

두통은 사실상 생물심리학적 현상으로 개인의 생활과 생리적 조건의 영향을 크게 받는다. 우울증, 불안, 분노는 두통에 따른 가장 일반적 현상이다. 직업생활에서 일의 생산성이 떨어지고 결근빈도가 높아지고 사회생활에 참여하지 못하는 것 등도 두통의 부산물이다. 이와 반대일 수도 있다. 우울하고, 불안하고, 분노가 심할 때 두통이 오는 경우도 있고, 직장에서 생산성이 떨어지고, 대인관계가 좋지 못하고, 결근빈도가 높기 때문에 두통을 피할 수 없는 경우도 있다.

긴장성 두통은 가장 흔하게 볼 수 있는 두통이다. 이는 남성보다도 여성에서 흔하게 볼 수 있다(Rasmussen, 1999). 발병 연령은 20대이고, 30-39세에 발병빈도가 가장 높다. 국제동통학회의 진단기준 결과를 보면 남성의 69%, 여성의 88%가 일시적 긴장성 두통이나 만성 긴장성 두통이다(Rasmussen et al., 1991). 두통은 물론 여러 가지 만성동통이 비약물적 방법으로 성공적으로 치료된다. 예를 들면 관절염, 섬유성근육통, 근막성 동통증후, 동통가능장애증후는 비약물적 치료에 의해 그 증후가 크게 호전된다.

관절염

관절염은 관절에 생긴 염증을 말한다. 이 염증은 시간이 지나면 고통이 심해진다. 관절이 딱딱해지고 따끈거리고 볼록해지고 붉은 빛이 생긴다. 관절염의 종류는 100가지가 넘는다. 가장 일반적은 것이 골관절염이다. 1개 이상의 연골 파손에서 그 원인을 찾을 수 있다. 류마치스 관절염은 일종의 자기면역질병으로 면역체계의 과잉활동으로 관절에 만성염증이 생긴 상태이다. 관절염 치료에 비약물적 치료법이 도입된 역사는 30년이 훨씬 넘는다. 관절염 치료에 운동기술이 넓게 활용되며 그 효과도 비교적 크다. 관절에 생기는 딱딱함을 치료하면 효과가 있다고 하지만 그 결과는 널리 알려져 있지 않다(Blackham et al., 2008).

가장 전통적인 관절염 치료기술은 인지행동치료와 긴장이완치료이다. 한 가지 방법만 선택 할 수도 있고 두 가지를 병행할 수도 있다. 이 두 가지 치료기법은 골관절염 치료에 특수한 효과가 있다(Astin et al., 2002). 관절염은 긴장이완치료와 인지행동치료에 의해 치료되며 그 효과도 큰 것으로 알려져 있다. 한때 체온바이오피이드백의 치료 효과가 큰 것으로 인정되었다. 이제는 인지행동치료와 긴장이완치료가 관절염 치료에 더 효과가 있는 것으로 밝혀졌다. 대부분의 긴장이완치료와 인지행동치료는 극히 소수의 제한된 환자나 혹은 단일사례를 대상으로 하고 있다. 많은 사람들이 단일사례 중심의 치료를 선호하고 있다. 어느 것이나 치료효과에서는 큰 차이가 없다. 대규모의 연구는 단일사례치료와 병행하는 것이 바람직하다.

섬유성근육통

섬유성근육통은 관절염도 아니고 염증을 수반하는 류마치스도 아니다. 이 근육통의 특징은 환자가 확산된 동통, 수면장애, 긴장감, 기능성 장애가 수반되는 것이다. 섬유성근육통 치료의 효과에 대한 Van Koulil et al.(2007)의 개관에서 약물치료결과 동통 증후가 깨끗하게 소실되지 않으나 인지행동치료와 긴장이완치료를 병행하면 섬유성근육통 치료효과는 크게 높아진다는 사실을 발견하였다. 대부분의 바이오피드백 사용자들이 선호하는 것은 근전도 바이오피드백이다. 뇌파(Kayiran et al., 2007)나 심장박동변화(Hassett et al., 2007)를 바이오피드백으로 사용하기도 한다. 섬유성근육통치료를 위해 긴장이완치료를 택하기도 한다. 여기에 상상에 의한 긴장이완기술을 도입할 때 그 효과가 더욱 우월하다는 주장도 있다.

근막성 동통기능장애 증후군

근막성 동통기능장애 증후군 혹은 악관절 장애는 두개하악장애의 하위유목으로 저작근육의 과잉활동 때문에 생기는 장애이다. 이는 저작과 관계되는 근육에 널리 번져진 동통이 오는 것이 특징이다. 발병원인으로 교합의 문제를 꼽는 사람이 있는가 하면 심리적 스트레스를 꼽는 사람도 있다. 근전도 바이오피이드백과 긴장이완훈련은 치료수단으로 쓰인다.

이는 턱관절근육을 보다 쉽게 이완시킬 수 있다는 장점이 있다. 이와 같은 입장을 따르는 사람들은 교근근육에 전극을 부착하기도 하고 전두근육에 전극을 부착하기도 한다. 치료수단으로 운동과 인지행동치료가 광범위하게 사용된다. 보다 더 큰 효과를 얻기 위해 여러 가지 치료기법을 병행하기도 한다.

바이오피드백 방법을 사용한 보다 효과적인 근막성 동통기능장애 증후군 치료를 위해 표면근전도훈련과 인지행동치료를 병행한다Crider et al.(2005). Türp et al.(2007)는 근박성 동통기능 치료의 효과를 알아보기 위해 교합부목결합치료의 효과를 비교하였다. 11개의 연구는 진단규준에 부합되었다. 그 결과 여러 가지 방법을 병행한 치료는 단순한 치과치료 효과보다 높지 않다는 사실을 발견하였다. 예외가 있다면 중요한 심리적 문제를 턱관절 가진 동통 환자는 여러 가지 방법을 결합한 방법에 의한 치료의 효과가 있다는 것이다.

복합국소동통증후군

복합국소동통증후군은 다른 동통보다 정도가 심하고 참고 견디기가 매우 어렵다. 시간이 지나면서 동통은 점진적으로 악화되는 것이 다른 동통과 다르다. 아직 발병원인은 알려지진 것이 별로 없다. 이 증후군은 반사교각 이영양증 혹은 작열통으로 통용되기도 했다. 복합국소동통증후군의 동통은 팔, 다리, 손, 발에서 시작되어 전체 부수기관에로 전이되어 간다. 일단 장애를 받게 되면 장애 받은 사지나 신체 부의 색체가 극히 심하게 변하고 체온 변화가 심해진다.

강한 따끔따끔한 아픔을 느끼고 피부감수성이 예민해지고, 발한이 심하고, 피부가 부어오른다. 피부감각이 예민해져서 침구가 피부에 닿는 것도 견딜 수 없어 잠을 이루지 못한다. 체온바이오피드백훈련과 긴장이완훈련치료 효과가 크다. Blanchard(1979)가 최초로 발표한 자료를 보자. 그는 복합국소동통증후 환자 치료를 위해 체온바이오피드백훈련을 시켰다. 단일피험자디자인을 바탕으로 치료하였다. 1년 후 동통은 깨끗하게 치료된 것으로 추적 조사에서 밝혀졌다. 반사교각 이영양증치료를 위해 긴장이완치료, 체온바이오피드백치료, 그리고 지지적 정신치료를 하였다. 환자의 48%가 성공적으로 치료되었다. 그 결과는 1년 후에도 유지된다는 사실이 추적 조사에서 밝혀졌다.

만성동통의 치료

지금으로부터 약 50년 전까지만 해도 만성동통은 순수한 의학적 문제의 하나로 규정되었다. 그에 따라 치료는 투약이나 외과적 기술에만 의존하였다. 이와 같은 생물의학적 동통의 이해는 그 효능성이 보장되지 않고 결과적으로 환자의 상태를 악화시켰 왔다(Chan & Peng, 2011). 1960년대에 이미 심리학자들은 만성동통 환자 치료에 개입하였다, 이를 위해 심리학자들을 동통의 올바른 이해는 순수한 생물의학적 테두리에서 벗어나야 한다고 주장했다. 동통은 생물학, 심리학 및 사회적 지식이 통합된 관점에서 이해해야 한다고 주장한다. 즉 순수생물의학적 모델에서 생물심리사회적 모델로 패러다임의 전환을 주장하였다(Flor & Turk, 2011). 심리학적 만성동통 치료는, 오퍼런트 조건화 모델(Fordyce et al., 1968), 말초신경생리활동제지모델, 그리고 인지 및 극복 모델을 기초로 한다.

오퍼런트 치료

만성동통의 기제를 오퍼런트 모델에 따라 체계화한 것은 Fordyce et al. (1968)이다. 이들의 이론을 바탕으로 동통에 대한 심리학적 관리 체계가 새롭게 구축되었다. 이 이론의 기본가정은 모든 행동은 환경적 영향에 예민하게 반응한다는 점이다. 이들의 주장에 따르면 강화제가 수반된 행동의 발생빈도는 증가하나 벌이 수반된 행동의 빈도는 순간적으로 증가되는 수가 있으나 궁극적으로는 경감되거나 소실된다고 한다. 동통도 다른 환경 변화에 예민하게 반응한다.

동통에는 다른 사람과의 의사소통 기능이 있다. 예를 들면 동통을 느낄 때 얼굴을 찌푸리는 것이 보통이다. 이것이 곧 사람과의 의사소통의 수단이다. 동통은 사회적 강화를 받으면 그 빈도가 증가하지만 강화를 받지 못하면 그 빈도는 떨어지거나 완전히 소실된다. 만일 동통이 체계적으로 무시되거나 보다 적극적으로 활동하게 되면 이는 긍정적으로는 강화를 받는 것과 같은 효과가 있다. 즉 보다 적극적으로 적극적 행동의 빈도는 증가하고 동통감각은 크게 상승한다.

급성 손상에 수반되는 동통은 만성동통과는 다르다. 이는 동통이 치유되고 나면 부적응적 특성이 생겨 근육위축을 일으킨다. 그에 수반되는 동통은 상당기간 지속된다. 또 이 행동은 예기했든 것보다 더 오래 지속된다. 동통은 직접적인 강화뿐만 아니라 관찰에 의해서도 유발된다(Goubert et al. 2011). 병원에서 환자가 치료받는 광경을 관찰한 경험이 있는 사람은 치료 받은 환자와 유사한 반응을 한다(Fagerhaugh, 1974).

오퍼런트 동통 치료는 행동분석의 기술에 기반을 둔다. 이 과정에서는 동통행동을 표출하는 선행사건, 그에 수반되는 환경적 요인을 탐색한다. 이 분석에서는 동통을 강화시킨 결과를 탐색하고 보다 바람직한 행동에 대한 잠정적 강화제를 탐색한다. 임상가는 전자 강화제 제거하고 후자 강화제를 강화시키는데 관심을 갖는다. 이것이 곧 강화결과의 관리이다. 치료에서는 환자와 주변에 있는 오퍼런트 모델을 교육시키고 동통을 관심에 두지 않고 보다 건전하게 행동하는 사람을 교육시킨다(Flor & Turk, 2011).

동통의 정도가 심할 때에는 환자의 환경을 바꿔준다. 병원으로부터 가정으로 환경을 바꾸는 것도 한 가지 방법이다. 오퍼런트 치료에 있어서 임상가에게 가장 중요한 것은 환자의 동통경험보다 환자의 삶의 목표가 무엇이고 그의 기능적 측면에 관심을 갖는 것이다. 이렇게 함으로서 환자의 동통보다는 그의 삶의 목표가 무엇이고 그것이 시간이 지나가면서 어떻게 수행되고 있는가를 알 수 있다. 예를 들어 필요에 따라 진통제나 진정제를 복용하는 사람을 두고 생각해보자.

이들에게 시간제 복약스케쥴을 마련한다. 이는 동통의 정도와는 무관하게 일정한 시간이 지나면 약을 복용하게 하는 방법이다. 이런 방식으로 진통제 복용 빈도를 점차적으로 경감시킨다. 의학적 치료 세션에서는 적극적으로 스트레칭이나 운동과 같은 보다 유익한 행동을 권장한다. 상태가 호전되면 그에 대한 보상을 받을 방법을 환자와 함께 토론한다. 환자에게는 자신의 진전 상태를 그래프로 표시하게 한다. 이는 에너지를 증대하고 활동수준을 증대시키는 결과를 가져온다. 신체적 활동은 이미 결정해놓은 삶의 목표와 연관시킨다. 오퍼런트 전략은 여러 학제간의 동통 치료의 기반이 된다. 이와 같은 동통치료는 매우 광범위하게 수용되고 있다(Loeser & Egan, 1989).

말초 신경생리학적 활동제지치료

동통치료의 기술로 사용되는 긴장이완훈련, 바이오피드백 훈련은 말초생리적 활동의 통제이론을 바탕으로 개발되었다. 긴장이완훈련은 1930년대에 Edmond Jacob son(1888-1983)과 Johannes Schultz(1884-1970)등이 개발한 기술이다. 이는 1950년대 불안장애치료를 위해 널리 사용되었다(Wolpe & Lazarus, 1955). 이는 자율말초 신경계통의 통제를 위해 활용되기도 한다. 바이오피드백기술훈련은 점진적 근육이완훈련(Jacobson, 1938)과 자율훈련(Schultz, 1932)을 병행하면 불면증, 스트레스, 그리고 스트레스와 관계되는 의학적 문제 치료에 큰 효과가 있다. 이를 계기로 심리학자들이 이 훈련에 직간접으로 관여하게 되었다. 말초근육긴장이완을 위해 사용되는 심리학적 방법은 만성동통 치료를 위해 널리 사용된다. 근육긴장은 긴장성 두통, 악관절 장애, 요통 등 만성동통을 유발하는 주요 요인이다. 그러므로 근육긴장을 극복할 수 있게 되면 동통 그 자체는 보다 효과적으로 극복할 수 있다.

일반적으로 동통 치료에서는 동통을 야기하거나 혹은 상태를 악화시키는 행동을 치료의 대상으로 한다. 실제 긴장이완치료는 동통의 강도를 약화시킨다. 하지만 그 치료효과는 오래 지속되지 않는 경우가 있다. 그 효과를 자세히 분석해 보면 그 영향은 사실상 근육긴장에 효과가 매개된 것이 아니다(Andrasik & Holroyd, 1980). 긴장이완 훈련의 효과는 환자의 인지적 신념인 자기효능의 감정이 스트레스와 동통 경험을 경감시킨 결과이다(Blanchard et al., 1986). 사실상 그 효과는 동통에 대한 말초적 생리학적 모델에 기초한 효과처럼 보이나 그 효과를 자세히 분석해 보면 말초적 변화가 아니라 중추적 변화의 결과이다. 동통 치료 수단으로서의 긴장이완훈련은 학제간의 동통 치료와 인지행동 치료의 주요 요인이다. 긴장이완훈련 그 자체는 때로는 긴장성 두통 치료의 수단으로 활용될 수 있다. 그러나 긴장이완만으로 동통치료를 했을 때 그 효과는 크게 제한될 수 있다.

인지치료

인지치료는 만성동통은 효과적으로 치료한다. 개인의 행동과 기분의 특성을 이해하고 정확한 예언을 위해서는 개인의 신념, 귀인, 동기에 대한 많은 지식을 필요로 한다. 이와 같은 주장을 바탕으로 인지치료가 등장하였다. 이 치료에서는 환자로 하여금 자신의 사고 특성을 인지하고 그것을 가장 이성적으로 평가해보게 하는 데 역점을 둔다. 이 치료에서는 환자의 비합리적 사고를 합리적 사고로 변화시켜 보게 한다. 이때 임상가는 행동심리학적 요인의 중요성은 물론 행동주의 심리학적 치료 효과의 우월성을 주장하지만 환자들은 그것이 인지기능과 깊은 관계가 있다는 점을 인지하지 못한다. 그들은 인지치료의 방법을 (바이오피드백이나 긴장이완훈련)과 동일시하는 경향이 있다. 치료 패키지는 곧 인지-행동치료라 부른다. 여기서 하이픈에 의한 연결을 강조한다. 인지행동치료는 일차적으로 모든 인간에게는 정보의 적극적 처리기능이 있다. 모든 인간은 자신의 사고, 감정, 행동, 그리고 생리적 과정을 통제할 수 있다. 개인의 사고, 감정, 행동, 그리고 생리적 과정은 서로 밀접한 상호관계가 있다는 중요한 사실을 가정한다. 그러므로 어느 한 기능의 변화가 오면 다른 기능은 변화가 따른다.

모든 인지행동 치료과정에 수반되는 동통이나 혹은 피로는 자기관리기능을 통해 성공적으로 극복할 수 있다. 인지적 극복모델을 기반으로 한 만성동통 치료의 기술로는 극복책략 훈련(Keefe et al., 1999), 마인드 풀 상태에 기초한 스트레스경감훈련(Schmidt et al., 2011), 동기면접(Vong et al., 2011), 수용을 기초로 한 치료(McCracken & Vowles., 2014), 그리고 단계적 현실노출(Leeuw et al., 2008)등이 있다.

인지행동 치료기술은 매우 다양하다. 또 그들은 서로 다른 점에 역점을 둔다. 예를 들면 인지치료는 환자로 하여금 자기 행동의 적응수준과 부적응수준을 스스로 평가해서 부적응 행동은 긍정적 행동으로 대치시켜나갈 수 있게 교육시키는 데 역점을 둔다. 동기 면접은 적응행동의 빈도를 증대시키고 부적응적 행동의 빈도는 경감시키는데 역점을 둔다. 마인드 풀 치료와 수용치료는 질적으로는 다른 방향을 지향하는 것처럼 보이나 사실은 전통적 인지행동치료와 근본적으로 다르지 않다. 여러 가지 서로 다른 치료에는 인지행동이 간여되고 있는 것은 사실이다. 그러나 치료자마다 강조하는 점은 크게 다르다. 예를 들면 인지치료는 환자에게 자신의 생각이 얼마나 건전한가, 혹은 얼마나 병적인가를 스스로 생각해보게 한다. 그러고 나서 생각을 보다 건전한 생각으로 대치시키는 방법을 습득하는 데 역점을 둔다. 동기적 면접에서는 환자로 하여금 건전한 생각의 빈도는 증가시키고 병적인 것으로 생각되는 사고의 빈도는 경감시킬 수 있다는 가정을 바탕으로 대화를 계속한다.

근거중심의 동통치료

동통치료의 심리학적 기술은 앞에서 설명하였다. 특히 치료효과의 객관적 근거를 강조하는 치료기술이 있다. 이것이 곧 근거중심의 동통치료이다. 근거중심의 동통치료의 기술도 이와 크게 다르지 않다. 다만 동통치료의 효과를 평가하는 데 보다 엄격한 기준을 요구할 뿐이다. 이들의 효과는 학술적 권위가 인정된 두 학회가 발표한 기준에 따라 치료 효과가 평가된다(Moss & Gunkelman, 2002).*

근거중심의 동통 치료 효과는 수준1-수준5에 따라 평가된다. 수준1은 일화적 방법 혹은 사례 연구에 의해서 얻어진 것으로 이는 경험적 근거가 보장 된 것이 없다. 수준2는 일

* Association for Applied Psychophysiology and Biofeedback(AAPB) / Society for Neuronal Regulations. Joint Efficacy Task Force(SNR)
Template for Developing Guidelines for the Evaluatetion of Clinical Efficiency of Psychophysiological Intervention.

정한 연구계획을 기초로 한 치료결과이지만 무작위통제치료 결과나 내적 통제연구가 결여되어 있다. 수준3은 자료의 효능성이 다소 보장된다. 피험자의 생활사적 통제, 관찰 통제, 피험자 내의 통제 등 여러 가지 객관적 실험 연구 결과에 의해 그 효능성이 어느 정도까지는 입장되었다. 수준4는 단일사례연구, 무작위통제실험, 이중속임통제연구 등에 의해서 얻어진 자료이다. 그리고 수준5는 최소한 두 독자적 연구에 의해 그 효능성이 입증 된 것이다. 무엇보다도 임상적 연구를 통한 임상적 효능성이 입증되어야 한다. 임상적 연구에 의해서 임상적 의미가 있다는 사실이 밝혀져야 한다. 실제 동통 치료를 받은 사람이 경험하는 동통 수준이 크게 떨어졌다는 사실이 분명하게 밝혀져야 한다. 두통은 비약물적 치료, 예를 들면 바이오피드백 훈련, 인지행동치료, 긴장이완 치료 효과는 매우 높다. 이와 같은 사실을 바탕으로 미국의 동통학회는 1978년에 두통 치료에 행동주의 심리학적 치료기술은 두통, 특히 편두통은 심리치료와 같은 비약물치료 효과가 높다는 사실을 확인하였다.

제20장

성격장애

성 격

성격 연구의 역사는 매우 길다. 이에 관련되는 고전적 문헌으로는 그리스의 철학자 Tytamus 혹은 Theophrastus(BC 371-287)의 한 저서『성격』(*Character*)을 들 수 있다. 그는 오래전부터 인간의 성격문제에 큰 관심을 가졌을 뿐만 아니라 그에 대한 어려운 문제도 제기하였다. 어느 날 그는 '아테네 사람들은 모두 동일한 하늘밑에서 사는데 왜 사람들이 모두 다르냐'는 문제를 던졌다. 그가 던진 물음에 대한 속 시원한 대답은 아직도 나온 것이 없다. 그는 아테네 사람의 성격을 30개의 서로 다른 유형으로 분류하였다. 그의 분류체계는 후에 성격 연구자에게 큰 영향을 주었다. 그의 큰 영향을 크게 받아 후세의 연구에 큰 영향을 준 사람으로 영국의 Thomas Overbury(1581-1613)와 프랑스의 Jean dela Bruyėr(1645-1696)를 들 수 있다. 현대 성격장애의 개념을 도입한 것은 프랑스 정신의학자 Philippe Pinel(1745-1826)이다. 그는 1801년 망상과 환각과 같은 정신의학적 증후가 없는 상태에서 분노와 폭행이 심한 사람을 성격장애로 진단하였다.

그 후 독일 정신의학자 Emil Kraepelin(1856-1926)은 일곱 가지 서로 다른 반사회적 성격을 바탕으로 정신병적 성격의 개념을 체계화하였다. 이 개념은 그의 젊은 동료인 Kurt Schneider(1887-1967)에 의해 보다 넓은 의미로 사용되게 되었다. Schneider의 저서『정신병적 성격』에 포함된 정신병적 성격의 개념은 DSM-Ⅳ에 포함되어 있는 성격장애

분류의 기초가 되었다. DSM-Ⅳ는 성격장애를 문화적 기대에서 크게 일탈된 지속적 내적 경험으로 유연성이 없이 지속된다. 이는 청소년기나 성인 초기에 발병하여 상당기간 지속되며 큰 고통을 주는 장애이다. 미국 정신의학회는 10개의 성격장애를 3그룹으로 묶어 〈표 20-1〉과 같은 진단체계를 만들었다.

<표 20-1> 성격장애의 진단 및 분류

A. 비정상적 장애와 사회적 공포

편집성 성격장애는 남을 부당하게 의심한다. 남에게 자신을 들어내지 않는다. 질투심이 강하다. 남들이 자신을 괴롭히고 속인다고 생각한다. 부당하게 친구나 동료의 성실성을 의심한다. 확인되지 않은 정보가 두려워서 이야기하기를 꺼려한다. 온정적인 말이나 사건에도 자신을 폄하하는 의미가 숨겨져 있다고 의심한다. 자기와 무관한 일에도 즉각적으로 대응하려고 한다. 배우자의 순결성을 의심한다.

정신분열성 성격장애는 감정 표출이 없다. 일에 관심이 없다. 사회와 고립되어 있다. 가족이나 다른 사람과 친밀한 관계가 없다. 거의 혼자서 행동한다. 흥미 활동이 없다. 마음을 터놓고 이야기 할 수 있는 사람이 없다. 남의 칭찬이나 비판에도 무관심하다. 정서적으로 냉담하다.

정신분열형 성격장애는 사회적으로 고립되어 있다. 마술적으로 사고한다. 관계망 상, 피행의식, 및 착각이 실하다. 편집증적인 사고가 심하다. 부적절하게 정동표시를 한다. 따뜻한 감정이 없다. 마음을 터놓고 이야기 할 수 있는 친구가 없다.

B. 연극성 정서장애

반사회적 성격장애는 타인을 속인다. 범법행위에 대해 죄책감을 느끼지 못한다. 지나친 야망이나 우월감은 공감을 얻지 못한다. 감정 기복이 심하다. 사회적 규범을 준수하지 못하며 범법 행위를 반복한다. 자신을 위해 거짓말을 하고 남을 속인다. 충동적으로 행동한다. 계획성이 부족하다. 무모한 행동을 서슴지 않는다. 자주 호전적이고 공격적인 행동을 자주한다.

연극성 성격장애는 지나치게 극적이며 주의를 끌기 위한 행동을 한다. 부적절한 성적 유혹이나 도발적 행동을 자주한다. 피상적인 감정 표출을 많이 한다. 자신의 신체적 매력을 이용하여 남의 관심을 끌려고 한다. 자기극화, 과도하게 정서 표현을 한다. 피암시성이 강하다.

경계선 성격장애는 감정 기복이 심하다. 권태와 공허감을 자주 느낀다. 자제력의 상실로 불법적인 돌발적 행동을 한다. 정체감 혼란 상태에 빠졌다. 빈번하게 충 동적 행동을 한다. 자살, 자살기도, 자해 행동이 빈번하다. 정동상태가 매우 불안하다. 만성적으로 공허감을 느낀다. 부적절한 분노표출, 분노조절능력 결여 일시적으로 망상이 심하다.

경계선 성격장애는 강한 애정과 분노가 교차한다. 이들은 충동적으로 행동하여 자해적 행동이 빈번하다. 경계선 성격장애는 심리적으로 매우 불안하다. 그러므로 사고, 감정, 행동 대인관계가 안정수준을 유지하기가 매우 어렵다. 자신이 버림을 받고 있다거나 받을 가능성이 높다고 생각되면 심리적 불안수준을 크게 상수한다. 경계선 성격장애는 안정된 자아상이 결여되어 있기 때문에 예측이 불가능한 돌출행동을 많이 한다. 혼자 있을때에는 우울증에 빠지기도 하고 충동적으로 행동하기도 한다.

자애적 성격장애는 자신의 능력을 과대평가한다. 자신 평가에 매우 예민하게 반응하고, 그 결과 자신을 공격하기도 한다. 지나치게 자존심이 강하다. 성공, 권력, 탁월성, 사랑에 대한 공상이 심하다. 자신은 특이한 존재로 상류층의 인사만이 자신을 이해할 수 있고, 자신은 그들하고만 교우관계를 맺어야 한다고 주장한다. 과도한 칭찬을 받고 싶어 한다. 특별한 대우를 받기를 원하며 그에 대한 기대감도 크다. 자신의 성공을 위해 다른 사람을 이용한다. 시기심이 강하고, 남들이 자기를 시기하고 있다고 생각한다. 거만하고 방자한 행동을 서슴지 않는다.

C. 불안 혹은 공포장애

강박성 성격장애는 조그마한 일에 사로잡힌 나머지 큰일을 잘못 처리하는 일이 있다. 자신의 완벽주의성 때문에 일을 성공적으로 처리하지 못한다. 여가활동을 즐기지 못하고 일에만 몰두한다. 윤리, 도덕, 종교적 신념이 지나치게 강하다. 지나치게 양심적이고, 고지식하고, 융통성이 없다. 가치가 없는 물건도 쉽게 버리지 못한다. 자신의 생각과 다른 사람에게는 일을 맡기는 것을 바람직하지 못하게 생각한다. 돈을 쓰는 것에 지나치게 인색하다. 경직성과 완고성의 수준이 병적으로 높다.

의존성 성격장애는 자신의 의사 결정을 다른 사람에게 맡긴다. 다른 사람의 조언이 없이는 자기 일을 결정하지 못한다. 자기가 한 일에 대해 책임져 줄 사람을 필요로 한다. 남의 도움을 받지 못할까 봐서 다른 사람의 의견에 반대하지 못한다. 자기 스스로 일을 결정하고 그것을 수행하는 것이 불가능하다. 남의 인정을 받기 위해 마음에 들지 않는 행동도 자청한다. 자신이 스스로 해결해야 할 일에 직면하게 되지나 않을까하는 비현실적 두려움에서 벗어나지 못한다.

회피성 성격장애는 남의 비판이 두려워 대인관계를 회피한다. 자기를 좋아한다는 확신이 없으면 접촉을 하지 않는다. 남의 비판을 받는 것에 조심스럽게 대처한다. 자신의 부적절한 감정 때문에 사람과 접촉하기를 꺼려한다. 자신은 매력도 없고 연루한 존재라고 생각한다. 황당한 일을 당하는 것이 두려워 사회활동을 지나치게 주저한다.

반사회적 성격의 특성은 매우 다양하다. 사회적 규범이나 생활습관에 어울리지 않은 행동을 한다. 특별한 이유 없이 지나치게 남을 의심한다. 자기의 잘못을 반성하지 못하고 같은 행동을 반복한다. 충동적 행동을 자제하지 못한다. 남의 비위를 맞추기 위해 지나친 정서 표현을 한다. 사회적 유대관계를 병적으로 싫어한다. 지나치게 도덕규범을 지킨다. 전문가들은 위와 같은 특성이 현저한 사람을 성격장애라고 진단한다. 이와 같은 진단을 받은 사람은 사회생활은 물론 직장에서의 업무수행능력도 크게 떨어진다. 그들은 이유 없이 불안하고 우울해지는 경향이 있다. 성격장애의 발달 시기는 연구자나 임상가에 따라 크게 다르다. 즉 청소년기에 발병해서 성인기까지 지속된다는 주장이 있는가 하면 성인기에 발병한다는 주장도 있다.

성격장애는 치료방법도 다르고 예후에 대한 주장도 다르다. 성격장애의 발병빈도는 정신장애에 비해 낮지 않다. 정신과의사의 진료실에 오는 환자의 40-60%가 성격장애의 진단기준에서 크게 다르지 않다. 성격장애의 유형은 매우 다양하고 유형에 따라 임상적 특징도 이해하기가 쉽지 않다. 이러한 어려움은 전문기관이나 연구자에 의해서 연구 재작된 매뉴얼에 따라 쉽게 극복할 수 있다. 개인의 습관, 성격특성, 사고방식 등이 사회적 통념 기준에서 크게 다른 경우를 성격장애자로 진단하기도 한다. 성격장애자에서는 정상인과 크게 다른 특징을 쉽게 발견할 수 있다. 적응이 어렵다. 불안이 심하다. 사회적 적응이 어렵다. 남을 괴롭힌다. 이와 같은 특성은 상당기간 지속되며 주위의 사람들에게 심한 고통을 준다. 성격장애는 다른 정신장애의 결과도 아니고 외상의 산물도 아니다 미국 정신의학회는 진단, 치료의 연구를 위해 10개의 성격장애를 세 군집으로 분류하고 그 임상적 특성을 기술하였다. 그 군집과 임상적 특성은 〈표 20-1〉에 수록되어 있다.

성격장애의 모델

긴 역사를 가진 성격장애는 심리학자들의 주요 관심의 대상이 되었다. 성격장애의 본질은 물론 교정의 기술을 다루기 위한 다양한 모델이 연구 개발되었다. Hare(2003)는 유사유형모델을 기반으로 정신병적 성격장애 혹은 사이코패스의 개념을 도입하였다. 사이코패스가 성격장애의 한 형태로 연구하기 시작한 역사는 별로 길지 않다. 그 뿌리는 Harvey Clerkley(1941-)의 고전적 연구서『건강의 가면』(*The Mask of Sanity*)에서 찾을 수 있다. 사이코패스에는 여러 가지 성격 특성이 있다. 즉 매우 지적인 사람이다. 정서가 빈약하고 부끄럼을 느끼지 못한다. 책임감이 없다. 동기가 부적절하다. 사이코패스는 성격장애의 유목으로 분류되고 연구되었다. 사이코패스에 대한 현대 개념에는 정동적 요인과 대인관계의 요인이 포함되어 있다. Hare는 1960년대 교도소에 근무하는 심리학자로서 오랜 세월을 두고 교도소에 수용된 사이코패스에 대한 진단과 측정에 많은 관심을 갖고 연구하였다.

그가 주로 사용한 측정도구는 자기보고형 검사였다. 그는 죄수와 사이코패스를 변별하기 위한 체크리스트를 개발했는데 그것은 정신측정학적으로 매우 건전한 도구라는 사실을 인정받게 되었다. 지금 사용하고 있는 *Psychopathy Cheklist-Revised (PCL-R)*는 사이코패스를 평가하는 가장 우수한 도구로 인정받고 있다(Hare, 2003). *PCL-R*은 두 요인으로 구성되었다. 첫째 요인은 정서적 증후와 대인관계의 특성을 측정한다. 대인관계의 요인은 말솜씨가 뛰어나고 외관상 매력이 넘치고 망상이 심하고, 병적으로 거짓말을 하고 매우 교활하다는 특성으로 구성되었다. 이와는 달리 정서적 측면은 후회하거나 죄의식의 결여, 동정심의 결여, 자기 자신의 행동에 대한 책임감 결여 등이 특징이다. 제2요인은 사회적 일탈 행동을 포함한다. 이들은 피로해지기 쉽고, 아첨하고, 현실적인 인생 장기목표가 없고, 충동적이고, 책임감이 없다.

반사회적 측면은 행동통제가 빈약하고, 비행이 많고, 범죄성향이 뚜렷하다. DSM-Ⅳ의 반사회적 성격장애는 정신병질의 특성과 많이 중복된다. 반사회적 성격장애는 반사회적이고 범죄행위에 역점을 두고 성격 특성에는 별로 관심을 두지 않는다. 그러므로 반사회적 성격장애의 진단 범위가 훨씬 넓다. 정신병적 성격장애는 현실검증기능이 결여되어 있다. 이 장애는 정신분열증 스펙트럼장애와 심한 정동장애로 분류되기도 한다.

Kernberg(1984)는 정신역동적 구조를 바탕으로 성격장애의 분류를 체계화하였다. 그는 성격장애를 병적 수준에 따라 신경증적 성격장애, 경계선급 성격장애, 정신병적 성격장애로 분류하였다. 신경증적 성격장애는 정도가 가벼운 수준의 성격장애로 여기에는 히스테리성 성격, 강박증, 우울성 성격이 포함된다. 이는 현실 검증이 건전하고, 자아주체감이 건전하고, 방어 수준이 높다. 억압과 같은 방어기제를 활용하는 특성이 있다. 대부분의 성격장애는 경계선급 성격장애에 속한다. 경계선급 성격장애는 현실 검증 능력은 건실하나 원시적인 방어기제를 활용한다. 그들은 불안 극복과 충동성 통제가 어렵다. 경계선급 성격장애 속에서 일상적으로 특수 성격장애로 신경생물학적 요인(기질, 공격성)과 환경요인(학대, 부시)의 결합에 의해서 결정된다. 중간급의 경계선급 성격장애는 자애적이고, 공격적이고, 반사회적이고, 정신분열적 특성이 두드러진다.

Livesley & Jackson(2004)은 DSM-Ⅲ의 성격분류체계를 바탕으로 새로운 차원적 성격장애의 모델을 개발하고 그것을 측정하기 위한 척도를 동시에 개발하였는데 이것이 곧 『성격병리의 차원적평가』(*Dimensional Assement of Personality Pathology-Basic Questionaire, DAPP-BQ*)이다. DAPP-BQ에 의해 측정된 18개 차원의 정신장애의 특성과 깊은 관계가 있다. *DAPP-BQ*는 4개의 고차원적 성격특성(정서조절 장애, 반사회적 행동, 제지행동, 충동성)을 측정한다. 이는 다른 차원 검사 도구와 높은 상호관계가 있다.

Siever & Davis(1991)는 정신병리의 차원이론을 바탕으로 새로운 성격장애의 모델을 개발하였는데 이것이 정신장애에 대한 정신생물학적 모델이다. 이 모델에 의하면 성격장애는 축 I 의 여러 장애를 수반한다고 한다. 성격장애는 인지적/지각적 조정, 충동성/공격성, 정동적 불안정성, 그리고 불안제지의 차원과 깊은 관계가 있다. 이들의 주장에 따르면 축 II 의 성격장애는 초기에 발병한 축 장애의 만성형이라고 한다. 예를 들면 경계선급 성격장애는 기분장애와 같은 정동조절 장애와 반사회적 성격장애나 행위 장애와 같은 충동적 공격성 장애의 결합의 산물로 생각한다. 하지만 이와 같이 새롭게 개념화한 현상을 객관적으로 측정할 만한 측정도구는 아직 없다.

Vachon et al. (2013)은 성격장애는 곧 기초 특질의 장애이고 이는 기초 특질의 특성을 바탕으로 한 개인의 성격장애 예언이 가능하다고 주장하였다. 그들의 주장에 따르면 개인의 성격 특질은 일반성격차원의 특성에 의해 보다 정확한 정보를 얻을 수 있다고 한다. 기초 특질은 충동성, 온정, 겸손, 그리고 숙고 등으로 구성되어 있으며, 이를 바탕으로 개인의 역학적 특성을 발견할 수 있고 특질에 대한 정보를 바탕으로 정신장애의 쇠퇴 특성을 예언할 수 있다.

Cloninger et al.(1993)는 개인의 기질차원과 성격차원의 특성을 종합적으로 측정 가능한 새로운 모델을 개발하였는데 이것이 곧 Cloninger의 7요인모델이다. 이 모델에 따르면 성격장애의 특성은 개인의 기질적 특성과 성격특성에 의해 결정된다고 한다. 기질특성은 네 개의 기절 차원(신기성 추구, 위험회피, 보상의존, 연합적 학습특성)으로 구성되며 이들 차원에 대한 반응특성은 개인차의 특성에 의해 결정된다. 이와는 달리 성격차원은 자아지향성, 협동성, 자아초월성의 존재를 지각할 때 개인차가 나타난다. Cloninger et al.(1993)의 7요인모델은 성격장애 및 그 증후와 깊은 관계가 있다는 사실이 후속 연구에 의해 입증되었다. Svrakic et al. (1993)의 낮은 자아지향, 낮은 협동성에서는 성격장애의 증후가 두드러지게 나타난다. 또 기질차원의 점수에 따라 특수한 성격장애가 발견된다. 성격장애 부모에서 태어난 아이의 자아지향성이 낮은 상벌의존 수준, 높은 신기성 추구, 높은 위험 회피성은 각각 A군집(이상, 기인), B군집(연기성/정서성), C군집(불안, 공포)의 성격특성이 두드러지게 나타난다.

Cloninger(2000)의 모델은 성격장애의 진단에 큰 도움이 된다. 성격장애는 자아지향성이 낮고, 협동심이 낮다. 또 경계선 성격장애와 같이 성격장애의 수준이 높은 사람은 자아 초월의 수준이 낮다. Cloninger는 두 단계과정을 거쳐 성격특성을 평가한다(낮은 자이지향성, 낮은 협동성, 낮은 정동성 안정성, 낮은 자아초월성). 만일 두 개 이상의 특성이 나타나는 환자는 신기성 추구, 위험 회피, 보상의존의 차원이 높다. 예를 들어 경계성급 성격장애는 신기성과 위험회피성은 높고 보상의존성은 낮다. 이런 체계를 활용하면 성격장애는 8개의 유형으로 구분하는데 그 가운데 6개 유형은 DSM-Ⅳ 성격장애 진단 유목의 기초가 되었다.

Gore & Widiger(2013)는 DSM-Ⅳ의 차원적 특질모델과 5요인모델의 비교 연구에서 성격의 차원적 특질은 부적응 특질차원모델과 크게 다르지 않다는 사실을 발견하였다. DSM-Ⅳ의 부적응 특질은, 부정적 정동, 초연성, 반항성, 탈제지, 그리고 정신병적 경향성과 같은 5개의 도메인으로 구성되었으며 부적응 도메인은 성격 차원과 밀접한 관계가 있다. 즉 부정적 정동은 신경증적 경향성, 초연성은 내향적 경향, 반항성-반항, 탈제지는 성실과 관계가 있다는 사람을 발견하였다. 이와 같은 조사 결과를 보면 성격장애자의 특성, 예를 들면 탈제지는 곧 성실성의 결여, 초연성, 부정적 정동은 신경증적 경향상의 다른 차원으로 생각할 수 있다.

Widiger & Costa(2002)는 개인의 기본적 성격요인을 포괄적으로 개념화한 5요인 모델을 임상적 장면에 활용하였다. 이 5요인모델은 신경증적 경향성-정서적 안정성, 외향성-내향성, 경험의 공개성-폐쇄성, 동조성-대립성, 성실성-태만성 등으로 구성되었으며 이는 성인의 주요 성격차원의 특질을 보다 과학적으로 측정할 수 있다. 초기의 연구에서 5요인의 도메인은 성격장애와 깊은 관계가 있다는 사실이 밝혀졌다. 후속 연구에서는 정상과 성격장애는 일차 순위 - 고차 특질에서 크게 변별된다. 성격장애의 특성은 신경증적 경향성, 내향성, 대립성, 태만의 도메인의 수준이 높다. 사실이 이로 보아 성격장애는 일차 순위의 패턴에 의해 진단될 수 있음을 충분히 알 수 있다(Trull et al, 2001). 5요인을 구성하는 특질은 반사회적 성격장애, 경계선급 성격, 자애감, 의존성 성격장애의 진단과 다른 성격장애를 구별하는 데 쓰인다.

성격장애의 진단과 분류

정신장애의 진단은 미국 정신의학회가 제정한 기준에 따른다(APA, 2000). 이 기준에는 여러가지 특성이 포함된다. 문화적 기준과는 크게 다른 인지, 감정 그리고 대인관계의 이상이 장기간 지속된다. 이상행동이 장소나 시간을 가리지 않고 매우 광범하게 나타난다. 이 행동은 다른 사람에게 불쾌감을 준다. 여러 기능이 크게 떨어진다. 이 행동은 청소년이나 혹은 아동기 초기에 시작된다. 그리고 행동특성은 다른 정신장애나 약물복용에서 오는 생리적 효과는 두부 손상과 같은 영향으로는 생각할 수 없다는 점이 포함되어 있다.

WHO의 *ICD-10*에도 APA의 DSM에 소개된 것과 유사한 정신장애의 임상적 특성과 진단 기준이 소개되어 있다. 중요 특성으로는, 여러 가지 행동특성-정동, 각성, 충동성 통제, 타인에 대한 지각, 태도, 사고 등이 상실되고 있다. 이상행동의 특성이 장기간 지속된다. 여러 영역에서 이상한 행동을 한다. 대인관계나 사회생활에 쉽게 적응하지 못한다. 위와 같은 행동특성이 아동기와 청소년기에 싹트기 시작해 성인기까지 이어진다. 이러한 장애는 본인에게도 불쾌하게 느껴진다. 이러한 장애는 직업생활이나 사회생활과 밀접한 관계가 있다.

ICD 기준에는 진단에 필요한 특정한 문화적 기준을 설정하고 있다. 그들은 특유한 사회적 기준이나 규칙 같은 것을 활용할 필요가 있다는 점을 강조하고 있다. 실제 임상 장면에서는 진단을 위해 친척이나 다른 사람의 관찰결과를 소중한 자료로 활용하고 있다. 환자와 면접자의 대화는 환자 진단에 큰 도움이 된다. 성격장애의 진단과 그 분류는 미국 정신의학회(APA, 2000)의 *DSM*에 규정된 요강에 따른다. 미국정신의학회는 성격장애를 10개의 유형으로 분류하였다. 그것은 세 개의 군집으로 묶고 10개의 장애유목으로 수록하기는 어려우나 성격장애가 현저하게 나타난 사례는, 달리 특수화시킬 수 없는 성격장애로 명명 분류하였다. 〈표 20-1〉을 참조할 것.

WHO의 *ICD-10*에는 성격장애의 분류진단 기준이 제시되어 있다. 심리학자 Theodore Millon(1928-2014)도 자기 특유의 분류체계를 가지고 있다. 우리에게 친숙한 분류체계는 미국 정신의학회가 제정한 *DSM*이다. 10가지 서로 다른 성격장애의 유형을 세 집단으로 묶어 설명하고 있다. 이 10개의 성격장애는 과학적 연구의 산물이 아니라 역사적 산물이어서 개념의 정밀성이나 명료성이 결여된 점은 미리 생각하고 읽어볼 필요가 있다.

성격장애의 유목적 진단과 차원적 진단

성격장애의 진단과 분류는 유목적 방법에 따를 수도 있고 차원적 방법에 따를 수도 있다. 지금까지 진단자와 연구자에게 친숙해진 것이 유목적 모델이다. 이 모델은 완벽한 방법은 아니지만 실험정신의학을 개척한 Emil Kraepelin(1856-1926)시대부터 사용되기 시작하여 오늘에 이르고 있다. 이 모델은 *DSM-Ⅳ-TR*에서도 수용되었다. 이에 대한 비판은 *DSM-5*의 등장을 계기로 본격화되었다. 이를 계기로 유목적 분류 대 차원적 분류 논쟁은 본격화되어 정신장애의 분류체계는 큰 변화를 겪고 있다. 그 역사적 배경을 보다 자세히 살펴보자.

미국 정신의학회가 발간한 *DSM-Ⅳ-TR*(APA, 2000)에는 이색적인 주장이 등장하였다. 유목론자들은 정신장애의 유목은 다른 장애나 혹은 정신장애가 있는 상태와 완전히 다른 실체라고 주장한다. 그럼에도 불구하고 *DSM-Ⅳ*는 정신장애를 유목에 따라 분류하고 정신장애로 정의된 기준의 특성에 따라 유형으로 분류하였다. 이와 같은 사실을 바탕으로 정신건강 전문가와 연구자들은 *DSM-Ⅳ-TR*에 수록된 상태를 질적으로 다르고 정상과는 엄격히 다른 장애라고 진단하고 개념화하였다. 그렇다면 정신장애가 별개의 독자적인 임상적 상태 혹은 의미로 기능의 차원에서 독립시킨 상태로 생각할 수 있을까. 이와 같은 주장이 유목적 모델에 대한 인식이 크게 힘을 얻고 있다는 점에 있다. 1999년에 미국 정신의학회와 미국 정신건강연구소가 공동으로 *DSM-Ⅳ* 연구 컨퍼런스를 가졌다. 이 모임에서는 기존의 분류체계가 새로운 분류체계로 대치될 필요가 있다는 데 의견이 일치되었다.

성격장애에 대한 연구의 역사는 매우 길다. 하지만 여러 가지 이론적 배경으로 성격장애의 개념을 새롭게 개념화시킨 것은 1980년이다. 미국 정신의학회는 *DSM -Ⅲ*의 출간을 계기로 성격장애의 개념을 새롭게 기술하였다. *DSM-Ⅲ*에서 성격장애를 강하고 부적합한 성격 특질의 결합체로서 이는 주관적인 불쾌감을 준다고 정의하였다. *APA*는 *DSM-Ⅲ-R*과 *DSM-Ⅳ*(APA, 1994)에서 성격장애의 기준을 개정하고 진단의 신빙성을 높이는 데 많은 공을 들였다.

*DSM-Ⅳ-TR*에서 사용되는 성격장애의 개념은 Kraepelin에 의해 최초로 소개되었다. 그들의 주장에 따르면 정신병은 의학적 상태이고 정상과 이상은 분명하게 분리된다고 한다. 따라서 *DSM-Ⅳ-TR*에서는 성격장애를 유목적, 위계적 체계에 따라 분류한다. 성격장애의 특성은 몇 개의 증후가 동시에 뚜렷하게 나타난 수준에 따라 결정된다. *DSM-Ⅳ-TR*는 세 개의 군집으로 이뤄진 위계적 체계 때문에 유사한 특성은 쉽게 이해할 수 있다. 이는 어떤 이론이나 경험적 근거가 뒷받침하고 있지 않다. 정신장애의 유목적 체계에는 몇 가지 특징이 있다. 즉 실용성이 보장된다. 치료에 대한 결심을 쉽게 할 수 있다. 그리고 쉽게 의사소통 하고 개념화할 수 있다. 그 외에 질병은 특성, 그에 따른 신체적 특성은 물론 치료법을 보다 쉽게 결정할 수 있다. 이와 같은 분류체계에 의한 진단결과는 차원적 분류체계에 의한 진단의 결과와 크게 다르지 않다는 점에 특별히 유의할 필요가 있다. 따라서 유목적 진단을 차원적 진단의 우월성을 주장하는 데 인용될 수 없다.

*DSM-Ⅳ-TR*에 수록된 성격장애의 유목적 진단기준은 성격장애 진단의 이론적 실용

적 기반이 되었다. 이 점에 대해서는 많은 연구자와 임상가들이 의견을 같이 하고 있다. 하지만 여기에 전혀 문제될 것이 없다는 것은 아니다. 성격장애 진단에 있어서 사용되는 유목적 진단체계의 문제점은 *DSM-Ⅳ-TR*에서 쉽게 찾아볼 수 있다(Livesley, 1998). 즉 *DSM-Ⅳ*에 있는 성격장애의 유목은 증후, 특질이 매우 이질적이다. 축Ⅱ 진단은 시간이 지나면 일관성을 상실하게 되고 진단의 일치도가 크게 떨어진다. 그에 의한 진단은 신빙성이 떨어진다. 이와 같은 사실을 염두에 두고 정신장애는 새롭게 개념화되고 새롭게 조작적으로 정의될 필요가 있다.

성격장애를 진단하는 방법은 많다. 그 가운데 가장 역사도 길고 널리 알려진 방법이 앞에서 다룬 유목적 진단이다. 이는 차원적 모델과 이론이 다르고 측정기술이 다르다. 이와 같은 어려움을 극복시켜 주는 매력적 방법이 차원적 모델이다. 차원적 모델은 시간이 지나도 신빙성이 높아 평가자 간의 결과가 크게 달라지지 않는 장점이 있다. 이것은 유목적 진단에서는 충족할 수 없는 한 가지 장점이다. 또 이 차원적 방법은 증후의 이질성을 이해할 수 있고 유목적 진단 간에는 분명한 경계가 존재하지 않는다는 점, 특질과 증후가 갖는 불분명한 점을 분명하게 파헤치는 데 도움이 되고, 성격특성과 그에 관계되는 부적응에 대한 정확한 정보를 제공해준다.

성격장애에 대한 차원적 접근방법에는 여러 가지가 있다(Livesley et al., 1998). 가장 일반적인 방법은 성격장애의 개념을 단순한 양적 개념으로 이해하는 것으로 이는 증후의 정도에 따라 성격장애의 수준을 측정하는 방법이다. 측정결과에서 나타난 점수 그 자체를 곧 장애의 정도를 표시하는 기준으로 삼는다. 증후의 수량적 특성을 *DSM-Ⅳ-TR*에 제시된 전형적인 사례와 비교해서 환자의 특성을 평가하기도 한다. 환자의 특성에 따라 원형적 중간 정도 역치를 하역치 특질 결여와 구분한다. 단 한두 가지의 진단 특성과 일치할 때에는 그에 따라 진단한다. 3개 이상의 성격장애와 일치할 때는 광범위한 성격장애로 진단한다(Oldham & Skodol, 2000). 원형에 맞춰 성격장애를 진단하는 방법도 있다. 이는 환자의 증후를 기술한 문항에 대해 임상가들이 환자의 증후를 그 정도에 따라 평가한다. 일반적으로 쓰이는 것이 5점 평가척도이다. 환자의 상태를 기술한 문항은 *DSM-Ⅳ-TR*의 증후 평가기준으로 쓰인 것들이다.

성격장애의 치료

인지행동치료

상습범죄를 경감시키는 방법은 여러 가지가 있다. 하지만 그 효과를 입증할 수 있는 방법은 밝혀진 것이 그렇게 많지 않다. 심리학자는 인지행동치료의 기술을 바탕으로 상습범죄의 경감에 크게 이바지하였다. 이와 같은 사실은 Pearson et al. (2002)의 메타분석 결과에 의해서 입증되었다. 이들은 인지행동치료의 방법을 사용한 69개의 연구결과를 분석하여 인지행동치료가 상습범죄를 경감시키는 데 크게 도움이 된다는 사실을 발견하였다. 인지행동치료를 받은 환자에서 나타난 치료결과를 메타분석한 결과 그것이 범죄를 경감시킬 수 있다는 사실을 입증해주고 있다.

이들의 연구를 통해 인지행동치료의 효과가 통제집단의 치료효과보다 월등하게 높다는 사실은 확실하지만 실제 인지행동치료에서 어떤 문제가 다뤄졌는지는 알 수 없다는 점은 인지행동치료의 우월성을 주장할 때 깊이 고려되어야 할 문제이다. Lipsey et al. (2001)은 14개의 실험연구와 유사실험연구결과를 분석하였다. 이들은 인지행동치료에 따른 인지기능의 변화에 역점을 두었다. 최종 단계에서는 인지치료집단과 통제집단에서 나타난 재발률을 비교하였다. 그 결과 인지행동치료를 받은 집단에서 5%만이 재범한다는 사실이 발견되었다. 이는 곧 인지행동치료에 의해 범죄행동이 보다 잘 치료된다는 사실을 입증한다.

인지행동치료는 범죄자에 대한 교정치료의 수단으로는 가장 효과가 큰 기술에 속한다. 범죄적 사고는 일탈적 행동의 기반이다. 이와 같은 사실은 여러 메타분석의 결과에서도 입증되었다. 범죄자의 한 특징은 인지기능의 왜곡에서 찾을 수 있다. 그들에서는 심한 자기변명, 사회적 규율의 오해, 책임전가, 도덕적 사고의 결핍 등이 뚜렷하게 나타난다. 이런 사고의 왜곡이 심한 사람은 순량한 사람도 위험을 주는 사람으로 잘못 이해하는 수가 있다. 즉각적인 만족을 추구하고 자신의 욕구와 탐닉을 혼동한다. 범죄적 사고에서 자기를 불공정하게 비난하고 자기는 사회로부터 버림을 받고 있다고 생각하는 경우가 많다.

인지행동치료자들은 개인의 인지적 결함과 인지적 왜곡은 선천적 산물이 아니라 학습의 산물이라고 생각한다. 치료자는 범죄자로 하여금 자신이 범법행위 직후 자신이 어떤 생각을 했는지 그 과정을 스스로 이해하게 교육시킨다. 인지행동치료에서는 자기 스스로 생각하는 것, 셀프모니터링을 하는 것이 가장 기본적 과정임을 알게 한다. 그 다음 치료단계에서는 치료자는 환자로 하여금 자신의 잘못된 사고, 또 결핍된 사고의 특성을 교정해나가게 한다. 그러므로 모든 인지행동치료에서는 범죄자의 왜곡된, 또 위험한 행동을 교정할 수 있는 기술의 세트를 만들어 새로운 사고의 기틀을 만드는 게 역점을 두어야 한다. 이를 위해 치료자는 인지기술훈련, 분노조정, 그 외에 사회적 기술, 도덕 발달, 그리고 재발방지와 관계되는 기술을 중점적으로 교육시킬 필요가 있다. 인지행동치료자들은 행동수정을 목적으로 여러 가지 기술을 활용한다.

대인문제해결(정보수집, 대안해결 방법, 결과에 대한 평가), 추상적, 비판적 사고, 인과관계사고, 목표설정, 장기계획수립, 전망적 사고 등에 역점을 둔다. 이것이 인지기술훈련이다. 때로는 실제 장면에서 역할수행을 통해 부적응 습관이나 공격적 행동 혹은 범죄행동에서 해방될 수 있다. 환자로 하여금 주어진 분노나 공격 사태에서 활용가능한 자동적 사고를 스스로 모니터링 할 수 있는 기술을 습득시킨다. 실제 훈련과정에서는 편협한 대인관계보다 폭넓은 대인관계를 형성하고, 공격적 설명보다 비공격적 설명을 모니터링하는 기술을 습득 시키는 것이 분노조절훈련이다.

분노조절에 효과적인 프로그램이 있는가 하면 갈등해소에 효과적인 기술도 있다. 근래에 와서 특이한 프로그램도 개발되었다. 그 대표적인 것이 재발예방기술프로그램이다. 이는 일종의 인지적 위험관리책략으로 예상되는 범죄를 예방하는 데 가장 효과적인 책략이다. 실제 어떤 행동을 취하기 전에 자신의 행동결과를 깊이 생각하게 한다. 이때 개인의 충동성이나 비논리적 사고는 배제한다. 새로운 대인관계를 형성하고 직면한 문제에 대한 대응책을 세우고 자신의 행동이 다른 사람에게 미치는 영향을 깊이 생각할 수 있게 훈련시키는 것이 사유 및 재생프로그램이다(Ross & Fabiano, 1985). 도덕적 인지치료는 Lawrence Kohlberg(1927-1987)의 도덕발달단계 이론을 바탕으로 개발된 치료기술이다. 범법자의 도덕수준을 향상시키기 위해 만들어진 것으로 16단계의 도덕 및 인지단계를 순차적으로 수행하도록 짜여져 있다(Little & Robinson, 1986).

공격대치훈련은 기술훈련, 분노통제, 그리고 도덕 교육의 기술로 구성되어 있다. 기술훈련은 모델링과 역할수행을 통해 친사회적 행동을 학습하는 과정이다. 여기서 개인의 능력이 크게 강조된다. 분노조절은 치료자가 범죄자에게 자기통제의 기술을 교육시키는 훈련으로 분노유발 경험을 통해 어떤 것이 분노를 유발하는가를 확인해서 그것을 치료하기 위해 분노통제기술을 적용하게 된다. 도덕 교육 훈련에서는 도덕적 사고를 향상시키기 위해 범죄자로 도덕적 디렘마 사태에 노출시켜 보기도 한다(Goldstein & Glick, 1994).

집단 연습과 과제수행을 위한 수단으로 자신의 사고가 자신의 행동을 통제한다는 점을 이해하고, 자기와 타인의 감정을 이해하고, 그에 반응하는 기술을 습득하고 문제해결기술 습득을 학습한다(Bush et al. 1997). 인지치료 프로그램은 15개의 과제로 구성되었다. 자신이 선택한 행동을 직접 관찰하는 데 도움이 된다. 이 프로그램을 통해 범법자는 사고의 오류, 사고의 왜곡이 어떻게 일어나는가를 스스로 알아볼 수 있는 것이 치료프로그램의 한 특성이다(National Institute of Corrections, NICC 1996). 물질오용의 재발방지프로그램은 인지기술과 인지재구성기술이 핵심을 이루고 있다. 이는 고위험 사태를 극복하는 기술로서 특정 질병이 재발되기 전에 적극적으로 방어하는 데 역점을 둔다(Marlatt & Gordon, 1985).

약물치료

성격장애에 대한 약물치료를 두고 전문가들 사이에는 오랫동안 논쟁을 해 왔다. 우선 약물치료가 성격장애를 치료하는 일차적 수단인가, 아니면 부차적인 수단인가를 놓고 열띤 논쟁이 상당동안 지속되어 왔다. 이 문제는 미국 정신의학회(APA, 2001)의 출판물이 나오면서 일단락되었다. 하지만 문제가 깨끗하게 해결된 것은 아니다. 전문가들 특히 약물학자와 정신과의사 가운데에는 성격장애에 대한 일차적 수단은 약물치료가 되어야 한다고 주장하는 사람이 많다. 이들의 주장에 따르면 약물치료는 심리치료는 물론 다른 치료의 기술보다 시술하기가 쉽고 효과 크다고 주장한다. 그러나 효율성의 측면에서 보면 그들의 주장이 반드시 옳은 것만은 아니다. 치료수단으로 약물치료가 차지하는 비중은 매우 크다.

항정신병 치료제와 세로토닌 재흡수 억제제는 성격장애 치료에 큰 효과가 있다. 성격장애는 생물학적으로 결정된 기질의 한 표출이다. 이와 같은 사실은 성격 특질이나 성격차원의 특성은 50% 이상 유전되는 것을 보면 쉽게 이해할 수 있다(Livesley, 1993). Cloninger(1987)의 성격장애 3요인모델(신기성 추구, 위험회피, 보상의존)에 의하면 모든 성격장애는 신경생물학적 차원으로 연결되어 있다고 한다. 이와 같은 주장이 부분적이지만 약물치료의 정당성을 입증하고 있는 것으로 생각할 수 있다. 일시적인 부정적 사건을 경험한 충동성 성격장애자는 신기성 추구 수준은 높으나 위험회피의 수준은 낮다. 이들은 항정신병 치료제와 세로토닌 재흡수 억제제로서 효과적으로 치료된다.

Cloninger et al. (1993)는 성격의 정상변화와 이상변화의 개념을 도입하고 이것이 곧 신경전달물질 기능과 깊은 관계가 있을 것으로 가정하였다. 그들은 이것을 바탕으로 뇌활동의 영역에서 나타나는 정신생리학적 변화, 신경내분비 이상, 특수 유전자 이상에 대하여 기술하려고 시도하였다. 그들은 신기성 추구, 보상의존, 유해회피, 지속성, 자아지향, 협동성, 자아초월의 개념을 도입하고 이를 바탕으로 서로 다른 성격장애의 변화를 설명하려고 시도하였다. 하지만 이에 대한 생물학적 확증은 내놓지 못했다. 한때 약물을 사용한 성격장애의 치료는 제한되었으나 지금은 사정이 크게 달라졌다. 약물 사용을 통한 성격장애의 치료는 널리 활용되고 있다. 장기간 경계선급 성격장애자를 추적해 보면 75% 이상이 여러 약물을 복용하고 큰 도움을 받고 있다는 임상적 검증이 이를 뒷받침해 주고 있다. 이제 정신장애의 치료를 위해 환각제부터 항간질제인 라모트리진까지 여러 가지 약물이 매우 보편적으로 광범위하게 사용되고 있다.

소량의 항정신병 치료제는 정신분열형과 경계선급 성격장애 치료에 효과가 있다(Stein, 1993). 소량의 항정신병치료 효과는 플라세보보다는 월등하게 높다는 사실이 Soloff et al. (1986)의 무작위통제실험에 의해 확증되었다. 불행하게도 그것이 16주간 계속될 때에는 그 효과가 소실되는 결과가 나타났다. 할로페리돌은 불안정감증후 치료에 효과가 크지만 페넬진보다는 그 효과가 떨어진다(Cornelius et al., 1993). 이 치료제를 사용한 치료를 받는 사람은 중간에 치료를 포기하는 사람의 수가 많기 때문에 큰 약의 효과는 기대하기 어렵다. 플로펜티졸같은 항정신병 치료제는 자해예방에 큰 효과가 있다(Montgomery & Montgomery, 1982).

올안자핀과 리스페리돈은 부정형 신경억제성 마취기능이 있어 항정신병 치료제와 같은 기능을 한다. 올안자핀은 경계선급 환자에 대한 치료의 효과가 크다. 또 이는 성격장애 치료에 효과가 크며 정신병적 증후가 뚜렷하게 나타날 때에는 그 효과가 더 크다.

한때 아미트리프탈린은 경계선급 성격장애의 치료에 크게 도움이 되지 않았다(Soloff et al., 1986). 삼환식 항우울제는 성격장애 치료에 많이 사용되고 있지만 통제집단을 사용한 연구는 거의 없는 상태이다. 일반 불안과 우울증 장애에 대한 무작위통제치료에서 삼환식 항우울제 집단은 성격장애와는 무관하게 동일한 치료효과가 있다. 심리치료 그룹에서는 동시이환장애가 있을 때에는 상태가 더욱 악화되었다(Tyrer et al., 1993). 이와는 대조적으로 선택적 세로토닌재흡수억제제의 치료효과를 플라세보 통제집단의 효과와 비교 평가했을 때 이는 경계선급 성격장애와 공격성 성격장애에서 나타나는 공격성, 충동성의 치료에 큰 효과가 있다.

모노아민 산화효소 억제제는 성격장애 치료에 크게 도움이 된다(Tyrer & Harrison-Read, 1990). 또 트라닐시프로민과 페넬진도 성격장애에 대한 치료효과 크다는 사실이 널리 수용되고 있다(Soloff et al., 1993). 기분조절제는 성격장애의 치료에 쓰이며 그 효과가 크다는 사실은 널리 알려졌다. 리튬은 세로토닌계통을 안정시키는 기능이 있는 것으로 보아 성격장애 치료에 널리 사용될 수 있다고 생각할 수 있다. 리튬의 치료효과는 크지는 않으나 상대적으로 좋은 편이다. 리튬은 형무소 수용 중인 성격장애의 공격성을 경감시키는데 큰 도움이 된다(Sheard et al., 1976). 카르파마제핀은 성격장애치료에 효과가 있다는 사실은 소규모의 실험연구에서 밝혀졌다. 밸프로에이트도 디발프로엑스 나트륨계통의 약제로서 성격장애 치료에 널리 활용된다.

참고문헌

Abiokoff, H. & Klein, R. (1992). Attention deficit hyperactivity and conduct disorder :Comorbidity and implications for treament. *Journal of Consulting and Clinical Psychology*, 60, 881-892.

Albee, G. & Loeffler, E. (1971). Role conflicts in psychology and their implications for a reevaluation of training model. *Canadian Psychologist,* 12, 465-481.

Alzheimer's Association (2013). *The role of plaques and tangles.*

American Academy of Family Physicians (AAFP). (2001). The signs of dementia. *American Academy of Family Physicians,* 63, 717-718.

American Academy of Pain Medicine (AAPM). (2008). *AAPM fact and figures on pain.*

American Psychiatric Association (1994). *Diagnostic and Statitical Manual of Mental Disorders.* Washington, DC; American Psychiatric Association.

American Psychiatric Association (2000). *Diagnositc and Statitical Manual of Mental Disorders.* Washington, DC; American Psychiatric Association.

American Psychiatric Association (2001). Practice guidelien for the treatment of patient with boderline personality disorder. *American Journal of Psychiatry,* 158, 1-52.

American Psychiatric Association (2013). *Diagnositc and Statitical Manual of Mental Disorders.* Washington, DC, American Psychiatric Association.

American Psychological Association (2002). Criteria for evaluating treatment guideli nes. *American Psychologist,* 57, 1052-1059.

American Psychological Association (2004). Guidelines for psychological practice with older adults. *American Psychologist, 59,* 236-260.

Andrasik, F. & Holroyd, K. (1980). A test of specific and nonspecific effects in the biofeedback treament of tension headache. *Journal of Consulting and Clinical Psychology,* 48, 575-586.

Apkarian, A. et al. (2009). Towards a theory of chronic pain. *Progress in Neurobiology,* 87, 81-97.

Argyris, C. et al. (1985). *Action science: Concepts, methods, skills for research and intervention.* San Francisco; Jossey-Bass.

Ascher, I. & Efran, J. (1978). The use of paradoxical intention in case of delayed sleeps-onset insomnia. *Journal of Consulting and Clinical Psychology,* 46, 547-550.

Aspland, H & Gardner, F. (2003). Observational measures of parent-child interaction: An introductory review. *Child and Adolescent Mental Health,* 8, 136-143.

Association of American Medical Colleges (AAMC). (2011). *Medical simulation in medical education.* Association of American medical Colleges.

Astin, J. et al. (2002). Psychological interventions for rheumatoid arthritis: Meta-analysis of randomized controlled trails. *Arthritis and Rheumatisim,* 47, 291-302

Bailargeon, L. et al. (1998). Stimulus control : Nonpharmacologic treatment for insomnia. *Canadian Family Physician,* 44, 73-79.

Baker, A. et al. (2002). Motivation interviewing among psychiatric in-patient with substans using disorders. *Acta Psychiatric Scandinavia,* 166, 233-240.

Baker, A. et al. (2005). Brief cognitive behaviroal interventions for regular anphetamine users: A step in the right direction. *Addiction,* 100, 367-373.

Bandura, A. (1977). Self-efficacy : Toward a unifing theory of behavioral change. *Psychological Review,* 84, 191-215.

Bird, M. & kinsella, G. (1996). Longterm card recall of task in senile dementia. *Pychology and Aging,* 11, 45-50.

Barkley, R. (2003). Attention deficit hyperactivity disorder. In E. Mash & R. Barkey (Eds.), *Child Psychopathology.* New York ; Guilford.

Barlow, D. et al. (1984). *The scientist-practioner : Reserach and accountability in clinical and educational setting.* New York; Pergamon.

Bates, M. et al. (2005). Short-term neuro-psychological recovery in clients with substance abuse disorders. *Alcholism : Clinical and Experimental Research,* 29, 367-377.

Beck, A. (2004). The Flexner Report and the standardization of medical education. *Journal of the American Medical Association,* 291, 2139-2140.

Beck, A, et al. (1993). *Cognitive therapy of substance abuse.* New York; Guilford.

Becker-Brown, P. et al. (1991). Impact of insomnia assesment with the sickness impact profile. *Sleep Research,* 20, 206.

Becker-Weidman, A. (2008). Treatment for children with reactive attachment disorder diadic developmental psychotherapy. *Child and Adolescent Mental Health,* 13, 52-59.

Begg, C. et al. (1996). Improving the quality of reporting of randomized controlled trials: The Consort Statement. *Journal of the American Medical Association,* 276, 637-639.

Belar, C. (1996). A proposal for an expanded view of health and psychology. In R. Reshick & R. Rozensky(Eds.), *Health psychology through to Life : Practice and research opportunity.* Washington, DC. ; American psychological Association.

Belar, C. (2000). Scientist-practiener. Science-Practice. *American Psychologist,* 55, 249-250.

Bergin, A. (1971). The evaluation of therapeutic outcomes. In A. Bergin & S. Garfield (Eds), *Handbook of psychotherapy and behavior chage.* New York; wiley.

Bergin, A. & Suinn, R. (1975). Individual psychotherapy and behavior therapy. *Annual Review of Psychology,* 26, 509-556.

Beutler, L. (1991). Have all won and must all have prizes. Revisting Loborsky' et al's verdict. *Journal of Consuling and Clinical psychology*, 59, 226-232.

Beutler, L. (2002). The dodo bird is extint. *Clinical Psychology: Science and Pratice,* 9, 30-34.

Bhogal, S. et al. (2005). The PEDRO Scale provides a more comprehensive use of methodological quality than the Jadad Scale in stroke rehabilitation interactive literature. *Journal of Clinical Epidemiology Literature.* 58, 668-673.

Biederman, J. (2005). Attention-deficit / hyperactivity disorder : A selective overview. *Biologicial Psychiatry,* 57, 1215-1220.

Biederman, J. et al. (2010). How persistent is ADHD? A controlled 10-year follow-up study of boys with ADHD. *Psychiatry Research,* 177. 299-304.

Black, D. & Moyer, T. (1998). Clinical features and psychiatric comorbidity of participants with pathlogical gambling behavior. *Psychiatric Services,* 49, 1434-1439.

Blackham, J. et al. (2008). Does regular exercise reduce the pain and stifness of osteoar thritis. *Journal of*

Family Practice, 57, 476-477.

Blanchard, E. (1979). The use of temperature biofeedback in the treatment of chronic pain due to causalgia. *Biofeedback and Self-Regulation,* 4, 183-188.

Booth, A. (2007) What proportion of healthcare is evidence based? Resource guide. www.shef.ac.uk/scharr/ir/percent.html

Bootzin, F. (1972). Stimulus control treatment for insomnia. *Procedings of the American Psychological Association,* 7, 395-396.

Bootzin, R. & Ride, S. (1997). Behavioral techniques and biofeedback for insomnia. In M. Pressman & W. Orr (Eds.), *Understanding sleep.* Washington, DC.; American Psychological Association.

Borenstein, D. & Wiesel, S. (1989). *Low back pain : Medical diagnosis and comprehensive management.* Philadelphia ; Saunders.

Borkovec, T. & Castonhuay, L. (1998). What is the scientific meaning of empiricaly supported therapy. *Journal of Consulting and Clinical Psychology,* 66, 136-142.

Bösch, H. (2004). Reanalysing a meta-analysis on extrasensory perception dying from 1940. The first comprehensive meta-analysis in the history of science. In. S. Schmdit (Ed.), *Proceeding of 47th annual convention of the parapsological assocation.* University of Vienna, 1-13.

Bourgeois, M. (1990). Enhancing conversation skills in patients with Alzheimer's disease using a prosthetic memory aid. *Journal of Applied Behavior Analysis,* 23, 39-42.

Box, G. et al. (1994). *Time series analysis : Forecasting and control.* Englewood Cliffs; Prentice-Hall.

Brown, H. et al. (1998). Rational and theoretical basis of behavioral cognitive approach to sprituality. *Alcoholism Treatment Quarterly,* 5, 47-59.

Brown, T, et al. (2001). Current and lifetime comorbidity of the DSM-IV anxiety and mood disorders in large clinical sample. *Journal of Abnormal Psychology,* 110, 585-589.

Buckner, J. et al. (2008). Behavior management training for the treatment of negative attachment disorder. *Child Maltreatment,* 13, 289-297.

Budney, A. et al. (2004). Review of the validity and significance of cannabis withdrawl syndrome. *American Journal of Psychiatry,* 161, 1967-1977.

Burken, B. et al. (2003). The efficacy of motivational interviewing : A meta-analysis of controlled clinical trials. *Journal of Consulting and Clinical Psychology,* 71, 843-867.

Burleigh, E. et al. (2002). Can doctors predict patients' abbreviated mental test scores. *Age and Ageing,* 31, 303-306.

Burns, G. & Walsh, J.(2002). The influence of ADHD hyperactivity / impulsivity symptoms on the development of oppositional defiant disorders symptoms in a 2-year longituational study. *Journal of Abnormal Child Psychology,* 30, 245-256.

Bush, J. et al. (1997). *Thinking for a change : Integrated cognitive behavioral change program. National Institute of Correction.* Washington, DC.; U.S. Department of Justice.

Cacioppo, J. (2007). Psychology is a hubscience. *APS Observer.*

Cahaweiner, D. et al. (2003). Results of randomized places controlled study of memory training for midley impaired Alzhemer's disease patient. *Applied Neuropsychology,* 10, 213-215.

Caldwell, K. et al. (2007). Preparing for professional practice: How well does professional training equip health and social care practioners to engage in evidence-based practice. *Nurse Education Today,* 27,

518-528.

Caplan, J. & Robinowitz, T. (2010). An approach to the patient with cognitive impairment : Delium and dementia. *The Medical Clinics of North America,* 94, 1103-1116.

Carlton, B. (1995). Megatrials: Methodological issues and clinical implication. *College of Physicians London Physician Bond,* 29, 96-100.

Carroll, et al. (1995). Differential symptom reduction in depressed cocain ususers treated with psychotherapy and pharmachotherapy. *Journal of Nervous and Mental Disease,* 181, 71-79.

Center for Disease Control and Prevention. (CDC). (2005). Mental health in the United States : Prevalence of diagnosis and medication treatment for attention deficit / hyperactivity disorder. *Morbidity and Mortality Weekly Report,* 54, 824-847.

Center for Disease Control. (CDC) (2006) National Center for Health Statistics. (NCHS), (2006). *Chart Book on Trends in the Health of Americans with Special Fears in Pain.* Washington, D C.; Government Printing Office.

Chambless, D. & Hollon, S. (1998). Defining empirically supported therapies. *Journal of Consulting and Clinical Psychology,* 66, 7-18.

Chambless, D. & Ollendick, T. (2001). Empirically supported psychological interventions, controversies and evidence. *Annual Review of Psychology,* 52, 685-716.

Chambless, D. et al. (1996). An update on empirically validated therapies. *The Clinical Psychologist,* 49, 5-18.

Chambless, D. et al. (1998). An update on empirically validated therapies. II. *The Clinacal Psychologist,* 51, 3-16.

Chan, C. & Peng. (2011). Failed back surgery syndrome. *Pain Medicine,* 14, 577-606.

Chan, K. et al. (2001). How well is the clinical importance of study results reported :An assessment of randomized controlled trials. *Canadian Medical Association Journal,* 165, 1197-1202.

Chekland, P. (1992). From framework through experience to leaving the essential research. In C. Bruce & A. Russell, (Eds.), *Transformation tomorrow today.* Brishane: Action Leaving Action Research and process Management Assocation.

Chi, T. & Hinshaw, S. (2002). Mother-child relationships of children with ADHD: The role of maternal-depressive symptoms and depression-related disorders. *Journal of Abnormal Child Psychology,* 30, 387-400.

Cincotta, A. et al. (2009). Effects of a mindfulness based stress management program on pre-sleep arousal and insomnia symptoms: A pilot study. *Stress and Health,* 27.

Clare, I. (2007). *Neuropsychological rehabilitation and people with dementia.* London; Psychology Press.

Cleckly, H. (1941). *The mask of sanity.* St. Louis ; Mosby.

Cloninger, C. (1987). Systematic method for clinical description and classiication of personality variants. *Archives of General psychiatry,* 44, 573-583.

Cloninger, C. (2000). A practical way to diagnosis personality disorder: A proposal. *Journal of Personality Disorder,* 14, 97-108.

Cloninger, C. et al. (1993). A psycohobiological model of temperament and character. *Archives of General Psychiatry,* 50, 915-990.

Cochrane Library. (1999). *Controlled Clinical Trials Registry.*

Connor, D. (2002). *Assessment and antisocial behavior in children and adolescents: Research and Treatment.* New York ; Guilford.

Consolidated Standard of Reporting Trial Statement (CONSORT). 1996; 2001; 2010.

Cornelius, J. et al. (1993). Contiuation pharmachotherapy of boderline personality disorder with haloperidol and phenelzine. *American Journal of Psychiatry,* 150, 1843-1848.

Cousins, M. (1995). *Back pain in the workplace : Management of disability in nonspecific conditions.* Seatle ; Internation Association for the Study of Pain.

Cuijpers, et al. (2008). Psychotherapy for depression in adults. A meta-analyis of comparative outcome studies. *Journal of Consulting and Clinical Psycology,* 76, 909-922.

Craig, R. (1992). On the rocks (Boulder) and cover (Vail): Models of training and psychodiagnostic assessment. *Journal of Training & Practice in Professional,* 6(1), 7-13.

Crawford, P. et al. (2002). Reluctant emprioricists community mental health nurses and the art of evidence-based praxis. *Health Soccar Community,* 104, 287-298.

Crick, N. & Dodge, K. (1994). A review and reformulation of social information processing mechanism in children's social adjustment. *Psychological Bulletin,* 115, 74-101.

Crick, N. & Dodge, K. (1996) Social information processing mechanism in reactive and protective aggression. *Child Development,* 61, 993-1002.

Crider, A. et al. (2005). Efficacy of biofeedback-based treatment for temporom antibular disorder. *Applied Psychophysiology and Biofeedback, 30,* 433-445.

Cubic, B. et al. (2012). Interprofessional education : Preparing psychologist for success in integrated primary care. *Journal of Clinical Psychology in Medical Settings,* 19, 84-92.

Cumnings, N. et al. (Eds.). (1997). *Behavioral health in primary care : A guide for clinical integration. Madison* ; Psycholgical Press.

Dapretto, M. et al. (2006). Understanding emotions in others : Mirror neuron dysfuncton in children with autisum spectrum disorders. *Nature Neuroscience,* 9, 28-30.

Davidson, K. et al. (2003). A Primer on current evidence-based review systems and their implications for behavioral medicine. *Annals of Behavioral Medicine,* 26, 161-171.

Davis, R. et al. (2001). Cognitive interaction in Alzheimer's disease : A randomized placebo-controlled study. *Alzheimer's Disease and Associated Disorders,* 15, 1-9.

Dearborn, G. (1901). Psychology and the medical school. *Science,* 14, 129-136.

Dearborn, G. (1909). Medical psychology. *Medical Record,* 75, 176-178.

Dehue, T. (1997). Deception, efficiency and random groups. psychology and the gradual origination of random group design. *ISIS,* 88, 653-673.

Delongis, A. et al. (1982). Relationship of daily hassles, uplifts, and major life events to health status. *Health Psychology,* 1, 119-136.

Denke,r, R. (1946). Results of treatment of psychoneurosis by general practioner: A follow up study of 500 cases. *N.Y State Journal of Medicin,* 46, 2164-2166.

De Ruberis, R. & Crits-Christoph, P. (1998). Empirically supported individual and group psychological treatments for adult mental disorders. *Journal of Consulting and Clinical Psychology,* 66, 37-52.

Desono, D. et al. (2013). Caring for patients with chronic pain : Pearls and pitfalls. *Journal of American*

Osteopathic Association, 113, 620-627.

Dionne, C, (1999). Lowback pain, In I. Crombie et, al, (Eds,), *International association for the study of pain. Task force on epidemiology: Epidemiology of pain*, International Association for the Study of Pain Press.

Dodge, K. & Pettit G. (2003). A biopsychosocial model of the development of chronic conduct problems in adolescence. *Developmental Psychology,* 349-371.

Dodge, K. et al. (1997). Reactive and proactive aggression in school children and psychiatrically impaired chronically assultive youths. *Journal of Abnormal Psychology,* 106, 37-51.

Doss, A. (2005). Evidence-based diagnosis : Incorporating diagnotic instruments in to clinical practice. *Journal of American Academy of Child and Adolescent Psychiatry,* 44, 941-952.

Drunmond, D. & Glautier, S. (1994). A control trial of the exposure treatment in alcohol dependence. *Journal of Consulting and Clinical Psychology,* 62, 809-817.

Duma, J. (1996). Why was this child refered? Interactional correlated of referal status in families of children with disruptive behavior problems. *Journal of Clinical Child Psychology,* 25, 106-115.

Dupaul, G. & Stoner, G. (2003). *ADHD in the schools : Assessment and intervention strategies.* New York; Guilford.

Dutra, L. et al. (2008). A meta-analytic review of psychosocial interventions for substance use disroders. *American Journal of Psychiatry,* 165, 179-187.

Echeburia, F. et al. (1996). Compariative effectiveness of three modalities in the psychological treatment of pathological gamlbing : Long term outcome. *Behavioral and Cognitive Psychopathology,* 24, 51-72.

Edinger, J. et al. (2001). Does cognitive behavioral insomnia therapy alter dysfunctional belief about sleep? *Sleep,* 24, 591-599.

Edinger, J. et al. (2004). Delivation of research diagnostic criteria for insomnia. *Sleep,* 27, 1567-1597.

Edwin, E. (1980). Psychoanalytic therapy: The Eysenck argument. *American Psychologist* 35, 435-443.

Eells, T. et al. (1998). What is in a case formulation : Development and use of a content coding manual. *Journal of Psychotherapy Practice and Research,* 7, 144-153.

Elliot, T. & Klapow. J. (1997). Training psychology for a further in evoluing health care delivery system : Building a better Boulder model. *Journal of Clinical Psychology in Medical Settings,* 4, 255-267.

Ellis. R. (1977). Letters. *Colorado Psycholosical Association Letters.* April.

Emmelkamp, P. & Vedel, E. (2006). *Evidence-based treatment for alcohol and drug abuse.* New York ; Taylor & Francis.

Emrick, C. (1975). A review of psychologicaly oriented treatment of alcoholism. *Journal of Studies on Alcohol,* 36, 88-108.

Engel, G. (1977). The need for a new medical model : A challenge for biomedicine. *Science,* 196, 129-136.

Espie. C. et al. (2001). The clinical effectiveness trial of cognitive behavior therapy for chronic insomnia: Implementation and evaluation of a sleep clinic in general practice. *Behavior Research Therapy,* 45-60.

Eysenck, H. (1952). The effects of psychotherapy: An evaluation. *Journal of Consulting Psychology,* 16, 319-324.

Eysenck, H. (1980). This weeks citation classics. August 11.mechanical practice. *Behavior Research and* Therapy, 19, 45-60.

Fadil, H. et al. (2009). Early onset dementia. *International Review of Neurobiology,* 84, 245-262.

Fagerhaugh, S. (1974). Pain expression and control on a burn care unit. *Nursing Outlook,* 22, 645-650.

Fals-Stewart, W. et al. (2001). Behavioral couples therapy for male metadone maintenance patients : Effects on drug-using behavior and relationship adjustment. *Behavior Therapy,* 32, 391-411.

Ferri, C. et al. (2005). Global prevalence of dementia : A Delphi consence study. *Lancet,* 366, 2112-2117.

Ferris, J. & Wynne, H. (2001). *The Candian Problem Gambling Index Final Report.*

Filipek, P. et al. (2000). The screeing and diagonisis of autistic spectrum disorders. *Journal of Autisum and Developmental Disorder,* 29, 439-484.

First, M. et al. (2003). Clinical utility as a criterion for revisiting psychiatric disorders. *American Journal of Psychiatry,* 161, 946-954.

Fishbain, L. et al. (2006). Chronic pain and the measurement of personality : Do states influence trails. *Pain Medicine,* 7, 509-529.

Fiske, A. & O'Reiley, A. (2008). Depression in late life. In J. Hunslea & E. Mash (Eds.), *A Guide to assessment that work.* New York ; Oxford University Press.

Fleisher, A. et al. (2007). Alzheimer's disease coperative study. *Nuerology,* 68, 1588-1595.

Flor, H. & Turk, D. (2011). *Chronic pain : An Integrated biobehavioral perspective.* Seatle ; IASP Press.

Fordyce, W. et al. (1968). An application of behavior modification technique to a problem of chronic pain. *Behavior Research and Therapy,* 6, 105-107.

Frazier, T. & Youngstrom, E. (2006). Evidence-based assessment of attentiondeficit / hyperactivity disorder : Using multiple sources of information. *Journal of America Academy of Child and Adolescent Psychiatry,* 45, 614-620.

Frick, P. & Morris, A. (2004). Temperament and developmental pathways to conduct problems. *Journal of Clinical Child and Adolescent Psychology,* 33, 54-68.

Frick, P. et al. (1989). Conduct problems in boys : Relations to maternal personality, marital satisfaction, and socioeconomic status. Journal of Clinical Child Psychology, 18, 114-120.

Frick, P. et al. (1993). Oppositional defiant disorder and conduct disorder : A meta-analytic review of fact or analysis and cross-validation in clinic sample. *Clinical Psychology Review,* 13, 319-340.

Frueh, B, et al.(2004). Telepsychiatry statement outcome research methodology : Efficancy versus effectiveness. *Telemedicine Journal of E-Health,* 16, 455-456.

Galdi, N. et al. (2003). Longitudinal patterns of drug injection behavior in the ALIVE study cohort 1988-2000. *American Journal of Epidemiology,* 158, 695-704.

Gall, K. & Barlow, D. (2012). Factors involved in clinician adoption and nonadaption of evidence-based interventions in mental health. *Clinical Psychology: Science and Pratice,* 19, 93-106.

Gardner, M. et al. (2011). Perinatal and neonatal risk factors for autism : A comprehensive meta-analysis. *Pedriatrics,* 128, 344-355.

Gaudiano, B. & Miller, I (2013). The evidence based practice of psychotherapy fac-ing the challenges that lie ahead. *Clinical Psychology Review,* 33, 813-824.

Glass, G. (1976). Primary, secondary and meta-analysis of research. *Educational Research,* 5, 3-8.

Goldstein, A. & Glick, B. (1994). *The prosocial gang : Implementing aggression replacement training.*

Oaks ; Sage.

Gore, W. & Widiger T. (2013). Dimensional trait model and five factor models of general personality. *Journal of Abnormal Psychology. 122, 816*

Gouberl, L. et al. (2011). Learning about pain from others : An observational learning account. *The Journal of Pain,* 12, 167-174.

Granpeeshes, L. (2011). Applied behavior analytic interventions for children autism.: A description and review of treatment research. *Journal of Family Practice.*

Grant, B. et al. (2004). Prevalence and co-occurance of substance use disorders and independent mood and anxiety disorders. *Archives of General Psychiatry,* 61, 807-816.

Grant, J. et al. (2006). A multicenter investigation of the opioid aetagonist nalmefene in the treatment of pathological gambling. *American Journal of Psychiatry,* 163, 303-312.

Greenberg, L. & Newman F. (1996). An approach to psychotherapy change process : Introduction to the special section. *Journal of Consulting and Clinical Psychology,* 64, 435-438.

Greenberg, M. & Kusche, C. (1993). *Promoting social and emotional development in deaf children : The paths project.* Seatle ; University of Washington Press.

Habib & Dixon (2010). Neurobehaviroal evidence for the 'fear-miss' effect in pathological gamblers. *Journal of the Experimental Analysis of Behavior,* 93,313-328.

Hall, G. (2001). Psychotherapy research with ethnic minorities: Empirical, ethical, and conceptual issues. *Journal of Consulting and Clinical Psychology,* 69,502-510.

Hall, G. et al. (2000). Pathological gambling among cocaine-dependent outpatients. *American Journal of Psychiatry,* 157, 1127-1133.

Hanley, I. (1981). The use of signposts and active training to modify ward disorganization in elderly patients. *Journal of Behavior Therapy and Experimental Psycriatry,* 12, 241-247.

Hare, R. (2003). *Manual for the Revised Psychipathy Checklist.* Toronto; Multihealth Systems.

Hassett, A. et al. (2007). A pilot study of the efficacy of heart rate variability (HRV) biofeedback in patient with fibromyalgia. *Applied Psychophysiology and Biofeedback,* 32, 1-10.

Haynes, S. et al. (1975). Stimulus control treatment of insomnia. *Journal of Behavior Therapy and Experimental Psychiatry,* 6, 278-282.

Haynes, S. et al. (2001). *Relational frame therapy: A post-Skinarian account of human language and cognition.* New York ; Kluwer Academic.

Haynes, S. (2004). Acceptance and commitment therapy, relational frame therapy and the third ways of behavioral and cognitive therapies. *Behavior Therapy* 35, 639-665.

Haynes, S. et al. (2006). Acceptacne and commitment therapy: Model, process, and outcome. *Behavior Research and Therapy,* 44, 1-25.

Heiss, W. et al. (1994). Long-term effets of phosphali, dyserine, pyritanol, and cognitive training in Alzheimers disease. *Dementia,* 5, 88-98.

Hettema, J. et al. (2005). Motivational interviewing. *Annual Review of Clinical psychology,* 1, 91-111.

Higgins,S. et al. (2000). Voucher-based incentive : A substance abuse treatment innovation. *Addictive Behavior,* 27, 887-910.

Hinshow, S. & Lee, S. (2003). Conduct and oppositional defiant disorders. In E. Mash & R. Barkley (Eds.), *Child psychopathology.* New York ; Guilford.

Hollander, E. et al. (2000). Randomized double-blind fluaxamine / placebo corss-over trail in pathological gambling. *Biological Psychiatry,* 47, 813-817.

Hodgins, D. & Petry, (2004). Cognitive and behavioral treatment. In E. Grant & M. Potenza (Eds.), *Pathological gambling : A clinical guide to treatment.* Arington ; American Psychiatry Publishing.

Holloway, R. (1995). Building a primary care discipline notes from a psychologist in family medicine. *Journal of Clinical Psychology in Medical Settings,* 2. 7-19.

Hong, B. (2012). The *teaching of psychology and the new MCAT.* Psychology Teacher Network.

Hong, B. & Leventhal, G. (2004). Partnerships with psychiatry and the clinical disciplines : A key to psychologiy's success in U.S. medical schools. *Journal of Clinical Psychology in Medical Settings,* 11, 135-140.

Hofman, S. & Smith, T. (2008).: Cognitive behavior therapy for adult anxiety disorders.: A meta-analysis of randomised place controlled trialls. *Journal of Clinical Psycriatry,* 69, 621-632.

Hughes, D. (2014). An attachment based treatment for maltreated children and young people. *Attachment & Human Development,* 6, 203-278.

Hunsley, J. & Mash, E. (2008). *A guide to assessment that work.* New York ; Oxford University Press.

Hunt, G. & Azrin, N. (1973). Community reinforcement approach to alcoholism. *Behavior research and Therapy*, 11, 91-104.

Hunt, D. & McKibbon, K. (1997). Locating and apparaising systematic reviews. *Annals of Internal Medicine,* 126, 532-538.

Institute of Medicine. (IOM).(2001 a). *Crossing the quality charsm : A new health system for the 21st century.* Washington, DC.; National Academies Press.

Institute of Medicine.(IOM).(2003). *Unequal treatment : confronting racial and ethnic disparties in health care.* (Smith & A. Nelson, Eds.). Washington, DC. ; National Academies Press.

Institute of Medicine. (IOM).(2001 b). *Health and behavior: The interplay of biological, behavioral and social influences.* Washington, DC.; National Academies Press.

Institute of Medicine. (IOM).(2004). *Institute of Medicine Improving Medical education :Enhancing the social and behavioral science content of medical school curricuia.* Washington, DC. ; National Academies Press.

Institute of Medicine.(IOM).(2011). Relieving pain in America : A blueprint for transforming prevention, care, education, and research. Washington, DC.; National Academies Press.

Institute of Medicine. (IOM).(2013). Interprofessional education for collaboration : Learning how to Iimprove health form interprofessional models, across the contiume of education to practice-workshop summary. Washington DC.; National Academies Press.

Institute of Medicine and National Research Council. (2007). *Treatment of posttraumatic stress disorder: An assessment of evidence.* Washington, DC.: National Academic Press.

International Association for the Study of Pain Subcommittee.(IASP). (1986). Classification of chronic pain syndromes and definition of pain terms. *Pain,* supp. 3, 51-226.

Interprofessional Education Collaborative Expert Panel. (IECEP), (2011). *Core competencies for interprofessional collaborative practice :* Report of an expert panel. Washington, DC. ; Interprofessional Education Collaboration.

Irvin, J. et al. (1999). Efficacy of relapse prevention : A meta-analytic review. *Journal of Consulting and Clincial Psychology.* 67, 563-570.

Jacob, A. et al., (Eds.)(2001). *The development of autism : Perspectives from theory and research.* Mahwah ; Erlbaum.

Jacobson, E. (1938). *Progresive relaxation.* Chicago; University of Chicago Press.

Jadad, A. (1998). *Randomized controlled trials : A user's guide.* London ; BMJ Books.

Jadad, A. et al. (1996). Assessing the quality reports of randomized clinical trials : Is blidning necessary? *Controlled Clinical Trials,* 17, 1-12.

Jensen, M. (2010). A neuropsychological model of pain : Research and clinic implications. *The Journal of Pain,* 11, 2-12.

Johnstom, C. (1996). Addressing parent cognitions in interventions with families of disruptive children. In K. Dobson & K. Craig (Eds.), *Advances in cognitive-behavioral therapy.* Oaks; Sage.

Kamphaus, R. & Frick, P. (2002). *Clinical assessment of child and adolescent personality and behavior.* Boston ; Allyn & Bacon.

Karlawish, J. & Clark, C. (2003). Diagnostic evaluation of elderly patients with mild meory problems. *Internal Medicine*, 138, 411-419.

Kayiran, S. et al. (2007). Neurofeedback in fibro-myalgia syndrome. *Journal of the Turkish Society of Algology,* 19, 47-53.

Kazadin, A. (1980). *Research design in clinical psychology.* New York ; Harper.

Kazain, A. (1982, a). Symptom substitution, generalization, and response covariationl: Implications for psychiatry outcome. *Psychologicall Bulletin,* 91, 349-365.

Kazadin, A. (1982 b). *Single-case research designs : Method for clinical and applied settings.* New York; Oxford University Press.

Kazadin, A. (2003). *Research design in clinical psychology.* Boston; Allyn & Bacon.

Kazadin, A. (2005). Evidence based assessment for children and adolescents : Issues in measurement development and clinical application. *Journal of Clinical Child and Adolescent Psychology,* 34, 548-558.

Kazadin, A. (2008). Evidence-based treatment and practice : New opportunitie bridge clinical research and practice, enhance the knwoledge based in patient care. *American Psychologist,* 67, 146-155.

Kazadin, A. & Nock, M. (2003). Delineationg mechanism of change in child adolsecent therapy : Methodogical issues and research recommendation. *Journal of Child Psychology and Psychiattry*, 48, 1116-1129.

Kelly, J. (2003). Self-helf for substance-use disorders : History, effectiveness, knowledge gabs, and research opportunities. *Clinical Psychology Review,* 639-663.

Kendall, P. & Blaswell, L. (1985). *Cognitive-behavioral therapy for impulsive children.* New York ; Guilford.

Kernberg, O. (1984). *Severe personality disorders : Psychotherapeutic strategies.* New Haven ; Yale University Press.

Kierlim, L. (2008). Sleeping without a pil: Nonpharmacologic treatments for insommia. *Journal of Psychiatric Pratice,* 14, 403-407.

King, M. & Newnham, K. (2008). Attachment disorder, basic trust and educational psychology. *Austrian Journal of Education & Developmental Psychology,* 8, 27-35.

Kirkood, C. (1996). Management of insomnia. *Journal of the American Pharmaceutical Association,* 39, 688-696.

Knapp, M. & Brince, M. (2007). *Demntia Uk.* London *; Alzheimer Society.*

Keogel, L. R Koegel, Smith, A et al. (1997). Variables related to differences standardized test outcomes for children with autism. *Journal of Autism and Developmental Disorders,* 27, 233-243.

Kreitler. S. & Niv, D. (2007). Cognitive impairement in chronic pain. *Pain Clinical Updates,* 2007, XV(4) 1-4.

Krueger, J. (2001). Null hypothesis significance testing : On the survival of flawed method. *American Psychologist,* 56, 16-26.

Krueger, J. (2003). Personality and psychopathology. *Journal of Personality Disorder,* 17, 109-128.

Krueger, A. & Stone, A. (2008). Assessment of pain : A Community-based diary surrery in the U.S.A. *Lancet,* 3071, 1519-1525.

Kyuken, W. (2006). Evidence-based formulation : Is the emperor clothed. In N. Tarrier (Ed.), *Case formulation in cognitive behavior therapy : The treatment of challenging and complex cases.* New York ; Routledge.

Ladauceur, R. et al. (2001). Cognitive treatment of pathological gambling. *Journal of Nervous and Mental Disorders,* 189, 774-780.

Lahey, B. & Loeber, R. (1994). Framework for a developmental model of oppositional defiant disorder and conduct disroder. In D. Routh (Ed.). *Disruptive behavior disorders in childhood.* New York ; Plenum.

Lambert, M. (2007). What we have learned from a decade of research aimed at improving psychotherapy outcome in routine care. *Psychotherapy Research,* 17, 1-14.

Landis, C. (1938). Statistical evaluation of psychotherapeutic methods. In S. Hinsie (Ed), *Concepts and problems of psychotherapy.* London; Heinesman.

Leeuw, M. et al. (2008). Exposure in vivo versus operant graded activity in chronic lowback pain patients : Results of a randomized controlled trial. *pain,* 192-207.

Leichsenring, F. (2001). Comparative effects of short term psychotherapy and cognitive behavior therapy in depression. A meta-analysis appraoch. *Clinical Psychology Review,* 21, 401-419.

Lesieur, H. & Blume, S. (1987). The South Oaks Gambling Screen (SOGS): A new Instrument for the identification of pathological gamblers. *American Journal of Psychiatry,* 144, 1184-1188.

Lewis, M. & Petry, N. (2005). Cotingency management treatments that reinforce completion of goal-related activities : Participation in family activities and its association with outcomes. *Drugs and Alcohol Dependence,* 29, 267-271.

Lieberman, A. et al. (2006). Child-parent psychotherapy : 6 month follow-up of randomized controlled trial. *Journal of the Academy of Child and Adolescent Psychiatry,* 45, 913-918.

Lilienfeld, S. et al. (2010). 50 *great myths of popular psychology shattering wide spread misconceptions about human behavior.* Chichester; Wiley

Lilienfeld, S. et al. (2013). Why many clinical psychologists are registance to evidence-based practice: Root causes and constructive remedies. *Clinical Psychology Review,* 33, 883-900.

Lipsey, M. et al. (2001). Cognitive-behavioral programs for offenders. *The Annals of American Academy of Political and Social Science,* 578, 144-151.

Little, G. & Robinson, K (1986). *How to escape your prison.* memphis ; Eagle Wing.

Livesley, J. & Jackson, D. (2004). *Dimensional assessment of personality pathology : Basic questionaire.*

Livesley, W. et al. (1993). Genetic and environmental contributions to dimensions of personality disroder. *American Journal of Psychiatry,* 150, 1826-1831.

Livesley, W. (1998). Suggestions for a framework for an empirically based classification of personality disorder. *Canadian Journal of Psychiatry,* 43, 137-147.

Livingston, G. et al. (2005). Systematic review of psychological approaches to the management of neuropsychiatric symptoms of dementia. *American Journal of Psychiatry,* 162, 1990-2021.

Loeber, R. & Keenan, K. (1994). Interaction between conduct disorder and its comorbid conditions : Effects of age and gender. *Clinical Psychology Review* 497-5 23.

Loeser, J. & Egan, K. (1989). *Managing the chronic pain paint.* New York ; Raven.

Loewenstein, D. et al. (2004). Cognitive rehabilitation of midly impaired Alzheimer's disease patients on cholinaesterase inhibitors. *American Journal of Geriatric Psychiatry,* 12, 395-402.

Lonery, B. & Frick, P. (2003). Structured diagnostic interviewing. In C. Reynold & R. Kamphaus (Eds.), *Handbook of educational assessment of children.* New York ; Guilford.

Louis, P. (1836). Research into the effects of bloodletting in some inflamumatory disease and on the influence of fartarized antimony and vesication in pneumonitis. *American Journal of Medical Science,* 18, 102-111.

Lovas, o. & Simons, J. (1969). Manipulation of self-destruction in three related children. *Journal of Applied Behavior Analysis,* 12, 143-157.

Luborsky, L. Rosenthal, et al. (2002). The dodo bird verdict is alive and well-mostly. *Clinical Psychology: Science and Practice,* 9, 2-12.

Luborsky, L, Singer, B. & Luborsky, L. (1975). Comparative studies of psychotherapies : Is it true that everyone has won and all must has prizes. *Archives of General Psychiatry,* 32, 995-1008.

Luiselli, J. (2000). Cueing, demand fading, and positive reinforcement to establishing selffeeding and oral consumption in a child with chronic food refusal. *Behavior Modification,* 24, 348-358.

Lussier, J. et al. (2006). A meta-analysis of voucher-based reinforcement therapy for substance abuse disorders. *Alcholism,* 101, 192-203.

Malan, D. (1973). The outcom problem in psychotherapy reserch: A historical review. *Archives of General Psychiatry,* 29, 719-729.

Marlatt, G. & Gordom, J. (1985). *Relapse prevention : Maintenance strategies in the treatment of addictive behaviors.* New York ; Guilford.

Masedo, A. & Esteve, M. (2007). Effects of suppression, acceptance and spontaneous coping on pain tolerance, pain intensity and disorders. *Behavior Research and Therapy,* 245, 199-209.

Matarazo, J. et al. (1981). Psychologists on the faculties of United States school of medicine: Past, present, and possible future. *Clinical Psychology Review,* 1, 293-317.

Matson, J. et al. (2008). Children with intellectual disabilities. In R. Moris & J. Kratochwill (Eds.), *The practice of child therapy.* New York ; Erlbaum.

MATRICS (2006). Results of the MATRICS RAND panel meeting : Average medicines for the the categories of each candidate test.

Maude-Griffin, P. et al. (1998). Superior efficacy of cognitive behavioral therapy for crach cocaine abuser : Main and matching effects. *Journal of Consulting and Clinical Psycholgy,* 66, 832-837.

McCabe, M. et al. (2006). Effectiveness of treatment programs for depression among adults with mild-moderate intellectual disability. *Journal of Intellectual Disability Research,* 50, 239-247.

McConaghy, N. et al. (1983). Controlled comparison of aversive therapy and imaginal desensitization in compulsive gambling. *British Journal of Psychiatry,* 142, 366-372.

McCracken, L. & Vowles, K. (2004). Acceptance and commitment therapy and mindfulness for chronic pain : Model, process, and progress. *American Psychologist* 69, 178-187.

McKay, J. et al. (1997). Group counselling versus individualized relapse prevention after care following intensive outpatient treatment for cocaine dependence: Initial results. *Journal of Consulting and Clinical Psychology,* 65, 778-788.

Meehl, P. (1959). Bootstraps taxometris: Solving the classification problem in psychopathology. *American Psychologist,* 50, 266-275.

Meehl, P. (1995). Some ruminations on the clinical validation of clinical procedures. *Canadian Journal of Psychology,* 13, 102-128.

Melzack, R. & Wall, P. (1996). *The challenge of pain.* London ; Penguin.

Merrigan, J. et al. (2013). Insomnia. *Journal of American Medical Association,* 309-703.

Mikami, A. & Pfittner, (2008). Single relationships among children with ADHD. *Journal of Attention Disorders,* 11, 482-492.

Miklowitz, D. (2008). Adjunctive psychotherapy for bipolar disorder : State of the evidence. *American Journal of Psychiatry,* 165, 1408-1419.

Miller, W. (1983). Motivational interviewing with problem drinkers. *Behavioral Psychotherapy,* 11, 441-448.

Miller, W. & Rollnick, S. (2002). *Motivational Interviewing : Preparenting people for change.* New York ; Guilford.

Miller, W. et al. (2003). Motivational interviewing in drug abuse services : A randomized trial. *Journal of Consulting and Clinical Psychology,* 71, 754-763.

Minnis, H. et al. (2001). Mental health and foster care training. *Archives of Disease in Childhood,* 84, 302-306.

Minnis, H. et al. (2006). Reactive attachment disorder : A theoretical model beyond attachment. *European Child & Adolescent Psychiatry.* 15, 336-342.

Moffitt, T. (2003). Life course persistent and adolescent-limited antisocial behavior : A 10 year research review and research agenda. In B. Lahey. T. Mofitt, & A. Caspi (Eds.), *Causes of conduct disorder and juvenile delinquency.* New York; Guilford.

Montgomery, P. & Dennis, J. (2008). Cognitive behavioral intervention for sleep problems in adults aged bot. *Cochrain Data Base of Systematic Review. 3.*

Montgomery, S. & Montgomery, D. (1982). Pharmacological prevention of suicidal behavior. *Journal of Affective Disorders,* 4, 291-298.

Monti, P. et al. (1993). Cue exposure with coping skills treatment for male alcoholics : A preliminary investigation. *Journal of Consulting and Clinical Psychology,* 61, 1011-1019.

Monti, P. et al. (1991). Brief coping skills treatment for cocaine abuse : Substanc abuse otucomes at 3 months. *Addiction,* 92, 1717-1728.

Moos, R. et al. (1999). A comparative evaluation of substance abuse treatment : I. Treatment orientation, amount of care and 1 year outcomers. *Alcoholism: Clinical and Experimental Research,* 25, 529-530.

Morgan, C. & Murray, H. (1935). A method of investigating fantasies : The thematic appace test. *Archives of Neurology and Psychiatry,* 34, 289-306.

Morin, C. & Espie, C. (2003). *Insomnia : A clinician's guide to assessment and treatment.* New York ; Klawer.

Morin, C. et al. (1999). Behavioral and pharmachological therapies for late-life ins-omnia: A randomized controlled trial. *Journal of the American Medicl Association* 281, 991-999.

Morin, C. et al. (2006). Psychological and behaviroal treatment of insomnia : Update of recent evidence (1998-

2004). *Sleep,* 29, 1396-1406.

Moseley, G. (2006). Graded motor imagery for pathlogic pain : A radomized controltrial. *Neurology,* 67, 2129-2134.

Moseley, G. et al. (2008). Tactile discrinination, but not tactile stimulation alone reduces chronic limb pain. *Pain,* 137, 600-608.

Moss, D. & Gunkelman, J. (2002). Task for on methodology and empirically supported treatment: Introduction. *Applied Psychophysiology and Biofeedback,* 27, 271-272.

Mukaddes, N. et al. (2004). Psychoeducational treament of children with autism and reactive attachment disorder. *Autism,* 8, 101-109.

Myers, S. et al. (2007). Council on children with disabilities: Management of children with autism spectrum-disorders. *Pediatrics,* 120, 1162-1182.

Narcross, J. & Gallaghor, K. (1989). The Boulder and the Vail model : Training preferences of clinical psychology. *Journal of Clinical Psychology,* 45, 822-828

Nathan, P. (2000). The Boulder model : A dream deffered or lost. *American Psychologist,* 55, 250-252.

National Institute for Health and Clinical Excellence. (NICE). (2005). *The management of postraumatic stress disorder in primary and secondary care.* London ; NICE.

National Institute for Health and Clinical Excellence. (NICE). (2006). Dimentia: Supporting people with dementia and their cares in health and social care. *Clinical Guideline, 42.* London ; NICE. SCIE.

National Institute for Health and Clinical Excellence. (NICE). (2006). Attention deficit / hyperactivity disorders: Diagnosis and management of ADHD in children young people and adults. *Clinical Guideline* 72. London; NICE.

National Institute of Health (NIH). (2009). Guidelines Clinical Trails Http://clinicatrials.gove/et2/int/understand.

National Institute of Correction.(NICE). (1996). *Cognitive intervention program* : Washingtion, DC.; U.S. Department of Justice.

National Institute of Neurological Disorders and Stroke (2013). Dementia, Online.

Neuropathology Group. (2001). Medical research council cognitive function and aging study. *Lancet,* 357,169-175.

Newman, F. et al. (2004). Guideline for selecting psychological instruments for treatment planing and outcomes assessment. In M. Maruish (Ed.), *The use of psychological testing for treatment planning and outcome assessment : vol. 1. General considerations.* Marwash; Erlbaum.

Nickerson, R. (2000). Null hypothesis significance testing : A review of an old and contiinuing controversy. *Psycholgical Methods,* 5, 241-301.

Nock, M. (2003). Feeding disorder in infancy and early childhood. In E. Fletcher Janzen & C. Reynolds (Eds.), *Diagonositc manual of childhood disorders. Clinical and special education application.* New York: Wiley.

Norcross, J. (Ed.). (2002). *Psychotherapy relationships that work : Therapist contributions and responsivenes to patient needs.* New York; Oxford University Press.

Norman, G. (1999). Examining the assumptions of evidence-based medicine. *Journal of Evaluation in Clinical Practice,* 5, 139-147.

O'Brien, B. S. et al. (1996). Reward dominance : Associations with anxiety, conduct problems, and psychopathy in children. *Journal of Abnormal Child Psychology,* 24, 223-240.

O'Connor, T. & Zeanah, C. (2003). Attachment disorders : Assessment strategies and treatment approaches. *Attachment and Human Development,* 5, 233-244.

O'Connor, T. et al. (2000). Attachment disorder behavior following early severe deprivation : Extension and longitudianal follow-up. *Journal of the American Academy of Child and Adolescent Psychiatry,* 39, 703-712.

Office of Juvenile Justice and Delinquency Prevention (1995). *Juvenile offenders and victims : A focus on violence.* Pittsbourg : Natonal Center for Juvenile Justice.

Ohayon, M. (2012). Epidemiology of insomnia: What we know and what we still need to learn. *Sleep Medicine Review,* 6, 97-111.

Olazaran, J. et al. (2004). Benefits of cognitive-motor intervention in MCI and mild to moderate Alzheimer's disease. *Neurology,* 63, 2348-2353.

Oldham, J. & Skodol, A. (2000). Charting the future of Axis II. *Journal of Personality Disorder,* 14, 17-29.

Ong, J. et al. (2012). Improving sleep with mindfulness and acceptance : A meta cognitive model of insomnia. *Behavior Research and Therapy,* 50, 651-660.

O'Sullivan, J. & Quevillon, R. (1992). 40 years later is the Boulder model still alive? *American Psychologist,* 47, 67-70.

Ozonoff, S. et al. (2005). Evidence-based assessment of autism. *Journal of Clinical and Child Adolescent Psychology,* 34, 523-540.

Pallesen, S. et al. (2005). Outcome of psychological treatment of pathological gambling : A review and meta-analysis. *Addiction,* 100, 1412-1422.

Pate, W. & Konout, J. (2004). *Report of the 2003 medical school :Academic medical center psychologists' employment survey.* Washington, DC.; APA Center for Workforce Studies.

Patterson, G. & Forgatach, M. (1995). Prediction future clinical adjustment from treatment otucome and process variables. *Psychological Assessment,* 7, 275-285.

Pearson, F. et al. (2002). The effects of behaviroal/ cognitive-behavioral programs on recivism. *Crime & Delinquency,* 48, 476-496.

Peirce, C. & Jastrow, J. (1885). On the small differences in sensation. *Memories of the National Academy of Science.* 3, 73-83.

Pelham, W. & Fabiano, G. (2008). Evidence-based psychosocial treatments for attention deficit/ hyperactivity disorder. *Journal of Clinical Child & Adolescent Psychology,* 37, 184-214.

Petry, N. et al. (2001). Reinforcing compliance with non-drug related activities. *Journal of Substance Abuse Treatment,* 20, 33-44.

Perguin, C. et al. (2000). Pain in children and adolescents : A common experience. *Pain,* 87, 51-58.

Person, J. & Fresco, D. (2008). Adult depression. In J. Hunsley & E. Mash (Eds.) *A guide to assessments that work.* New York ; Oxford University Press.

Petry, N. (2003). Patterns and correlates of gambler's anonymous attendance in pathological gamblers seeking professional treatment. *Addictive Behaviors,* 28, 1049-1062.

Petry, N. (2005). *Pathological gambing : Etiology, comorbidity, and treatment.* Washington, DC.; American Psychological Association.

Petry, N. et al. (2006). Cognitive behavioral therapy for pathological gamblers. *Journal of Consulting and Clinical Psycholgy, 74,* 555-567.

Philips, L. et al. (2012). Physicians' communication of the common-sense self-regulation model results in greater reported adherence than physicians' use of interpersonal skills. *British Journal of Health Psychology,* 17, 244-251.

Powers, M. et al. (2008). Behavioral couple therapy (BCT) for alcohol and drug use disorders : A meta-analysis. *Clinical Psychology Review,* 28, 952-962.

Rachman, S. & Wilson, T. (1980). *Effects of psychological treatment.* London; Pergamon.

Randolph, E. (2000). *The manual for the randolph attachment didorder questionaire.* Evergreen ; Attachment Center Press.

Rasmussen, B. (1999). Epidemiology and socioeconomic impact of headache. *Cephalgia,* 25, 20-30.

Rasmussen, B. et al. (1991). Epidemiology of headache in a general population : A prevalence study. *Journal of Clinical Epidemiology,* 44, 1147-1157.

Robinson, J. et al. (1991). Criteria for scale relation and evaluation. In J. Robinson, P. Shaver, & L. Corightman. (Eds). New York ; Academic.

Roff, J. & Wirte, R. (1984). Childhood aggression and social adjustment and antecedent is of delinquency. *Journal of Abnormal Child psychology,* 12, 111-126.

Rosenzweig, S. (1936). Some implicit common factors in diverse methods of psychotherapy. *The American Journal of Orthopsychiatry,* 6, 412-415.

Rozensky, R. (2011). The institution of the institutional practice of psychology. Health care reform and psychology's future workforce. *American Psychologist,* 66, 797-808.

Roth, T. (2007). Insomnia: Definition, prevalence, etiology, and consequences. *Journal of Clinical Sleep Medicine,* 3, 7-10.

Ross, R. & Fabiano, (1985). *Time to think: A cognitive model of delinquency prevention and offender rehabilitation.* Johnson city ; Institute of Social Sciences and Arts.

Russo, A. et al. (1984). An outcome study of an outpatient treatment program for pathological gamblers. *Hospital and Community Psychiatry,* 141, 318-319.

Rutter, M. (2000). Genetic studies of autism : From the 1970s into the millenium. *Journal of Abnormal Child Psychology,* 28, 3-14.

Rutter, M. et al. (2007). Early adolescent outcomes for institutionally-deprived and nondeprived adoptees: I Distinguished attachment. *Journal of Child Psychology and Psychiatry,* 48, 17-30.

Rybarczyk, B. (2005). Home-based video CBT for comorbid geriatric insomnia : Pilotstudy using secondary data analysis. *Behaviroal Sleep Medicine,* 3, 158-175.

Sackett, D. et al. (2000). *Evidence-based medicine: How to Practice and teach EBM*. London; Livingston.

Sackett, D. et al. (1996). Evidence-based medicine : What it is and what is isn't. *British Medical Journal,* 312, 71-72.

Sager, M. et al. (2006). Screening for dementia in community-based memory clinics. *Wisconsin Medical Journal,* 105, 25-29.

Saunders, J. et al. (1995). The impact of a brief motivational intervention with opiate users attending a methadone program. *Addiction,* 90, 415-424.

Schmacher, J. et al. (2007). Meta analysis of day treatment and contingency management dismantling research: Birmingham Homeless cocain studies (1900-2000). *Journal of Consulting and Cinical Psychology,* 75, 823-828.

Schimidt, S. et al. (2011). Treating fibromyalgia with mindfulness-based stress reduction: Results from a 3-armed randomized controlled trial. *Pain,* 152, 361-369.

Schulz, J. (1932). *Das autogene Training.* Leipzig ; Thieme.

Schwartz, D. et al. (1998). Social-cognitive and behavioral correlates of aggression and victimization in boys' play groups. *Journal of Abnormal Child Psychology,* 26, 431-440.

Schweitzer, L. & Ellis, T. (2008). The forgotten faculty : Changes for PhDs in clinical medical school departments. *Journal of Clinical Psychology in Medical Settings,* 15, 7-11.

Shapiro, D. & shapiro, D. (1982). Meta-analsis of comparative therapy outcome studies A replication and refinement. *Psychological Bulletin* 92, 581-604.

Sheldon, B. & Chilvers, R. (2002). An empirical study of the obstacles to evidence-based practice. *Social Work and Social Science Review,* 10, 6-26.

Shaffer, H. et al. (1999). Estimating the prevalence of disordered gambling behavior in the United States and Canada : A research synthesis. *American Journal of Public Health,* 89, 1369-1370.

Sheard, M. et al. (1976). The effect of lithium on unipolar aggressive behavior in man. *American Journal of Psychiatry,* 133, 1409-1413.

Schene, A. et al. (2000). Methodology of a multivararriate reliability study. *British Journal Psychiatry,* 177 (Suppl. 39), 15-20.

Shakow, D. (1945). Training in clinical psychology : A note on trends. *Journal of Consulting Psychology, 9,* 240-242.

Shamay-Tsoory, S. (2011). The neural bases for empathy. *The Neurosicentist,* 17, 18-24.

Sheldon, P. & Chilvers, R. (2002), An empirical study of the obstacles to evidence-bascd practice. *Social Work and Social Science Review,* 10, 6-26.

Siev, J, &. Chambless, D. (2007) Specificity of treatment effects: Cognitive therapy and relaxation for generaliged anxiety and penic. *Journal of Consulting and Clinical psychology,* 75, 513-522.

Siever, L. & Davis, K. (1991). A psychobiologic perspective on the personality disorders. *American Journal of Psychiatry,* 148, 1647-1658.

Silverman, K. et al. (1996). Sustained cocaine abstinence in methadone maintenance patients through voucher-based reinforcement therapy. *Archives of General Psychiatry,* 53, 409-415.

Sitharthan, T. et al. (1997). The cue exposure in moderate drinking : A comparison with cognitive behavior therapy. *Journal of Consulting and Clinical Psychology.* 65, 878-882.

Sitzer, D. et al. (2006). Cognitive training in Alzheimer's disease : A meta-analysis of the literature. *Acta Psychiatrica / Scandinavica,* 114, 75-96.

Smith, M. & Glass, G. (1977). Meta-analysis of psychotherapy outcome studies. *American Psychologist,* 32, 752-760.

Smith, M. et al. (1980). *The benefits of psychotherapy.* Baltimore ; Johns Hopkins Univerisity Press.

Snowdon, D. (2003). Health aging and dementia : Findings from the nun study. *Annals of Internal Medicine,* 139, 450-454.

Soloff, P. et al. (1986). Progress in pharmacotherapy of borderline disorders : A double blind study of amitriptyline, haloperidol and placebo. *Archives of General Psychiatry,* 43, 691-697.

Spector, A. et al. (2000). Reality orientation for dementia : A systematic review of the evidence for the effectiveness. *Gerologist,* 40, 206-212.

Spector, A. et al. (2006). *Making a difference : An evidence-based group programme to after cognitive stimulation therapy(CST) to people with dementia*. London ; Hawker-Publicatios.

Spielman, A. et al. (1987). Treatment of chronic insomnia by restriction of time in bed. *Sleep,* 10, 45-56.

Spitzer, A. et al. (1992). Contingency take-home incentive : Effects on drug use of methadone maintenance patients. *Journal of Consulting and Clinical Psychology.* 60, 972-984

Spring, B. et al. (2008). *Definition and competencies for evidence-based behavioral practice (EBBP). Counsel for training in evidence-based behavioral practice.* Evanston.

Steele, J. & Buchi, (2008). Medical and mental health of children entering the UTH poster care system. *Pediatrics,* 122, e707- e709.

Stein, G. (1993). Treatment of personality disorders. In P. Tyrer & G. Stein (Eds.), *Personality disorder reviewed.* London ; Gaskell.

Stokes, J. et al. (1984). Distribution of behavioral science faculty in United States medical schools: 1968-1969 and 1978-1979. *Social Science and Medicine,* 18, 753-756.

Stewart, W & Brown, R. (1988). Outcome study of gamblers annonymous. *British Journal of Psychiatry,* 152, 284-288.

Stigler, S. (1992). A historical review of statistical concepts in psychology and educational research. *American Journal of Education,* 101, 60-70.

Stinchfield, R. et al. (2004). Screening and assessment instrumments. IN J. Grant et al.(Eds.), *Pathological gambing: A clinical guide to treatment*. American Psychiaric Publisher.

Stone, W. & Yoder, P. (2001). Predicting spoken language level in children with autism spectrum disorders. *Autism,* 5, 341-361.

Strauss, S. et al. (2005). *Evidence-based medicine : How to practice and teach EBM.* New York; Elsevier.

Streiner, D. (2003). Starting at the beginning : An introduction to coefficient alpha and internal consistency. *Journal of Personality Assessment*, 80, 90-103.

Stricker, G. & Trierweiler, S. (1995). The local clinical scientist : A bridge between science and practice. *American Psychologist,* 500, 995-1002.

Stuart, R. & Lilienfeld, S. (2007). The evidence missing from evidence-based practice. *American Psychologist,* 62, 615-617.

Sugranyes, G. et al. (2011). Autism spectrum disorders and schizophrenia : A meta-analysis of the neural correlates of social cognition. *PLOS ONE,* 211, 6e 25522.

Sullivan, M. et al. (1995). The pain characterizings scale : Development and validation. *Psychological Assessment,* 7, 524-532.

Svrakic, D. et al. (1993). Differential diagnosis of personality disorders by the seven factor model of temperament and character. *Archives of General Psychiatry,* 50, 991-1000.

Sylvain, C. et al. (1997). Cognitive and behavioral treatment of pathological gambling : A controlled study. *Journal of Consulting and Clinical Psychology,* 65, 727-732.

Tager-Flusberg, H. & Joseph, R. (2003). Identifying neurocognitive phenotypes in autism. *Philosophical Transactions of the Royal Society of London,* 358, 303-314.

Tavares, H. et al. (2003). Are there cognitive and behavioral approaches specific to the treatment of pathological gambling? *Canadian Journal of Psychiatry,* 48, 22-27.

Taylor, F. et al. (2007). Daytime prazosin reduce psychological distress to trauma specific cues in civilian trauma post traumatic stress disorder. *Biological Psychiatry,* 59, 577-581.

Taylor, H. et al. (2008). Prazosin for treatment of nightmare related to post traumatic stress disorder. *American Journal of Health Systems in Pharmacy,* 65, 710-722.

Throne, F. (1947). The clinical method in science. *American Psychologist,* 2, 159-166.

Thyer, B. & Pignotti, M. (2011). Evidence-based practices do not exist. *Clinical Social Work Journal,* 39, 328-338.

Torry, W. et al. (2001). Implementing evdience-based practice for person with severe mental illness. *Psychiatric Service*, 52, 45-50.

Trull, T. et al. (2001). A structured interview for the assessment of the five factor model of personality : Face-level relations to the Axis II personality disorders, *Journal of Personlaity,* 69, 175-198.

Tsang, A. et al. (2008). Common chronic pain conditions and comorbidity with depression anxiety disorders. *The Journal of Pain,* 9, 883-891.

Turk, D. & Okifuji, A. (2001). Bonica's management of pain. In D. Loeser, et al.(Eds.), *Bonica' Managemant of Pain.* Williams.

Turk, D. et al. (2011). Treatment of chronic non-cancer pain. *The Lancet,* 377(9784), 2226-2235.

Tϋrp, J. et al. (2007). Is there superiority of multimodel as opposed to simple therapy in patients with temporomandiular disorder? A quantitive systematic review of the literature. *Clinical Oral Implants Research,* 18(*suppl. 3*), 138-150.

Turner, W. et al. (2007). Behavioral and cognitive behavioral training interventions for assessing poster care in the management of difficult behavior. *Cochrane Databse of Systematic Reviews. I.*

Tyrer, P. & Harrison-Read, P. (1990). New perspectives in treatment with monoamine oxidase inhibitors. *International Review of Psychiatry,* 2, 331-340.

Tyrer, P. et al. (1993). The Nottingham study of neurotic disorder. Effect of personality status on response to during treatment, cognitive therapy and self-help over two years. *British Journal of Psychiatry,* 162, 219-226.

Vachon, D. et al. (2013). Basic traits predicts the prevalence of personality disorder across the lifespan. : The example of psychopathy. *Psychological Science.* 24, 698-705.

Vadivelu, N. & Sinatra, A.(2005). Recent advances in elucidating pain mechanism. *Current Opinion in* Anesthesiology, 18, 540-547.

Van Koulil, S. et al. (2007). Cognitive behavioral therapies and exercise programs for patient with fibromyalgia state of the extend future directions. *Annals of the Rhumatic Disease,* 66, 575-581.

Volberg, R. (1994). The prevalence and demographies of pathological gamblers : Implications for public health. *American Journal of Public Health,* 84, 237-241.

Volkmar, F. et al. (1999). Practice parameters for the assessment and treatment of children, adolescent, and adults with autism and of the pervasive developmental disorders. *Journal of American Academy of Child and Adolescent Psychiatry,* 38, 37s-54s.

Vong, S. et al. (2011). Motivational enhancement therapy in addition to physical therapy improves motivational factors and treatment outcomes in people with lowback pain : A randomized controlled trial. *Archives of Physical Medicine and Rehabilitation*, 92, 176-183.

Wampold, B & Brown, G. (2005). Estimating therapist variability in outcomes attribut able to therapists : A naturalistic study of outcomes in managed care. *Journal of Consulting and Clinical Psychology,* 73, 914-

923.

Wampold, B. et al. (1997). A meta-analysis of outcome studies. Comparing bona fide psychotherapies: Empirically all must have prizes. *Psychological Bulletin*, 122, 203-215.

Wampold, B. et al. (2002). Principles of empirically supported interventions in counselling psychology. *Counselling Psychologist*, 30, 197-217.

Wehmeir, P. et al. (2010). Social and emotional impairment in children and adolesents with ADHD and the impact on quality of life. *Journal of Adolescent Health*, 46, 209-217.

Welling, H. (2005). The intutive process: The case of psychotherapy. *Journal of Psychotherapy Integration*, 15.

Wells, E. et al. (1994). Outpatient treatment for cocaine abuse : A controlled comparison of relapse, prevention and twelve-step approaches. *American Journal of Drug and Alcohol Abuse*, 20, 1-17.

Wennberg, J. & Gittelsohn, A. (1973). Small area variations in health care delivery. *Science*, 182, 1102-1108.

Western, D. & Weinberg, J. (2004). When clinical description becomes statistical prediction. *American Psychologist*, 59, 595-613.

Whecler, A. (2007). Psychophysiology of chronic back pain. Retrieved from www. White, R. (1956). *Abnormal Personality*. New York: Ronald.

World Health Organization. (WHO). (1993). *Internation classification of diseases* (*ICD-10*). Geneva ; WHO.

World Health Organization. (WHO). (2004). *Global status report on alcohol*. Geneva ; WHO.

World Health Organization. (WHO). (2010). *Framework for action on Interprofessional and collaborative practice*. Geneva; WHO.

Widiger, T. & Costa, P. (2002). Five factor model personality disorder research. *Journal of Abnormal Psychology*, 103, 78-91.

Winter, J. et al. (2002). Behavioral couples therapy for female substance abusing patients : Effects on substance use and relationship adjustments. *Journal of Consulting and Clinical Psychology*, 70, 344-355.

Witmer, L. (1907). *Clinical Psychology*, *Journal of the Study and Treatmeet of Mental Retardation and Deviation. 1, 1-9*

Wolpe, J. & Lazarus, A. (1955). *Behavior Therapy Techniques*. New York; Pergamon.

[주제 찾아보기]

(ㄱ)

(ㄴ)

(ㄷ)

(ㄹ)

(ㅁ)

(ㅂ)

(ㅅ)

(ㅇ)

(ㅈ)

(ㅊ)

(ㅋ)

(ㅌ)

(ㅍ)

(ㅎ)

[저자 찾아보기]

(A)

(B)

(C)

(D)

(E)

(F)

(G)

(H)

(I)

(J)

(T)

(V)

(W)

저자 약력

• 이 현 수

현재 중앙대학교 사회과학대학 심리학과 명예교수

• 저 서

임상심리학 (박영사; 1973, 1977, 1984, 1990, 1994, 2000, 2012)

이상행동의 심리학 (대왕사; 1976, 1985, 1990, 1995, 2002, 2012)

한국판 아이젱크 성격검사 (중앙적성출판사; 1985, 학지사; 1997, 2012)

성격과 행동 (학지사; 2001)

긍정적 심리학 (시그마프레스; 2008)

• 역 서

마음의 병: 신경증 – (Eysenck, H. 원저) (대왕사; 1979)

파브러프와 조건 반사 – (Gray, J. 원저) (우성문화사; 1986)

제이콥슨 박사의 긴장이완법 – (Jacobson, E. 원저) (학지사; 1995)

근거중심의 정신병리학

-심리학적 접근-

초판인쇄일 : 2016년 6월 29일
초판발행일 : 2016년 7월 12일
지 은 이 : 이 현 수
펴 낸 이 : 오 무 근
펴 낸 곳 : 도서출판 하나의학사
출판신고 : 제25100-2013-000061호(1988. 4. 1)
주 소 : 서울시 서대문구 거북골로 7-7 하나빌딩 1층
전화번호 : (02)730-2555, 2556
팩 스 : (02)730-2557
이 메 일 : hanampc1@naver.com
홈페이지 : www.hanampc.co.kr

정 가 : 20,000원

• 저자와의 합의로 인지 생략
• 잘못된 책은 구입처에서 교환해드립니다
ISBN 979-11-85696-29-4 93180